법도그마틱과 은유
- 전형상 준거 헌법해석

유민총서

12

법도그마틱과 은유
– 전형상 준거 헌법해석

| 이덕연 지음 |

홍진기법률연구재단

서 문

늘 그랬던 것처럼 탈고한 후에 서문을 쓰려니 막연하다. 거의 대부분이 한자어이기는 하지만 자모로 엮어진 한글 용어들과 알파벳으로 구성된 단어들, 그리고 여러 층위의 개념들과 개념들의 그물망이 머릿속에서 둥둥 떠다닐 뿐이다.

'법도그마틱'이란 무엇인가? 그 개념이 무엇인가하고 되물으면 딱히 명확하게 답하기 어렵다고 생각하면서도 이른바 '개념법학'과 거의 유사한 의미로 전제하고 강의실이나 세미나에서 종종 언급을 하면서 자책하였던 '얼버무림'으로부터 벗어나기 위해 관심을 갖게 된 논제였다. 우선 '법도그마틱'의 적당한 번역어를 찾는 작업에서부터 시작하려고 하였으나 '외연 (外延)의 획정'과 '내포(內包)의 확정'이라는 개념론의 요청에 부응하는 적확한 용어가 점처럼 떠오르지 않았다. '법해석학'? '법교의'(法敎義)? '법리학(法理學)'? '법이론학'? '법말씀론'? ⋯ 기왕에 제시되었던 번역어들이 마뜩하지 않기는 하였지만, '법도그마틱'이라는 조어 외에 딱히 이거다! 하는 대안이 없었다. 하지만, 곰곰이 생각해보니 그 이유는 번역에 수반되는 단순한 언어의 문제가 아니라 일종의 '법의 번역'이라고 할 수 있는 '법도그마틱'에 대한 공부가 부족한 탓이었다.

그러던 차에 '해석학'(Hermeneutik)에 대한 관심이 동인이 되어 '법감정', '(헌)법과 언어', '(헌)법과 이데올로기' 등에 대하여 연구를 이어나가면서 J. Esser의 『Vorverständnis und Methodenwahl in der Rechtsfindung』과 함께 A. Kaufmann의 관련 논문들을 읽게 되었고, 오늘날 대세(大勢)의 법학방법론으로 자리를 잡았다고 할 수 있는 '법학적 해석학'(juristische Hermeneutik)의 핵심명제이기도 하거니와, Esser가 제시하는 바와 같이 '법의 발견'에서 '법도그마틱'의 범주를 넘어서는 '선이해'나 '가치적 선판단'이 필수적인 요소로 인입될 수밖에 없다면 '법도그마틱'은 어떻게 되는 것인지 자문하게 되었다. 하지만, 전장의 노병은 죽지 않고 사라질 뿐이라고 했지만, 법세계의 노병인 '법도그마틱'은 죽기는커녕 사라지지도 않고, 여전히 적어도 독일과 독일법을 계수한 우리의 법학과 법실무를 주도하고 있지 않은가?

이러한 화두를 갖고 씨름하는 가운데 법이론 및 법해석론의 논제로서 또한 특수한 법해석방법으로서 '법도그마틱' 자체를 법과 현실, 법학과 법실무의 교차점에서 관찰되는 일종의 '복합적인 현상'으로 보고 접근해야 한다는 문제인식을 갖고 생각을 이어가던 중에 '법도그마틱'을 개관한 논문(Ph. Sahm, "Das Unbehagen an der Rechtsdogmatik")을 접하게 되었다. 이 논문에서 인용한 문헌 중에 '법도그마틱'의 핵심논제들을 천착한 글들을 모아 놓은 논문집(J. Krüper/H. Merten/M. Morlok, 『An den Grenzen der Rechtsdogmatik』, 2010; G. Kirchhof/S. Magen/K. Schneider, 『Was weiß Dogmatik?』, 2012)이 눈에 띄어 일단 적절한 번역어의 탐색을 위한 준비작업의 차원에서 어떤 고민들을 하고 있는지 알아보고자 하였다. 김 영환 교수의 논문("법도그마틱의 개념과 그 실천적 기능", 1996)을 비롯하여 국내에서 발표된 논문들과 양 천수, 이 상돈 교수의 법이론서들도 논의의 기조와 문제의 핵심을 파악하는데 큰 도움이 되었다.

법학과 법실무가 전면적으로 긴밀하게 연결되어 있는 독일의 특유한 법운용체계 속에서, 특히 Savigny의 '개념법학' 이래 거의 독보적인 법학의 분과로 확립되었고 또한 '법학=법도그마틱'이 언급될 정도로 위세가 여전하기는 하지만, 적어도 '법도그마틱'이 법이론 및 법해석론상 왕좌의 자리에서 퇴위되었다는 점에 대해서는 이견이 없는 듯하다. 특히 이른바 '3단계논법'이나 '포섭의 도그마'(Subsumtionsdogma)의 명제와 연관되는 바, 개념 또는 개념체계에 대한 어의학적 분석을 근간으로 하는 법해석방법으로서 언어학 및 법이론적 핵심전제는 파기되었고, 법영역에 따라 정도의 차이는 있지만 법적 문제에 대한 해결책으로서도 그 기능적 흠결과 한계가 분명하게 해명되었다. 말하자면 퇴위를 전제로 한 '변증법적인 극복'의 맥락에서 대안모색을 포함하여 근본적인 법이론적 보정의 가능성과 그 한계에 초점을 맞춘 다층적이고 다면적인 논의들이 한창이다. 이른바 '계몽된 법도그마틱(aufgeklärte Rechtsdogmatik)이 그 핵심명제이다.

근본적으로 법실증주의와 연관된 전통적인 개념법학, 즉 폐쇄적인 '개념' 또는 '개념의 체계'를 자기완결적인 '어문법'(grammar of word)에 의거하여 논리적으로 분석하는 '법도그마틱'은 '법적인 것'과 '비법적인 것'을 분별하고, 독자적으로 완결된 일단의 '법해석의 공준'을 도그마로 전제하는 점에서 그 자체가 폐쇄적인 법해석방법이다. '정서(整序)기능', '결정부담경감기능' 등 대체불가능한 '법도그마틱'의 고유한 기능적 효용이 부정될 수는 없지만, 법분야에 따라 또는 사안의 유형에 따라 상대적으로 차이는 있을지언정 유아독존의 자폐성은 이미 '법학적 해석학'에 의해 파기되었다. "어떤 법해석방법도 자가정당화될 수는 없다"는 Sunstein의 단언이 시사하는 바와 같이, 영미법권에서 진행된 이른바 '문언중심주의'(textualism; literalism)나 '해석주의'(interpretivism)에 대한 비판적인 논의의 기조도 같은 맥락에서 이해된다. '법도그마틱'에 대한 '계몽'의 명제는 불가피하지만 수용할 수 없는 것을 요구하는 것인 점에서 일종의 '모순의 요청'이다. '계몽'은 '개방'을 요구하는 것이고, '개방'은 자기완결성을 전제로 하는 폐쇄체계의 파기와 함께 효율적인 '법적용학'으로서 '법도그마틱'의 고유한 법해석방법론적 기능을 담보하는 '어문법' 대신에 '의미의 문법'(grammar of meaning)을 '표준문법'으로 요구하는 것이기 때문이다.

'법도그마틱'의 입장에서 보면 법이론의 차원에서 '백기투항'을 강요하는 것이고, 이 강요는 현실적으로 법실무상 '법도그마틱'의 해체 이후 그

빈자리를 채울 수 없게 되는 대안부재의 상황을 초래하는 점에서 '개방'의 요청은 법 및 법학의 딜레마로 귀결될 수밖에 없다. 하지만, 이는 '법생태계'의 변화에 따른 필연적인 상황이다. '법의 포기'는 물론이고, '전통적인 법도그마틱으로의 회귀'가 답이 될 수는 없다. 이른바 '적자생존의 법칙'에 따라 법학과 법이론이 치열한 자기성찰과 변신을 통해 대응해야만 하는 불가피한 역사의 도전일 뿐이다. 이러한 점에서 '계몽'의 핵심과제인 '개방' 자체는 더 이상 논제가 아니다. 관건은 층위와 영역 및 사안의 유형에 따른 차별화를 전제로 한 적절한 '개방'의 수준과 방식을 선택하는 것이다. 이는 전후, 좌우 및 상하의 전방위적인 '개방', 즉 법해석방법론의 차원에서 보면 '법도그마틱'의 '여닫음', 학문론의 차원에서는 법학과 인접학문들 간의 학제적인 '넘나듦', 그리고 법이론의 차원에서는 법철학를 비롯한 기초법학과 법이론 및 법실무 간의 '오르내림'의 창구를 적절하게 조절하는 문제로 주어진다.

이러한 문제인식의 지평 속에서 '법도그마틱'의 특성과 기능적 효용 및 그 한계를 나름 포괄적으로 검토하여 정리해 보았고, 그에 따라 부각된 '외연'(extension)과 '내포'(intension)를 숙고하여 결론의 일단으로 '법도그마틱'의 번역어로 '법정용론'(法整用論)을 제안하였다. 일반적으로 통용되기를 기대하는 것은 과욕인지 모르겠다. 아무튼 단순한 '번역문제'에 그치는 논제가 아닌 바, 이 제안에 대하여 학계에서 논의가 이어져 나가기를 바란다.

(굳이 감추지 않고 과욕을 드러낸 김에 이하 서문에서는 '법도그마틱' 대신에 '법정용론'을, '헌법도그마틱' 대신에 '헌법정용론'이라는 번역어를 사용해본다. 서문의 지면이 이런저런 넉두리를 포함하여 다소간에 과한 얘기도 양해될 수 있는 장소이고, 논박의 부담 없이 필자에게 넉넉한 담론의 자유가 허용되는 일종의 '실천의 공간'으로 생각되기도 하거니와, 혹시라도 서문만 보고 책을 덮는 독자들에게 적어도 '법도그마틱=법정용론'의 제안만큼은 함께 생각해보는 기회를 가져볼 것을 권하고자 함이다. 이 또한 과

욕인지 모르겠다.)

전적으로 필자의 미흡한 내공 때문에 어쩔 수 없는 것이기도 하거니와, 원래 구상대로 '법정용론'에 대한 총론적 논의에서 그치고, 보다 깊고 세밀한 각론은 개별 법분야의 차별화된 논의의 몫으로 남겨두는 식으로 마무리 하려다 보니 너무 싱거운 것이 아닌가 하는 생각을 떨칠 수 없었다. 그러던 중에 '헌법정용론'과는 전혀 결이 다른 '전형상(Leitbild; guide-image)'을 준거로 하는 헌법해석'(이하 '전형상 준거 헌법해석'으로 약칭함)에 대한 U. Volkmann의 논문 두 편("Leitbildorientierte Verfassungsanwendung", 2009; "Rechtsgewinnung aus Bildern - Beobachtungen über den Einfluß dirigierender Hintergrunvorstellungen auf die Auslegung des heutigen Verfassungsrechts", 2010)을 접하게 된 것이 계기가 되어 내친 김에 개략적으로라도 '헌법정용론'을 되짚어보고, 이어서 '전형상 준거 헌법해석방법'의 헌법이론 및 해석론적 함의와 독자적인 기능과 효용을 정리해보게 되었다.

이른바 '논리적 실증주의'의 맥락에서 '법률(텍스트)=법'의 명제를 전제하는 법실증주의와 '폐쇄된 '개념' 또는 '개념체계'에 대한 어의학적인 분석을 통해 법을 발견하는 '개념법학'을 근간으로 하는 '자기완결적 법해석방법'으로서 '법정용론'의 법이론적 흠결성과 법실무상의 기능적 한계는 헌법의 해석과 적용에서 더욱 분명하게 드러난다. 근본적으로 '헌법'과 '정용론'을 연결하는 것 자체가 무리인 것은 무엇보다도 '사회어'(Sozialekt)라고 할 수 있는 헌법언어의 추상성과 이데올로기 감염성 때문이다. Esser가 '법정용론'에 대하여 지적하는 바와 같이, 해석주체의 '선이해'가 배제된 법의 해석과 적용은 있을 수 없고 또한 이러한 자명한 명제를 부정하는 전통적인 '법정용론'은 '실체적인 정당성'을 외면하는 작위적인 사변적 공론(空論)일 수밖에 없다고 본다면, 이러한 비판은 '헌법정용론'의 경우에 더더욱 통렬하다. '헌법정용론'이 전혀 포착할 수 없는 바, 즉 헌법을 '구체화'하고 '실현'하는 동태적인 헌법해석작업의 '해석학적 순환구조' 속에서 헌법은 근본적으로 정치적 경쟁과 타협의 과정으로 진행되는 '가치적 담론'의 산물로 주어지고, 헌법해석에는 '정의관념', '도덕관념' 등과 같은 해석주체의 전인격적인 '가치적 선판단'이 인입될 수밖에 없기 때문이다. '헌법정용론'은 일면 언어학 및 법이론의 차원에서 인정될 수 없는 헌법언어의 '완결성'과 '확정성' 또는 헌법적 개념의 '폐쇄성'을 전제로 하는 점에서 그 이론적 틀 자체가 수용될 수 없고, 타면 '법적 안정성'이나 '중립성'을 명분으로 하여 제시되는 '기계적인 법률학'의 방법으로 자처하는 경우에도 그것은 단순한 '사변적인 공론'을 넘어서 전통적인 자유주의의 정치 이데올로기와 법학방법 간의 '동맹관계'에 충실한 논변일 수밖에 없다.

 '법정용론'과 관련하여, 특히 변화된 법 및 현실의 환경 속에서 부각되는 법적 판단 또는 결정의 기제로서 그 기능적 한계의 관점에서 주목되는 '계몽된 법정용론'의 명제, 즉 전방위적으로 요구되는 '개방'의 요청이 '헌법정용론'의 경우에는 다른 차원에서 주목되고 논의되어야 하는 것은 바로 이 때문이다. 우선 일반 법률의 해석 및 적용과는 차원이 다른 헌법해석론의 명제, 즉 '최고규범'이고 '정치규범'인 헌법의 해석에서 핵심지침인 '안정성(경직성)과 가변성(유연성)의 조화'의 요청에 부응해야 하는 점에서도 그러하거니와, '다원적인 헌법해석'의 명제에 대하여 이견을 찾기 어려운 '가치다원주의'와 '방법다원주의'의 기조 속에서 '헌법정용론'과는 분별되는 헌법에 특유한 해석방법, 예컨대 '관점론적 해석방법', '현실기준적 헌법해석', '가치형량의 방법' 등이 대안으로 모색되고 있는 것도 같은 맥락에서 이해된다. 또한 헌법실무상으로도 '헌법정용론'은 더 이상 주도적인 헌법해석방법이 아니라, 사실상 여러 가지 헌법해석방법 중의 하나 또는 헌법해석의 출발지점에서만 유효한 접근방법으로 적용되고 있다. '헌법정용론'은 영미법상 'constitutional reasoning'이라는 논제의 범주에서 '협의의 헌법해석'(constitutional interpretation in narrower meaning)과 구별하여 접근하는 '헌법의 구성'(constitutional construction), 말하자면 '해석자와 텍스트

간의 역동적인 상호작용'(dynamic interaction between interpreter and text)으로서 헌법해석작업의 본질과 구조적 특성을 포착하지 못한다. '헌법정용론'과 달리 헌법해석작업을 해석주체의 주관적인 '가치적 선판단'의 인입이 불가피하고, 그렇기 때문에 '이데올로기적 성찰'이 요구되며 또한 정치적, 정책적 판단이 개입될 수밖에 없는 '복합적인 법인식'(complex legal cognition)으로 이해하는 입장에서 일종의 '개방된 가치적 담론'으로서 또는 '실천의 행위'로서 헌법해석의 본질과 함께 그 창조적이고 형성적인 기능을 주목하는 것도 같은 기조 속의 논의들이다.

헌법개념 또는 헌법개념체계의 분석을 핵심으로 하는 '헌법정용론'의 이론적 흠결을 주목하고, 그 기능적 한계를 극복하기 위한 대안으로 모색되어 활용되고 있는 다양한 헌법해석방법들은 '광의의 관점론적 헌법해석'의 범주에 포섭될 수 있다. '현실'이나 '결과'의 고려 또는 '가치'의 형량 등 어떤 요소에 초점을 맞추는가에 따라 세분화될 수는 있지만, 텍스트를 구성하는 폐쇄적인 '개념' 대신에 '관점'(topos), 즉 해석주체의 사태에 대한 주관적인 관념 또는 입장을 출발점 또는 준거로 하는 점에서 또한 헌법텍스트에 대한 연역적인 접근이 아니라 구체적인 사태를 주목하는 귀납적인 논증방법을 취하는 점에서 적어도 부분적으로는 '법학적 해석학'의 틀을 수용한 '헌법이해'의 방법으로 볼 수 있기 때문이다. 하지만, 해석자의 주관적인 입장에 따른 자의적(恣意的)인 헌법해석의 위험성에 대한 우려는 논외로 하더라도, '관점론적 헌법해석의 방법'은 전통적인 '법정용론'의 틀을 완전히 벗어난 것으로 단정할 수 없다. 고전적인 법실증주의의 헌법해석방법, 즉 '헌법정용론'을 헌법문제를 해결하기 위한 여러 '관점들' 중의 하나의 '관점'에 불과한 것으로 보는 점에서는 '관점론적 헌법해석'이 '헌법정용론'의 도그마, 특히 그 폐쇄성을 변증법적으로 극복한 방법으로 평가될 수 있다. 하지만, '관점론적 헌법해석'에서도 '관점'의 형성에서부터 '관점'의 적용 및 그 결과의 논증에 이르기 까지 '개념', 즉 문자기호로 구성된 헌법언어의 토대와 매개가 필수불가결한 점에서 '법정용론'과 결별한 것으로 볼 수는 없다.

이러한 맥락에서 보면, 일면 '전형상 준거 헌법해석'도 일종의 '광의의 관점'을 준거로 하는 헌법해석방법이라고 할 수 있다. 하지만, 인식의 준거, 특히 '관점' 형성의 출발점이 '언어'가 아니라 '사물'(事物), 즉 '사건'와 '물체'의 '형상'(Bild; image)인 점을 고려하면 '전형상 준거 헌법해석방법'은 '헌법정용론'의 개념분석적 접근과는 근본적으로 다른 일종의 '통각적인 인식'의 방법인 '은유'(metaphor)의 방식을 원용한 것인 점에서 헌법 특유의 독자적인 해석방법으로 상정된다. '은유적 구조화'의 대상에 따라 선별적으로 조합되어 활용되겠지만, 인식의 방법으로서 '은유'는 '지각'을 넘어서는 '감각', 말하자면 잠재적으로 '색성향미촉'(色聲香美觸)의 오감이 모두 활용될 수 있는 인식 또는 이해의 방법이다. 물론 '전형상 준거 헌법해석'의 경우에도 '전형상'을 준거로 한 헌법의 이해 또는 헌법적 판단을 언어를 매개로 하여 또는 언어로 구성된 '개념'들을 원용하여 기술하고 논증해야 하는 것이 불가피하기는 하다. 하지만 이는 이른바 '간주관성'(intersubjectivity), 즉 최소한의 객관성을 담보할 수 있는 소통의 조건, 즉 '표준기호' 또는 '기표공유'의 필요조건일 뿐이다.

Wittgenstein이 "은유는 이해를 신선하게 만든다"고 하였거니와, 언어(철)학 및 인식론적으로 확인된 언어(기호)와 현실(세계), 언어와 사유 및 사유와 현실(세계) 간의 근본적인 불일치의 '소여'(所與) 속에서 '이해'와 '사유' 및 '소통'의 수단으로서 언어의 한계를 극복하기 위한 대안으로 주목되는 '은유'의 방법은 법적 사유와 인식의 영역에서도 유용하다. 특히 '(극)다원주의'의 사회에서 '통합규범'으로서 헌법의 '지속가능한 발전' 및 '가치적 공감대의 확충'의 명제는 명료한데, 반면에 헌법언어의 '추상성'과 '이데올로기 감염성' 때문에 '확정성' 및 적어도 '엄정한 의미의 객관성'을 기대하기 어려운, 이른바 '암묵적 지식'(tacit knowledge)의 차원을 벗어날 수 없는 헌법해석론에서 인식 또는 이해 및 소통의 방법으로서 '은유적 구조화'의 효용은 더욱 각별한 것으로 여겨진다. 또한 기본권해석론상 거의 보편적인 방법으로 활용되는 '가치형량'의 맥락에서 '가치' 또는 '원칙' 및 이들에 대한 '관점'이 표준척도가 없는 상태에서 제시되기 때문에 일종의 허구의 '무게'(Gewicht)만을 갖고 법적 결정의 요소로 고려되는데, 헌법해석의 준거로서 '전형상'은 은유적으로 구조화된 '내용'(Inhalt)을 갖고 적용되어 가치형량에 영향을 미치는 실체적인 지침과 척도를 제공하는 점에서 '전형상 준거 헌법해석'은 '관점론적 헌법해석방법'과는 분명하게 구별된다.

일반적인 헌법해석방법이라고 할 수는 없겠지만, 독일 연방헌법재판소와 우리 헌법재판소의 결정들을 중심으로 하여 적잖은 예들을 선별하여 소개하였거니와, 헌법재판실무상 '전형상 준거 헌법해석방법'은 부지불식간에 생각보다는 훨씬 폭넓게 활용되고 있다. 종래 헌법해석론상 독자적인 헌법해석방법으로 많이 논의되지 못하였지만, 앞으로 좀 더 관심을 갖고 연구되어야 할 것으로 생각한다. 더 나아가서 '헌법정용론'의 부분적인 보충이나 '관점론적 헌법해석'을 단순히 보완하는 '헌법해석 program의 확충'이 아니라 '헌법해석 paradigm 전환' 차원의 논제로 주목되고 논의가 이어져 나가기를 바란다. 'Rechtsdogmatik=법정용론', 'Verfassungsdogmatik=헌법정용론'의 통용은 과욕일지 모르겠지만, 이 소망만큼은 '합리적인 기대'인 것으로 믿는다.

덧붙일 '소회'(素懷)가 남은 것 같은데 뭔가 정리된 생각이 떠오르지 않아서 멍 때리고 있던 차에 집어든 책[M. Mazzucato, 안 진환(역), 『가치의 모든 것』, 2020]이 눈에 확 들어 왔다. "모든 것의 가격을 알지만 어떤 것의 가치도 알지 못하는 사람"을 냉소적인 사람이라고 한 O. Wilde의 표현을 원용하여 '가치'와 '가치의 의미'를 제대로 규정하고 포착하지 못하는 경제학은 '냉소적인 학문'일 수밖에 없다고 보는 입장에서, Mazzucato는 경제학이 '냉소적인 학문'에서 벗어나 경제가 '가치를 생산하고 있는지', '가치를 공정하게 분배하고 있는지', '지속가능한 성장을 하고 있는지' 등을 논의하는 '희망적인 학문'으로 나아가기 위한 필수불가결의 조건으로 '가치 중심의 사고'를 제시하며 다음과 같이 핵심과제와 화두를 간명하게 정리하였다.

『우리는 '가치'라는 단어가 사용되는 방식에 문제를 제기하고, '가치'에 대한 논의가 더 생산적이고 활발하게 이뤄질 수 있게 하는 역량을 회복해야 한다. 단순한 이야기와 신화가 무엇이 '생산적'이고 무엇이 '비생산적'인지에 대한 판단을 좌우하도록 두지 말아야 한다. 그런 신화들은 어디에서 오는 것이며 누구의 이익을 위해 이야기되는 것인가?(25면) … 우리가 더 나은 미래를 상상할 수 없고 그 미래를 만들기 위해 노력할 수 없다면, 가치에 대해 논의해야 할 이유도 없을 것이다.(451면)』

이는 바로 필자가 초점을 맞춘 명제, 즉 '탈신화화'와 '탈도그마화', 그리고 '적절한 여닫음'을 통해서만 확보될 수 있는 '가치 생산적인 법', '냉소적인 허무주의'와 '오만과 편견'에서 벗어난 '희망적인 법학', 좀 더 나은 세상을 만들기 위해 늘 '공정'(fairness)의 잣대를 갖고 채근(探根)하고 자신을 되돌아보는 '올곧고 겸손한 사법(司法)'과 결이 다르지 않다.

출판비용 까지 포함하여 연구비를 흔쾌히 지원하여 응원해준 '홍진기 법률연구재단'과 재단 임직원들께 각별한 사의를 표한다.

폭염과 코로나19에서 하루빨리 벗어나기를 고대하며…
2021년 7월 광복관 연구실에서

목 차

I. 머리말 –
문제의 제기와 맥락

J. Esser는 법학방법론으로서 도그마틱의 근본적인 한계를 분명하게 해명한 그의 역작, 『법발견에 있어서 선이해와 방법선택』에서 도그마틱의 의미와 기능을 간결하게 정리하여 해명하면서, 법문제의 해결이 선법적인 준거에 따른 가치판단으로 귀착되는 것에 대한 반론의 타당성을 일단 흔쾌히 인정한다.[1] "하나의 질서 체계 속에서 체계내재적인 판단의 기호들을 갖고 작업하여 결과를 얻어내는 작업"으로 이해되는 도그마틱의 핵심명제, 즉 '독립된 체계적인 기준에 따라 독자적인 방식으로 법적 분쟁이 해결되어야만 한다'는 법체계의 근본적인 요청에 부응할 수 없게 된다는 것이 그 이유이다. 하지만 전통적인 법도그마틱의 차원을 벗어나서 법발견에서 '선이해'를 필연적인 요소로 강조하는 Esser는 바로 이어서 반문을 제기한다:

> 『폐쇄된 법체계 속에서 유효한 법규정의 내용, 즉 법텍스트에 담긴 의미를 전통적인 도그마틱적 해석공준에 따라 파악해야 한다는 법학방법론의 요구가 타당한가? 어떤 범위에서 타당하고 그 근거는 무엇인가? 이 요청은 결국 체계 내에서 주어지는 결정의 기준들과 선체계적인 정당성준거들의 일치를 통해서만 비로소 의미를 갖게 되는 것은 아닌가?』[2]

주지하는 바와 같이, '정서기능'(Ordnungsfunktion), '지침제공기능', '안

---

* 이 저서는 연세대학교 학술연구비의 지원으로 이루어진 것임.
1) J. Esser, Vorverständnis und Methodenwahl in der Rechtsfindung, 1972, 90면.
2) J. Esser(Fn. 1), 91면.

정화 및 합리화의 기능', '통제가능화기능' 등과 함께 법도그마틱의 주요기능의 하나로서 '결정부담경감'(Entlastungsfunktion)이 제시되고 있다. 적어도 법적 안정성 및 법결정의 효율성의 관점에서 일반적인 법실무상 개별사안들과 연관된 모든 법적 판단마다 근본적인 사실 및 가치판단의 문제들을 새롭게 논의하지 않아도 되게 만드는 법도그마틱의 대체불가능한 효용은 부인할 수 없다. 법적 분쟁의 해결을 위해 그 자체의 독자적인 불가변의 권위, 즉 전제된 교조적인 법적 진리와 공준화된 방법을 시발점으로 하는, 말하자면 일종의 '폐쇄체계'로 주어지는 법텍스트의 바깥에 있는 모든 것을 배제하는 법도그마틱은 일종의 '자동기계'와 같은 효용을 담보한다. 법관을 비롯한 모든 법해석자의 필연적인 의존성, 특히 환경과 성향의존성을 비롯하여 무의식적인 '선이해'는 이 자동화된 '포섭기계'(Subsumtionsautomat)의 작동메뉴얼에 전혀 반영되지 않는다. '의미론'(semantics)의 차원에서든, '구문론'(syntactics)의 차원에서든 개념에 대한 어의학적 분석과 이를 통해 탐색되는 의미관계의 체계를 수단으로 하여 법문제에 대한 정답을 발견하는 이른바 '기계적인 법률학'(mechanical jurisprudence)의 틀 속에서 주관적이고 불확정적인 동인들은 전혀 연관되지 않는 것으로, 좀 더 명확하게 말하자면 차단되어야 하는 것으로 전제되기 때문이다. 문법, 논리, 역사, 체계의 네 가지 해석요소를 제시한 F. C. v. Savigny의 법률해석의 방법에서도 법해석주체의 주관적인 '선이해'가 해석요소로 고려될 여지는 없다. 적어도 '학문방법으로서의 법학방법'이 아니라, 구체적인 법의 해석 및 적용과 연관되는 '판단방법으로서의 법학방법', 즉 실정법에 대한 단순한 연역적 추론의 방법을 통한 구체적인 법해석 및 적용의 기술의 차원에서는 그러하다.3)

....

3) 맥락이 다르기는 하되, Savigny를 법률실증주의자 또는 개념법학의 원조라고 보는 것을 "치명적이면서도 아무런 근거가 없는 오해"라고 지적하면서 그가 제시한 법학방법의 창의성과 개혁성, 특히 법의 내재적인 역사성과 체계성을 주목할 필요가 있다고

하지만 G. Radbruch를 거론하지 않더라도 '법적 안정성'을 비롯하여 그 어떤 실용적인 장점도 '정의'의 법이념에 대한 포기나 경시를 정당화할 수 있는 근거가 될 수는 없다. 전술한 Esser의 되물음도 우선 법철학의 차원에서 '정당성'의 요청이 도대체 법도그마틱을 통한 개념체계의 구조화와 이를 통한 객관적 합리화의 방법으로 충족될 수 없다는 인식, 즉 '정의관념'의 '교조화'(Dogmatisierung)에 대한 근본적인 회의를 토대로 한 것으로 이해된다. 이러한 회의는 자연스럽게 법이론적인 의문으로 연결된다. Esser가 적확하게 지적하는 바와 같이, 옳은 법발견 또는 법적 판단에 있어서 '형식적인 정당성'의 요청으로 만족할 수는 없고, 그 이상, 즉 '실체적인 정당성'이 고려되어야만 한다는 점에서 '교조화'는 말 그대로 '자기정당화'의 작위적인 사변적 공론(空論)일 수밖에 없다. 법도그마틱을 '이른바 순수한 법문제들'(sogenannte reine Rechtsfragen)의 결정을 위한 독자적인 법적 방법, 즉 '객관적인 이성'과 '절대진리'의 존재를 전제로 하여 오로지 '논리'를 수단으로 하는, 주관적인 가치적 선판단과는 단절된 가치중립적인 '순수한 체

....

하는 주장은 되새겨봄직하다. 단순한 법적용기술의 차원을 넘어서 법을 학문적으로 파악하는 학문방법으로서 법학방법을 제시하고, 법학에서 이론과 실천의 연관성, 법관계와 법제도의 상관관계를 강조한 점을 간과해서는 아니 된다는 것이다. 남 기윤, "사비니의 법학방법론", 저스티스, 제126호(2011), 5-62면. 이에 대한 비평은 필자의 역량을 넘어서는 것이거니와, 다만, 여기에서 주목하는 것은 후자, 즉 "개별적인 법개념이나 법규칙이 하나의 거대한 통일체로 결합된 내적 연관", 말하자면 '통일된 폐쇄체계'인 실정법상의 개념체계를 법인식과 법해석의 방법론적 도구로 전제하는 법적 판단방법의 차원에서 Savigny가 주목하지 않은 법해석요소, 즉 해석주체의 주관적인 '선이해'에 초점을 맞춘 점에서 맥락이 다르다는 점만은 분명하게 해둔다. 또한 개념과 체계를 수단으로 하는 법해석방법, 즉 법실증주의를 토대로 하는 '개념법학'이 Savigny가 제시한 법해석방법과 다르다고 하는 견해가 타당하다고 하더라도, 후술하는 바와 같이 개념 자체가 다양하게 정의되고 있는 법도그마틱, 특히 '법도그마틱 이론'에 대한 논의에서 Savigny에 대한 오해나 이에 대한 해명은 적확한 접근의 관점과 단서를 제공하는 점에서 유용하기는 하지만, 법해석방법론상 법도그마틱에 대한 논의 필요성과 그 방향 자체를 규정하는 논거가 될 수는 없다.

계내적인 작업'이라고 한다면, 이 작업이 지향하는 또는 이 작업을 통해 확보되는 정당성은 체계의 내적 정합성 또는 이른바 '논리적 실증성'의 차원에서만 인정되는 '형식적 정당성'일 뿐이다.

'정당한 몫'(just desert)의 준거에 대한 가치철학적인 논란은 차치하더라도, 가치배분의 관점에서 법문제에 대한 판단을 상찬(賞讚) 또는 벌책(罰責)의 '정당한 몫'을 양정(量定)하는 것이라고 본다면, 대부분 그러하거니와 입법(자)의 선결정에 의해서 구체적인 법적 판단이 완결되지 않는, 말하자면 '사법재량'(judicial discretion)의 여지가 없지 않은 경우에 법적 판단에는 '형식적 정당성'과는 결이 다른 '도덕성'이나 이른바 '효용의 원칙'(principle of utility) 또는 정의의 원칙에 합치되는 '사회적 관습' 등에 대한 고려가 인입될 수밖에 없다. 일면 언어의 근본적인 의미론적 흠결성 때문에 '실증성'(positivity)을 확보하는데 한계가 있을 수밖에 없는 이른바 '규칙적합성', 즉 형식적인 '합법성'(legality)과, 이른바 '소여'로서 '합법성'의 틀 속에서만 작동되는 법도그마틱의 방법은 타면, 오늘날 불가피한 '가치상대주의'를 거론하지 않더라도, 그 자체만으로는 실질적인 '정당성'(legitimacy)을 담보하지는 못한다. 적어도 헌법재판을 통한 규범통제제도가 거의 일반화된 오늘날의 실질적 법치국가에서 '특허방법으로서 법도그마틱'과 이를 전제로 하는 '합법성=정당성'의 명제는 용인될 수 없다.

형사실무상 널리 활용되고 있는 '양형기준'은 그 자체가 일면 법도그마틱의 산물이기는 하지만, 타면 법적 판단의 준거로서 법텍스트 및 법텍스트작업으로서 법도그마틱의 한계를 인정하는 전제 하에 그 오남용과 그에 따른 자의적(恣意的)인 '사법재량'의 위험을 완화하기 위한 사법정책적 수단이기도 하다. 예컨대, '기준형량'의 설정에 실무상 통용되어 온 기존의 양형기준과 함께 국민의 '법감정'을 비롯하여 특별예방과 일반예방 중의 우선순위, 범죄발생 현황, 재범위험성 등의 다양한 형사정책적인 요소들이 반영되는 바, 이러한 규범적 기준들은 실정형사법의 체계 안에서만 작동되는 도그마틱 작업의 대상이 아니다. 조금 더 완곡하게 표현한다면, 적어도 '형식적 정당성'이 내장된 '체계'의 내외를 가르는 경계선에 걸쳐져 있는 소재이다. 또한 민법이 대표적인 경우로 생각되거니와, 법영역에 따라 상대적이기는 하되, 법실증주의와 이를 토대로 하는 개념법학이 제시하는 '법=법률'의 명제에 근접하는 정도로 고도의 정제(整齊)된 개념으로 법률이 제정되고, '사적 자치의 원칙'을 토대로 하여 실정법체계의 원리와 제도를 구성하는 개념 또는 개념관계의 구조가 매우 조밀하게 구축되어 있는 경우에도 체계내재적인 정당성의 기준들과 체계 외적인 정당성의 기준들 간의 일치는 담보될 수 없다. 적어도 '완전한 동조화'는 있을 수 없다.4) 이는, 나중에 상술하게 될 것이지만, H. Kelsen의 '순수법학이론'으로 대표되는 바, 즉 법실증주의의 작위적인 당위와 존재의 이원론과 전통적인 개념법학의 언어이론적 의제(擬制), 말하자면 "법텍스트를 법규범의 대표자로, 법해석을 사물에 대한 인식으로 보는 의제"(Fiktion vom Text als Repräsentant der Rechtsnorm und von der Auslegung als Erkenntnis)를 지양(止揚)한 유력한 법학방법론으로 평가되는 '법학적 해석학'(juristische Hermeneutik)을 통해 분명하게 확인되고 해명되었다.5) 도덕률이나 자연법을 비롯하여 일체의 상

....

4) 헌법심사를 통한 '계약내용의 통제'는 법도그마틱의 범주에서 보면 민법 도그마틱에 대한 '기본권의 사인 간 효력'을 매개로 한 헌법 도그마틱의 통제라고 할 수 있다. 하지만 해체 또는 그에 근접하는 정도의 전면적인 개방은 아니라 할지라도, 그 본질은 '사적 자치의 원칙'을 토대로 하는 계약론의 공고하고 정치한 민법 도그마틱 성곽의 일부가 이른바 '실제적 조화'(praktische Konkordanz) 및 '법익형량'(Gütersab-wägung) 등의 방법에 의한 헌법적 공략에 의해 타율적으로 균열되어 개방된 것이라고 할 수 있다. 다소간에 가치철학적인 사유와 담론인 점에서 이러한 접근방법이 법도그마틱의 틀을 넘어서는 것은 물론이다.

5) 이와 관련해서는 A. Kaufmann, "Durch Naturrecht und Rechtspositivismus zur juristischen Hermeneutik"(1975), in: Beiträge zur Juristischen Hermeneutik sowie weitere rechtsphilosophische Abhandlungen, 1984, 79-88면. '법해석학'(legal hermeneutics)의 철학적 기초인 '철학적-존재론적 해석학'에 대한 개요와 Esser의 법해석학에 대한 주목되는 연구로는 양 천수, 법해석학, 2017, 특히 29-123, 131-190면. 개념법학

위법을 원천적으로 배제하는 법학방법론의 공준 하에, 오로지 입법자가 제공하는 '일단의 기호체계', 즉 법텍스트에만 의존하여 법규범의 생산과 실천의 과제가 수행될 수 있고, 또한 그래야만 하는 것으로 전제하는 법해석 패러다임의 인식관념은 극복된지 오래다. 특히 법텍스트, 즉 법률의 '효력'(Geltung)과 '의미파악'(Bedeutung), 그리고 '정당화'(Rechtfertigung)의 문제를 분별하는 점에서 이러한 관념과는 거리가 먼, 일종의 '해석학적 순환'(hermeneutische Zirkel)으로 이해되는 법인식의 본질과 구조, 그리고 이 순환의 과정 속에 법해석주체의 전인격이 투사 또는 인입될 수밖에 없는 필연성을 고려하는 경우 더욱 그러하거니와, 오늘날 가치다원주의의 사회에서 '완전한 동조화'는 현실적으로 가능하지 않을 뿐만 아니라, 이론적인 전제로서도 타당하지 않다. 오히려 전제되고 확인될 수 있는 것은 오롯이 '동조화불가'의 명제와 현실이다. 이 명제와 관련하여 '법학적 해석학'의 관점에서 Esser가 제시하는 지침은 단호하고 간명하다:

『규범언어는 규율의 필요성이나 해결가능성에 대한 선판단이 없이는 정당한 해결책, 즉 탐문되는 것에 대하여 도대체 아무 것도 말해 줄 수 없다. 가능한 지침, 말하자면 탐문되는 텍스트의 의미와 관련하여 특정한 규율문제를 끌어들이는 것은 일종의 결단의 행위이다. 법률학적 해석학에서 관건은 바로 이 '끌어들임'(Herantragen)이다.』[6]

이러한 '동조불가능성'은 모든 법영역에서 보편적인 현상이다. 하지만 당연히 그 정도에 있어서 차이는 있고, 극복 또는 보완의 가능성과 그 방법들도 같을 수는 없다. 특히 정치규범, 가치규범으로서 특성과 함께 이에 따

....

의 언어이론적 의제에 대한 상론과 비판은 관해서는 F. Müller/R. Christensen/M. Sokolowski, Rechtstext und Textarbeit(1997), 이 덕연(역), 법텍스트와 텍스트작업, 2005, 17-24면.

6) Esser(Fn. 1), 137면 이하.

라 사용되는 개념의 고도의 추상성이 부각되는 헌법의 경우 이 '동조불가
능성'은 일반 법률의 경우와 단순한 정도의 상대적인 차이가 아니라 차원
을 달리하는 범주의 문제로 주어진다. 특수한 양식이기는 하지만 헌법도
법률이라는 점에서 일반적인 법률해석방법론이 그대로 적용될 수 있다고
하는 주장은 그 기능적 한계를 전제로 하는 또는 그 한계를 명확하게 확인
하기 위한 서론적 성격의 일반론으로서만 타당하다.

개념정의에 대해서는 나중에 상론하되, 일단 잠정적으로 법도그마틱을
"법원칙과 개념들을 하나의 구조로 체계화하고, 이를 통해서 법에 대한 예
측과 검증이 가능한 이해와 실제 적용의 가능성을 확보하게 해주는 작업"[7]
으로 보는 경우 이는 구체적인 법실무에 대하여 일종의 '규범적 소여'로 주
어지는 실정법텍스트에 대한 논리적인 분석작업이다. 주지하는 바와 같이,
헌법해석의 경우 흔히 선재하는 의미를 단순히 발견하는 의미의 '해석'이
아니라 규범의 '구성'에 초점을 맞추어 '실현', '형성' 또는 '구체화'로 표현
하는 것도 같은 맥락에서이거니와, 일반 법률과 그 본질과 구조 및 기능이
근본적으로 다른 헌법의 경우에 이 '규범적 소여'로 주어지는 부분은 근본
적으로 동일한 해석방법으로 접근할 수 없는 정도로 미미하다. 이러한 맥
락에서 국가철학, 도덕철학 및 정치적 이데올로기 등과의 연관성이 직접적
이고 다면적인 헌법해석론의 차원에서 보면 '헌법도그마틱'은 거의 일종의
'형용모순'(oxymoron)으로 여겨진다. 헌법해석의 출발점 또는 준거로 주어
지는 내용의 측면에서든 또는 '규범적 소여'로 주어진 방법론으로서든 헌
법철학 및 헌법이론과의 관계에서 그 범주가 명확하게 구별 및 획정되기
어렵기 때문이다. 기본권규정에서 특히 부각되는 바, 즉 헌법개념의 고도의
추상성과 가치관계성에 기인하는 규범과 사태 간의, 그리고 해석자와 해석
대상인 헌법텍스트 간의 역동적인 상호작용의 관계도 헌법해석에 특유한

....

7) W. Brohm, Die Dogmatik des Verwaltungsrechts vor den Gegenwartsaufgaben der Ver-
waltung, in: VVDStRL 30(1972), 246면.

구조적 요인으로 제시될 수 있을 것이다. 예컨대, 헌법의 특유한 해석방법
으로서 '관점(topos)론적 해석'이나 '현실기준적 해석' 등은 이러한 관계구
조를 주목하여 전통적인 법해석방법에 대한 대안으로 제시된 것이라고 할
수 있다.

이들 방법론은 우선 현대 언어학에서 분명하게 확인된 바, 즉 일종의 '의
미덩어리'인 규범이 법텍스트와 동일시될 수 없고, 또한 법규범이 해석작
업에 선재하는 것이 아니라 해석의 결과로 획득된다는 점을 인식하지 못한
고전적인 법해석방법, 특히 법실증주의의 근본적인 인식론적 오류와 함께
그 특성과 기능이 근본적으로 다른 헌법과 일반 법률을 동일시하는 작위적
인 의제를 파기한 점에서 이론적으로 타당하다. 법텍스트에 대한 이해를
단순히 선재하는 의미의 '순수한 수용'(rein Rezeptives)이 아니고, 하나의
'실천적인 형성적 행위'(ein praktisches, gestaltendes Handeln)로 보는 A.
Kaufmann의 견해는 헌법해석의 경우에 더욱 타당하다.[8] 또한 해석작업에
서 '사태', 즉 '현실'과, 구체적인 사안에 초점을 맞추어 텍스트를 매개로
하여 규범과 교차적인 관계에 있는 현실을 바라보는 '관점'을 헌법텍스트
작업의 핵심요소로 제시한 점에서 이 헌법해석방법들은 적어도 해석의 주
체 또는 해석자의 '도덕관념'이나 '정의관념' 등의 주관적인 요소들을 원천
적으로 해석작업에서 배제하고 법문언에 집착하는 이른바 '논리적 실증주
의'와 전통적인 개념법학의 틀을 벗어난 대안으로 평가될 수 있다.

하지만 '현실'과 '관점'을 중시하는 이 방법들에는 해석자의 가치적 선판
단과 세계관 또는 이데올로기 등과 같은 주관적인 요소들과 연관되는 점에
서 당연히 '자의성'과 '불확정성'의 위험이 수반될 수밖에 없다. '법전 속에
서의 법발견'의 가능성과 당위성을 주장하는 고전적인 법해석론이 제기하
는 비판의 핵심은 '법전을 벗어난 법탐구'는 법해석자의 주관적인 성향에

....

8) A. Kaufmann(Fn. 5), 85면.

따른 자의적인 법해석 및 법적 결정으로 귀결되고, 궁극적으로 법치국가의 토대인 '법적 안정성'과 법 및 법적 판단의 객관성, 가측성 등의 요청에 부응할 수 없는 것이다.[9]

요컨대, 이러한 비판에 대한 반론의 맥락에서 보면, '관점론적 헌법해석방법'의 타당성은 결국 두 가지 조건에 달려 있다. 첫째는 법해석작업의 본질이 확정된 상태로 법전 속에 선재하는 규범을 단순히 발견해내는 것이 아니라 법텍스트작업의 결과로 비로소 규범을 획득하는 것이라는 언어학 및 인식론적 전제에 대한 확인이고, 둘째는 해석자의 주관적인 입장이나 관점에 따라 법텍스트의 의미, 즉 규범의 내용이 달리 형성되고, 그에 따라 법적 결정이 다소간에 불확정적일 수밖에 없음에도 불구하고 구체적인 헌법적 결정에 대한 예측과 통제의 가능성을 담보할 수 있는 수준의 객관적 타당성이 확보될 수 있다는 점을 얼마나 설득력 있게 논증하고, 그 구체적인 실천의 수단과 방법을 제시할 수 있는가 하는 것이다. '법텍스트 중심주의' 또는 '문언중심적 법해석론'의 입장에서는 여전히 언어의 '확정성', 즉 '단어들은 특정한 의미를 갖는다'는 전제를 고수하고 있지만,[10] 후술하는 바와 같이, 이 전제는 이미 현대 언어학에 의해 분명하게 부정되었기 때문에 첫째 조건은 더 이상 상론할 필요가 없다. 다만, 이 논점과 관련해서는 강조의 취지에서 이전에 발표하였던 논문 중 일부를 전재하고(Ⅱ. 6, (3), 3) '헌법해석과 언어'), 논의의 흐름상 필요한 경우에 맥락을 되짚어보는 범위에서 간략하게 재론될 것이다.

문제는 두 번째 조건이다. 잠정적으로 결론부터 제시하면, 이 문제는 문제의 존재와 그 내용에 대한 인식은 가능하지만, '개방된 담론'의 촉구 외

....

9) 이와 관련된 개괄적 설명으로는 허 영, 한국헌법론, 2020, 68-69면.
10) '텍스트주의' 또는 '텍스트중심주의', '문언중심주의' 등의 용어사용에 대한 논의와 이 논제와 관련된 상론으로는 최 봉철, "문언중심적 법해석론 비판", 김 도균(엮음), 한국 법질서와 법해석론, 2013, 33-55면.

에 다른 해결책은 기대할 수 없는 일종의 딜렘마로 주어지는 난제이다.[11]
바로 이 지점에서 이른바 '논리적 실증주의'를 토대로 하는, 일종의 '과학
적인 방법'으로 자처하는 법도그마틱이 난제해결의 적임자로 나서는 것은
논쟁의 맥락에서 보면 일견 유효하고, 자연스러운 것으로 여겨진다. 하지만
전술한 전제의 오류를 차치하더라도, Esser가 적확하게 비판하는 바와 같
이, 정당성의 판단은 그 어떤 합리성에 의해서도 대체될 수 없거니와, 판단
요소들의 형식화를 통해 "개별 영역들에서 정의에 대한 탐문들이 법적으로
가동될 수 있게 만드는"(Gerechtigkeitsfragen in ihren Einzebereichen juristisch
operational zu machen) 법도그마틱의 방법으로 모든 영역과 층위의 법적
문제들을 해결할 수 있다고 주장하는 것은 정당성의 문제에서 불가피한 근
본적인 가치 및 가치충돌의 문제들을 억지로 가치판단과 '절연'(Isolieurng)
시키거나 형식 속으로 '흡수'(Absorption)하여 '가치사유'의 문제를 단순한
논리의 문제로 가공하여 문제제기를 왜곡하거나 회피하는 것이다.[12] 이러
한 점에서 '정의에 대한 합의 불가능성'에도 불구하고 또는 바로 이 합의불
가능성을 이유로 하여 '도그마틱 절대화'의 맥락에서 형식적 합리성과 함
께 법적 판단의 실질적 정당성도 최대한 확보할 수 있는 최적의 법학방법
으로 제시되는 법도그마틱은 '사이비 탈출로'(scheinbarer Ausweg)에 불과
하다.[13] 민형사법 등의 일반법에서도 다르지 않지만, 특히 헌법의 경우에

---

11) 근본적으로 '언어의 불확정성'에 기인하는 법적 판단의 딜레마는 현실과 이념의 괴리
　　와 연결되어서 '트릴레마'의 상황으로 주어진다. 이와 관련하여 박 은정 교수의 문제
　　인식은 '언어의 불확정성'을 의식하지 않아도 될 정도로 분명하다:『법은 적나라한
　　'현실'이면서도 이 현실을 '이념'에 연관짓고, 종래는 이 인간사에 대해 돌이킬 수 없
　　는 실존적 '결정'을 감행하는 '트릴레마'의 숙명을 안고 있다. 법은 결코 다른 식으로
　　는 다룰 수 없는 갈등해결을 위해 이 '트릴레마' 속에서 불완전한 합의를 추구해가는
　　것이기에, 인간사에 관한 그 어떤 이론도 법의 그것만큼 불안정하지는 않을 것이다.』,
　　"법관과 법철학", 법학, 서울대학교 법학연구원, 제53권 제1호(2012), 300면.
12) J. Esser, "Möglichkeiten und Grenzen des dogmatischen Denkens im modernen Zivil-
　　recht", in: Archiv für die civilistische Praxis, Bd. 172(1972), 113면.

는 더욱 그러하다. 거의 대부분이 그러하거니와, '정의'의 관념과 연관되는
사회적 분쟁들에 대한 가치판단에서 일반적인 의견일치가 있을 수 없는 오
늘날 (극)다원화된 사회에서 법적으로 정리된 판단공준을 준거로 하여 일
반적으로 납득될 수 있는 법적 결정을 가능하게 만드는 것은 현실적으로
불가능하고, 이 불가능성을 부정하는 법이론과 법학방법론은 시종일관 무
리한 '의제'(擬制)일 수밖에 없기 때문이다.

　법해석론의 관점에서도 개념 및 개념으로 구성된 '폐쇄체계'의 '자기완
결성'과, 이 자족적인 체계 속에서의 '형식적 합리성'만을 준거로 하는 '자
기정당화'는 용인될 수 없다. 이른바 '쉬운 사건'(easy case)들의 경우에도
부각되지 않는 것일 뿐, 모든 해석의 공준들 자체가 해석 및 선택의 대상인
것은 마찬가지다. C. R. Sunstein이 단언하는 바와 같이, "어떤 법해석론도
자체적으로 정당화되지 못한다. 관건은 정당화 자체가 아니라, 그 정당화가
설득력이 있는지 여부이다."[14]

　이러한 맥락에서 보면, 결국 '무한순환'의 구조로 보든 또는 '파리병'(fly-
bottle)[15]의 은유로 표현되는 협소한 '폐쇄체계'의 구조로 보든 언어의 용기
에 담겨져 있는 의미의 '확정성'을 전제로 하는 전통적인 법학방법론은 빠
져 나올 수 없는 '미궁'(迷宮)의 상황을 피할 수 없다. 이 딜레마 상황 자체
를 부정하는 것은 법의 양면성, 즉 '법적 안정성'의 요청과 연관되는 '실증
성'(positivity)과 함께 본질적으로 불확정적인 정의이념을 지향하는 '당위
성'을 포함하는 법규범의 본질과 구조에 대한 의도적인 외면이고, 현실과
이념의 간극 속에서 법문제에 대한 타당한 해결을 요구하는 현실세계에 대

----

13) J. Esser(Fn. 1), 91면.

14) C. R. Sunstein, Legal Reasoning and Political Conflict, 1996, 180면: "No theory of
   interpretation justifies itself. The question is whether the justification is convincing,
   not whether it is a justification."

15) S. Hershovitz, "The End of Jurisprudence", in: The Yale Law Journal, Vol. 124(2015),
   1163-1167면.

한 인식의 오류이고 또한 '소여'로 주어지는 법언어 및 언어를 수단으로 하는 법적 사유의 한계를 부정하는 교조적인 독단, 즉 '도그마'일 뿐이다. 하지만, 그렇다고 해서 고민을 포기하고, 일체의 판단을 보류하는 것도 문제를 회피하는 것일 뿐, 선택 가능한 대안이 될 수는 없다. '참여자' 또는 '결정자'로서 주로 법도그마틱의 방법으로 실정법을 해석하고 적용하는 법관을 비롯한 법적 결정의 실무자의 입장에서는 물론이고, '관찰자'로서 늘 보다 나은 대안을 지향하는 비판적인 법학방법과 법이론을 추구하는 법학자들의 입장에서도 성급한 체념과 냉소적인 '허무주의'(nihilism)는 금기의 명제이다.

법학의 학문성에 대한 학문이론차원의 문제제기와 연관되는 명제인 '자기반성'과 이를 통한 '자기극복'은 법해석론 또는 법적용론에서도 불가피한 과제로 주어진다. 그 전제조건과 현실적 가능성 및 이론적 타당성은 면밀하게 검토되어야겠지만, '자족성' 또는 '자기완결성'을 전제로 대안과 보정을 모색하는 비판이론을 거부해왔던 전통적인 도그마틱적 법학을 지양하고, 종래 소통이 차단되어 왔던 '도그마틱'과 '이론'을 다시 연결하여 새로운 '도그마틱적 소통의 관계'(dogmatischer Kommunikationszusammenhang)를 구성하려는 시도나,16) '폐쇄체계'의 개방을 통한 법 및 법적 결정의 역동화의 필수성과 기능성 및 그 한계를 탐색하는 이른바 '계몽된 법도그마틱'(aufgeklärte Rechtsdogmatik)의 구상들이 주목되는 것은 바로 이 때문이다.

'법률충실'(Gesetzestreue)의 요청과 함께, 입법을 포함하여 모든 법운용의 과정을 지배하는 최고의 가치적 지표로서는 확인될 수 있지만 그에 이르는 명확한 노정은 알 수 없는 '정의이념'에 부응해야 하는 법학 및 법해석방법론에서도 한계 극복의 첫걸음은 한계 자체를 인정하는 것이다. 좌우지간에 무분별한 인정이 아니라, 어떤 연유들로 인해, 어떤 층위와 지점에

....

16) 이와 관련해서는 특히 M. Pöcker, Stasis und Wandel der Rechtsdogmatik, 2007.

서 한계의 심연(深淵)이 얼마나 넓고 깊게 획정되는지 그 구조와 맥락을 성찰하는 것이다. 모든 법적 사유의 출발점이라고 할 수 있는 이 '성찰적 인정'의 성과는 오롯이 법해석자의 겸손하면서도 치열한 '자기반성'과 이를 토대로 하는 일종의 '집단적 지성'의 주체로 기능하는 '법해석자 공동체'의 '개방된 담론'의 수준, 즉 소통의 폭과 깊이에 달려 있다. 일반적인 법해석론에서도 요구되는 이러한 성찰과 개방의 태도가 헌법해석의 경우에 더욱 각별한 의미를 갖는 것은 물론이다. 헌법재판실무상 적잖이 활용되어 왔지만, 종래 독자적인 논제로 많이 연구되지 못한 '전형상 준거 헌법해석방법'에 대하여 탐색해보고자 하는 것도 헌법의 해석과 적용에서 더욱 부각되는 법도그마틱의 한계에 대한 법학방법 및 법해석론적 관심이 주된 동인이었다.

전적으로 필자의 정리가 덜 된 '선이해'의 탓이기는 하되, 서언이 장광설이 되고 만 것은 이러한 한계와 그 함의를 보다 분명하게 확인하고 논의를 시작하는 것이 마무리 부분에서 용두사미격의 결론에 대하여 구구한 변명을 하는 것보다 더 나을 것으로 생각하였기 때문이다.

다음의 논의는 크게 네 부분의 내용으로 진행된다. 우선 법이론의 차원에서 법도그마틱의 개념 및 본질과 함께 법인식방법으로서 법도그마틱의 특성과 기능을 개관한다. 더 나아가서 심리학적 관점에서 복합적인 법인식 작업의 본질과 함께 법도그마틱으로 포착할 수 없는 법결정의 요소로서 법감정의 문제를 해명함으로써 이른바 '포섭도그마'의 오류와 기능적 한계를 확인하고, 전통적인 법도그마틱을 벗어난 '도그마틱 이론' 구성의 가능성을 검토한다(Ⅱ).

이어서 법률해석과 구별되는 헌법해석, 특히 '관점론적 해석방법' 등 헌법에 특유한 해석방법의 필수성과 그 기능적 효용을 법해석론의 차원에서 정리하고, 고전적인 법해석방법을 그대로 적용하는 점에서 긍부정의 의견이 엇갈리는 법도그마틱의 문제, 특히 합리주의적인 인식관념을 토대로 하는 '규칙적용 패러다임'의 구조적, 기능적 한계가 더욱 분명하게 드러나는 헌법도그마틱의 한계를 해명한다(III).

마지막으로 헌법실무상 헌법해석방법론의 하나로 적잖이 활용되어 왔지만 이제까지 독자적인 논제로 주목되지 못한 이른바 '전형상'(典型像: Leitbild, guide-image or figure)을 준거로 하는 헌법해석방법의 가능성과 한계를 비판적으로 검토하고, 이어서 합리적인 적용의 조건들을 탐색한다. '헌법 속의 은유' 및 '은유 속의 헌법'의 관점에서 헌법과 은유의 관계를 개관하고, 특히 '언어기호'가 아니라 '형상'을 준거로 하는 '은유'(metaphor)의 통각적인 인식방법인 점에서 '관점론적 해석방법'이나 '이익형량의 방법'과 구별되는 독자적인 헌법적 사유 및 헌법해석방법으로서 그 본질과 기능적 효용을 해명한다(IV).

Ⅱ. 법도그마틱의 개념과 법인식방법으로서 본질과 기능 및 한계

1. 법도그마틱의 개념

(1) 개요

P. Laband는 법을 오로지 논리적으로만 취급하는 법실증주의 또는 개념
법학의 법학방법론에 대한 비판에 대하여 상당 부분 동조하면서도 "법학과
(법)도그마틱은 같은 것이다"라고 단언하였다.[17) 1894년에 Laband가 도그

....

17) P. Laband, Vorwort zur 2. Aufl., Staatsrecht des Deutschen Reiches, 1894. R. Dreier,
   Zur Problematik und Situation der Verfassungsinterpretation(1976), in: Recht-Moral-
   Ideologie, 1981, 111면에서 재인용. 후에 상술될 것이지만, 우선 이 글에서 사용되는
   '도그마틱'이라는 용어는 대체로 독일에서 통용되는 의미로 사용된다는 점을 밝혀 둔
   다. 1866년 이래 발간되기 시작한 R. Jehring의 "Jahrbücher für die Dogmatk des
   heutigen römischen und deutschen Privatrechts"에서 널리 통용되기 시작한 '도그마틱'
   은 오늘날 다양한 의미를 갖는 용어로 사용되고 있다. 학문과 실무가 다소간에 분리
   되어 있는 영미법권에서는 법실무와 법학 간의 일종의 '교집합'에 해당하는 독일의
   용례와는 다른 의미, 즉 '학설'의 의미로 'doctrine'이라는 용어가 일반적으로 사용되고
   있다. 이는 유럽 대륙법권의 경우에도 다르지 아니하다. 또한 '재판'은 'jurisprudence'
   나 'iurisprudenza'라는 용어가 사용된다. 이탈리아에서 'dootrina'라는 용어는 한 나라
   의 동시대의 모든 법적 저자들의 글 전체로 이해된다. 프랑스의 경우에도 독트린과
   재판은 분명하게 분별된다. 'La doctrine'이라는 용어는 실체법이 아니라 법률가들의
   언어공동체와 연관되는 통일개념으로 사용된다. 이에 따르면 독트린은 그 자체로 천
   명되는 것에 그치고, 유효한 법으로의 전환을 전제로 해야만 하는 것은 아니다. 법,
   학문, 그리고 실무는 법에 대한 공술들의 관점에서 분명하게 구분되어 있고, 독일의
   경우와는 달리 '도그마틱'을 매개로 하여 실체법적으로 연결되지 않는다. 이러한 점에
   서 실무와 학문 간의 본질적인 결합은 도그마틱에 대한 독일의 관념 속에서 발현되는
   특수성으로 주목된다. O. Lepsius, "Kritik der Dogmatk", in: G. Kirchhof/S. Magen/
   K. Schneider(Hg.), Was weiß Dogmatik?, 2012, 47-48면. 다만, 독일의 경우에도 비교

마틱을 '순수한 논리적 사유작업'으로 파악하면서 법도그마틱의 학문적 과제를 "특정한 실정법을 대상으로 하여 개별 법조문을 좀 더 일반적인 개념들에 귀착시키고 또 한편 이 개념들에서 도출되는 결과들을 추론의 방법으로 법제도를 구성하는 것"이라고 정리한 것은 오늘날의 법도그마틱에 대한 논의에서도 그대로 원용될 수 있다. 법학의 범주를 법도그마틱에 국한되는 것으로 보지 않는 입장을 취하는 경우에도 법도그마틱의 독자적인 효용과 기능적 장점을 주목하는 입장에서는 법해석론상 논리학의 대체불가능성을 근거로 하여 전술한 법학의 과제를 실천할 수 있는 유일한 수단은 법도그마틱 뿐이라는 단언으로 자신들의 주장을 매조지할 수 있다. 특히 도덕을 비롯하여 역사, 정치 및 철학적 관점 등은 그 자체가 아무리 유용하다고 하더라도 논리적인 구성작업의 흠결을 은폐하는데 도움을 주는 것일 뿐이고, 구체적인 법소재를 다루는 법도그마틱의 작업과 관련해서는 중요한 의미를 갖지 못하는 것으로 보는 것은 오늘날의 논의에서도 오롯이 실정법을 준거로 한 법적용에서 '법적인 것'과 '비법적인 것'을 분명하게 구별하여 법의 자기완결성과 법해석 및 법적용의 방법으로서 법도그마틱의 독자성을 강조하는 입장에서 흔히 제시되는 주요 논거들이다.

반면에 법도그마틱의 근본적인 언어학적 전제와 인식론 및 법이론의 틀을 부정하고, 그 역기능과 단점을 주목하는 유력한 반론들의 관점에서는 법학과 법도그마틱이 같은 것이 될 수 없다. 법을 오로지 논리적으로만 취급하는 도그마틱이 지배적인 법학방법론으로 득세하는 것이 법학에 가장 해로운 편향성을 초래하고 법학을 기형화한다고 보는 진단이나, 법철학, 법

적 최근에 '법학'(Rechtswissenschaft)과 구별되는 독자적인 용어로 '법도그마틱'(Rechtsdogmatik)이 사용되기 시작하였다. 이는 우선 법이론과 마찬가지로 법체계 내에서 '관찰자'의 관점이 전개된 것에 따른 결과이며, 동시에 '이차적인 질서'에 대한 관찰의 차원에서 실정법에 대한 공술의 전문화된 규율과 이를 준거로 하는 자기확신의 요청이 부각된 것에 따른 것으로 분석되고 있다. Th. Vesting, Rechtstheorie, 2007, 10면, Rn. 19.

사학 등 기초학문연구의 중요성과 법(학)에 대하여 역사학, 경제학, 정치 및 철학 등이 갖는 가치가 간과되는 것을 경계하는 관점들이 그것이다.[18] 특히 공법분야에서 부각되는 (입)법실무상의 변화, 즉 '재판규범'에서 '행위규범'으로의 전환이나, '분쟁지향형 소송'의 '정책지향형 소송'으로의 변화 속에서 '법-정의의 사고방식을 기반으로 하는 법해석론'과 '목적-수단의 사고방식을 토대로 하는 법정책론' 간의 융합과 함께, 특히 입법론의 차원에서 법정책적인 접근의 필수성을 강조하는 입장이나, F. Werner의 '구체화된 헌법으로서 행정법'(Verwaltungsrecht as konkretisiertes Verfassungsrecht)의 명제에 대한 비판적 성찰을 토대로 '추상화된 행정법'으로서 헌법과 행정법의 교호 및 의존의 관계를 주목하면서 개인을 중심에 두는 민주적 법치국가원리의 공법시스템 속에서 헌법(학)과 행정법(학)의 활발한 소통과 상호 학습의 필수성을 강조하는 견해도 헌법 도그마틱과 행정법 도그마틱의 개방과 유연화를 주문하는 것으로 이해되는 바, 같은 맥락에서 이해된다.[19] 나중에 다시 언급되거니와, 독일에 활발하게 개진되고 있는 이른바

---

18) M. Jestaedt는 비교학문적 관점에서 독일의 특유한 학문관을 토대로 하는 법도그마틱의 모델이 세 가지 측면, 즉 국제적인 측면, 학제적인 측면 및 법학 내부의 관점에서 비판되고 있으나, 각각의 비판에 대하여 차별화된 대응과 비판적 성찰이 필요하다는 전제 하에 '법질서를 탐색하는 학문'(rechtsordnungsradizierende Wissenschaft)으로서 구체적인 형태를 갖춘 이른바 '독일형 법도그마틱'(deutsche Format der Rechtsdogmatik)의 탁월한 성과가 외면되어서는 아니된다는 점을 강조하고 있다. "Wissenschaft im Recht", in: JZ, 2014, 1-12면.

19) 이에 관한 상론으로는 특히 이 호용, "법해석과 법정책의 관계", 저스티스 제145호 (2014), 223-252면. 같은 맥락에서 개인의 권리보호에 초점을 맞춘 전통적인 공법의 '행위형식론'(Handlungsformenlehre)의 효용이 경시되어서는 아니된다고 전제하되, 다른 한편 실증적인 사회과학, 특히 경제학과 연계된 공법 및 공법방법론의 필요성을 강조하면서 학제적 연구과제로 이른바 공법의 '법학방법론'(juristische Methode)의 틀을 벗어난 '공법의 경제이론'(ökonomische Theorie des öffentlichen Rechts)의 모색을 주문하는 논의로는 J. F. Linder, "Verfassungsrechtliche Rahmenbedingungen einer ökonomischen Theorie des öffentlichen Rechts", in: JZ, 2008, 957-1008면. 행정법학의 연구대상을 '공동체 현안문제의 성격과 내용의 정확한 파악'과 '정책을 법적인 관점

'신사조 행정법학'도 '행정행위'의 합법성통제에 초점을 맞추는 '응급처치법'의 차원을 넘어서 'good governance'를 지향하는 '정책규범'으로서 행정법의 역할과 기능을 주목하는 논의기조의 일환이거니와, 그 출발점 및 핵심화두는 전통적인 개념법학의 틀을 벗어나지 못한 '행정법 도그마틱'의 극복이다.

이러한 점을 고려하면, 논의의 폭과 깊이는 더해졌다고 할 수 있지만, 의외로 학문적 차원에서의 법도그마틱에 대한 논의의 윤곽과 그 대강의 내용은 본질적으로 달라지지 않았다고 해도 과언이 아니다. 입법의 합리성을 담보하는 것으로 상정되었던 입법자, 즉 의회 구성의 정치사회적 환경이 구조적으로 변화되었고, 의회입법자의 민주적 정당성 및 입법의 합리적 타당성을 담보하는 결정적인 절차적 요소로 제시되는 '토론'과 '공개성'도 정당국가적 민주주의의 정치과정 속에서 그 맥락과 기능이 근본적으로 변질되었고, 또한 법문제가 발생되는 정치경제 및 사회적 환경과 그에 따라 당연히 법 또는 법소재 자체가 양적, 질적으로 한 세기 이전의 그것과는 비교할 수 없을 정도로 변화되었고, 따라서 개별 법영역에 따라 차이는 없지 않지만, 일반적으로 법의 '체계성' 자체를 기대할 수 없는 사정에도 불구하고 모든 법적 문제에 대한 정답이 내장되어 있는 '자기완결적인 폐쇄체계'로

에서 평가하여 종국적으로 법령을 통하여 실현하는 일련의 과정'으로 보는 입장에서 해석론과 정책론의 연계, 말하자면 경제학, 정치학, 사회학 등 인접사회과학과의 학제적 연구의 필요성을 강조하는 김 성수 교수의 견해도 되짚어봄직 하다. 일반행정법, 제9판, 2021, 7-8면. "우리의 공법질서를 비롯한 전체 국가시스템이 여전히 일본의 관헌국가적 잔혼을 씻어내지 못한 상태이고, 이것이 국가와 공동체의 혁신과 진화를 가로막고 있다"고 진단하며 공법의 현대화를 지향하는 '행정법과 헌법의 대화'를 주문하는 김 중권 교수의 주장도 주목된다. "행정법이 헌법에 있고, 헌법이 행정법에 있기 위한 모색 – 민주적 법치국가원리를 바르게 구현하기 위한 행정법과 헌법과의 대화", 헌법학연구, 제26권제4호(2020), 207-253면. 생각건대, 본 연구에서 초점을 맞추고 있는 법도그마틱에 대한 비판적 성찰도 바로 이러한 대화의 필요성을 해명 및 확인하는 것인 동시에 그 자체가 대화의 주요 내용의 일부라고 할 수 있다.

서 실정법을 전제로 하는 법해석 및 적용의 방법으로서 법도그마틱이 건재한 것은 일견 기이한 것으로 여겨진다.

하지만, 오늘날의 법이론적 논의에서 획일적으로 구분될 수는 없기는 하되, 법해석론의 차원에서 법도그마틱에 대한 긍정의 입장과 부정적인 입장의 대립이 법의 본질과 개념 및 효력(타당성: validity), '법원'(法源) 등 법학의 핵심논제들에 대한 근본적인 관점의 차이와 연관되는 점에서 보면, 이러한 불변의 현상은 오히려 당연한 것으로 생각된다. 전술한 바와 같이, 이른바 '법학적 해석학'을 통해 상당부분 지양되었지만 여전히 유지되고 있는 법실증주의와 자연법론의 대립도 법도그마틱에 관한 논의의 배후에서 직간접적으로 온전히 그 영향력을 미치고 있다고 본다면 불가피한 것으로도 볼 수 있다. '실정법의 위기에서 법을 다른 눈으로 보게 하는 이념적 요청'으로 나타난 것이 자연법이거니와, 자연법이론이 "실정법의 근거에 관한 이론인 동시에 실정법의 한계에 관한 이론"[20]이라고 한다면, 법해석론 차원에서 보면 법적 결정의 준거로서 실정법의 한계와, 법적 결정의 방법으로서 실정법해석의 한계는 오롯이 법인식의 방법으로서 법도그마틱의 기능적 효용과 한계의 문제로 귀결되기 때문이다.

아무튼 법이론 및 법실무상 긍부정의 평가와는 무관하게 1973년에 '법도그마틱의 사망'을 확인한 U. Meyer-Cording의 진단은 오진이었다.[21] 거의 반세기가 지난 현시점에서도 그러하다. 법도그마틱은 학문적으로든 법실무 속에서든 여전히 법률가들의 직무를 지배하고 있다. 매일매일 수없이 많은 재판을 비롯한 거의 모든 법적 결정에서 법도그마틱의 방법이 활용되어 법도그마틱 자체가 재생산되어 축적되고 있고, 법도그마틱의 범주에서 또는

....

20) 박 은정, 자연법사상, 1987, 169-170면.

21) U. Meyer-Cording, Kann der Jurist heute noch Dogmatiker sein?, 1973, 32면. Ch. Waldhoff, "Kritik und Lob der Dogmatik, Rechtsdogmatik im Spannungsfeld von Gesetzesbindung und Funktionsorientierung", in, G. Kirchhof/S. Magen/K. Schneider (Hg.), Was weiß Dogmatik?, 2012, 21면에서 재인용.

법이론의 차원에서 그 결과에 대한 법도그마틱적 분석과 평가작업이 수행
되고 있다. 법학강의와 변호사시험도 거의 대부분이 실정법에 대한 법도그
마틱의 분석과 종합에 할애되고 있다.

　하지만, 그럼에도 불구하고 정작 법도그마틱이 무엇인지 그 개념은 여전
히 불분명하다.[22] 법도그마틱의 개념정의는 포기될 수밖에 없다는 주장을
비롯하여 그 본질상 다양한 측면에서 '기술'(記述)될 수 있을 뿐이라는 건
해들이 제시되고 있다.[23] 법도그마틱이 법해석의 유일한 준거 또는 한계로
제시하는 '문언의 언어관례상의 의미', 말하자면 '법규정의 가능한 의미'
또는 '문언상 해석가능한 의미' 자체가 극히 불확정적인 것과 마찬가지로
또는 바로 이러한 이유에서 '법도그마틱' 자체도 합의된 개념정의를 기대
할 수 없는 고도의 '불확정개념'으로 남아 있다.

　다만, 현실적으로는 대체로 F. C. v. Savigny의 법해석방법과 유사한 개념
으로 법도그마틱이라는 용어가 무비판적으로 통용되어 왔거니와, Savigny류
의 개념법학과 법도그마틱이 동일시될 수 없다면 이를 전제로 하는 법도그
마틱 비판론은 이른바 '허수아비 비판'에 불과하다. 종래 주목할 만한 연구
성과들이 없지는 않았지만,[24] 명실공히 '법도그마틱의 종주국'이라고 할

----

22) 이에 대한 요론으로는 Ph. Sahm, "Das Unbehagen an der Rechtsdogmatik", in: Rechts-
geschichte - Legal History, 26(2018), 358면.

23) W. Naucke, Rechtsphilosophische Grundbegriffe, 3. Aufl., 1996, 17면. Ph. Sahm
(Fn. 22), 358면에서 재인용.

24) 대표적으로 배 종대, "우리나라 법학에 대한 반성과 전망: 형법학을 중심으로", 현상
과 인식, 제11권 제1호(1987), 113면; 김 영환, "법도그마틱의 개념과 그 실천적 기
능", 법학논총, 한양대학교 법학연구원, 제13집(1996), 59-80면; 이 상돈, 법이론,
1996; 김 도균(엮음)(Fn. 10); 강 희원, "법해석과 법률가:「법말씀론」의 해석학적 반
성", 법철학연구, 제22권 제3호(2019), 105-156면. 개별법 교과서들의 경우는, 필자가
개괄적으로 검토한 범위에 한정해서 보면, 대체로 '법도그마틱'이라는 용어는 사용하
지 않으면서 '(어의학적) 법해석론=법도그마틱'이라는 암묵적인 전제 하에 Savigny의
법해석방법을 중심으로 하여 법해석의 방법에 대해 개괄적으로 기술하고 있다. 소수
의 일부 교과서에서 예외적으로 '법도그마틱'의 용어를 사용하면서 간단한 요론을 제

수 있는 독일에서조차 그러하다면, 우리의 경우에 더더욱 적확한 진단으로 생각되는 바, 법도그마틱에 관한 연구가 미흡하다는 지적과 그나마 대부분의 논의들이 '순환론'에 빠져 있고 그 중점이 모호하다는 주장은 여전히 유효하다:

『논의의 대상인 법도그마틱의 구체적인 내용에 대해서는 별로 설명하지 않은 채, 단지 법도그마틱의 부정적인 결과만을 지적하는데 급급하다. … 대다수의 비판가들은 나름대로 법도그마틱에 대한 자화상을

....

시하고 있을 뿐이다. 예컨대, 허 영 교수는 헌법과 일반 법률을 동일시하는 출발점부터 일종의 '의제'(Fiktion)라는 점에 대한 지적과 함께 실정법의 의미를 우선 '언어학적 방법'에 의해 찾아내려는 법실증주의적 입장을 비판하는 입장에서, 사법(私法)에 초점을 맞춘 v. Savigny의 해석방법론을 그대로 헌법에 적용한 이른바 '고전적 해석방법', 말하자면 '어의학적 해석방법'보다는 '헌법체계적·규범목적적 해석방법'이 우선 되어야 한다고 주장한다. 헌법해석의 기준으로 "헌법규범의 객관적인 의미와 내용을 찾아내려는 객관적 이론"을 전제하는 점에서, 논의의 맥락상 '어의학적 해석방법'은 (헌)법도그마틱과 유사한 의미로 이해하고 있는 것으로 추측된다. 헌법이론과 헌법, 신9판, 2021, 93, 102-103면. 교과서 중에 법도그마틱의 용어를 사용하면서 간단하지만 핵심적인 요론을 제시한 대표적인 예로는 임 웅, 형법총론, 제8판, 2016, 10-11면: 『형법학교과서가 취급하는 범위는 대체로 협의의 형법학, 즉 형법해석학(형법도그마틱: 실정형법의 해석과 체계화에 기여하는 학문분야)에 그치고 있다. … 심지어 형법해석학 - 그것도 형법총칙의 해석학 - 이 형법학의 목적 자체로 간주될 정도이다.』 법도그마틱에 대하여 기술한 내용이 모호하여 정확한 논지를 파악하기는 어렵지만, 배 종대 교수는 (형법)도그마틱과 법학방법론이 "법률내용을 구체화하여 사안판단의 준비작업, 즉 법률논증을 위한 원칙, 규칙, 지침을 마련"하여 '법과 사건을 연결시키는 교량'의 역할을 하는 점에서 공통점을 갖지만, 전자가 법률 전체를 대상으로 하는 데 반해 도그마틱은 "해당 법조문 하나만을 대상으로 하여 법률을 매우 복잡하면서도 명료한 지침을 가지고 구체화하여 사안을 일반화시켜 해결"하는 방법이라고 기술하고 있다. 형법총론, 제6판, 2001, 82-83면. 명시적으로 '(민법)도그마틱'이라는 용어를 사용하고 있지는 않지만, 후술하는 바와 같이 법도그마틱의 번역어로 제안되는 '법교의학'(法敎義學)이라고도 칭해진다고 부기하면서 법해석학을 "<주어진> 현행 실정법의 의미와 내용을 밝히고 그것을 체계화함을 임무로 하는 법학의 분야'라고 정의하면서 '법학에서 가장 중요한 분야'라는 점을 각별하게 강조한 민법교과서는 지 원림, 민법강의, 제17판, 2020, 26면.

머리 속에 그려놓고, 이런 전제 하에 그것의 소극적인 역할만을 부각시
키고자 한다. … 비판들이 암암리에 전제하는 법도그마틱의 모습들이
서로 다르게 형상되어 있을 뿐만 아니라, 또한 법도그마틱의 본래적인
임무 혹은 역할에 대해서도 전혀 상반된 견해가 제시된다.』25)

다음에서는 우선 개념정의의 완결성과 합의가능성을 일단 포기하는 전
제 하에, 법도그마틱의 개념에 대한 다양한 정의시도들을 검토하여 그 속
에서 제시되는 문제인식과 접근의 단서들을 선별 및 정리함으로써 법도그
마틱 개념의 핵심요소와 법도그마틱의 기능과 특성들을 해명한다. 상당 부
분을 추가하기는 하였지만, 기본적으로 Ch. Waldhoff의 논의를 원용하여
토론과 평가가 가능한 최소한의 수준에서 그 대상의 범주 자체를 획정하여
접근의 출발점과 문제인식의 지평을 공유하고자 한다.26)

(2) 다양한 개념정의의 시도들

개별 법분야의 교과서들을 비롯하여 법이론과 관련된 연구서들, 그리고
법도그마틱을 독립된 논제로 다룬 단행본에서 법도그마틱의 개념정의를
모색한 시도들은 수 없이 많다.27) 논의의 층위와 관점에 따라 상이하기는
하지만, 당연히 많은 부분이 중복되고 상호 보완적인 논의들이 개진되어
왔다. Waldhoff가 전제하는 바와 같이, 단절될 수는 없지만 학문으로서 '법
학방법'과는 구별되는 '법해석방법' 또는 '법적용방법'의 하나로서 그 기능

....

25) 김 영환(Fn. 24), 59-61면.
26) Ch. Waldhoff(Fn. 21), 22-28면.
27) 법도그마틱을 독립된 논제로 다룬 대표적인 연구서로는 J. Harenberg, Die Rechtsdo-
     gmatik zwischen Wissenschaft und Praxis. Ein Beitrag zur Theorie der Rechts-
     dogmatik, 1986; Ch. Bumke, Rechtsdogmatik, 2017; J. Lennartz, Dogmatik als
     Methode, 2017.

적 효용과 한계를 주목하는 문제인식과는 기본전제와 출발점 자체가 근본적으로 다른 점에서 어떤 유용한 단서도 기대할 수 없기 때문에 '법도그마틱'과 '법률학'(Jurisprudenz), 즉 '법학'을 완전히 동일시하는 Larenz류의 논의는 배제하되,28) 일단 비평은 최소화하고 또한 유형별 분류29)도 보류하고 다소간에 유의미한 개념정의의 시도들을 선별하여 정리해 본다.

-. 우선 그 가변성을 전제로 하되, 법도그마틱의 본질을 "필연적으로 진실한 공술"이 아니라 "실제적인 결정논증"으로 보는 F. Wieacker의 견해는 다양한 층위와 측면에서 문제인식의 단서들을 제공하는 점에서 주목된다. 그에 따르면 법도그마틱은 무엇보다도 "법관에 대한 실천적인 행태지시"로서 구체적인 법적용을 위한 '법발견'의 수단이고, 법도그마틱의 핵심과제는 '규범을 구체적인 사안에 적용하는 모든 경우에 문제가 되는 가치판단여지에 대하여 지적으로 검증가능하고 또한 공적으로 타당한 기준들을 제공하는 것'이다. Wieacker는 이러한 이해를 더 진전시켜서 "윤리적으로 논란의 여지가 있는 유효한 실정법을 자

....

28) "모든 법적 현상을 '포섭작업'에 대하여 상위전제로 주어져 있는 개념들 속에서 포착해낼 수 있는 가능성"을 지향하는 법학, 즉 법학을 실정법의 폐쇄된 개념체계 속에서 법을 발견하여 단순하게 적용하는 논리적인 추론의 작업에 국한되는 것으로 보는 Larenz의 입장에서는 '법학=법도그마틱'의 명제를 벗어난 도그마틱의 개념은 성립될 수 없다. K. Larenz, Methodenlehre, 4. Aufl., 1979, 205면.

29) Mayer-Cording에 따르면 법도그마틱에 대한 개념정의의 시도들은 5가지 유형으로 분류될 수 있다. 다음의 논의가 이 유형들에 따라 진행되지는 않지만, 법도그마틱 개념론의 대강을 이해하는데 유용한 것으로 생각된다. 우선 법도그마틱의 내용인 '도그마'에 초점을 맞춘 입장들과, 방법론으로서 '도그마틱'을 주목하는 관점들로 대별되고, 전자는 다시 '도그마'의 권위, 즉 구속력을 실정법률에서 도출하는 견해와, 법률 외에서 그 근거를 찾는 견해, 그리고 사회적 합의를 근거로 보는 견해로 구별되고, 후자의 경우는 도그마틱을 논리적인 추론, 즉 연역의 방법과 동일시하는 입장과 도그마틱을 일상적인 법실무상의 법의 해석 및 적용방법으로 보는 입장으로 구별된다. Kann der Jurist heute noch Dogmatiker sein?, 14면. 김 영환(Fn. 24), 66면에서 재인용.

연법의 자리로 옮겨 앉히는 것"을 법해석론상 금기로 제시한다.30) 요컨대, 유효한 실정 법률의 범주 안에서 '합리적인 논증관계들을 준거로 하는 법적 결정의 통제방법"으로서 법도그마틱의 고유한 효용을 주목한다.

바로 이 점에서 Wieacker의 법도그마틱에 대한 개념정의의 독자성이 주목된다. 말하자면 합리적이고 객관적으로 분명한 논증관계, 즉 '의미관계' 또는 '의미에 대한 이해관계'를 법률이 아니라 법도그마틱을 소재지로 하는 점에서 '법률 외적인 것'인 것으로 보는 그의 관점에 따르면 법도그마틱은 "법률과 무관하게 일반적인 승인과 준수를 요구하는 법학적 명제들과 (방법론상의: 역자 부기)규칙들의 우연한 결합체", 즉 '복수의 학설의 체계'로 이해된다. 이러한 Wieacker의 논의는 법도그마틱 자체의 '도그마화'를 경계하면서 그 '가변성'을 강조하고, 특히 훗날 N. Luhmann이 제시한 '결정체계론'31)의 맥락에서 법도그마틱의 고유한 '합리화기능' 및 '결정부담경감기능'을 주목하게 만든 성과가 인정된다.

-. "하나의 질서 체계 속에서 체계내재적인 판단의 기호들을 갖고 작업하여 결과를 얻어내는 작업"을 도그마틱으로 보는 J. Esser의 이해도 주목된다. 그에 따르면 법도그마틱의 핵심기능은 "가치평가의 문제들을 원천적으로 승인된 가치척도를 준거로 하여 그 신뢰성이 판별되는 공술의 기준들로 전환시키는 것"으로 파악된다. '합리화된 형식적인 결정체계'로서 법도그마틱의 고유한 효용을 인정하면서도, 반면에 법적 판단에서 배제될 수 없는 체계 외적인 정의기준과의 동조화를 담

----

30) F. Wieacker, Zum heutigen Stand der Naturrechtsdiskussion, 1965, 17면.
31) N. Luhmann의 법도그마틱 구상에 관한 상론으로는 양 천수, "개념법학과 이익법학을 넘어선 법도그마틱 구상", 성균관법학, 제18권 제1호(2006), 575-599면.

보할 수 없는 근본적인 한계를 강조하는 Esser는 법도그마틱을 '법률 충실'과 '정의요청'의 두 가지 측면이 특수하게 혼합된 법해석 및 적용의 방법으로 이해한다.[32]

이러한 맥락에서 Esser가 법도그마틱에 대하여 요구하는 '역동화'는 중요한 의미를 갖는다. 개별적인 법적용, 즉 법률의 효율적인 집행과 함께 "비이성적이고 부정당한 해결모델들을 수인하지 않는 실정법이해"를 법도그마틱의 핵심과제로 제시하면서 근본적인 '도덕관념'과 '정의관념'에 부응하는 비판적인 갱신을 필수적인 것으로 요구하는 Esser의 주장은 단순히 일종의 '법적용모델'로서 법도그마틱의 부분적인 개선에 국한되지 않는다. 법해석론상 '탈도그마'(Entdogmatiserung)의 요청과 함께 그의 핵심 명제인 '선이해'의 고려를 요구하는 점에서 궁극적으로는 전통적인 법도그마틱의 틀을 벗어난 이른바 '법학적 해석학'으로의 방법론적 선회를 요구하는 것으로 이해된다.

요컨대, 법도그마틱의 '양면성'과 '역동성'을 강조하는 Esser의 견해는 우선 법도그마틱의 범주를 벗어나지 않는 차원에서는 이른바 '계몽된 법도그마틱'에 대한 논의를 촉발시킨 점에서 주목된다. 또 한편 법이론의 차원에서 '법도그마틱'과 '법학'을 동일한 것으로 보는 Larenz식의 고전적인 개념법학의 기본전제를 부정하면서 학문과 실무 간의 기능적인 상호작용의 필수성과 그 관계를 해명한 점과 함께, 후술하는 바와 같이, 특히 R. Alexy가 포괄적인 개념정의를 시도하면서 제시한 법도그마틱의 '다차원성'에 대한 인식의 단초를 제공해준 점에서도 Esser의 논의는 말 그대로 '지양을 통한 극복'을 위한 토대연구의 성과로 평가된다.[33]

....

32) J. Esser, "Zur praktischen Leistung der Rechtsdogmatik", in: FS Gadamer, Bd. 2, 1970, 311면 이하.
33) Esser의 '법학적 해석학'에 대한 해설과 평가로는 양 천수(Fn. 5), 131-190면.

-. K. Zweigert는 '일종의 논리적인 사유과정을 통해 도그마들로부터 구
체적인 결과들이 도출될 수 있다'는 관념이 배후에 잠복되어 있는 도
그마틱의 개념을 출발점으로 하여 법도그마틱에 대한 일종의 간접적
인 개념규정을 모색한다. '법률충실' 요청의 전제조건인 법전화된 법,
즉 실정법에는 법전저작자들이 종종 인지하지 못하는 도그마들이 포
함되어 있는 바, 이 도그마들을 인식 및 분석하고, 정확한 위치를 부여
하여 가능한 한 의미 있는 위계질서로 구성하는 것, 즉 '체계화'가 법
학의 핵심과제이고, 이 과제수행은 오롯이 법도그마틱의 몫이라는 것
이다.34)

-. K. Adomeit는 특히 민법이론과 민법도그마틱 간의 관계에 초점을 맞
추어 법도그마틱을 "유효한 법률의 내용에 대한 공술의 전체"(de lege
lata)로 보되, 이 전체에는 '유효한 법을 준거로 하는 공술'과 함께 '유
효한 법의 확장(해석) 또는 변경(형성)을 제안하는 공술들'도 포함되는
것으로 파악함으로써 단순히 하나의 법해석방법으로만 볼 수 없는 법
도그마틱의 특성, 즉 '혼합성'(Mischcharakter)을 주목한다.35) 말하자면
법도그마틱을 단순한 의미의 '재현'(Wiedergabe)을 넘어서 '의미관계'
또는 '의미이해의 관계'들을 체계화하는 공술과 해석, 그리고 법정책
적이고 실천적인 차원의 '법의 형성'까지 포함하는 일종의 '혼합체'로
파악하여 법도그마틱의 대상 및 그 접근방법의 다차원성과 함께 법정
책적인 공술을 포함하는 기능적 복합성에 대한 주목의 필요성을 부각
시켰다.

....

34) K. Zweigert, "Rechtsvergleichung, System und Dogmatik", in: FS Böttlicher, 1969,
443면 이하. Ch. Waldhoff(Fn. 21), 23면에서 재인용.

35) K. Adomeit, "Zivilrechtstheorie und Zivilrechtsdogmatik － mit einem Beitrag zur
Theorie der subjektiven Rechte", in: Jahrbücher für Rechtssoziologie und Rechtstheorie
2(1972), 503면 이하.

Wieacker와 Esser의 법도그마틱의 본질과 구조에 대한 근본적이고 거시적인 논의를 구체적으로 재검토하고, 또 한편 '체계화'의 기능을 특히 강조한 Zweigert의 입장과 연계하여 K. Adomeit가 제시한 법도그마틱의 '혼합체'로서의 특성을 미시적으로 재확인하는 맥락에서 그 대상과 접근방법 및 작업의 다층위성 및 다면성에 초점을 맞추어 유의미한 시사점을 제공해주는 다양한 개념정의의 시도들을 좀 더 살펴본다.

-. 우선 법도그마틱의 대상과 관련하여 B. Rüthers의 논의가 주목된다. Adomeit와 마찬가지로 그에 따르면 법도그마틱은 "유효한 법에 대한 표준적인 논증들과 해결모델에 대한 해명"으로 이해되고, 따라서 '법률 속에서 발견되는 것들'과 함께 법학과 법실무가 '법률에 추가한 것들'을 포함하는 '모든 학설명제들과 기본규칙 및 원칙들'이 법도그마틱의 대상이 되는 것으로 본다.36)

-. Th. Vesting은 법도그마틱의 의미와 기능을 두 가지 층위로 구별하여 파악한다.37) 우선 구체적인 사안의 해결을 지향하는 법도그마틱은 재산권과 점유권, 계약과 불법행위, 행정행위와 사실행위, 재량과 판단여지 등의 개념들을 해명하는 것과 같이 법규칙과 법개념들을 해명하고 분석하는 '정치화'(精緻化)의 작업이다. 법도그마틱의 이러한 작업은 무엇보다도 로마법 전통 속에서 정착된 '분류'의 사고능력을 토대로 하는 것으로 그 구체적인 법실무적 효용은 사안들과 관련된 규칙과 개념들을 확정하여 이들이 다른 사안들 또는 다른 맥락에서 재사용되는 경우에 그 의미가 가능한 한 재차 의문시되지 않게 만드는 것이다. 또 하나의 층위, 즉 '질서형성'의 차원에서 법도그마틱은 일종의

----

36) B. Rüthers/Ch. Fischer/A. Birk, Rechtstheorie, 7. Aufl., 2013, Rn. 309-330.
37) Th. Vesting(Fn 17), 10면, Rn. 19ff.

'합리적인 의미준거'(rationalistische Sinnreferenz)를 토대로 하는 법해
석방법으로서 개별적인 법규정들의 해석을 위하여 빈구석이 없는 하
나의 '질서관계'를 체계화하고, 이 체계를 준거로 하여 사례에 대한
해결책을 도출해낼 수 있게 하는 작업으로 이해된다.[38]

Vesting의 논의에서 특히 주목되는 내용은 이러한 체계화된 논증에 의
해 확보되는 법도그마틱의 '정보저장기능'이 법이론에 의해 대체될 수
없다는 점을 제시하여 법도그마틱을 법학방법론과 구별한 것이다: "법
이론은 법도그마틱의 상위에 있는 것이 아니라 같은 평면에서 상호
소통하고 경쟁한다."; "사안들의 변동성과 그에 따른 경험들에 따라
규칙을 형성하는 것이 핵심인 법도그마틱은 추상적인 절차의 탐색, 말
하자면 유효한 법에 이르는 옳은 길이 관건인 법학방법론과 구별된다.
법도그마틱은 사안별 학습에 초점을 맞추는 법학적 합리성의 규율적
특성을 주목하는 바, 텍스트 해석의 일반적인 절차를 뜻하는 추상적인
규칙의 형성의 측면에서는 오히려 소극적이다."[39]

-. 오늘날 입법의 차원에서 더 이상 기대할 수 없는 '법질서의 통일성'
(Einheit der Rechtsordnung)의 명제에 초점을 맞추어 법도그마틱과 법
적용을 같은 지향점을 갖는 점에서 상호 교착되어 있지만 '평행의 관
계에 있는 세계들'(Parallelwelten), 즉 높은 추상의 차원에서는 모든
규범적 명제들의 논리적-체계적 무모순성과 체계적 법질서의 무흠결
성이라는 명제를 공유하지만, 낮은 추상의 차원에서는 그렇지 않다고
보는 입장에서, 말하자면 법도그마틱이 구체적이고 개별적인 법적 결
정과 관계되는 규범체계의 모든 차원들을 포착할 수는 없기 때문에
법적 안정성과 법적 결정체계의 효율성 및 합리성의 필수조건인 '법

....

38) Th. Vesting(Fn. 17) 10면, Rn. 21f.
39) Th. Vesting(Fn. 17), 10면, Rn. 22f.

질서의 통일성'을 확보하는데 있어서 법도그마틱과 법적용의 기능과
역할은 다르다고 보는 전제 하에 제시된 S, Baufeld의 개념정의도 '학
문적인 법률학(akademische Jurisprudenz)=법학(Rechtswissenschaft)'의 맥
락에서 법도그마틱의 과제를 간결하게 정리한 점에서 되새겨봄직하
다: "법적용의 '법규칙들'(Rechtsregeln)을 포착 및 해명하기 위하여 법
규범들을 비롯하여 모든 '법적-규범적인 명제들'(rechtlich-normative
Sätze)의 분석을 통해 법규들의 내용을 기술하는 작업"[40]
다만, '법률학=법학'의 전제가 적어도 일반적으로 타당한 것으로 볼
수는 없거니와, 다음의 정의들에서, 특히 법도그마틱의 '체계형성'의
기능이나 '계몽된 법도그마틱'의 명제를 주목하는 경우, Baufeld가 주
장하는 바와 같이 이러한 개념정의가 오늘날 도그마틱 개념정의들을
대표하는 것으로 볼 수 있는지는 의문이다.

-. 법질서의 전체성과 통일성을 강조하는 입장에서 개별 법률규정의 의
미분석, 즉 '법률적 이성'(ratio legis)에 초점을 맞추는 미시적인 개념
법학과는 차원을 달리하는 '법적 이성'(ratio juris)의 요소를 강조하는
W. Brohm의 주장도 주목된다.[41] Brohm은 '법률적 이성'을 넘어서
'법적 이성'을 추구하는 관점에서 법학에서 법도그마틱의 중요성을 주
목하면서 법도그마틱의 기능, 즉 "주어진 법텍스트와 개별 사안들에
대한 법적 결정의 사이에서 양자를 연결해주고, 체계화하고, 합리화하
는 법해석 및 적용의 규칙들을 제공해주는 것"을 법학의 고유한 과제
이고, 그 핵심으로 본다.

....

40) S. Baufeld, "Rechtsanwendung und Rechtsdogmatik – Parallelwelten", in: Rechtstheorie,
   Bd. 37(2006), 172-173, 190-191면.
41) W. Brohm(Fn. 7), 245-246면; "Kurzlebigkeit und Langzeitwirkungen der Rechtsdogmatik",
   in: FS Maurer, 2001, 1079면 이하. Ch. Waldhoff(Fn. 21), 24면에서 재인용.

전술한 Adomeit나 Rüthers의 견해와 유사하지만, '특정한 상황들 속에서 법으로서 유효한 것이 무엇인가' 하는 문제를 대상으로 하는 법도그마틱의 작업에는 법률규정들 속에 담겨져 있는 의미의 단순한 '재현'만이 아니라, 법질서의 전체 체계 속에서 통일적으로 적용될 수 있는 일반적인 법개념들 및 근본명제들과 함께 특정한 개별 사안과의 관련성 속에서 표준화된 근본명제들에 대한 포착도 포함된다는 점, 그리고 법도그마틱의 체계화 및 합리화의 기능을 강조한 점에서 다소간에 독자적인 견해로 평가된다. 그에 따르면 법도그마틱은 "법질서의 전체성을 준거로 하여 획득해나가는 또한 획득된 구조"이기 때문에 "특수한 개별 법률을 통한 확정과 무관하게 일반적인 승인과 준수를 요구하는 당위명제들의 총체", 말하자면 "개별 법률규정들을 '법적 이성'(ratio juris)으로 포섭하는 법적 개념들, 제도들, 원칙들 및 규율들"이 모두 그 대상이 된다.

-. Brohm의 시도와 유사한 맥락에서, 특히 행정법영역에서 부각되는 도그마틱의 '체계사용'(Systemnutzung)의 측면과 함께 '체계형성'(System-bildung)의 기능을 강조한 E. Schmidt-Aßmann의 개념정의도 되새겨봄 직 하다: "도그마틱적 사고는 규범적으로 발전된 학설명제들을 대상으로 하는 사유이다. … 도그마틱의 기능(체계사고)에서 관건은 구체적인 법문제들을 체계를 준거로 하여 논증의 방법을 통해 지속가능한 방식으로 결정하는 것이다: 개별행정법의 규정들은 확립된 일반행정법의 법개념들 및 법제도들의 도움을 받아서 해석된다. 역으로 이 개념들과 제도들은 계속 변화되는 개별 행정법률들의 상황에 따라 상시적으로 재검증된다. 따라서 법도그마틱은 '체계사용'인 동시에 '체계형성'이기도 하다."42)

-. F. Müller는 법도그마틱을 "특정한 실정법의 문제들에 대하여 대표적
   으로 제시되는 학설들", 즉 구체적인 법문제와 관련하여 학문과 실무
   에 의해 만들어진 다소간의 체계적인 공술들과 해결책의 제안들로 본
   다. 그에 따르면 도그마틱의 명제들은 '개념'과 '체계'를 수단으로 하
   여 가능한 최대한의 '일반화'가 가능한 방식으로 실정법의 문제들에
   대하여 답을 제시하는 것으로 파악된다.[43]

-. 일반화의 핵심수단이 학문적인, 즉 이론적인 검증이라는 관점에서 보
   면, F. Müller의 정의는 G. Jahr의 개념정의와 유사한 것으로 여겨진다:
   "법도그마틱은 유효한 법규정들을 토대로 하는 법질서 내에서 '법명
   제주장들'(Rechtssatzbehauptungen)에 대한 학문적 검증이다."[44] 다만,
   '법명제주장들'에 대한 검증이 법도그마틱의 특유한 과제이기는 하지
   만, 오로지 법도그마틱에 의해서만 수행될 수 있는 것은 아니고, 법철
   학, 법사회학, 비교법, 법사학 및 법이론에 의해 보완 및 지지된다고
   보는 입장에서 Jahr가 제시한 법이론과 법도그마틱의 관계에 대한 해
   명은 되새겨봄직 하다: "법이론의 핵심대상이 법도그마틱의 방법들이
   고 또한 학문적 공술들로서 법이론의 공술들이 법도그마틱의 '일차적
   공술'(Primäraussagen)들에 대한 이론적인 '메타공술'(Meta-Aussagen)
   을 제공하여 '법명제주장들'의 타당성에 대한 합리적인 토론을 가능하

....

42) E. Schmidt-Aßmann, Das Allgemeine Verwaltungsrecht als Ordnungsidee, 2. Aufl.,
    2006, Erste Kapitel Rn. 3, 5. 이른바 '신행정법론'에서 주목되는 '조종학으로서 행정
    법학'(Verwaltungsrechtswissenschaft als Steuerungswissenschaft)의 관점에서 행정법
    도그마틱에 대한 상론으로는 Verwaltungsrechtliche Dogmatik, 2013, 특히 3-27면; M.
    Pöcker(Fn. 16), 98-107면.
43) F. Müller, Strukturierende Rechtslehre, 2. Aufl., 1994, 382면.
44) G. Jahr, "Zum Verhältnis von Rechtstheorie und Rechtsdogmatik", in: F. Müller/W.
    Maihofer(Hg.), Rechtstheorie, 1971, 303면.

게 하는 점에서 법이론은 '법도그마틱의 메타이론'(Meta-Theorie der Rechtsdogmatik)이다."[45]

-. 법해석론의 차원에서 법도그마틱 작업의 본질 및 기능과 관련해서는 A. Podlech의 논의도 주목된다. Podlech은 법도그마틱의 개념을 정의하지 않고, F. Müller가 법도그마틱을 "특정한 실정법의 문제에 대하여 대표적으로 제시되는 학설들"로 이해하는 것과 유사한 맥락에서 법도그마틱과 법이론의 관계를 해명하면서 '법도그마틱'이 아닌 '법도그마틱 이론들'의 세 가지 기능을 제시한다.[46] 그에 따르면 '도그마틱의 이론들'은 우선 법소재를 학습이 가능한 것으로 만들고, 법규범의 흠결들과 상충의 확인을 가능하게 하고, 더 나아가서 법정책의 차원에서 의도된 규율의 법적 결과를 예측하는 세 가지 기능을 수행한다. 세 번째의 법정책적인 기능을 제외한 두 가지 기능은 법도그마틱의 고유한 '체계화' 및 '일반화'의 기능, 말하자면 E. Schmidt-Aßmann의 논의와 관련하여 전술한 바와 같이, 일면 구체적인 개별 법문제들을 체계를 준거로 하여 논증의 방법으로 지속가능한 것으로 결정하는 법적 판단, 즉 법도그마틱의 '체계사용'의 특성과 연관되고, 타면 개념과 체계의 수단 또는 이들에 대하여 정립된 학설명제들을 갖고 실정법의 문제들에 대하여 가능한 최대한으로 일반화가 가능한 방식으로 결정지침을 제시하는 기능, 즉 '체계형성'의 기능과 연결된다. 이러한 '체계형성'의 기능과 관련하여 대상의 '소여성'과 함께 형식적인 '체계화'

45) G. Jahr(Fn. 44), 310-311면. 특히 용어사용의 관점에서 법도그마틱과 법이론의 관계에 대한 상술은 주석 53번 참조.
46) A. Podlech, "Rechtstheoretische Bedingungen einer Methodenlehre juristischer Dogmatik", in: Jahrbuch für Rechtssoziologie und Rechtstheorie Bd. 2(1972), 491면 이하. Ch. Waldhoff(Fn. 21), 27면에서 재인용.

가 법도그마틱의 핵심요소라는 것과, 법생산의 '과정'인 동시에 그 '산물'이기도 한 법도그마틱의 양면성이 분명하게 확인된다.

-. M. Jestaedt는 '적용연관성'(Anwendungsbezug)에 의해 법이론과 근본적으로 구별된다는 전제 하에 법도그마틱을 "법적용에 대한 안내를 목적으로 하여 법해석의 결과를 체계화하고 표준화하는 준비작업"으로 본다. 다만, 구별의 가능성과 필요성을 전제하되 법도그마틱과 관련된 하부부문으로서 '법인식'과 함께 '법생산'을 포함시킨다.[47] 그에 따르면 법도그마틱의 대상은 우선 '적용지향성' 속에서 찾아지지만, 법도그마틱, 특히 헌법도그마틱의 범주에서 공술의 수신인에는 '법도그마틱 작업자들의 과학공동체'(scientific community der Rechtsdogmatiker) 전체, 즉 현행법을 준거로 하는 법인식자와 함께 현행법의 목적지향성을 넘어서 새롭게 갱신되어야 하는 법의 생산에 대하여 정보를 조달하는 모든 법생산과정 참여자들, 말하자면 입법자, 행정기관, 법원을 비롯하여 사법(私法)상 법률행위의 당사자들이 모두 포함되는 것으로 본다.

여기에서 상론은 할 수 없지만, 종래 주로 '포섭도그마'를 전제로 하는 법적용의 패러다임 속에서 주로 구체적인 '법해석' 및 '법적용'에 국한되어 논의되어 온 법도그마틱의 다층위성을 해명하고, 입법론 및 법정책론과 연관시켜서 논의의 지평을 확장시키는 단서를 제공해준 점에 대한 평가는 생략될 수 없다.

-. Ch. Möllers는 '법도그마틱'과 '법학'을 동일시하는 Larenz류의 인식이

---

47) M. Jestaedt, "Verfassungstheorie als Disziplin", in: O. Deppenheuer/Ch. Grabenwarter, Verfassungstheorie, 2010, § 1, 20면; Die Verfassung hinter der Verfassung, 2009, 26 면 이하, 31면.

나, 법도그마틱을 법학의 중심에 두는 입장을 부정하는 관점에서 법도
그마틱을 "실정법을 토대로 하여 발전되는 것이되, 현행 개별 법률규
정에 의존되지 않는 규범적 제도들과 의미관계들을 발전시키는 것"으
로 파악한다.[48] 그에 따르면 법도그마틱과 함께 법학도 대체로 당연히
하나의 방법을 갖고 하는 법적용을 지향하기는 하지만, 이 방법은 학
문과 연관되는 것이 아니다. 도그마틱의 의미는 그것이 법학의 중심에
자리 잡고 있다고 하기 보다는, 오히려 실제 법도그마틱과 법학의 공
통된 부분, 즉 '언어규율'에만 국한되는 것으로 이해된다. 이러한 점에
서 법도그마틱의 논의들 속에서 법학과 법실무는 도그마틱의 방법을
공유하는 한에서 단지 부분적으로만 상호 보완의 기능적 관계에 있을
뿐이고, 하나의 범주로 통합될 수는 없다는 것이다.

이러한 논의는 법학은 '인식의 대상인 법에 대한 다양한 방식으로 접
근하는 작업들의 집합개념'이고, 법도그마틱은 특수한 방법으로 법을
탐구하는 일종의 '협의의 법학'으로 보는 범주의 구별에 대한 무의미
한 재확인에 그치는 것이 아니라, 법학의 과도한 '법도그마틱 편향성'
에 대한 비판과 경계의 맥락에서 이해되어야 한다. 협의의 '도그마틱
적 법학'과, 법철학, 법사회학, 법제사 등을 비롯하여 법이론, 비교법
학 등 '비도그마틱적인 법학'을 대립적인 것으로 보고 우열을 판단하
는 것이나, 중심과 주변부로 차등화하는 것을 타당하지 않으며 무의미
한 것으로 보는 견해도 마찬가지이다.[49]

-. 행정법을 중심으로 하여 공법 도그마틱의 이론적 접근을 모색한 M.
Pöcker는 전통적인 법도그마틱을 '합리주의의 인식관념'에 따른 '규칙

---

48) Ch. Möllers, "Methoden", in: Hoffmann-Riem/Schmitt-Aßmann/Voßkuhle(Hg.), Grundlagen
   des Verwaltungsrechts, Bd. 1, 2006, § 3 Rn. 35.
49) Ch. Waldhoff(Fn. 21), 32면.

적용'(Regel-Anwendung)의 패러다임으로 이해한다. 그에 따르면 법률 상의 개념 또는 개념관계의 체계 속에 내장된 '의미준거의 크기' (Sinnreferenzgröße)는 선확정된 '규칙'을 단순히 적용하는 법적용방법, 즉 법도그마틱의 적확성을 담보할 수 없게 되었다. 근본적인 정치과정 및 사회환경의 변화 속에서 '토론'과 '공개성'에 의해 합리성과 정당 성이 담보되는 것으로 상정되는 법률개념은 적어도 합리주의가 상정 하는 이상적인 수준의 법률을 전제로 하여 이해될 수는 없게 되었고, 따라서 일종의 '내적 정합성'만을 담보하는 법률의 폐쇄된 개념체계 속에서 법적 문제에 대한 정답을 찾아낼 수 있는 법적용의 질료의 양 과 질 자체에 대해서 회의적으로 볼 수밖에 없다는 것을 핵심논거로 제시한다.[50]

특히 주목되는 것은 법도그마틱을 일종의 '소통'(Kommunikation)의 수 단으로 보면서 법해석론상 '폐쇄체계'를 전제로 하는 법인식의 차원을 넘어서 이론과의 연관관계의 복원을 주문하고, 소통지평의 확장과 법 의 사회조종기능을 주목하는 법정책적 접근을 통해 일종의 도그마틱 적인 '사회적 실험'(social experiment)으로서 도그마틱의 변화, 말하자 면 일종의 패러다임전환의 차원에서 개방의 필수성과 그 이유를 해명 한 점이다.[51] 이 변화의 요청에 부응하는 이른바 '계몽된 법도그마틱' 의 구상에 대하여 인식론과 법이론, 특히 '체계이론' 및 '형량이론'의 관점에서 포괄적인 접근을 통해 유용한 접근의 단서를 제공한 것으로 여겨진다.

-. R. Alexy는 법도그마틱을 현실적으로 수행되는 법학과 동일한 것으로
보고, 그에 따라 우선 광의의 정의로 연결되는 포괄적인 개념정의를

....

50) M. Pöcker(Fn. 16), 특히 27면 이하.
51) M. Pöcker(Fn. 16), 특히 65면 이하.

시도하였다.52) 그에 따르면 일종의 '협의의 법학'에 해당하는 법도그마틱은 최소한 세 가지 범주의 작업들이 혼합된 것으로 파악된다. '유효한 법에 대한 기술'과 '개념적-체계적 관통', 그리고 '개별 법적 분쟁에 대하여 구체적인 해결책을 제시하는 것'이 그것이다. 이러한 점에서 법도그마틱의 다차원성이 분명하게 드러나는 바, 이 세 가지 범주의 작업들은 '기술적-경험적인 차원'과 '논리적-분석적 차원', '규범적-실천적 차원'으로 정리될 수 있다.

하지만 Alexy의 논의에서 더욱 주목되는 점은 이 세 가지 차원에서 각각 수행되는 도그마틱작업의 미시적인 내용들을 보다 상세하게 해명하여 정리한 것이다. 우선 '기술적-경험적 차원'에서는 법관의 재판실무에 대한 기술 및 예측과 입법자의 실제 의사에 대한 탐색작업이 수행되고, '논리적-분석적 차원'에서는 법개념들에 대한 분석과 함께 상이한 규범들 및 원칙들 간의 논리적인 관계에 대한 연구가, 그리고 '규범적-실천적 차원'에서는 규범해석 또는 새로운 규범이나 제도를 제안 및 논증하는 작업과 함께 법실무상 잘못된 법원의 결정을 비판하고 대안을 제시하는 작업이 수행되는 것으로 본 것이 그것이다.

요컨대, Alexy는 '광의의 법도그마틱 개념'을 전제로 하여 법도그마틱적 논증 또는 법도그마틱의 다음과 같은 다섯 가지의 필수요소들을 제시한다: "도그마틱은 (1) 명제들(Sätze)이어야만 하고, (2) 이 명제들은 법률상 규범들 및 재판과 관련되고, (3) 하나의 관계, 즉 '체계' 속에 있어야 하고, (4) 제도적으로 정립된 법학의 틀 속에서 생성되어야만 하고, (5) 법도그마틱들은 '규범적인 내용'을 제공해야만 한다".53) 법도그마틱을 유효한 현행법에 대한 분석과 해명에 초점을 맞추는 법해석방법으로, 법이론의 과제를 법도그마틱 또는 그 작업의 결과, 즉

....

52) R. Alexy, Theorie der juristischen Argumentation, 1983, 307면 이하.
53) R. Alexy(Fn. 52), 312면 이하.

법률에 대한 해석과 적용을 학문적으로 검증하고 그 결과를 일반화
및 체계화하여 예측가능성을 확보하는 것으로 다분히 도식적으로 구
별하는 관점에서 보면, Alexy가 제시하는 법도그마틱은 법이론의 범
주를 포함하는 또는 법이론과 상당 부분 중첩되는 광의의 개념으로
파악될 수 있다. 이러한 맥락에서 보면, 전술한 바와 같이 법도그마틱
을 "유효한 법규정들을 토대로 하는 법질서 내에서 법명제의 주장들
에 대한 학문적 검증"으로 본 G. Jahr[54])의 개념정의는 근본적으로 법
도그마틱과 법이론이 명확하게 구별되기 어렵다는 점에 대한 반증이
기도 하다. 법실무차원에서 '법명제의 주장'이 법도그마틱의 결과라고
한다면, 이에 대한 학문적 검증은 우선 법이론의 몫이기 때문이다.
다만 여기에서 주목되는 논점은 두 부문 간의 경계획정의 문제 자체
나 그 구별의 어려움이 아니라, 오히려 그에 따른 결과, 즉 법이론과
법도그마틱 간의 필수적인 상호보완의 관계이다. Alexy가 법도그마틱
을 세 가지 차원으로 구별하여 그 내용을 정리한 것은 그 의도와는 무
관하게 법도그마틱과 법이론 간의 불가피한 학문적 중첩성과 실무상
의 연관성에 대한 문제인식이 반영된 것으로 생각된다. 후술하는 바와
같이 법학 또는 법이론과 법실무가 일종의 '공생체'(symbios)의 관계
로 연관될 수밖에 없는 이유, 즉 전자는 '결정관할권'(Kompetenz)의
제약이 없는 대신 '법적 구속력'(Geltung)을 갖지 못하고, 후자의 경우
는 정반대로 '법적 구속력'을 갖지만 '결정관할권'이 제약되는 점을
고려하면, Alexy의 법도그마틱에 대한 포괄적인 개념정의, 특히 '규범
적-실천적 차원'을 포함하는 법도그마틱의 개념정의는 궁극적으로 법
적용을 지향하는 공통점을 갖는 학문으로서 법학의 다면성과 다층위
성, 그리고 이러한 특성이 자연스럽게 표출된 결과, 즉 구별되기는 하

....

54) G. Jah(Fn. 44), 303면.

지만 단절될 수는 없는 법도그마틱과 법이론의 상호의존성을 주목하
게 만든 계기를 제공한 것으로 여겨진다.[55]

....

55) 법이론과 법도그마틱의 관계에 대해서는 R. Dreier, "Zur Theoriebildung in der
Jurisprudenz", in: Recht und Gesellschaft, Fs H. Schelsky, 1978, 103-132면; ders.,
Recht-Moral Ideologie, 2. Aufl., 2015, 72-73면. 앞에서 기술한 도그마틱의 다양한 개
념정의의 시도들에서 공통된 문제로 드러나는 바, 즉 일견 구별된다는 점에서 대해서
는 이견이 없지만, 구체적으로 분별하여 사용되기 어려운 '법학'(Rechtswissenschaft)
또는 '법률학(Jurisprudenz)'과 '법이론'(Rechtstheorie) 및 '법도그마틱'의 용어에 대한
명쾌한 해명으로 주목되는 내용을 그대로 인용한다:『법도그마틱 규범들에 대한 이론
들은 현재 유효한 규범들과, 과거에 유효하였던 규범들, 그리고 규범들 전체와 관계된
것일 수 있다. 다만 과거에 유효하였던 규범들에 대한 이론, 말하자면 법사학의 이론
들은 논의의 단순화를 위하여 여기에서 논외로 하면, 규범들 전체에 대한 이론을 토
대로 하여 현재 유효한 규범들을 대상으로 하는 이론들이 논의 대상으로 남게 된다.
전자는 '법도그마틱적 이론'으로, 후자는 '법이론적인 이론'이라고 칭해질 수 있다. 여
기에서 '법도그마틱적'이라는 표현은 '협의의 본래의 의미에서 법학'(Rechtswissenschaft
im engeren und eigentlichen Sinne)을 의미하고, 반면에 '법이론적'이라는 표현은 모든
체계적인 법학의 근본분과들(법 및 국가이론, 법 및 국가철학, 법 및 국가사회학)에
대한 총칭으로 사용된다. 이렇게 정의된 의미의 '도그마틱적 이론'은 '법률학 내에서
이론들'(Theorien in der Jurisprudenz)의 현상영역에 중점을 둔다. 이 이론들은 개별규
범들, 규범의 요소들, 규범복합체들, 규범들의 관계들 및 규범들과 사실들 간의 관계
와 연관될 수 있다. 불확실한 용어사용의 관행과 그것에 의해 표출되는 현상의 다양
성으로 인해 현시점에서의 연구현황에 있어서 엄격한 분류는 가능하지 않다. 대상 및
기능의 관점에서 구분의 기준들을 조합하면 일단 고도의 추상적인 수준에서 '일련의
유형'들이 제시될 수 있을 뿐이다. a) 해석적 이론들, b) 규범제안적인 이론들, c) 구성
적인 이론들 또는 규범의 지위를 부여하는 이론들, d) 제도이론들, e) 원칙이론들, f)
기본개념이론들, g) 법영역이론들이 그것이다. '일련의 유형들'이라는 표현은 지칭된
이론군들 간에 경계가 유동적이고 중첩적인 부분이 있다는 것을 의미한다.』
    Hegel과 Luhmann에 초점을 맞추어 철학자로서 전자를 'Dogmatiker'의 전형으로,
사회학자로서 후자를 이론가(Theoretiker)의 전형으로 보는 입장에서 도그마틱을 '제1
열의 관찰자'(Beobachter erster Ordnung), 즉 '참여자'(Teilnehmer)의 입장에서 '도그
마들'(Dogmen)을 준거로 하여 제시되는 확고하고 명확한 '규칙들' 또는 '명제
들'(Lehrsätze)로, 법이론은 구체적인 법적 결정과 거리를 두고 있는 '제2열의 관찰
자'(Beobachter zweiter Ordnung), 즉 '외부의 관찰자'(außenstehender Beobachter)의
입장에서 일관된 법인식과 함께 법의 기능에 대한 포괄적인 이해를 추구하는 것으로
보아 양자를 구별하는 견해로는 G. Roellecke, "Zur Unterscheidung von Rechtsdogmatik

-. 추측건대, 국내 학자 중에서 법도그마틱의 개념 자체를 독립된 논제로 하여 가장 포괄적이고 깊은 연구를 한 것으로 여겨지는 김 영환 교수는 '법도그마틱'에서 '내용'으로서 '도그마'(Dogma)와 '방법론'으로서 '도그마틱'(Dogmatik) 중 어느 하나에 초점을 맞추지 않고, 이 두 가지 요소를 결합하는 것이 올바른 개념정의의 필수조건으로 보는 입장에서 '법도그마틱'의 개념을 정의하였다.

법도그마틱의 내용파악은 종래 개념정의의 시도들을 유형화하는 것으로부터 시작할 수밖에 없다고 보는 전제 하에, 다양한 견해들에 대한 검토를 거쳐 대체로 통용되는 '법도그마틱'에 해당하는 이른바 '개념법학적 법도그마틱'과, '법학적 해석학'을 조합한 것으로 이해되는 '해석학적 법도그마틱'을 골격으로 하여 Alexy의 개념정의와 유사한 견해임을 밝히면서 다음과 같이 정의하였다: "법도그마틱이란 1) 실정법으로부터 출발해서 2) 그 의미내용을 해석하고, 체계화할 뿐만 아니라, 3) 이를 통해 법적 분쟁에 대한 실천적인 해결방안을 합리적으로 근거지우는, 4) 실정법 이외의 명제들의 집합체를 말한다."[56]

---

und Theorie", in: JZ, 2011, 645-696면; "Beobachtung der Verfassungstheorie", in: O. Depenheuer/Ch. Grabearter(Hg.), Verfassungstheorie, 2010, § 2, 59면 이하. 법개념론의 맥락에서 특정한 법체계 내에서 옳은 결정이 무엇인지 탐문하는 법관의 '참여자관점'(Teilnehmerperspektive)과, 실제로 어떤 결정이 내려지는지에 대하여 초점을 맞추는 '관찰자관점'(Beobachterperspektive)을 구별한 선도적인 논의로는 R. Alexy, Begriff und Geltung des Rechts, 1992, 47-48면.

56) 김 영환(Fn. 24), 72면.

2. 법도그마틱의 기능과 특성

(1) 개요

전술한 다양한 개념정의의 시도들에 대한 검토를 종합하여 간단하게 결론을 제시하면, 법도그마틱에 대한 명확한 개념정의는 기대할 수 없다는 것이다. 하지만 '정의될 수 없는 (법)개념은 적용될 수 없다'는 명제는 법도그마틱에 대해서는 타당하지 않다. 실제로 확립된 개념정의가 존재하지 않는 상황에서 법도그마틱은 일상적으로 적용되고 있고 또한 반면에 일종의 '특허권'이 부여된 개념정의를 주장한다면 그것은 오히려 '법도그마틱의 도그마화'에 불과한 자폐의 독단일 수밖에 없기 때문이다. 법도그마틱의 핵심성과로 주장되는 법의 '탈이데올로기화'(Entideologisierung)에 대하여, Th. Vieweg은 그것을 상당 부분 현실로 인정하면서도 그 이유로 법과 이데올로기의 무관성이 아니라 심각하지 않은 사소한 이데올로기의 문제들이 기술적으로 완전하게 도그마틱화된 점을 제시하거니와,[57] 이러한 분석은 하나의 법인식방법으로서 법도그마틱에도 그대로 해당된다.

주지하는바와 같이, 신칸트학파의 인식론, 특히 '법과 도덕의 분리'의 핵심명제를 수용한 법실증주의가 실제로는 근대 자유주의적 법치국가의 지배적인 정치적 이데올로기와 동맹관계였다는 점을 굳이 재론하지 않더라도, 법실증주의 또는 개념법학을 토대로 하는 법도그마틱도 적어도 완전한 '이데올로기적 중립성'이나 '탈이데올로기화'를 주장할 수는 없다. 후술하는 바와 같이 '이데올로기 감염성'이 높은 헌법의 경우에는 더더욱 그러하다. "상황에 따라서는 '법도그마틱 작업자'(Rechtsdogmatiker)에 대하여 '법도그마틱 작업자'가 아닐 것이 기대될 수밖에 없다"[58]는 Vieweg의 적확한

---

57) Th. Vieweg, "Ideologie und Rechtsdogmatik", in: W. Maihofer(Hg.), Ideologie und Recht, 1969, 96면.

단언은 '법의 도그마화'에 대한 경계인 동시에 '법도그마틱의 도그마화'에 대한 반론으로도 이해된다.

요컨대, '법도그마틱의 도그마화'의 논리적 전제 또는 그에 따른 선취된 결과 둘 중의 하나일 수밖에 없는 바, 법도그마틱 개념의 합의된 정의는 가능하지 않고, 바람직하지도 않다. 이러한 전제 하에 다음에서는 전술한 법도그마틱의 개념정의와 관련된 다양한 논의들의 내용을 총괄하여 법도그마틱의 기능과 특성을 개관한다.

(2) 법도그마틱의 기능

1) 법인식원(法認識源) – 법생산원(法生産源)

법도그마틱에 대한 기대의 지평은 매우 넓고, 요청들은 다양하다. 그에 따라 법도그마틱의 기능적 효용에 대한 긍정과 부정의 평가가 엇갈리는 가운데 이른바 '좋은 법도그마틱'(gute Rechtsdogmatik)의 기능에 대하여 많은 논의들이 있어 왔다. 합의된 개념정의가 존재하지 않는 것과 연관되는 것이기도 하지만, 법도그마틱의 다면성, 즉 '법방법'(Rechtsmethode), '법인식원'(Rechtserkenntnisquelle)과 '법원'(法源: Rechtsquelle) 또는 '법생산원'(Rechtserzeugungsquelle)으로서의 다양한 측면에서 접근한 법도그마틱의 기능에 대한 논의의 기조와 내용들은 동일한 차원에서 정리되기 어렵다.

Alexy의 논의와 유사하지만, 다시 정리하면, 법이론가들은 대체로 법도그마틱의 세 가지 측면을 주목한다. 실정법소재의 수집과 선별을 내용으로 하는 '경험적인 차원', 개념을 수단으로 하는 실정법의 체계화에 초점을 맞추는 '분석의 차원', 그리고 실천이성과 연계시키는 규범적인 '법윤리학의 차원' 등이 그것이다. 다만, 여기에서 상론은 생략하고, 법실무와 직접 연관

....

58) Th. Vieweg(Fn. 57), 92면.

되는 법적용론의 경험적 차원과, 법해석론상 분석의 차원에서 '법인식원'으로서의 측면에 초점을 맞추어 법도그마틱의 과제 및 기능과 관련하여 대체로 합의된 내용을 요약하여 정리해본다.

2) 합리화 기능 – 논증부담경감기능

그 작동양식이 근본적으로 형식적인, 즉 말 그대로 '꼴'과 '공식'의 algorithm에 따라 법문제를 해결하는 법도그마틱의 효용으로 우선 주목되는 것은 법적 결정의 '합리화' 및 '논증부담경감'의 기능이다. '결정발견'으로서 '법발견'이 요구되는 구체적인 법실무에 대한 법학의 보조기능이다. '법해석학=법도그마틱'의 주장에 대해서는 이견이 없지 않지만, 아무튼 임 웅 교수가 도그마틱의 공준으로 '정확한 개념의 사용과 법체계상 모순 없는 통일성'과 함께 '사리에 합당한 실제문제의 해결'을 제시하면서 세 가지로 정리하여 제시하는 (형법)도그마틱의 기능, 즉 형법적용의 '예견 및 통제의 가능성', '확실성과 공평성' 및 '법해석에서 합리화와 자의(恣意)배제'에 기여하는 기능은 일반적으로 타당하다.59) 이는 적어도 법실무상 법적 결정의 대부분을 차지하는 통상적인 사안들에 국한해서 보면 대체불가능한 고유한 기능이다. 완전무결한 일종의 '폐쇄체계' 속에서 개념을 수단으로 하는 형식논리적인 법인식작업으로서 법도그마틱은 유효한 실정법을 준거로 하여 법적 문제를 해결하는 일련의 작업, 즉 법규범의 선광과 제련, 그리고 구체적인 생산에 이르는 형식논리적인 기계적 연관작업이다. 말하자면 구체적인 법적용을 지향하여 관련된 법 또는 법규정을 선별하고, 개념 또는 개념의 관계에 대한 어의학적 분석의 방법으로 다소간에 추상적인 법규정의 의미, 즉 법규범을 구체화하고, '포섭'(Subsumtion)의 단계를 경유하여 최종적으로 법적 결정에 이르는 일련의 논리적·연역적인 추론의 작업이다.

....

59) 임 웅(Fn. 24), 11면.

일종의 '자동화된 기계'로 비유되는 이 '폐쇄체계' 자체와 그 구성요소들, 즉 법률형식으로 확정된 부분과 함께 실정법과는 무관하게 일반적인 승인과 준수를 요구하는 법개념들과 제도들, 근본원리 및 규칙들은 그 '소여성'이 전제된다. 즉 비판과 재검증의 면제가 전제된다. 말하자면 이러한 '소여성'을 전제로 하는 법도그마틱의 범주에서 법적 결정은 선결정된 것을 단순히 '발견'해내는 것에 불과하다. 엄격한 의미에서 '결정'은 아니다. 조금 과장된 비유이기는 하지만, 예를 들면 암거(暗渠)를 구상하는 도로설계자나 맨홀 덮개의 생산자는 어떤 소재를 갖고 어떤 형태로 만들 것인지에 대한 고민을 하지 않고 소정의 표준규격에 따라 원형의 철제 주물(鑄物)로 만들어 내면 되는 것과 유사하다. 도로 가장자리에 설치하는 배수구의 덮개나 소하천을 복개하는 경우 또는 여닫을 때 아래로 떨어지지 않게 해야 하는 것을 고려하지 않아도 될 정도로 자주 여닫을 필요가 없는 대형의 덮게 등 예외적인 경우가 아닌 한, 맨홀 덮개의 용도나 제작의 비용과 기술적 난이도 및 운반의 편의 등에 대한 모든 숙고의 결론으로 '원형과 주물'의 정답은 이미 주어져 있기 때문이다.

파장이나 식별가능성 및 식별거리 등을 고려하여 색을 기호로 사용하는 교통신호등을 비롯한 도로교통법상의 규칙들, 특히 교차로 회전 시에 통행을 유도하기 위한 횡선표시나, 광장이나 교차로지점, 도로의 분리 또는 합류 지점에 진입을 금지하는 안전지대표시 등도 마찬가지이다. 다만, 종종 남용이 비판되기는 하지만, 경제적이고 효과적인 사고예방책으로 그 효용이 큰 '과속방지턱'은 특수한 양식의 신호라고 할 수 있다. 말하자면 물리적인 장애(障礙)를 설치하여 자연스럽게 저속운행을 유도하는 것인 점에서 일면 감시와 집행을 필요로 하는 '규칙'이라고 할 수 없지만, 타면 흔히 목격되는 바와 같이 속도를 낮추지 않고 옆 차선으로 우회하여 운행하는 경우에는 과속방지턱 자체가 아니라 그 위에 도색되어 있는 횡선신호가 규칙의 효력을 갖는 신호로 적용된다. 다만, 후자의 경우에도 과속방지턱 자체를 '차로변경 없는 저속'을 명령하는 신호로 해석하는 경우 '위법'이라고 여겨지거니와, 적어도 '탈법'임은 물론이다. 아무튼 규칙제정자가 모든 변수와 가능한 상황들을 숙고하여 사고방지와 원활한 교통을 담보하는 최선의 답을 제시한 것으로서 매번 어떤 선택을 할 것인지 고민할 필요 없이 그에 따르기만 하면 되는 자동차 운행자에게는 물론이고, 법집행자에게도 규칙은 입법론의 차원에서는 의문이 제기될 수 있는 그 타당성과는 무관하게 선결된 형식의 지침으로 주어진다.

물론 법해석의 실무에서 이런 정도로 표준화된 간명한 정답이 상정되는 경우를 일반화할 수는 없고 또한 후술하는 바와 같이 원칙과 예외의 맥락에서 범주설정의 문제가 남기는 하지만, 법해석의 결과가 아니라 법해석작업 이전에 입법자의 고민과 숙고를 거쳐 선결된 정답의 의미덩어리, 즉 법규범이 법문에 담겨져 있는 것으로 보는 논리구조는 다를 것이 없다. 법실무상 법도그마틱의 고유한 장점은 바로 이 선확정되어 전제된 내용, 말하자면 '유일한 정답'이 선재한다는 전제 하에 직간접적으로 연관되는 근본적인 사실이나 가치평가의 문제들에 대한 숙고와 상론을 반복하지 않고 잘 정리된 법해석의 공준과 규칙들에 따라 현행 실정법의 내용을 해명하여 구체적인 법문제에 대한 정확한 답을 효율적으로 발견할 수 있게 안내하는 것이다. 법관은 이 안내의 지침과 규칙을 숙지하고 따르기만 하면 되는 것이다.

'기계적인 법률학'(mechanical jurisprudence)이라는 용어에서 추측될 수 있는 바와 같이, 이는 신고전학파의 주류경제학에서 가격을 선택 또는 결정에 필수적인 정보를 관련 당사자들에게 전달하는 '축약된 형식'의 '기호'(symbol)로, '가격기제'(price system)를 '일종의 기계'(a kind of machinery)로 상정하는 은유적 사고와 구조적으로 유사하다. 일종의 '집단지성'이 작동되는 수많은 시행착오와 A. Smith가 제시한 '보이지 않는 손'(invisible hand)에 의한 자체 보정의 과정을 통해 궁극적으로 '평형'(equilibrium)의

상태로 근접해가는 과정 또는 적어도 '규제적인 이념'으로서 일종의 '이상
적인 폐쇄체계'로 상정되는 '완전시장'(perfect market)의 모델이 '효율성'과
함께 또는 '효율성' 속에서 경제학적 진리성, 즉 '효과성'을 담보하는 경제
학직 '지식사용체계'로 구상된 것이라고 한다면, '기계적인 법률학'의 핵심
요소인 법도그마틱은 논리적 방법과 형식을 통해 법적 결정의 '효율성'과
'정당성'을 확보하기 위한 법학적 '지식사용체계'라고 할 수 있다. 말하자
면 일정한 기계를 작동하면서 변화에 적응하기 위하여 엔지니어가 몇 개
안되는 눈금판만 주목하면 되는 것 같이 생산자나 소비자가 변화에 적응하
는데 가격이 제공하는 몇 가지 지표만 고려하면 되는 정보 또는 지식기반
결정의 메커니즘으로서 가격기구가 작동되는 방식, 즉 개별 시장참여자가
옳은 선택을 할 수 있기 위해서 근원적인 가치의 문제를 비롯하여 것을 수
요와 공급의 크기와 연관되는 많은 것들을 알 필요가 없고 관련된 모든 핵
심정보가 반영되어 수렴된 가격만 주목하면 되는 이른바 '지식의 경제'
(economy of knowledge)[60]의 경제이론적 명제는 '가격' 대신 '법률' 또는
'법적 개념'이나 '법원리' 등을 대입하여 모든 지식과 정보가 수렴되어 내
장된 일종의 '완전체'로서 실정법체계를 상정하고, 효율적인 '법운용기계'
또는 그 작동메뉴얼로서 법도그마틱을 제시하는 법이론 및 법해석(적용)론
의 구성에도 방법론상 무리 없이 원용될 수 있다. 가치와 가격의 관계를 역
전시켜 궁극적으로 가격이 가치를 규정하는 것으로 보는 이른바 '한계주
의'(maginalism)와 '주관적인 가치이론'의 틀 속에서 최적화된 객관적인 방
법, 즉 일종의 '수학적인 미학'(mathematic aesthetics)의 방법으로 '경제학적
진리'를 추구하는 신고전학파의 이른바 '과학적 지식'(scientific knowledge)
의 명제와 맥락을 같이 하는 바, 적어도 전통적인 법도그마틱의 방법론적
토대인 '논리적 실증주의'의 모태라고 할 수 있는 전통적인 합리주의적 인

----

60) 이에 관해서는 F. A. Hayek, "The Use of Knowledge in Society", in: The American
   Economic Review, Vol. 35(1954), 526-527면.

식의 paradigm 속에서는 그러하다. 이러한 점에서 자유주의 경제학자들이 '법문의 힘'(power of the written word)에 대한 근거 없는 믿음을 갖고 고전적인 법적 사유에서 전제하였던 바, 즉 법관의 역할을 마치 야구경기에서 '볼과 스트라이크를 판정하는 심판'(umpire)과 같이 선확정된 규칙을 기계적으로 적용하는 것으로 보는 입장에서 '사법적 결정들'(judicial decisions)의 객관성, 말하자면 사법적 결정이 분명하고 잘 정리된 원칙들의 '무재량의 적용'(nondiscretionary application)에 의해 확정되는 정도를 과장하는 경향을 보이는 것은 우연이 아니다.[61]

또 한편 논리의 언어로 구성된 추상적인 개념과 확립된 개념체계를 기반으로 하는 법적 추론은 논리의 방법과 형식에 의해 엄격하게 제약되는 논증방법으로서 결론의 실체적 정당성과는 무관하게 적어도 '자의성'(恣意性)을 배제할 수 있는 점에서 실무 차원에서 법도그마틱에 대하여 기대되는 법적 결정의 '일관성'과 '정합성' 및 그에 따른 '법적 안정성', '가측성', '신뢰성' 등을 담보하는 법인식의 방법으로서 특유한 효용을 갖는다. 후술하는 바와 같이 전통적인 법도그마틱이 법해석 및 적용모델로 수용된 것이 이른바 '3단논법'이거니와, 그 핵심의도는 법관의 엄격한 법률구속, 즉 법적 판단에서 법관의 주관적인 선입견을 배제하는 것이었고, 이는 궁극적으

....

61) R. A. Posner, "The Constitution as an Economic Document", in: George Washington Law Review, Vol. 56(1987), 8면. 법관을 심판에 비유한 표현은 19세기와 20세기 초에 걸쳐서 확립된 '고전적인 법적 사유'의 부침을 기술한 Kennedy와 Wiecek의 저서에서 유래되었다. D. Kennedy, The Rise & Fall of Classical Legal Thought, 2006, 39면; W. M. Wiecek, The Lost World of Classical Legal Thought: Law and Ideology in America, 1886-1937, 1998, 7, 12-13면. B. Cushman, "The Structure of Classical Public Law", in: Chicago Law Review, Vol. 75(2008), 1929면에서 재인용함. 하지만 이 비유는 2005년 인사청문회에서 현재 대법원장인 보수성향의 대법관 후보 J. Robert가 법관의 일은 "볼과 스트라이크를 판정하는 것이지 볼을 던지거나 볼을 치는 것이 아니다"라고 답하는 과정에서 사용하면서 새삼 많이 회자되고 있다. 이에 관해서는 M. R. Dimino, "Image is Everything: Politics, Umpire, and The Judicial Myth", in: Harvard Journal of Law & Public Policy, Vol. 39(2016), 397-398면.

로 '같은 것'과 '다른 것' 또는 '유사한 것'을 분명하게 확인하여 사법의 중립성과 함께 법적용에서 법적 정의의 근본적인 요소인 '법적 안정성'과 '평등'의 이념을 구현하고자 하는 것이었다.

3) 체계화기능 – '정서(整序)기능'

법도그마틱의 합리화기능은 다음에 이어서 검토하는 체계화의 기능과 연관되는바, 법실무상 '기술적인 기능'(technische Funktion)으로 구체화된다. 법도그마틱의 '기술적인 기능'은 우선 정제된 법적 개념의 폐쇄체계 속에서 개별적인 사회적 분쟁을 효율적으로 해결하는 것과 함께 그 결과를 법적으로 구성하여 다시금 기존의 형성된 체계에 편입시키는 '체계보완' 또는 '체계확충'의 작업과도 연관된다. 폐쇄체계 안에서 진행되는 것이기는 하지만, 통시적인 관점에서 보면, 법도그마틱에는 종래의 개별적인 해결책을 종합 및 정리하여 제시함으로써 유사한 또는 새로운 법적 분쟁에 대하여 적확한 해결방안에 이르는 노정(路程)을 세밀화하고, '법인식원'을 계속 보강해나가는 일종의 항상적인 '체계진화'의 기제도 내장되어 있기 때문이다. R. Stürner가 개념법학의 경직성 및 폐쇄성의 한계에도 불구하고 법도그마틱이 여전히 유력한 법적용방법으로 유지되고 있는 배경을 설명하면서 도그마틱이 '확인의 기능'(konfirmative Funktion)과 함께 '혁신의 기능'(innovative Funktion) 및 '비판의 기능'(kritische Funktion)도 가진다는 점을 강조하는 것은 바로 이러한 점을 주목한 것이다.[62]

전술한 법도그마틱의 '합리화' 및 '결정부담경감'의 기능은 법개념들 간의 상하, 전후 및 좌우의 복합적인 관계를 하나의 '통합된 질서'로 정리하는 '체계화'를 전제조건으로 한다. 법적 결정의 '합리화'는 '개념' 또는 '개

---

62) R. Stürner, "Das Zivilrecht der Moderne und die Bedeutung der Rechtsdogmatik", in: JZ, 2012, 10-11면.

넘의 관계'를 수단으로 하여 확보되는 '의미이해의 관계'를 준거로 하는 법
도그마틱의 형식적인 체계지향, 즉 '체계사용'(Systemnutzung)의 방법을 통
해서만 가능하기 때문이다. 또 한편 법적 분쟁을 해결하기 위한 구체적인
법인식 및 법적용작업으로서 법도그마틱은 법적 논증의 수단과 방법에 대
하여 합의된 내용을 탐색하는 것인 동시에 갱신해나가는 것이기도 하다.
전술한 바와 같이, E. Schmidt-Aßmann이 주목한 '체계사용'을 넘어서는 또
는 '체계사용'에 앞서 선행되는 법도그마틱의 '정서(整序)기능', 즉 '체계형
성'(Systembildung)의 기능은 이러한 맥락에서 주목된다. 이 '체계형성'의
대상이 되는 내용은 일차적으로 법적 판단의 준거가 되는 실체적인 법개념
및 개념들의 관계이지만, 법해석방법론의 공준을 비롯하여 논증규칙 등의
규범적인 요소들도 당연히 포함된다.

후술하는 바와 같이, 방법론의 관점에서 보면, 바로 이러한 선결된 '체계
형성'은 전문가로서 유권적인 법해석권을 갖는 결정자의 '자기기속'의 필
요조건이고, 동시에 그 결과이기도 하다. 적어도 재판을 비롯한 법실무의
현실 속에서 부인될 수 없는 법도그마틱의 규범적 효력은 오롯이 이 '자기
기속'으로부터 도출된다.

4) 민주적인 사회조종의 기능 - 법과 정치의 구조적 연계

체계화된 법도그마틱은 민주적 법치국가의 헌법이 전제로 하는 사회의
'민주적인 조종'(demokratische Steuerung)을 지향하는 통치모델의 핵심기제
이다.[63] 모든 국가행위에 일반적으로 요구되는 것이되, 특히 법관을 비롯
한 법실무가들의 법적 결정은 반드시 엄격한 합리적 논증에 의해 뒷받침되
어야만 한다. 즉 정당화되어야 한다.

법의 해석 및 적용의 공준과 규칙들이 헌법과 법률을 준거로 하는 것은

....

63) Ch. Waldhoff(Fn. 21), 20면.

아니지만, '법=법률'의 법이론적 전제는 법을 만드는 입법권과 법을 적용하는 사법권으로 분별하는 권력분립의 구상 속에서 법도그마틱에 일종의 '자가정당화'의 특권을 부여한다. 이 '자가정당화'의 핵심은 '논리=합리성'의 명세인 점에서 논리적인 법해석방법으로서 법도그마틱은 '민주적 입법자'를 중심축으로 하는 헌법의 법질서에서 헌법과 법률에 따라 독립하여 심판하는 사법권의 기능적 정당성의 근거인 동시에 그 한계이기도 한 바, 특유한 법학방법론으로서 법도그마틱과 '법률학적 합리성'은 민주적 법치국가의 헌법이 선택한 법운용모델의 필수적인 조건이다. '법률의 합리성'이 추정되기는 하지만 완결된 것일 수는 없고 또한 법률에 어떤 흠결이 있다면 법관은 실제적 이성의 척도와 공동체의 확립된 정의관념에 따라 그것을 메워야 하는 점에서 법도그마틱이 합리적인 논증의 전부일 수는 없고 또한 이성의 근거와 법률학적 전문성이 민주적인 정당성을 대체하지는 못한다는 점을 인정하더라도, 적어도 자의적(恣意的)인 법적용을 배제할 수 있는 체계화된 법도그마틱과 연계되지 않는 법질서 속에서는 법률의 민주적인 사회조종과 형성의 기능을 기대할 수 없기 때문이다.

법률기속과 함께 일면 법관의 '자기기속'에 의해 담보되고, 타면 '자기기속'의 전제조건이기도 한 법도그마틱의 규범적 효력은 의회가 제정한 법률을 준거로 하여 법적 분쟁을 해결하고, 사법절차를 통해 상충하는 이익 및 가치들을 합리적으로 조정하는 '민주적인 조종'의 핵심전제이다. 이러한 맥락에서 보면 일면 법학방법론의 차원에서 정리되고, 불문의 형식으로 주어지는 법해석 및 적용의 공준과 규칙들이고, 타면 발견된 결과들을 가공하고, 체계화하고, 적용과 연관하여 선별하는 방식이기도 한 법도그마틱에 따른 법해석 및 적용의 방법과 이를 통해 형성된 법도그마틱적 명제들은 민주적인 법실현의 과정인 동시에 그 내용이다.

하지만, '이익조정자'로서 국가의 역할이 확대됨에 따라 사회에 대한 조종의 수단 또는 매개로서 법의 기능이 부각되고 있거니와, 오늘날의 사회와 시장은 법에 대하여 사회 속에서의 경쟁과 거래 등 모든 행위들의 '신뢰성'과 '경제성' 및 '효과성'과 함께 사회교란(攪亂)의 신속하고 확실한 제거를 보장하는 규칙들을 기대한다.[64] 경제적, 정치적, 도덕적인 '체계합리성'과 연계되지 않은 고립된 법의 '폐쇄체계'만으로는 '합목적성'이 부각되는 이러한 요청에 부응할 수 없다. 전술한 바와 같이, 특히 이른바 '조종학문'으로서 행정법학방법론의 영향에 따른 행정법학의 변화, 즉 '규범의 적용'에 초점을 맞추는 '해석학'으로부터 '규범의 정립'을 중심으로 하는 '행위학' 또는 '결정학'으로의 선회의 맥락에서 전통적인 개념법학적 행정법학방법의 한계와 입법학 및 조종학적 방법론으로서 다원주의적 방법론의 중요성이 확인 및 강조되고 있거니와,[65] 행정법 도그마틱의 범주 내에서도 결정준거로서 법과 결정에 대한 결정을 하는 정치의 구조적인 연계는 민주적 법치국가의 당위적인 요청인 동시에, 정치적으로 결정된 것을 집행하는 의미의 '행정'이 아니라 'Governance'를 요구하는 이러한 정치경제 및 사회적 환경의 변화와 그에 따른 행정법의 다원적이고 역동적인 역할에 대한 새로운 기대에 따른 필연적인 것이기도 하다. 법률기속성과 법적 논증에 대한 엄격한 제약은 법체계와 정치체계의 구조적인 연계의 전제조건인 동시에, 이 연계 속에서도 '법의 정치화'의 위험을 피하면서 민주적 법치국가에서 법의 독자적인 역할과 기능이 유지될 수 있게 하는 필수조건이다.

다만, 행정법 분야에서 특히 두드러진 현상이기는 하되, 모든 법영역에서 일반적으로 관찰되는 이러한 법적 환경의 변화에도 불구하고, 법과 불법에 대한 공술이 임의의 논증들이나 기술적(技術的)인 전문성, 법률 외의 텍스트들이 아니라 민주적 정당성을 갖는 의회입법자가 제정한 법률을 준

----

64) 이에 관해서는 W. Henkel, "Wandel der Dogmatik des öffentlichen Rechts", in: JZ, 1992, 546면.
65) 이 원우, "21세기 행정환경의 변화와 행정법학방법론의 과제", 행정법연구, 제48호 (2017), 101-102면.

거로 해야만 한다는 명제는 여전히 유효하다. 법도그마틱의 차원에서 법률가들에게 법률은 신학자들에게 주어지는 성전(聖典)에 해당된다. 대부분의 실정헌법이 명시적인 근거규정을 두고 있거니와, 법해석론상 개별 도그마들에 앞서 법관의 '법률기속'의 핵심도그마가 담보되어야 하고, 이 도그마에는 법적 결정과 논증에 대한 엄격한 제약, 즉 법도그마틱 기속도 포함된다.

민주적인 법치국가에서 필수적으로 요구되는 법과 정치 간의 구조적인 연계는 바로 바로 이 기속력을 갖는 도그마에 의해 확보된다. 하지만, U. Di Fabio가 적확하게 해명하는 바와 같이, 그렇다고 해서 법이 일방적으로 정치적 명령에 복속되는 하부질서로 전락되는 것은 아니다.66) 법관에게 '법률기속'은 제약과 함께 자유도 부여하기 때문이다.67) 법관을 제약하는 법률 및 법도그마틱 기속의 도그마가 인정되지 않는 경우 오히려 법원의 정치적 독립성은 담보될 수 없고, 결정권한을 수단으로 하는 법의 관철도 보장될 수 없다.

주지하는 바와 같이, 정당을 통한 권력통합현상을 비롯하여 국가와 사회 및 그 관계의 구조적 변화와 그에 따라 부각되는 일종의 '복합체'로서 국가기능의 확장에 따라 고전적인 3권분립의 구도가 더 이상 '견제와 균형'의 기능적 메커니즘을 담아낼 수 있는 권력통제의 모델이 될 수 없게 되었거니와, '사회의 민주적인 조종'은 그럼에도 불구하고 여전히 또는 바로 이러한 점에서 새롭게 주목되어야 하는 법이론 및 헌법의 핵심논제의 하나이다. 아무튼 이러한 관점에서 부각되는 '법과 정치의 구조적 연계'의 맥락에

....

66) U. Di Fabio, "Systemtheorie und Rechtsdogmatik", in: G. Kirchhof/S. Magen/K. Schneider(Hg.), Was weiß Dogmatik?, 2012, 65면.
67) N. Luhmann도 도그마틱의 개념성과 관련하여 '도그마틱 기속'이라는 '도그마' 자체도 도그마틱적 해석의 대상이 될 수 있는 점에서 도그마틱은 기속성으로부터 자유를 확보할 수 있고, 이 기속에서 벗어나기 위해 '법률기속'을 완화시키는 경우에는 자유가 아니라 오히려 정치에 예속되는 결과가 초래된다는 점을 강조한다. Rechtssystem und Rechtsdogmatik, 1974, 16면.

서 법관이 법률에 기속되는 것은 일면 법관에게 '짐'이기는 하지만, 자신에 의해서 관장되는 해석에 의해 그 의미, 즉 규범의 내용이 확정되는 법률에 따르기만 하면 되는 점에서 '힘'이기도 하다.

관건은 근본적으로 '자기기속'인 '법률기속'의 당위적이고 필연적인 양 측면인 이 '짐과 힘'의 적절한 조화이다. 거시적인 국가과제론 및 국가기능 론 차원의 헌법이론과 연관되는 법이론 및 법해석론의 논제로서 법도그마 틱이 주목되는 지점이다. 법해석방법론의 차원에서 지속되는 '객관적인 법 해석방법'과 '주관적인 법해석방법'의 대립과도 연관되는 것이거니와, 법적 결정에 대한 '민주적인 조종' 또는 '민주적인 통제'의 관점에서 관건인 법 관의 '자기기속'의 문제는 궁극적으로 법도그마틱의 객관적 타당성 및 그 에 따른 규범적 효력의 유무 또는 그 정도에 따라 다를 수밖에 없다. 이에 관해서는 후에 상술한다.

5) 정치적 중립화의 기능 - 법의 탈이데올로기화

법적 판단의 정치적 중립성을 제고하는 기능, 특히 '법의 탈이데올로기 화'의 기능도 법도그마틱의 주요 기능의 하나로 제시된다. 이에 관해서는 '포섭도그마의 한계'와 관련하여 후에 상론될 것이다. 다만, 여기에서는 근 본적으로 종결될 수 없는 '법(세계)의 탈이데올로기화'라는 거대한 담론이 '법과 현실의 분리'나 '법과 도덕의 분리' 또는 '법과 정치의 분리'라는 작 위적인 존재론적, 인식론적 명제를 전제로 하는 특정한 법학방법론에 의해 일방적으로 주도되는 것이 법(세계)의 진보에 도움이 되지 않는다는 점만 을 강조한다. 특히 '법학적 해석학'에 의해 해명되었거니와, 도덕적인 가치 판단과 현실의 문제에 대한 파악과 그 해결방책을 탐색하는 작업은 기본적 으로 입법자의 숙고와 고민에 의해 종결되고, 법해석자는 마치 지질학자가 토양의 성분을 분석하듯이 법률텍스트에 대한 몰가치적인 어의학적 분석 을 통해 법규범을 발견해내는 기술자로서 역할에만 충실해야 한다는 관점이 더 이상 타당하지 못한 것도 재론을 요하지 않는다.

아무튼 법해석론의 차원에서 보면, 객관주의적인 법이해, 특히 법규범이 법률텍스트 속에 완결된 내용으로 내장되어 있는 것으로 보는 '법실증주의' 또는 좀 더 극단화된 법실증주의라고 할 수 있는 '법형식주의'(legal formalism)의 핵심명제인 '법(세계)의 중립화'는 '법=법률'의 전제 하에 '법적인 것'과 '법 외적인 것'의 경계선을 분명하게 획정하고, '합법'과 '불법'의 판가름에만 초점을 맞추는, 말하자면 '실체적 정당성'의 문제는 고려되지 않는 순수한 연역방식의 법인식작업의 틀 속에서만 상정될 수 있다. 즉 근본적으로 불분명한 경계선을 긋고 '법 외적인 것'을 원천적으로 배제하는 논리적-실증적인 접근방법, 즉 '개념법학적 법도그마틱'의 명제이다. 일단 비평은 유보하고, O. Lepius의 응축된 기술을 인용하는 것으로 논의를 대신한다:

『도그마틱적으로 작업을 하는 것은 역사적인 것에 대하여 현실적으로 중요한 것을, 경험적인 것에 대하여 법적인 것을, 감정적인 것에 대하여 이성적인 것을, 법정책적인 것에 대하여 법적용을, 비판적인 것에 대하여 권위적인 것을, 제약되지 않는 철학적인 것에 대하여 실증적인 것을 우선하여 법적 숙고를 하는 것을 의미한다.』[68]

하지만 법실증주의를 토대로 하는 개념법학의 입장에서 전제로 하는 '법적인 것'과 '법 외적인 것'의 구별이 형식논리적으로는 상정될 수 있겠지만, 실제로 규범과 현실이 분별될 수 없는 법현실의 현상을 차치하더라도, 전통적인 법도그마틱 작업속에서도 '현실', 좀 더 정확하게 말하자면 '현실에 대한 공술 또는 명제'들이 고려되고 반영되는 경우가 없지 않은 점에서 Lepsius의 기술은 법도그마틱의 형식성의 측면만을 작위적으로 강조한 것

----

68) O. Lepsius(Fn. 17), 41면.

으로 생각된다. 예컨대 정치, 경제, 사회, 문화적 환경과 기술적 변화에 따라 법규범의 의미와 목적이 변화될 수밖에 없음은 물론이고, 전통적인 법도그마틱의 틀 속에서 목적론적 법해석방법은 법규범의 의미와 목적을 고려하는데, 이 경우에 의미와 목적은 법적 범주에 국한된 것이 아니라 법 외적인 실제 효과를 고려하여 판단되는 것인 점에서 법도그마틱에도 현실 및 현실에 대한 가치적 판단이 인입될 수밖에 없다. 또한 '법획득'의 기능적인 관점에서 주목되는 이른바 '결과고려'(Folgenberücksichtigung)의 법적용방법에서 '결과'는 법체계와 함께 법외적인 현실과 연결되어 고려되는 것일 수밖에 없기 때문에 법도그마틱적 논증관계 속에 현실 및 현실에 대한 관점과 판단이 인입되는 것은 필연적이다.69)

여기에서 상론은 약하되, 다만, 법도그마틱에서도 현실에 대한 고려가 가능하고 또한 적어도 부분적으로는 불가피한 점에서 법도그마틱의 '정치적 중립화' 또는 '탈이데올로기화'의 기능은 '법 외적인 현실'을 배제하고 '법적인 것'만을 고려하는 이른바 '순수법학'의 오류, 즉 법적용방법으로서 법도그마틱의 '오염'의 불가피성을 고려하는 전제하에 그 가능성과 한계 및 법학방법론상 함의를 주목해야 한다는 점을 밝혀둔다.

6) 전문화기능

법적 판단의 '전문화기능'도 법도그마틱에 의해 구현된다. 법인식방법으로서 법도그마틱은 실정법을 준거 또는 출발점으로 하여 구체적인 법적 결정에 이르는 일종의 정형화된 추론작업이지만, 실정법이나 판결에 대한 단순한 기술(記述)에 국한되는 것은 아니다. 실제 상호보완의 관계에 있는 법적용과 법학 간의 '성공적인 교집합'(gelungene Schnittmenge) 속에서 법도

---

69) 이에 대한 상론은 Ch. Gusy, "Wirklichkeit in der Rechtsdogmatik", in: JZ, 1991, 213-214면.

그마틱의 순기능을 주목하는 Ch. Möllers의 논의나,[70] 법학의 과도한 도그마틱화에 따른 학문적 독자성의 상실을 우려하면서도 법학과 법실무 간의 대화를 풍요롭게 하는 법도그마틱의 장점을 강조하는 Lepius의 주장은 누구도 '저작권'을 주장할 수 없는 법노그마틱의 '무주체성'(Akteurlosigkeit), 말하자면 학문적 주장과 실무자들의 주장이 분별되기 어려운 점과 함께, 법도그마틱이 실정법과 판례에 대한 분석과 기술(記述)에 그치지 않고 실정법화 이전의 법을 포함하여 법적으로 '확보된'(gesicherten) 소재 전체를 갖고 수행되는 작업이라는 것을 확인한 것으로 이해된다.[71]

또한 일종의 '자기준거성'을 갖는 논증형식으로서 법도그마틱은 개념을 준거로 하여 정리된 관념을 '학문의 차원에서 일반적으로 승인된 규칙에 따라 토론될 수 있고 또한 그 진위가 검증될 수 있는 공술형식', 즉 재판을 비롯한 모든 구체적인 법적 결정과 연관하여 표준화된 동일한 방식으로 적용될 수 있게 만드는 공술형식 속으로 인입하는 것을 의미한다. 다만, 전술한 바 있듯이, 어떤 법해석방법론도 '자기정당화'를 주장할 수 없는 것과 같은 맥락에서 이러한 정형화된 공술형식 자체가 법도그마틱의 학문성을 보증하는 것은 아니고, 법도그마틱의 특유한 기능은 법실무가, 특히 법관의 '자기기속'을 통해 사실상 규범적 효력이 인정될 수 있는 범위에서 학문적인 검증이 가능한 판단들에 대하여 대화를 가능하게 만드는 것이다.

아무튼 이러한 맥락에서 보면, '법인식원'으로서든, '법생산원'으로서든 법도그마틱을 매개로 하는 '법대화'에 참여하는 것은 법전문가들에게도 주석서나 판례집의 방대한 분량만큼이나 감당하기 어려운 정도의 부담으로

....

70) Ch. Möllers(Fn. 48), § 3 Rn. 35.
71) O. Lepsius(Fn. 17), 60면. Lepsius는 'Dogmatik'이 독일에서 법학연구의 매우 성공적인 방법이었다고 하면서 법학자와 변호사, 법학교수와 실무자 및 법률가들과 법관들이 당면한 법적 문제들에 대하여 의견들을 교환할 수 있는 공동의 'platform'을 제공한다고 기술하고 있다. "The quest for middle-range theories in German public law", in: International Journal of Constitution, Vol. 12, No. 3(2014), 694면.

다가온다. 하지만, 이러한 막중한 부담의 크기에 따라 또는 그 수용능력에 따라 주어지는 '법도그마틱의 전문성'이 법 및 법적 판단의 중립성과 객관적인 타당성을 담보할 수 있는지, 얼마나 담보할 수 있는지는 별론의 대상이다. 이와 관련하여 법도그마틱의 지속적인 갱신의 필수성을 강조하는 Esser의 견해는 되새겨봄직하다:

『도그마틱은 그 자체가 사변적인 공론(空論: Spekulation)이 아니라 '증명'(Bewährung)에 의해 확보되고 또한 경험 및 그에 따른 새로운 증명에 의해 새로운 내용이 더 채워지고 갱신되어야만 하는, 하나의 개념체계로 변환된 원래 도그마 내용의 합리성에 의존해서만 기능을 수행할 수 있다.』[72]

7) 입법관여기능 - '체계정합성'의 통제

법도그마틱의 폐쇄성과 실정법 기속성의 전제 하에 법의 집행, 즉 법의 해석과 적용에만 초점을 맞추어 법도그마틱의 기능을 주목해 온 종래 지배적인 견해는 법도그마틱을 선재하는 법질서를 '해명'(Explikation) 또는 단순히 사후적으로 체계화하는 작업으로만 이해하여 왔다. 하지만, N. Luhmann이 지적하는 바와 같이, 도그마틱적 사유와 해석이 실정법률의 소재들에 기속되기는 하지만 개념작업을 통해 소재들에 영향을 미친다는 점,[73] 말하자면 '실정법기속' 또는 '실정법기속'을 규율하는 규칙들 자체도 도그마틱적 해석의 대상이 되는 점에서 도그마틱은 자신의 기속성으로부터 자유를 도출할 수 있되, 다만 이 자유가 무제한적일 수는 없고 일정한 제약은 불가피하다. 이러한 점에서 법도그마틱과 입법의 관계는 단절된 것일 수 없고, 그래서도 아니 된다. 오히려 일종의 변증법적 과정을 통해 상호 영향을 주

---

72) J. Esser(Fn. 1), 93면.
73) N. Luhmann(Fn. 67), 16면.

고받는 '교호적인 관계'(Wechselbeziehung)로 이해되어야 한다.[74)]

여기에서 상론은 약하되, 다만 입법에 대한 법도그마틱의 영향이 부정될 수 없고 또한 배제되어서는 아니되는 현실 및 당위적인 요청과 관련하여 두 가지만 논거만을 제시한다. 우선 입법권과 사법권을 분리하는 전통적인 권력분립원리의 틀 속에서 당연한 것으로 전제되는 바, 즉 사법의 실정법 기속성에도 불구하고 법도그마틱에 필수적으로 인정되는 자유영역, 특히 '사법재량'과 관련하여, 실정법 자체가 모순되거나 개념관계의 순환적 한계에 따라 법적 결정의 준거를 제공하지 못하는 경우에 법해석 및 적용자에게는 법도그마틱이 허용하는 범위 내에서만 독자적인 결정권이 인정되기 때문에 일면 입법의 소재 자체를 정련(精練)하여 제공하고, 타면 입법과정에서 소재들을 세공하여 정제된 법개념으로 변환하는 법도그마틱의 입법지원작업은 필수적이다. 필요한 경우 해석의 여지를 갖지만 법도그마틱은 실정법 기속과 함께 스스로 전제하는 법해석방법상 공준의 제약에서 벗어날 수 없는 점에서 자체적으로 보정될 수 없는 흠결과 체계부정합 등의 문제를 입법단계에서 여과하고 재단하는 세공작업은 기계를 직접 운용하는 엔지니어가 기계의 설계과정에 참여해야 하는 것과 마찬가지로 입법권과 법적용권을 분리한 법운용체계에 내장되어 있는 법도그마틱의 과업(課業)으로 인정되어야 한다.[75)]

....

74) 입법과 도그마틱의 상호관계에 대한 상론으로는 특히, O. Behrends, "Das Bündnis zwischen Gesetz und Dogmatik und die Frage der dogmatischen Rangstufen", in: O. Behrends/W. Henkel(Hg.), Gesetzgebung und Dogmatik, 1989. 9면 이하; J. Ipsen, "Rechtsprechung im Grenzbereich zur Gesetzgebung", in: N. Achterberg(Hg.), Rechtsprechungslehre, 1986, 440면 이하.

75) M. Herberger, "Rangstufen der Rechtsdogmatik im Hinblick auf deren Bedeutung für die Gesetzgebung", in: O. Behrends/W. Henkel(Hg.), Gesetzgebung und Dogmatik, 1989, 75면. 입법과정에서 의회와 법원 간의 긴밀한 협업을 강조하면서 이른바 '좋은 정부'(good government)를 만들기 위해 또한 '더 나은 법들'(better laws)을 제정하기 위해 의회와 법관 간의 '개방된 대화'(open dialogue)가 필요하다는 견해도 같은 맥락

'재판규범'에서 '행위규범'으로의 전환이나, '분쟁지향형 소송'의 '정책지향형 소송'으로의 변화 등 입법 및 사법실무상 법의 정책규범으로서의 기능확장에 대해서는 전술한 바 있거니와, 이러한 법도그마틱의 입법보조 기능은 일종의 단발성의 '응급조치'로 적법성판단에만 초점을 맞추는 과거지향의 기술적인 법해석 및 적용의 차원을 넘어서는 미래형성적인 일종의 '정책법원'으로서 사법의 역할과 기능이 요구되는 법환경에서 각별하게 주목되어야 할 논제이다. 이른바 '행정국가' 또는 '사법국가'의 현상을 거론하지 않더라도 법과 정책, 법학과 정책학 간의 융복합이 화두인 이른바 'Governance'의 관점에서 정책의 결정과 집행 및 사법통제가 기능적으로 구별될 수는 있지만 유기적인 공조체계 속에서 협업이 불가피하고 또한 요구되는 바, 특히 대부분이 중요한 사회경제적 정책결정을 법률에 담아낸 것이라고 할 수 있는 개별행정법을 비롯하여 경제법, 사회법, 노동법 등의 분야에서 더욱 그러하다.

두 번째로는 '형식적인 정의원리'(formales Gerechtigkeitsprinzip)를 실현하는 수단으로서 법도그마틱의 당위적인 일법관여기능이 제시된다. 이른바 '범주화'의 한계에 따라 법률이 의도하는 모든 적용대상들이 평등원칙에 정확하게 부합되는 내용으로 세밀하게 규정되는 것은 원천적으로 기대할 수 없다. 시민들의 실제 삶과 연관되는 수많은 개별 사안들을 집단으로 묶어서 가능한 한 같은 것을 같게 취급해야 하는 오늘날의 입법실무에서 일면 평등원칙에 부합되면서, 동시에 단순한 내용으로 쉽게 이해될 수 있고

에서 주목된다. R. J. Krotoszynski, Jr., "Constitutional Flares: On Judges, Legislature, and Dialogue", in: Minnesota Law Review, Vol. 83(1998), 4-5면. '일종의 대화형식'(a form of conversation)으로 볼 수 있는지에 대한 이견과는 무관하게, '문언중심주의'(literalism)도 근본적으로 불확정한 언어로 구성된 헌법의 해석, 즉 헌법을 구체화하는 입법과정에 법원이 관여하는 것을 부정하는 입장으로 귀결되는 것은 아니라는 주장도 같은 취지의 견해로 파악된다. J. Rubenfeld, "Reading the Constitution as Spoken", in: Yale Law Journal, Vol. 104(1995), 1130면.

분명하게 파악될 수 있는 이상적인 법규범은 현실적으로 가능하지 않다.

　이러한 상황에서 입법자에게는 두 가지 가능성, 즉 '일반조항'(General-klausel)이나 '불확정개념'(unbestimmter Rechtsbegriff)을 수단으로 하는 이른바 '고무조항들'(Gummiparagraphen)의 양산을 통해 실제 결정을 행정청이나 법원에 전가하거나, 아니면 법률 속에서 개별정당성의 모든 요청들을 고려하여 수많은 개별 사안들을 포괄하여 세밀하게 달리 규정하는 방법이 대안으로 주어질 뿐이다. 전자의 경우는 이른바 '본질성이론'(Wesentlichkeitstheorie)의 관점에서, 후자의 경우에는 법률 규정들에 대한 '개관(槪觀)불가능성'(Unüberischtbarkeit)이나 다소간에 '흠결' 또는 '가치평가의 모순성'이 불가피한 점에서 법치국가원리의 관점에서 위헌의 문제가 제기될 수 있는 바, 현실적으로 입법자는 규율영역과 사안에 따라 이 두 가지 가능성의 중간지점에서 절충의 대안을 선택할 수밖에 없을 것이다. 문제는 입법자의 이 선택의 결정에 대하여 헌법의 차원에서는 물론이고, 법이론적으로도 분명한 준거와 지침이 제시될 수 없다는 것이다. 또한 이익단체의 압력이나 여론 등의 정치, 사회적 영향은 차치하더라도, 입법과정상의 제약, 예컨대 촉박한 시간시정이나, 규율대상에 따라 대안으로 고려되는 수단들이 제한될 수밖에 없는 사정 등의 현실적인 요인들로 인해 늘 새로운 결정을 해야만 하는 입법자가 '일관성'이나 '정합성' 또는 '체계정당성'(Systemgerechtigkeit)에 대하여 충분한 숙고를 할 수 없는 것은 더 이상 예외적인 현상이 아니다.

　U. Kischel이 강조하고 해명하는 바와 같이, 정당성의 이념은 법의 적용과 제정을 포함하여 모든 법과 법학의 토대이고, 법은 항상 '전체에 대한 부분들의 정합성'(Kohärenz Teile zum Ganzen), 즉 '체계성'(Systematik)을 요구하기는 하지만, 극도의 포괄성 때문에 정당성의 개념은 개별적인 법문제들의 논의에는 적합하지 않고, 또한 입법자의 '체계기속'(Systembindung)의 개념 자체가 관련된 법률규정을 자의적으로 '체계규정'(Systembestimmung;

defining of system)과 '체계파괴'(Systemdurchbrechung; breaking of system) 의 범주로 구분하는 것을 전제로 하는 점, 말하자면 실질적인 가치평가의 문제를 배제하는 순수한 형식성 때문에 '체계정당성'의 원리를 기존의 어떤 체계에 입법자를 기속시키는 근거로 적용하는 것은 법의 유연성이나, 헌법의 최고규범성, 모든 법률의 동위성 및 민주적인 입법과정 등을 해치게 될 우려가 있다는 지적은 적확하다.[76] 하지만 여기에서 관심의 초점은 헌법재판을 통한 규범통제, 즉 이른바 '통제규범'(Kontrolnorm)의 맥락이 아니라, 법운용체제의 차원에서 평등원칙의 도그마틱을 매개로 하여 개별 법영역들에서 '체계지속'과 '체계변화' 간의 적정한 절충과 조화의 지침을 입법자에게 제시하는 일종의 '행위규범'(Handlungsnorm)을 모색하는데 있다.

입법에 대한 '체계정당성'의 요청과 관련하여 입법 외에 다른, 즉 입법과정에 관여하는 법도그마틱의 '심급'(Instanz)을 주목하는 것은 바로 이러한 법리 및 현실의 맥락에서 타당하다. 입법자의 입장에서 불가피한 절충의 선택, 말하자면 '체계정당성'과 '개별정당성'의 요청을 동시에 충족시킬 수 없는 입법정책적 결정에 수반되는 법해석 실무상의 흠결과 법집행 및 적용상의 '비일관성' 또는 '부정합성'의 법리적 문제는 결국 입법형성 또는 재량판단에 대한 적정한 법적 통제의 범위와 한계의 문제로 귀착되고, 개별 사건에서 이 문제에 대한 구체적인 판단은 궁극적으로 법도그마틱의 관할

....

76) U. Kischel, "Systembindung des Gesetzgebers und Gleichhietssatz", in: AöR, Bd. 124 (1999), 179-207면. '체계정당성'의 원리에 대해서는 Ch. Degenhart, Systemgerechtigkeit und Selbstbindung des Gesetzgebers als Verfassungspostulat, 1976; F.-J. Peine, Systemgerechtigkeit, 1985. '체계정당성'의 개념과 '정의'(Gerechtigkeit)와의 연관성 및 '평등도그마틱'(Gleichheitsdogmatik) 속에서 체계정당성의 기능에 대한 상론은 S. Huster, Rechte und Ziele, 1993, 386-407면 이하 '체계정당성'의 원리와 관련된 입법의 상황, 특히 '입법과 개별정당성'의 관계에 대한 요론으로는 R. Herzog, "Gesetzgebung und Einzelfallgerechtigkeit", in: NJW, 1999, 25-28면.

에 속하기 때문이다. 이러한 개별적인 판단의 맥락에서 보정과 구체화의 결정권을 갖되, 방법론상 제약을 피할 수 없는 법도그마틱은 입법단계에서 부터 입법자의 절충의 선택이 원천적으로 법도그마틱에 의해 보정될 수 있는 한세를 넘는 경우 또는 일반적이고 추상적인 입법의 단계에서 입법의 목적과 취지에 부응하는 보다 적절한 대안의 선택이 가능한 경우, 이를 재검토하고, 그 보정의 필요성과 이유를 해명하여 입법에 반영하게 하는 것도 불가불 법도그마틱의 역할이다.

다만, 여기에서 법도그마틱의 '입법관여기능'의 관점에서 초점을 맞춘 이 검증작업은, 일면 합목적성에 대한 내용평가가 완전히 배제되는 것은 아니고 또한 타면 이른바 단순한 '자구심사'에 그치는 것은 아니되, '정책적 타당성'이나 '실체적 정당성'에 초점을 맞추는 입법평가가 아니라 기본적으로 전문성을 갖는 법률가들에 의해 법학방법론의 틀 속에서 수행되는 '형식적인 체계성심사', 즉 '정합성통제'(Stimmigkeitskontrolle)이다. 입법에 의해서 추가 또는 변경되는 법질서의 체계를 수용하여 사용하거나, 필요한 경우 법해석론의 한계를 넘지 않는 범위에서 체계를 형성하는 것은 법도그마틱의 고유한 역할이기 때문에 입법과 법도그마틱 간의 협업의 맥락에서 주목하는 이 '정합성통제'의 과제는 오롯이 법도그마틱의 몫이다.

여기에서 상론은 생략할 수밖에 없지만, 이 '정합성통제' 또는 '정합성보완'은 법실무상 규범통제를 비롯하여 '합헌적 법률해석' 또는 '헌법지향적 법률해석'의 방법을 통한 일반법원의 헌법해석을 포함하는 넓은 의미의 헌법재판의 영역에 속하는 문제이다. '법도그마틱의 입법관여기능'이라는 논제와 관련해서 보면 이 '정합성통제'는 개별 법률 또는 개별 법영역의 단층차원에서 평면적인 문제에 그치지 아니 하고, 헌법 도그마틱에 의한 입법의 통제 및 보완의 차원에서 다층위적인 문제로 주어진다. 예컨대, 특히 이른바 '기본권의 양면성'의 맥락에서 기본권의 '객관적 가치질서'(objektive Wertordnung) 또는 '근본규범'(Grundsatznorm)의 측면을 주목하는 기본권이론과 그에 따른 기본권 도그마틱의 변화는 이른바 '기본권의 제3자효'를 근거로 하여 '사법'(私法)의 해석과 적용에 대한 헌법적 통제의 창구를 열어주었을 뿐만 아니라, 국가의 '기본권 보호의무'를 매개로 하여 사법입법에 대한 지침과 한계로도 기본권이 적용되는 획기적인 계기를 제공함으로써 '입법-법도그마틱'에 대한 논의를 공사법을 망라하는 지평으로 확장하였고, '체계정당성'에 대한 헌법적 통제의 맥락에서 주목되는 바, 즉 '입법-법도그마틱-헌법(기본권) 도그마틱'의 다층위의 문제로 심화시켰다.

다만, 여기에서 주목하는 입법절차상 법도그마틱적 세공작업을 누가 어떻게 분담할 것인가의 문제는 '사법학'(Rechtsprechungslehre)이 아닌 '입법학'(Gesetzgebungslehre) 또는 '법정책론'의 논제이다. 하지만 법도그마틱 작업을 통해 구속력 있는 법적 결정을 하는 법원 또는 법관을 비롯하여 모든 법집행자들도 단순히 소극적이고 수동적인 실정법의 '수신인'이 아니라 입법자와 상호 협력과 견제의 관계 속에서 직간접적으로 입법을 지원하는 적극적인 '참여자'로서 역할을 수행해야 한다는 요청 자체는 법도그마틱의 명제이다. 권력분립의 맥락에서 결정권은 분리되어야 하되, 기능적으로는 법도그마틱을 매개로 하여 연계되어야 하는 입법과 사법 간의 공조와 협업은 민주적인 법치국가의 법운용체계에서 필수적이다.

(3) 법도그마틱의 특성

1) 체계성 - 형식성

우선 주목되는 법도그마틱의 특성은 체계성이다. 전술한 법도그마틱의 기능들, 특히 선확정된 '법인식원'으로서 결정부담을 경감시키는 기능은 대체불가능한 논리적인 사유방식으로서 도그마틱의 형식적 특성, 즉 개념을 수단으로 하여 법소재를 구조화 또는 체계화하는 것과 연관된다. 체계화를 전제로 하는 법도그마틱의 법해석 및 법적용의 정형화된 모델이라고 할 수 있는 이른바 '포섭도그마'의 핵심은 실정법상의 법개념 또는 법개념의 관계 속에 '진'(眞)의 전제가 내장되어 있다는 전제와, 이 '진'의 전제로부터 추론의 올바른 규칙의 적용을 통해 연역된 결론 자체도 진(眞)으로 보는 형식석인 법논리이다. 법도그마틱의 전문성과, 학문과 실무 간의 대화의 가능성을 담보하는 기능도 이러한 법논리를 전제로 하는 체계, 즉 일반적으로 공인된 표준화된 법인식 또는 법적 대화의 형식과 규칙의 체계를 토대로 해서만 작동될 수 있다. 이른바 '개념법학적 법도그마틱'의 차원에서 보면, 입법자의 의도에 대한 탐색에 초점을 맞추는 '해석'(Interpretation), 어의학적 방법의 '문언중심적 해석'(Auslegung) 또는 심지어 헌법해석에서 흔히 강조되는 법의 '구체화'(Konkretisierung) 등 어떤 측면을 주목하여 이해하든 간에 법인식방법으로서 법도그마틱은 본질적으로 실정법의 자기준거적인 개념체계를 전제로 하고 또한 중간단계에서 자연법적인 요소나 법공동체 구성원의 합의 등 어떤 '도그마'가 고려되든 간에 궁극적으로는 실정법의 개념으로 귀착되어야만 하는 연역적인 추론의 실정법해석 및 적용의 방법이다.[77]

다만, 전술한 바 있거니와, 그렇다고 해서 '체계사용'의 범주를 넘어서는 법도그마틱의 '체계형성'의 기능을 부정하는 것은 아니다. 법텍스트들에 대한 분석과 해명작업에 대하여 중간단계, 즉 다소간에 일반화된 지침과 한계를 제공하는 법이론과 연관되는 중간의 추상화단계에서, 또한 폐쇄된 법

....

77) 법도그마틱의 본질, 특히 자기완결적인 실정법개념의 체계성을 전제로 하는 점에서 개념의 과도한 확장이 아닌지 또는 개념확장의 필요성과 타당성 및 용어사용의 적절성 등에 대한 의문이 없지는 않다. 하지만 법도그마틱의 개념을 넓은 의미로 파악하여, 전통적인 자연법을 '도그마'로 전제하고 이를 준거로 하여 실정법을 해석하고 체계화하는 '형이상학적 법도그마틱'과, 연역의 방법에 의해 실정법을 완결된 개념의 체계로 구성하는 '개념법학적 법도그마틱', 그리고 법공동체 구성원의 합의를 '도그마'로 보고 그에 따라 실정법을 해석하는 '해석법학적 법도그마틱'의 세 가지 유형으로 구별하는 관점에서 보면, 법도그마틱의 체계성, 특히 그 완결성과 폐쇄성은 유형별로 다른 양상으로 드러날 것이다. 이에 관해서는 김 영환(Fn. 24), 70-72면.

체계의 외부에서 또는 내부에서 수행되는 법에 대한 반성의 차원에서 유효한 법을 기술하는 법도그마틱은 단순히 '완결체계'로 주어지는 실정법에 대한 인식의 방법에 그치는 것이 아니라, 법적 개념들과 법제도들의 '체계형성' 및 이와 관련된 학설명제들의 총합을 의미한다.

실정법체계의 완결성을 부인하면서 법적 결정의 척도로서 실정법의 배후에 있는 '이익'이나 '목적' 등이 함께 또는 우선적으로 고려되어야 한다고 주장하는 '이익법학'이나 '자유법학' 등이 이러한 가치판단의 요소들을 법도그마틱의 폐쇄된 체계의 바깥에 있는 것으로 보는데 반해, 법인식의 요소로서 '선이해'를 강조하면서 Esser가 제시하는 '법학적 해석학'은 법을 '자율적이만 동시에 합의를 필요로 하는 질서프로그램'(autonomes aber konsensbedürftiges Ordnungsprogramm)으로 보는 입장에서 '가치적 선판단'을 법도그마틱의 체계 안으로 편입하여 법적 결정의 체계적 정합성과 실체적 정당성을 확보하려는 시도로 이해된다.[78] 존재와 당위 또는 사실성과 규범성을 엄격하게 구별하는 신칸트학파의 방법이원론을 지양하여 이른바 '존재의 당위'(Seinsollen)를 법인식의 대상으로 보는 Esser에 따르면 법규범과 법환경, 즉 사회현실은 '가치적 선판단'의 편입을 통해 상호작용의 관계로 연결되고, 이러한 사실성과의 소통 속에서 법은 고정되고 완결된 폐쇄체계가 아니라 개방되어 있고 자율적으로 성장해나가는 체계로 파악된다.[79] 후술하는 바와 같이, 관건은 '여담음'의 적절한 조절이기는 하지만, 아무튼 법을 폐쇄체계로 보더라도 그 안으로 '법 외적인 것'에 대한 성찰이 인입될 수 있는 창구가 개방되어 있어야 하는 것으로 보는 입장에서 상정되는 '넓은 의미의 법도그마틱', 예컨대 '해석학적 법도그마틱'(hermeneutische Rechtsdogmatik)의 관점에서 보면, 법도그마틱은 '법원'(法源) 또는 '법생산원'이 아니라 '법인식원'일 뿐이기는 하지만, 고전적인 개념법학에 해당되

----

78) J. Esser(Fn. 1), 17면 이하, 80면 이하. 김 영환(Fn. 24), 19-20면.

79) J. Esser(Fn. 1), 17면; 양 천수(Fn. 5), 137면.

는 법해석방법론은 법도그마틱의 일부이다.

Ch. Perelman이 강조하는 바, 즉 법관이 이용하는 체계, 즉 '법인식원'의 체계가 일반적으로 법도그마틱이 전제하는 바와 달리 '명확성', '정합성' 및 '완전성'이라는 3가시 요건에 부합하지 않는 경우에는 어떻게 할 것인가라는 의문은 바로 이러한 맥락에서 제기되는 것이다.[80] Perelman이 제시하는 바와 같이, 전통적인 형식논리학은 법체계의 모순이나 흠결을 제거하거나 보충하는데 도움을 줄 수 없고, 따라서 '법논리학'(legal logic)과 같은 다른 '기술'(technique)에 의존할 수밖에 없다. 전통적으로 법논리학의 일부로 인정되어 왔던 유비의 추론, 입법목적의 고려, 법의 합목적성에 의한 추론, 물론해석, 반대해석 등의 방법론적 수단들이 그것이다.[81] 물론 이러한 수단들은 오늘날 대체로 법도그마틱의 범주에 속하는 것으로 이해되고 있다. 하지만 모든 규칙적용의 대상이 완전히 같을 수 없기 때문에 또는 오히려 그럼에도 불구하고 '범주화'(categorization)는 현실적으로 불가피하고, 당위적으로도 요구된다. 개념이 완전히 같지 않은 것들을 공통성을 추상(抽象)하여 하나의 범주로 통합하여 포착하고, 하나의 개념과 전후, 좌우, 상하로 연관되는 다른 개념들과의 관계를 체계화하는 것이라면, '범주화'는 추상화된 하나의 일반적인 개념 또는 개념체계를 유지하는 조건과 일정한 범위 내의 오차나 중복, 말하자면 다소간에 불분명한 경계선을 용인하는

....

80) Ch. Perelman, 심 헌섭/강 경선/장 영민(역), 법과 정의의 철학, 1986, 202면 이하. 법발견, 즉 '결정선택'(Entscheidungswahl)을 위하여 체계내적인 기준과 관점들만이 허용되고, 역사적인, 사회적인 또는 정치적인 관점들은 배제되는 고전적인 법도그마틱이 법발견 과정의 합리성을 통제하지 못하고 실체적 정당성도 담보할 수 없다고 보는 Esser(Fn. 1)의 견해도 같은 맥락에서 이해된다. 그에 따르면 전통적인 개념법학을 토대로 하는 법도그마틱은 '개념과 개념' 또는 '도그마틱과 체계' 간의 논리적 일관성과 통일성만을 주목하기 때문에 구체적인 법적 분쟁 속에 담겨져 있는 이익의 요소를 간과하거나, 사회현실과 가치관념의 변화에 부응할 수 없다는 것이다. 92, 97-99면. 이와 관련한 상론으로는 양 천수(Fn. 5), 167-168, 185-186면.
81) Ch. Perelman, 심 헌섭/강 경선/장 영민(역)(Fn. 80), 204면.

전제 하에 필요한 경우 동일한 차원 및 단위에서 포착될 수 없는 다른 부분을 포착하기 위해서 '하부개념', '하부개념체계'를 차별화하는 것이다.

적어도 완전한 일치를 기대할 수 없는 법과 도덕, 실재와 인식, 그리고 언어와 실재의 간극 속에서 법해석의 규칙을 포함하여 모든 법규칙은 '예외 없는 원칙'으로 적용될 수 없다. '규칙적용의 예외'가 불가피한 조건 속에서 예외선택의 타당한 준거를 찾는 문제는 결국 '적정한 범주화'의 과제로 귀착되는 바, 하나의 통합된 개념 및 개념체계의 차원에서 객관적 진리를 추구하는 순수한 형식논리의 틀 속에서 해결될 수 없다. 정오(正誤)의 문제가 아니라, 초논리 또는 비논리의 오차와 중복이 불가피하고, 차원과 단위를 달리하여 그것을 감수하는 '적정한 차별화'를 통해 결정 및 결정체계의 타당성과 경제성을 확보하는 것이 관건이기 때문이다. 예컨대 '합리성', '수긍가능성', '사회적 효과성' 등의 요청들과, '형식적 정의', 즉 '같은 것은 같게, 다른 것은 다르게' 취급하라는 법적용평등규칙에 대하여 이른바 '약한 형식주의'(weak formalism)와 연관된 '총체적 개별주의'(holistic particularism)의 입장에서 법과 도덕이 불일치하는 경우 법관이 법적 규칙이 아니라 자신의 도덕적 판단에 따를 수 있다는 전제 하에 그 규칙위반의 '예외'를 정당화하는 논거로 제시하는 '사회적 편익'(social benefit)이나 '비교정의의 원칙'(principle of comparative justice)[82] 또는 '형평성'(equity), '합목적성' 등과 같은 '실질적 정의'의 가치들도 법관의 판결에 대한 지침으로 작용되는 것이다. 이러한 점에서 Perelman이 제시하는 문제도 궁극적으로는 법 또는 규칙의 핵심문제인 '예외의 부정확한 적용과 정확한 적용의 균형'(balance of incorrect versus correct applications of the exception)을

....

82) 법적용상 일종의 '엄정성의 기준'(a criterion of tightness)으로서 법적용평등의 규칙과 '약한 형식주의' 그리고 규칙위반이 허용될 수 있는 범위와 조건 등과 관련된 '총체적인 개별주의'에 관해서는 B. B. Jeffrey, "Legal Formalism, Agent-Neutrality, and Comparative Justice", in: Contemporary Readings in Law and Social Justice, Vol. 1(2009), 73-85면.

유지하고, 특히 위헌심사의 맥락에서 직관의 판단에 의존하는 경우 우려되는 '범주들 자체에 대한 암묵적인 왜곡'(tacit distortion of the categories themselves)[83]을 피하기 위한 '적정한 범주화' 및 이를 통한 규칙형식의 체계화, 즉 법도그마틱의 '여닫음'의 가능성과 그 한계의 문제로 귀착된다.

2) 실정법기속성 – 자기기속

'법인식원'으로서 법도그마틱은 항상 '법규범 종속적'(rechtsnormakzessorisch)이다. '법생산원'으로서 법도그마틱의 '체계형성'의 기능을 인정한다고 하더라도, 실정법의 체계 속에서 수행되는 법도그마틱의 결과 또는 실정법이 소재지가 아닌 법인식방법으로서 도그마틱 자체가 '법원'(法源)이 될 수는 없다. 전술한 바와 같이, 법도그마틱의 규범성의 근거는 오롯이 법관의 '실정법기속'과 '자기기속'이다. '자기기속'은 다소간에 유동적이지만, 타율적인 실정법기속의 경우 그 밀도는 다를 수 있지만 기속 자체는 법도그마틱에 내장된 '도그마'인 동시에 헌법을 근거로 하는 위계적인 법질서 속에서 불변의 규범적 요청이다. 예컨대, 판단여지가 큰 불확정개념의 해석이나 법의 흠결을 보충하는 법형성의 경우에 법관의 광범위한 '사법재량'이 다소간에 인정될 수밖에 없는 점이나, 법에 대한 반성을 내용으로 하는 실천적-규범적 차원의 법도그마틱을 인정한다고 하더라도 그것은 어디까지나 법의 발견에 이르는 중간단계에서 잠정적으로 간접적인 요소로만 고려되는 것일 뿐이고, 구체적인 법적 결정은 오롯이 실정법의 준거로 귀착되어야만 한다.

이는 법해석론상의 가설적 요청이 아니라, 작위적으로 전제된 실정법규

....

83) 법문제의 핵심으로서 '규칙적용의 원칙과 예외'에 대해서는 L. Alexander, "THE GAP", in: Harvard Journal of Law & Public Policy, Vol. 14(1991), 695-701면. J. Greene, "The Supreme Court 2017 Term Foreword: Rights as Trumps?", in: Harvard Law Review, Vol. 132(2018), 33면.

범의 '폐쇄체계' 속에서만 수행되는 법도그마틱의 내재적인 한계를 재확인한 것일 뿐이다. 법도그마틱에서 실정법은 '우연(偶然)의 소재'(kontingenter Stoff)로 취급될 수 없다.[84] 법해석에서 역사적 변화나 다양한 문화적 환경의 요소 등과 같이 가변적인 법의 현실적 측면을 고려할 것을 요구하는 상대주의의 관점은 법도그마틱에서 배제된다. 또한 법도그마틱의 권위, 즉 규범적 효력의 근거를 자연법이나 지배적인 사회윤리에서 찾는 입장은 실정법의 '폐쇄체계'를 전제로 하는 법도그마틱의 개념을 과도하게 철학적인 관점에서 파악하는 점에서 적어도 형식논리적인 법인식방법으로서 법도그마틱에 부합되기 어렵다. 더구나 오늘날의 자연법론들은 보편타당한 '영구불변의 자연법'이 아니라 '가변적인 내용의 자연법'을 주장하거나 또는 자연법을 실체적인 내용보다 실정법을 비롯하여 '모든 법적 행위의 타당성을 비판적으로 재검증하는 사유양식'[85]으로 파악하는 점에서 통상적으로 이해되는 법도그마틱의 범주 속에 편입될 수 없다. 법복종의 근거와 실정법의 실체적 정당성의 문제는 법도그마틱적 사유의 형식을 구성하는 근본적인 요소로 전제되는데, 가변적인 자연법론과 자연법을 실정법의 타당성에 대한 비판적인 재검증의 사유양식으로 보는 관점에서는 실체적인 내용의 규율원리를 확인하고 발전시키는 불가결의 과제, 즉 실정법을 다소간에 '우연의 소재'로 취급하는 경우에만 상정될 수 있는 과제를 전제로 하기 때문이다.

또 한편 적어도 확립된 법해석 및 적용의 방법과 규칙, 그리고 이를 통해 형성된 법도그마틱의 내용도 실정법체제의 운용체계 및 잠정적으로라도 그 운용의 결과로 선확정되어 주어지는 점에서 '우연의 소재'가 될 수 없다. 말하자면 통제되지 않는 자율의 의미의 '자기기속'이 용인될 수는 없다. 이른바 '원칙과 예외의 형식'에 따라 기속이 원칙이고, 무기속의 예외

---

84) Ch. Bumke(Fn. 27), 58, 95면 이하. Ph. Sahm(Fn. 22), 361면에서 재인용.
85) 이에 관해서는 박 은정(Fn. 20), 172면 이하, 204면 이하.

는 정당화의 부담을 조건으로 해서만 선택될 수 있다. '체계형성'의 차원에서 다소간에 유동성을 부인할 수는 없다고 하더라도, 일단 형성된 체계를 사용하는 범주에서 법인식의 방법 및 그 결과에 의한 제약은 법도그마틱의 실정법기속의 선제인 동시에 그것이 구체적으로 발현된 결과이기 때문이다.[86]

요컨대, 민주적 헌법국가에서 논리적인 추론의 형식으로 수행되는 법도그마틱 작업은 헌법을 비롯한 실정법의 선확정된 질서에 의해 제약된다. 재판을 비롯한 법실무의 차원에서 도그마틱이 입법자의 결정, 즉 법률에 배치되는 법을 형성할 수 없는 것은 물론이거니와, 학문적 작업으로서 법도그마틱도 일종의 '자기수권'의 논리로 '법생산자'로서 역할을 자임할 수 있을지는 몰라도, 그러한 '자기수권'은 법실무상 구속력이 있는 법의 생산과는 무관하다.

3) 역동성 – '계몽된 도그마틱'의 가능성과 한계

마지막으로 법도그마틱의 역동성을 검토한다. 이는 전술한 법도그마틱의 특성, 특히 형식성이 다분히 경직성 및 고착성으로 발현될 수밖에 없는 점에서 논리적으로 일견 모순의 특성으로 여겨진다. 하지만 종래 도그마틱의 논의에서 주목되지 못하였던 역동성이 새로운 맥락에서, 말하자면 법개념에 대한 어의학적 분석방법에 집착하는 완고한 형식-논리적인 법해석방법의 한계를 인식하고, 법해석론의 차원에서 고전적인 '개념법학'과 '논리적 사변주의'(Logizismus)를 지양(止揚)하는 이른바 '계몽된 도그마틱'(aufgeklärte Dogmatik)의 실천적 과제로 제시되고 있다.

A. Kaufmann이 적확하게 해명한 바와 같이, 근본적으로 대립되지만 적어도 '폐쇄체계'를 전제로 하는 공통점을 갖는 자연법론과 법실증주의를

---

86) 이에 관한 적확한 상론은 Ch. Waldhoff(Fn. 21), 19-20면.

관통하여 변증법적 지양과 극복의 성과로 평가되는 이른바 '법학적 해석학'(juristische Hermeneutik)[87]의 영향이 결정적인 동인이었을 것으로 생각되는 이 '계몽'의 핵심은 '폐쇄체계의 개방'이다. 이는 법(학) 또는 법이론의 영역의 관점에서는 넘나들 수 있는 교량의 건설로, 법(학)의 층위의 관점에서 보면 오르내릴 수 있는 사다리를 놓은 것으로 비유될 수 있다. 법철학과 법이론 및 법실무와 직결되는 법도그마틱은 논의의 지향점과 층위가 다르고, 작위적으로 사유와 논의의 지평을 단층화 또는 평면화하는 경우에도 그 시류(時流)의 깊이와 속도, 그리고 생각의 진폭(振幅)과 보폭(步幅)이 다를 수밖에 없기 때문에 손잡고 함께 보조를 맞추어 나가는 것은 불가능하고 바람직하지도 않다. 이른바 '아름다운 거리'(beautiful distance)를 유지하되, 상시적으로 교섭(交涉)의 창구를 적절하게 여닫는 것이 관건이다.

출발의 도그마와 논증의 방식, 그리고 이를 준거로 한 법적 결정의 결과들이 당대의 법적 요청에 부응하지 못하는 경우 법도그마틱은 '계몽'과 '개방'을 통한 자기부정 또는 부분적인 자기부정을 통한 역동적인 갱신의 요청을 피할 수 없다. 법철학적인 접근의 대상인 법이념을 비롯하여 이른바 '시대정신'이나 공동체 구성원들의 가치적 공감대가 응축된 '헌법정신'은 물론이고, 법이론의 추상적인 접근에 의해 포착되고 수렴되는 현실과 현실에 대한 인식의 변화, 그리고 이 역동적이고 복합적인 변화의 과정 속에서 갱신되어 나가는 가치평가의 관점이나 척도와 상시적인 교섭이 필요한 것은 이 때문이다.

우리 대법원도, 대체로 '문언중심의 법해석'에 충실한 기조를 유지하고는 있지만, 일부 판결에서 이러한 당대의 법적 요청에 부응하는 개방의 가능성과 필요성을 긍정하는 입장을 내비치고 있다. 어음면상 발행지의 기재가 없으나 기타 어음면의 기재로 보아 그 어음이 국내에서 어음상 효과를

....

87) A. Kaufmann(Fn. 5), 79-88면.

발행시키기 위해 발행된 것임이 인정되는 경우 국내어음으로 추단할 수 있는지 여부가 쟁점이었던 사건에서 보충의견은 다음과 같이 설시하였다:

> 『일반적으로 모든 법은 법규성의 본질을 바꾸는 정도의 것이 아닌 한도에서 이를 합리적으로 해석함으로써 뒤쳐진 법률을 앞서가는 사회현상에 적응시키는 일방 입법기관에 대하여 법률의 개정 등을 촉구하는 것은 법원의 임무에 속하는 일이라 할 것이고, 그 뒤쳐진 법규정의 재래적 해석·적용이 부당한 결과를 초래한다는 것을 알면서도 법률 개정이라는 입법기관의 조치가 있을 때까지는 이를 그대로 따를 수밖에 없다고 체념해 버리는 것은 온당치 않은 태도이다. 어음법이 강행법·기술법적 성질을 가지고 있음에 비추어 볼 때 어음법에서 정한 어음요건은 이를 엄격하게 해석함이 원칙일 것이나, 이러한 엄격해석의 요청은 이를 자의로 해석함으로써 어음거래 당사자에게 불이익하게 법률을 적용하는 것을 막자는 데에 있는 것이지 입법취지를 해하지 않는 범위 내에서 합리적으로 해석하는 것까지도 절대적으로 금지하려는 것은 아니다.』[88]

이에 대한 반대의견도 결론은 다르지만, 일정한 조건을 전제로 하는 점에서 법해석론상의 논지는 법정의견과 근본적으로 다르지 아니하다. "적용할 법규가 있고 그 의미 내용 역시 명확하여 달리 해석할 여지가 없는 경우에는 … 설사 명문의 규정이 거래의 관행과 조화되지 아니하는 점이 있다고 하더라도, 법원으로서는 모름지기 국회의 입법 작용에 의한 개정을 기다려야 할 것이지 명문의 효력규정의 적용 범위를 무리하게 벗어나거나 제한하는 해석을 하여서는 아니 될 것"이지만, 정의의 요청 또는 합헌적인 해석의 요청(이른바 헌법합치적 해석의 경우)에 의하여, 그 법규의 적용 범

---

88) 대법원 1998.4.23. 95다36466 전원합의체 판결.

위를 예외적으로 제한하여 해석할 필요가 있는 등의 특별한 사정이 있는 경우에는 법원의 실질적인 법형성이 허용될 수 있다는 입장을 취하고 있기 때문이다.89)

법과 실제 생활 간의 괴리가 발생하여 명문규정의 엄격한 적용이 타당하지 못하게 된 경우 변화된 현실에 부응하는 적극적인 법발견적 해석, 즉 법원의 실질적인 법형성기능이 요구되는 것으로 본 대법원은 입장은 이미 오래 전에 분명하게 제시되었다:

『법률을 해석·적용함에 있어서는 법률규정의 문언의 어의(어의)에 충실하게 해석하여야 함이 원칙임은 말할 것도 없다. 그러나 법률 제정 당시에 입법자가 전혀 예상하지 못하였기 때문에 법률로 규정되지 않았거나 불충분하게 규정된 경우가 있을 수 있고, 이 경우에도 법원은 재판을 하지 않으면 아니 되므로 법원의 법형성적 활동이 개입될 수밖에 없다. 뿐만 아니라 법률에 명문의 규정이 있는 경우에도 시대가 바뀌고 사회가 달라짐에 따라 법과 실제 생활과의 사이에 불가피하게 간격이 생길 수 있으며, 이때에 만일 명문규정의 엄격한 적용만을 고집한다면 그것은 법적 안정성이 유지될지는 모르나 사회생활의 유동·발전에 대한 적응성을 결여하는 중대한 결함이 생길 수 있으므로 이를 실제 생활에 부합하게 해석할 사회적 필요가 생기게 된다. 이와 같은 경우 법원은 형식적인 자구 해석에 얽매일 것이 아니라 그 법이 구현하고자 하는 입법정신이 무엇인가를 헤아려서 그 입법정신을 실현하는 방향으로 법의 의미를 부여하여야 하며 그 실현을 위하여 필요한 한도 내에서 명문규정의 의미를 확대해석하거나 또는 축소·제한해석을 함으로써 실질적인 법형성적 기능을 발휘하여야 할 것이다.』90)

....

89) 대법원 1998.4.23. 95다36466 판결 중 반대의견.
90) 대법원 1978. 4. 25. 선고 78도246 전원합의체 판결. 대법관 이돈희, 신성택, 이용훈의 다수의견에 대한 보충의견. 1980년 이른바 신군부에 의해 자행된 이른바 '언론통폐합 조치'에 따라 강제로 폐업 및 국유화된 동아방송과 관련한 헌법소원심판사건(헌재

4) 법도그마틱과 역사의 교섭 – 사법(司法)과 '역사서술'(historical writing)

법도그마틱의 '계몽' 또는 '역동화'의 가능성 및 그 한계와 관련하여 법 또는 사법과 역사의 관계에 대한 논의가 생략될 수는 없다. '정의'의 이념에 의해 지배되는 법의 세계에서도 외면될 수 없는 거대명제인 '시대정신'을 거론하지 않더라도, 개념사의 선구자라고 할 수 있는 R. Koselleck이 그의 저서 제목으로 시사하는 바, 즉 개념 속에서 '지나간 미래'(vergangene Zukunft),[91] 즉 과거를 탐색하고, 그것을 미래의 '다가오는 과거'(vorkommende Vergangenheit)에 투영하는 역사(학)의 과제에 대한 성찰은 법도그마틱에서도 필수적이다. 만일 이를 부정한다면, 그것을 전제로 하는 법 및 법체계운용의 지속가능성과 타당성에 대한 논증의 부담은 전적으로 부정론자 측의

....

2003.3.27. 2001헌마116, 판례집 15-1, 313면)에서 제시된 소수반대의견의 설시도 같은 맥락에서 주목된다.『민법과 같은 사법(私法)은 대등한(혹은 대등할 수 있는) 당사자 사이에 적용되는 법률인데 이 사건의 경우에는 국가가 개인과 대등한 지위에서 법률행위를 한 것이 아니고 오히려 헌정중단사태를 빌미로 그 공권력을 무제한으로 증폭하여 사용한 경우이므로, 평범한 개인이 국가와 대등한 지위에 있었다고는 도저히 말할 수 없는 상황이었다. 이러한 상황에 대하여는 그에 딱 들어맞는 실정법규정이 없어 구제가 불가능하다고 재판부가 보기 쉽다. 그러므로 이를 해결하기 위하여는 의사표시이론의 보편적인 법원칙(자유 없는 의사의 무효)을 재확인하여 이를 이 상황에 적용하는 결단이 필요하지만 이것이 실제로는 어려웠던 것이다. 또한 이와 같은 재산권의 귀속변동을 집행한 공무원의 행위는 법률에 근거한 것이 아니라는 점에서 비록 위법하긴 하지만 당해 공무원이 개인적 차원에서 고의나 과실로 법집행을 잘못한 경우가 아니고 정부가 결정한 정책의 집행을 담당한 것에 해당하여 대등한 관계에서 고의나 과실로 벌어진 불법행위와는 차이가 있는 것이므로 이러한 차이를 극복하고 이를 통상의 불법행위와 동일시하여 민법이나 국가배상법을 제대로 적용하려면, 제척기간의 적용이 배제되어야 하는 사유 또는 시효의 진행이 마땅히 정지되어야 하는 사유가, 제척기간이나 시효기간에 관한 실정법 규정들의 배후에, 선험적으로 전제되어 있음을 밝혀내는, 역시 새로운 법발견적(法發見的) 해석이 요구되었던 것이다.』

91) R. Koselleck, Vergangene Zukunft - Zur Semantik geschichtlicher Zeiten, 9. Aufl. 2015.

몫이거니와, 다만 이 논증의 부담은, 기본권제한의 정당성에 대한 이른바 '엄격심사'(strict scrutiny test)에서와 마찬가지로, '이론적으로는 엄격하지만, 실제로는 치명적인'(strict in theory, but fatal in fact) 부담일 것이다.

물론, 역사성찰의 과제수행과 관련하여 입법자와 법원 또는 법관 간의 적정한 역할분담에 대해서는 이견이 있을 수 있고 또한 법영역과 사안에 따라 차별화된 논의는 가능하고, 필요할 것이다. 하지만, 분명하게 확인할 수 있는 것은, 역사문제를 법적 판단에 굳이 투영할 필요가 없거나 사실에 대한 확인과 선별, 비평 등의 역사문제에 대한 이견이 법적 결정과 그 논증에 미치는 영향이 미미한 경우가 아닌 한, 거시적인 차원에서든 미시적인 차원에서든 '역사와 법' 및 '역사와 사법(司法)'은 구별될 수는 있지만 단절될 수는 없는 이른바 '삼투압적 관계'로 연결되어 있다는 점이다. 법도그마틱에 초점을 맞춘 논의의 맥락에서도, 적어도 법학방법론과 연관되는 바, 즉 '개방'과 '역동화'의 명제 자체를 외면할 수 없는 법도그마틱 이론구성의 차원에서 법 및 사법과 역사 간의 교섭은 피할 수 없는 논제이다. 말하자면, 교섭은 필수이고, 합리적인 선별의 지침을 정리하고, 적정한 여과틀을 설정하는 과제가 선택의 문제로 주어질 뿐이다.

이러한 선택의 문제와 관련하여 주목되는 바, 즉 법과 재판이 '책임지는 기억'(responsible memory) 속에서 '역사적 진실'(historical truth)을 수호하는 과업의 수행에 적합한 수단과 창구가 될 수 있는지에 대한 판단은 일단 유보한다. 다만, 흔히 지적되는 바와 같이, '난잡한 과거'(untidy and complicated past)를 인정하고 식별하는 역사가들과 달리, '하나의 정확한 귀속(歸屬)의 결과'(a single, correct result)의 확인을 원하는 법학자들, 특히 전문적인 역사가가 아닌 법관이 '역사서술'(history writing)에 직접 관여하는 것은 물론이고, 특정한 역사해석에 대하여 판정하거나, 과거의 특정한 사건 또는 특정한 사건에 대한 하나의 해석을 준거로 하여 법적 결정으로 내리는 것에 대해서는 회의적일 수밖에 없다.[92) 그러나 또 한편 분명한 점은 본질적

으로 과거에 대한 확인 및 비판적 평가와 반성이 반영되고 또한 환경문제
와 관련해서 뿐만 아니라 '역사와 법'의 맥락에서도 주목되어야 하는 바,
즉 '지속가능한 발전'(sustainable development)의 명제에 부응하는 이야기를
계속 써나가는 사법적 결정들이 - 물론 항상 그러한 것은 아니고, 그렇기
때문에 늘 갱신되어야 하지만 - 법과 정의의 배양토이고 불법의 불순물을
걸러내고 부정의의 이물질을 정제(淨齊)하는 여과막인 '집단적인 기억'
(collective memory), 그리고 이 '집단적인 기억'이 여과되고 응축된 '집단적
인 역사의식'(collective historical consciousness)과 무관한 것일 수는 없다.
어떤 층위와 영역에서든 '역사와 법의 단절'은 작위적인 '인식론적 의제'
(epistemological fiction)일 뿐, '존재론'(ontology)은 물론이고, '의무론'
(deontology) 또는 '가치철학'(Wertphilosophie)의 명제로서는 상정조차 될
수 없다. 판별이 쉽지는 않지만 긍부정의 요소가 혼합되어 있는 잠재적인
동인을 최대한 긍정의 방향으로 계발시켜 나가야 하는 것은 삶의 과업이
되, 사람이 부모로부터 유전된 DNA를 부정할 수 없는 것과 마찬가지로,

....

92) 예컨대, Nazi의 Holocaust를 부정하는 주장들에 대하여 '역사의 수호'(safeguarding of
history)를 위해 재판 등의 법적 수단을 활용하는 것에 대하여 비판적인 입장으로는
L. Douglas, "The Memory of Judgment: The Law, the Holocaust, and Denial", in:
History and Memory, Vol. 7(1995), 100-120면; The Memory of Judgment: Making
Law and History in the Trials of the Holocaust, 2001. Douglas를 반박하는 의견으로
는 대표적으로 J. Klabbers, "Book Reviews", in: The European Journal of International
Law, Vol. 15(2004), 1055-1058면. 경험이 없고, 적절한 훈련을 받지 못한 법관의 '역
사서술'에 대한 비판적인 견해로는 P. Finkelman, "The Constitution, the Supreme
Court, and History", in: Texas Law Review, Vol. 88(2009), 353-390면; H. Irving,
"Constitutional Interpretation, the High Court, and the Discipline of History", in:
Federal Law Review, Vol. 41(2013), 95-126면; J. Stein, "Historians Before the Bench:
Friends of the Court, Foes of Originalism", in: Yale Journal of Law & the Humanities,
Vol. 25(2013), 359-390면. '집단적인 기억'과 '역사의식' 및 '역사서술'의 관계에 대해
서는 특히 A. Funkenstein, "Collective Memory and Historical Consciousness", in:
History and Memory, Vol. 1(1989), 5-26면.

'사회적 기억'과 '영욕(榮辱)의 역사'는 법과 법관이 도무지 벗어날 수 없는 모태이기 때문이다. 법해석방법틀로서 법도그마틱 자체도 그러하거니와, '역사적인 것'보다 '지금 여기'의 '현실적인 것'에 우선 초점을 맞추어 법을 탐색하라는 법해석방법론의 구체적인 지침조차도 오롯이 '법 속의 역사'의 산물이고, '역사 속의 법'의 일부이다. 법적 결정에서 역사 또는 역사에 대한 성찰을 이른바 '법 외적인 것'으로 배제하라는 법도그마틱의 기저에는 현재를 표준으로 하는 정태적인 역사관과 작위적인 '역사맹'(history-blind)의 법 및 사법관이 자리 잡고 있다.

또 한편 사법적 결정들은, "역사 속에서 존속하지만, 오롯이 자신만의 역사를 갖고 또한 역사의 변화에 반응하지만, 역사를 만들기도 하는 법"93)과 마찬가지로, 특히 법률가들이 역사의 '회복'(recovery)이나 '진보'(progress), '목적론'(teleology) 또는 '현재의 정상화'를 위한 '과거 길들이기'(taming of the past)의 맥락에서 활용하는 익숙한 전략들을 흩뜨리는 이른바 '비판역사'(critical history) 등의 동태적인 관점에서 역사적 경험을 권위와 정당성

....

93) A. Sarat/Th. R. Kearns, "Writing History and Registering Memory in Legal Decisions and Legal Practices: An Introduction", in: A. Sarat/Th. R. Kearns(ed.), History, Memory, and the Law, 1999, 3면: "While law lives in history, it has a history all its own. While law responds to historical change, it also makes history." 바로 이러한 점에서 '법과 역사의 관계의 복합성과 다방향성'이 강조되거니와, '법의 역사'(history of law)와 함께 법 내부에서 '법의 수사학'(law's rhetoric), 법의 '정당화 구조'(justificatory structure) 및 '하나의 사회적 제도로서 그 입지'(place as a social institution)의 근본적인 구성요소로서 발현되는 역사, 말하자면 법이 어떻게 역사를 취급하는지, 역사가 법적 결정에서 어떻게 발현되는지, 그리고 법적 결정에 정당한 권위를 부여하기 위하여 역사의 권위가 어떻게 활용되는지 등등의 논제가 주목되는 것도 같은 맥락에서이다. 같은 책, 3-4면. 법에서 특유한 역사의 필수불가결한 수사학적 역할에 대해서는 특히 Ch. Eisgruber, "The Living Hand of the Past: History and Constitutional Justice", in: Fordham Law Review, Vol. 65(1997), 1611-1626면. '비판 역사주의'의 관점에 대해서는 R. Gordon, "Foreword: The Arrival of Critical Historicism", in: Stanford Law Review, Vol. 49(1997), 1023-1029면.

의 논거로 원용하는 경우에, '집단적인 기억'과 '역사의식' 또는 자신과 무관하게 존재하는 사물 자체의 '사회적 세계'(social world)를 정태적인 방식으로 수동적으로 반영하는데 그치지 아니한다. 적극적으로 경쟁하는 역사해석 또는 평가의 관점들 중에 특정한 관점을 앞세우거나, 매우 다른 현재를 구성할 수도 있는 대안의 궤도를 제시하여 현재를 정상적인 것으로 인식하는 '집단적인 기억'과 이를 토대로 하는 '현재' 및 현재의 '사회적 세계'를 전면적으로 또는 부분적으로 해체하고 재구성하는 측면이 간과되어서는 아니 된다. '집단적인 기억'은 물론이고 '개인적 기억'(personal memory)도 그러하거니와, 일면 '사회적 기억'(social memory) 또는 이른바 '인정된 의식'(recognized consciousness)의 측면에서 사회와 언어, 그리고 여러 세대에 걸쳐 형성된 상징체계 및 사회규범과 유리될 수 없는 법관을 비롯한 결정주체의 '자의식'(self-consciousness)이 법적 결정 및 법적 결정을 정당화하는 논증에서 타면 '과거를 재구성'(reconstructing the past)하는 '인정하는 의식'(recognizing consciousness)으로 작용하여 능동적으로 기억의 환기 또는 보정을 통해 역사를 새로 또는 고쳐 쓰고, '사회적 세계'를 구성하고 변화시키는 것이 그것이다.

이러한 맥락에서 보면, 이른바 '실체적 진실 발견'의 명제는 특히 형사재판에서 부각되기는 하지만, '증거 및 증거법칙에 의거한 사실발견(fact-finding)'의 지침은 헌법재판을 포함하는 모든 사법영역에서 일반적으로 유효한 원칙이거니와, 법정에서 법관에 의해서 발견 및 확인된 사실은 '객관적인 진리' 또는 '사실'(史實)로 확정되는 것은 아니지만, 구속력 있는 법적 결정, 특히 판결의 근거로 확인된 사실은 적어도 '법적 사실'(legal fact)로서는 '확정'되는 것이고, 그 자체가 '사실'(史實)로서 독자적인 의미와 특유한 효용을 갖는다.

논란의 대상인 '역사적 사실' 자체, 즉 사실 또는 사태의 존부와 그 내용과 맥락 등의 '실체적 진실' 자체에 대하여 결정을 하는 경우와, 잘 알려진 역사적 사실을 추가적인 판단의 근거로 또는 맥락설정이나 비교의 논거로 이른바 '역사적 서사'(historical narrative)를 원용하는 경우들을 기본적으로 구별하여 접근해야 할 것이고, 또한 확인의 대상인 사실이 '구체적인 사실' 인지 아니면 흔히 거론되는 추상적인 '사회통념'이나 '시대정신' 및 이와 연관된 '집단적인 기억'과 '역사의식' 또는 이들의 변화와 그 방향과 추세 인지에 따라 또한 사실의 정치 및 사회문화적인 연관성의 크기에 따라 그 영향은 천차만별일 것이다. 여기에서 이에 대한 상론은 약하되, 다만, 분명 하게 확인하고자 하는 것은 재판을 통해 공적으로 확정된 '법적 사실'은 역 사적, 사회적 맥락에서 역사가들과의 상호작용을 통해 역사를 형성하는 '사실'(fact)과 함께 또는 종종 그보다 파급력이 더 큰 '사실'(史實)로서, 특 히 '권위의 근원'(source of authority)으로서 과거의 정확한 해석과 이를 토 대로 한 '공적 기억'(public memory)의 형성 또는 재구성을 통해 새로운 역 사를 만들어 나가는 중요한 역할을 수행한다는 점이다.

법과 재판에서 역사는 '권위의 근원'일 뿐만 아니라, R. Gordon이 적확 하게 해명한 바와 같이, 현재 우리가 실행하는 것들이 우리의 과거, 선례와 전통, 법령과 헌법텍스트 및 그 의미로부터 계속 유래된 것임을 재확인시 켜 주는 점에서 역사는 '정당성의 근원'(source of legitimacy)이기도 하다. 특히 헌법의 해석과 재판에서 가장 두드러지지만 일반법의 해석과 재판에 서도 드물지 않은 '역사와 사법적 결정 간의 복합적인 상호작용'(complex interplay between history and judicial decision-making)과 함께, 법원의 역사 를 구성하는 동시에 법원 자신의 '제도적 정당성'(institutional legitimacy)을 보강하는 중요한 의미를 갖는 이른바 '제도적 역사로서 사법사'(judicial history as institutional history)와는 별도로 '사법의 역사서술'(judicial history writing) 자체가 학문적으로 검토할 가치가 있는 중요한 현상으로 주목되는 것도 이 때문이다.[94]

만시지탄이지만, 사건 발생 후 70여년, 발의 후 20년이 지난 2021년 6월

29일에 '여수·순천 10·19사건 진상규명 및 희생자 명예회복에 관한 특별법'이 국회에서 통과되었거니와, 이러한 맥락에서 부각되는 바, 즉 사실의 엄정한 조사와 사법적 확정, 그리고 이를 토대로 한 재판은 '법적 사실'과 '사실'(史實) 및 그 자체 '사실'(史實)로서 과거의 해독과 그 의미 재구성의 관점에서 중요한 의미를 갖는다. 여전히 진상이 철저하게 규명되지 못한 점에서 오롯이 법 및 헌법의 현안으로 남아 있는 '역사청산'의 과제에 초점을 맞추어, 특히 '5.18 광주민주화운동'와 연관된 소론으로 논의를 대체 및 보완한다. 굳이 사족의 변을 덧붙이자면, 모든 법운용체제에 적용되는 일반적인 요청으로 생각되거니와, 법도그마틱도 마찬가지로 다음과 같은 역사적 소회(所懷)의 담론을 다소간에 담아낼 수 있는 창구를 개방할 수 있고 또한 그래야만 하되, 다만 자기부정을 하지 않는 한 그럴 수 없다고 한다면, 후술하는 바와 같이 J. Derrida가 제시하는 '정의로서 해체'(deconstruction as justice)의 명제도 다르지 않은 것으로 여겨지는 바, 기술적이고 부분적인 보정이 아닌 자기부정 차원에서 전제하는 도그마와 함께 접근방법의 틀 자체를 해체하는 것이 불가피하다는 논지의 맥락이다.

여기에서 상론할 수는 없지만, 또 한 가지 보론의 차원에서라도 반드시 확인해두어야 할 점이 있다. '법과 이데올로기'나 '법과 힘' 등과 관련된 법철학이나 법정책론 등의 화두로 확장될 수도 있는 문제이지만, 이는 별론의 대상으로 하되, 다만 '역사청산'의 맥락에서 건국 이후 오늘날에 이르기

....

94) R. Gordon(Fn. 93), 1023면. 사법의 역사쓰기에 관해서는 특히 A. Sarat/Th. R. Kearns (Fn. 93), 1-24면; D. Barak-Erez, "History and Memory in Constitutional Adjudication", in: Federal Law Review, Vol. 45(2017), 1-16면. '증거확인'(checking evidence or proof) 의 관점에서, 특히 기본적으로 상대주의를 부정하지만, 이른바 '규제적 원칙'(regulative principle)으로서 '진리'(truth)와 '진리의 기준들'(criteria of truth)의 분별을 제안하면서 인식론과 역사학적으로 주목되는 '진리와 가능성의 각각의 역할'(respective roles of truth and possibility)이라는 논제에 초점을 맞추어 법관과 역사가의 역사서술 작업 간의 이동점을 해명한 논문으로는 C. Ginzburg, "Checking the Evidence: The Judge and the Historian", in: Critical Inquiry, Vol. 18(1991), 79-92면.

까지 우리의 '법사'(法史), 특히 '사법사'(司法史)를 비판하는 경우 그 초점은 '법도그마틱 충실'(fidelity to Rechtsdogmatik)이 아니라, 오히려 정 반대로 '법도그마틱 배반'(infidelity to Rechtsdogmatik)에 맞추어져야 한다는 것이다.

본서의 핵심논제라고 할 수 있는 바, 즉 법학방법 또는 법해석 및 적용방법으로서 '법도그마틱'의 효용과 법이론 및 법실무상의 한계와 흠결에 대한 비판적 검토는 앞에서 살펴 본 형식성과 체계성 등을 핵심으로 하는 방법론적 공준과 규칙에 따라, 말 그대로 좌고우면하지 않는, 정확하게 표현하면 그럴 수 없는, 철저하게 논리적인 기계적인 작업인 '법적 추론'의 작업만을 통해 '옳은 답'을 발견하여 선언하라는 방법론의 이론적, 현실적 문제와 그 언어(철)학 및 인식론적 전제의 오류를 대상으로 한다. 반면에 우리 '사법사'에서, 특히 '청산'의 대상으로 반성해야 하는, 질적·양적으로 적잖은 크기의 '흑역사'(黑歷史)의 부분은 "헌법과 법률에 의하여 그 양심에 따라 독립하여 심판"하지 않은 수많은 재판들, 그리고 법도그마틱의 핵심공준들을 의도적으로 외면하거나 암묵적으로 간과한 불순한 재판들로 점철된 것이기 때문이다.

오랜 세월 우리 법과 법원이 외면해왔던 이른바 전형적인 '국가불법행위'에 해당되는 다수의 양민학살사건들을 비롯하여, 권위적인 독재체제 하에서 수많은 이른바 '시국사건'에서 법원은 '기본권 수호의 최후의 보루'이기는커녕 수많은 고문과 증거조작 및 은폐 등을 묵인하거나, 심지어 적극적으로 방조한 공범이었다. 최근에 재심재판들을 통해 다수 확인되고 있는 바, 통상적인 법운용의 범주에서 조차도 외형만 '재판'이었지 그 실질은 '개판'이었다고 해도 과언이 아닐 정도로 헌법과 형사소송법을 비롯하여 증거법의 기본원칙을 철저하게 무시하고, 검찰이나 정보기관을 비롯한 수사기관의 강압적이고 무리한 수사를 통해 선량한 시민에게 덮어씌워진 살인죄의 누명에 대하여 눈을 감았던 형사재판들은 도무지 '법을 맡는다'는 의미의 '사법'(司法)이라고 할 수조차 없는 '법왜곡'의 전형이었다. 오롯이 우리 '법사'와 '사법사'의 일부인 이러한 '불법'과 '사법불법'(司法不法)의 예들은 법도그마틱의 산물이 아니라, 법도그마틱에 대한 법철학 및 법이론적 비판과는 전혀 맥락이 다른 바, 즉 법도그마틱을 철저하게 부시하고 유린한 '반 법도그마틱'(anti-Rechtsdogmatik)의 결과였다.

아무튼 '역사청산'의 관점에서 여전히 미결상태에 있는 이러한 '사법불법'의 과거에 대한 반성과 치유의 과제는 별론의 대상이고, 여기에서 주목하는 바, 즉 '법도그마틱과 역사 간의 교섭'의 가능성과 한계에 대한 논의는 적어도 민주적 정당성을 갖춘 입법자에 의해 정상적인 절차를 통해 제정된 실정법과 함께, 민주적 법치국가의 법운용체계에서 '정언명제'라고 할 수 있는 법관의 건강한 양심과 독립성과 공평무사성 및 불편부당성을 전제로 하여 형식적인 논리성과 체계성에 충실한 '정상(正常)의 법도그마틱'에 초점을 맞춘 것이다. 법 및 헌법문제로서 '과거청산'의 화두에 대한 주의환기와 되새김의 의도도 없지는 않고, 그래서 잇달아 떠오르는 상념의 연줄을 차마 끊지 못하여 논의가 좀 길어지기는 하였지만, 덧붙이는 다음의 소론도 기본적으로는 이러한 맥락의 논의이다.

주지하는 바와 같이, 말 그대로 우여곡절 끝에 - 1997년 12월에 사면되기는 하였지만 - 이미 오래 전 형사재판에서 이른바 '12.12 사태'를 시발점으로 한 신군부세력의 쿠데타가 반란 및 내란의 '헌정질서파괴범죄'로 확정되어 단죄되었다. 관련된 일련의 사태는 헌법재판소에 의해서도 분명하게 정리 및 확인되었고, 규범적인 평가도 완결되었다(1995.12.15. 95헌마221 등 병합, 판례집 7-2, 699-700면). "국민이 완전히 자유롭게 주권적 의사를 결정할 수 있는 상태에서 내란행위에 대하여 승인을 하였다면 그 내란행위는 국민 전체의 의사에 의하여 정당화된 것으로 보아야 한다"고 전제하되, 다만, '5.18 민주화운동'의 전후에 걸친 당시의 정치적·사회적 상황과 '12.12 사태'를 비롯한 주요 '사태들'에 대한 포괄적이고 세밀한 검증과 확

인을 토대로 하여 통일주체국민회의에 의한 전 두환의 대통령당선이나, 제
5공화국 헌법개정안의 국민투표통과, 노 태우의 제13대 대통령당선 등을
'내란행위에 대한 국민의 승인'으로 볼 수 없다는 점을 분명하게 밝혔다:

『피의자 전 두환이 통일주체국민회의 등을 통한 간접선거에 의하여
두 차례 대통령으로 당선된 것이나 제5공화국 헌법개정안이 국민투표
에 의하여 통과된 것은 그것이 비록 형식적으로는 당시의 헌법과 법률
의 규정에 따른 것이기는 하지만, 그 진상이 은폐되고 계엄령 하의 강
압적인 분위기 하에서 이루어진 것이거나 국민의 의사를 정확하게 반
영할 수 없었던 대의기관에 의하여 이루어진 것이어서 이를 가리켜 국
민이 자유롭게 그들의 주권적 의사를 결정할 수 있는 상태에서 피의자
들의 이 사건 내란행위에 대하여 승인을 한 것이라고는 볼 수 없고, 피
의자 노 태우가 제13대 대통령으로 당선된 것은 이 사건 내란행위에
의하여 창출된 제5공화국의 질서가 국민의 저항으로 더 이상 유지되지
못하고 국민의 의사에 따른 새로운 헌법질서로 이행하는 과정에서 그
진상이 정확히 규명되지 아니한 채 국민의 상대적인 다수의 지지를 얻
음으로써 이루어진 것에 불과하여 이로써 이 사건 내란행위에 대하여
국민의 승인이 있는 것으로 볼 수도 없다.』

하지만, '5.18 민주화운동법'(제1조의 2)에서 '5.18민주화운동'의 '사실'
(史實)이 "1979년 12월 12일과 1980년 5월 18일을 전후하여 발생한 헌정질
서 파괴범죄와 반인도적 범죄에 대항하여 시민들이 전개한 민주화운동"
(2018년에 제정된 '5.18민주화운동 진상규명을 위한 특별법' 제2조 1호에서
는 "1980년 5월 광주 관련 지역에서 일어난 시위에 대하여 군부 등에 의한
헌정질서 파기범죄와 부당한 공권력 행사로 다수의 희생자와 피해자가 발
생한 사건")으로 규정되어 '법적 사실'로 확정되기는 하였지만, 여전히 숱
한 만행(蠻行)의 '실체적 진실'이 낱낱이 밝혀지지 못한 상황이다.

이러한 점에서 '5.18 민주화운동'의 과정에서 '헬기 사격'의 유무에 대한 확인이 사법적 판단의 핵심이라고 할 수 있는 조 비오 신부에 대한 사자명예훼손사건의 재판이 시사하는 바가 적잖다. 제1심 판결(광주지방법원 2020. 11.30. 선고 2018고단1385)에서 '헬기사격설'이 거짓이라고 한 전 두환 피고인의 주장이 엄격한 증거법칙에 의한 사실확인에 의해 배척되어 징역 8개월에 집행유예 2년의 유죄가 선고되었고, 항소심이 계속 중이다. 비록 법적으로는 사면되었지만, 진정한 반성과 용서를 통해서만 정리될 수 있는 역사적 죄책은 그대로 남겨져 있는 바, 형언하기 어려울 정도로 극악무도한 진압작전의 전모와 전 두환을 비롯하여 작전을 주도한 신군부집단의 반인도적 의식과 태도를 극명하게 보여주는 대표예로서 '헬기사격'의 '실체적 진실'에 대한 사법적 확인과 이를 토대로 한 판결은 명예훼손의 죄책을 따지는 개별 재판의 차원을 넘어서 그 자체가 '사실'(史實)로서 법적으로, 역사적으로 매우 큰 의미를 갖는 성찰과 회복의 계기가 될 수 있을 것이다.

또한 군대의 엄격한 상명하복의 조직 및 규율체계의 특성을 고려한다고 하더라도 무고한 시민들을 학살·폭행하고, 암매장하는 등의 반인륜적인 범죄를 적어도 암묵적으로 지시하고 자행한 수많은 장병 개개인의 죄책이 면제되는 것은 아니거니와, 차제에 이들이 공소시효가 없는 '역사의 법정'에 나서서 진상규명에 힘을 보태고, 피해자들과 유가족들에게 용서를 구함으로써 오랫동안 떨쳐내지 못한 회한(悔恨)의 부담을 조금이라도 덜 수 있기를 바라는 마음 간절하다. 최근 광주민주화운동 40주년에 즈음하여 당시 작전에 참여하였던 공수부대 장병 두 사람이 처음으로 양심고백을 하고 유가족들과 손을 맞잡는 가슴 뭉클한 장면이 보도되어 주목되었거니와, 헬기 조종사와 사격수는 누구인가? 확인을 못하는 것인가? 안하는 것인가? 하려고 노력을 해보았는가? 살아 있는가? 살아 있다면 어디서 무얼 하고 있는가? '헬기 사격'을 '법적 사실'로 확정하는 이 재판의 심리과정과 그에 따

른 판결이 역사의 회복과 진보, 그리고 그 출발점인 '용서와 화해'의 계기
를 마련해주는 하나의 '사실'(史實)로 자리매김 되기를 고대한다.

5) 소결

요컨대, 어떤 법률가도 '법 속의 역사'와 '역사 속의 법'에 대하여 눈감
을 수 없다. 어떤 법이론도 '사회적 세계 속에 있는 법'과 '법 속에 있는
사회적 세계'와 무관한 것일 수 없는 바, 법체계의 실질적인 내용과의 연관
관계와 법규범과 사실성 및 도덕성의 상호관계로부터 완전히 벗어날 수 없
다. 법도그마틱의 토대가 되는 법실증주의 또는 순수법학이론도 역사 속에
서 형성되고 변화되어 나가는 당대의 '사회통념'과 이를 수용하고 반영하
는 입법자와 법관의 '실천적 도덕'이나 '실천적 이성'을 적어도 완전히 배
제하는 것은 아니다.[95]

....

95) 박 은정(Fn. 20), 172면. 예컨대, 우리 민법 제103조의 '선량한 풍속'과 '사회질서'는
   이른바 '기본권의 제3자효'와 관련하여 다수설인 '간접효력설'에 따르면 공동체 구성
   원들의 가치적 공감이 담긴 '객관적인 근본규범'으로서 자유권의 사법상 효력을 매개
   해주는 일반개념으로 이해되거니와, 독자적인 판단주체로서 개인의 자기결정권의 허
   용범위와 한계를 획정하는 준거인 점에서 그 해석과 적용 자체가 일반적인 사회적
   열망과 기대, 즉 '사회통념'이 응축된 일종의 '민법의 시대정신'을 탐색하고 발현시키
   는 것이라고 할 수 있다. 대법원도 '선량한 풍속'과 '사회질서'가 '부단히 변천하는
   가치개념'을 보고, 어떤 "법률행위가 유효로 인정될 경우의 부작용, 거래자유의 보장
   및 규제의 필요성, 사회적 비난의 정도, 당사자 사이의 이익균형 등 제반사정을 종합
   적으로 고려하여 사회통념에 따라 합리적으로 판단하여야 한다"고 설시하고 있다. 대
   표적으로 2015.7.23. 2015다200111(전원합의체 판결). 기본권의 사법상 효력과 관련
   하여 단체협약에 대한 민법 제103조의 적용에 대하여 의견이 엇갈린 대법원의 최근
   판결도 같은 맥락에서 주목된다. 2020. 8.27. 2016다248998(전원합의체 판결). 성폭력
   범죄로서 '추행'을 '일반인을 기준으로 객관적으로 성적 수치심이나 혐오감을 일으키
   게 하고 선량한 성적 도덕관념에 반하는 행위로서 피해자의 성적 자기결정권을 침해
   하는 것'으로 해석하면서 '추행'에 해당하는지 여부에 대한 판단기준으로 피해자의
   성별, 연령, 행위자와 피해자의 관계, 경위, 구체적인 행위양태, 주위의 객관적 상황과
   함께 '그 시대의 성적 도덕관념'을 제시한 대법원의 견해도 대표적인 예라고 할 수

모든 법이론 및 법해석론은 법개념 속에 담겨져서 선확정된 것으로 전제되는 규범적인 가치판단과, 사회문화적 맥락에서 '가치적 정체성'의 핵심이고 이를 토대로 하는 '공적 토론'의 준거인 '집단적인 기억'과 '집단적인 역사의식' 및 그 변화에 내한 상시적인 재성찰과 함께 그 결과들을 체계적으로 해명하고 인식가능한 것으로 만드는 작업에 대하여 다소간에 창구를 열어 놓아야만 한다. 이러한 성찰과 개방의 명제가 법정책 또는 입법에만 해당되는 것은 아니다. 법학의 기초분과로부터 제공되는 인식들을 수용하여 세공작업을 수행하는 것을 '법도그마틱의 포기'가 아니라, 오히려 적확한 법도그마틱을 위한 '도그마틱적 정진'(dogmatisches Streben)으로 보아야 한다는 주장도 같은 맥락에서 타당하다.[96]

다만, 법해석 및 법적용론상 이러한 관점들의 타당성과는 무관하게 법도그마틱의 역동성은 결국 다시금 개념정의의 문제로 귀착되는 바, 즉 '역동화'의 필요성을 전제로 하되, 그 가능성과 한계의 문제를 법도그마틱의 안과 밖을 분별하여 바깥의 논제로 접근할 것인지, 아니면 법도그마틱의 범주 속에서 논의할 것인지는 별론의 대상이다.

....

있다. 1998. 1.23. 97도2506; 2020.6.25. 2015도7102.

96) Ch, Waldhoff(Fn. 21), 28면. 법학의 범주를 넘어서 다른 학문과의 소통이 미흡하다는 지적과 함께 학제 간 연구의 필요성을 강조하면서, 흔히 우려하는 바와 같이 인접학문들과의 협력에 의해 법학의 정체성이 희석되기보다는 오히려 정반대로 윤곽이 더욱 선명해질 것이라고 하는 전망은 설득력이 있는 것으로 여겨진다. 특히 S. Huster, "Rechtswissenschaft und Interdisziplinarität-Einige Beobachtungen aus der Werkstatt", in: Zeitschrift für Rechtssoziologie, Vol. 35(2015), 143-148면. 헌법해석에 초점을 맞춘 같은 논지의 주장으로는 O. Lepsius, "Sozialwissenschaften im Verfassungsrecht - Amerika als Vorbild", in: JZ, 2005, 1-13면. 다만, 법학(연구)의 한 분과로서 현실적으로든 규범적으로든 개방의 순기능과 함께 역기능도 주목해야 하는 바, 말하자면 '적정한 역동화'가 요구되는 법도그마틱의 경우도 그러한지는 의문이다.

3. '법도그마틱'의 번역시도 –
'Rechtsdogmatik'='법정용론'?

이른바 '독일의 나홀로 길'(deutscher Sonderweg)이라고 칭해질 정도로 법도그마틱이 법학과 법실무 간의 '성공한 교집합'(gelungene Schnittmenge)으로 정착되고, 법학의 지나친 도그마틱 편집(偏執)현상이 우려될 정도로 법도그마틱이 지배적인 법해석 또는 법적용의 방법으로 활용되고 있고, 그에 따라 법도그마틱에 대한 논의도 가장 활발한 독일에서조차 정작 그 개념은 여전히 명확하지 못한 상황임은 전술한 바 있다. 헌법과 행정법 등의 공법과, 민법을 비롯한 사법, 형법 등 법분야에 따라 다소간에 차이는 있지만, 대체로 독일법을 계수한 우리나라의 법학과 법실무에서도 '법도그마틱'이라는 용어 자체가 얼마나 빈번하게 사용되는지 와는 무관하게 부지불식간에 '법도그마틱'이 지배적인 법해석 또는 법적용의 방법으로 논의되고 활용되고 있다고 할 수 있다.

다만, 독일의 경우에는 다양한 영역과 층위에서 또한 다양한 측면에서 법도그마틱의 기능과 특성에 대한 논의들이 꾸준히 이어지고 있는 데, 반면에 우리의 경우에는 재판을 비롯한 법실무는 말할 것도 없고, 법학교과서를 비롯하여 대부분의 법학논문들이나 판례평석들도 대부분의 내용이 법도그마틱 작업 또는 그 결과라고 할 수 있음에도 불구하고 다분히 법실증주의를 토대로 하는 '개념법학'과 동일한 개념으로 보는 전제 하에 '법도그마틱'이라는 용어를 그대로 차용하고 있다. 법이론 또는 법학방법론의 차원에서도 '법률해석학', '법교의학', '법리(학)', '법해석론', '법적용론', '법말씀론', '법이론' 등의 다른 유사용어로 대체하여 무분별하게 사용하고 있는 것이 현실이다.97)

....

97) 배 종대 교수는 '법이론'과 '도그마틱이론'이 혼동되고 있는 연구현황과 그 이유를

·······················

해명하면서, 이와 관련하여 'Dogmatik'의 적합한 번역어를 찾기 어려운 점을 다음과 같이 제시하면서 "억지로 의역해서 의미내용을 제대로 전달하지 못할 바에는 차라리 음역(音譯)하는 것이 훨씬 나을 것"이라는 견해를 피력하였다. "법이론(Rechtstheorie) 이란 무엇인가?", 법학논집, 고려대학교 법학연구원, 제25권(1987), 11면, 주석 30번: 『매우 중요한 개념임에도 불구하고 통일적인 역어(譯語)는 없고, 학자마다 법해석학, 법교의(法敎義), 법리(학)法理(學), 법이론 또는 법이론학 등으로 표현되는데 법해석학 은 "juris- tische Hermenneutik"과 구별되지 않고, '교의'라는 말은 신학에서 사용되어 야 할 개념일 것이다. 그리고 법리(학)은 개념이 나타내고자 하는 내용이 분명하지 않을 뿐만 아니라 너무 노골적으로 일본 제국주의의 냄새를 풍기고 있다. '법이론'은 "Rechts- theorie"라는 독자적 분과가 존재하는 한 당연히 이 말의 역어이어야 할 것이 고 '법론학'은 개념 구조 자체가 이미 모순된 것으로 보여진다. '이론'은 언제나 학문 성을 전제로 한다. 따라서 '學'이라는 부가어가 붙을 필요가 없으며, 이것은 독일어나 영어에서 "Theoriewissenschaft" 또는 "theory-science"라는 말이 없는 것을 보아서도 알 수 있다.』

김 영환 교수(Fn. 24)도 법도그마틱의 개념을 심층적으로 연구하면서 오해의 소지나 혼동될 염려가 있는 용어는 피하는 것이 좋기 때문에 '법도그마틱'이라는 용어를 취 한다고 밝히면서 다음과 같은 이유를 제시하고 있다. 65-66면.: 『'법이론'이라는 번역 어는 법의 해석 및 적용의 구조를 탐구하는 '법이론'(Rechtstheorie)과, 그리고 '법해석 학'은 '해석학적 법이론'과 혼동될 소지가 많으므로 적절하지 않은 것 같다. 또한 '법 리(학)'은 오히려 'Jurisprudenz'를 지칭할 뿐만 아니라 일본식의 번역이라는 인상이 풍기며, 마지막으로 '법교의' 혹은 '법말씀론'은 법도그마틱의 부정적인 측면, 즉 그 논리적인 전제를 아무런 비판적 성찰 없이 수용하는 태도를 지나치게 강조하는 것 같다.』,

강 희원 교수는 '언어관용'과 함께 "언어의 의미론적 삼각관계, 즉 의미(또는 사상: Bedeutung oder Gedanke)와 기호(또는 표현: Symbol oder Ausdruck)와 지시물(또는 대상: Referent oder Object)의 관계가 일치할 때 … 그 의미가 가장 분명하게 전달될 수 있다는 것"을 고려하여 'Dogmatik'을 '말씀론'으로, 'Rechtsdogmatik'을 '법말씀론' 으로 번역하여 사용할 것을 제안하였다. "법해석에 관한 비판적 고찰: 노동법의 해석 을 중심으로", 경희법학, 제38권 제1호(2003), 6면, 주석 1번; 강 희원(Fn. 24), 120면, 주석 20번. 이에 대한 비평은 생략하되, 다만 언어학에서 일상적인 '화행'(speech-act) 또는 화용(話用)의 용어와 유사한 점에서 또한 법인식의 방법에 국한되지 않는 법도 그마틱의 측면, 즉 법인식의 결과로 주어지는 실체적인 공술의 내용을 수용하기 어려 운 점에서 적절한 역어로 여겨지지 않는다.

이 상돈 교수도 법도그마틱의 본질과 구조 및 그 근본적인 오류와 기능적 한계를 심층적으로 해명하고, '대화이론적 재구성'을 모색한 점에서 '법도그마틱론'으로 제목

이러한 용어사용의 혼란은 개념 자체가 명확하게 정의되지 못하고 있는 이유, 말하자면 '법도그마틱'의 개념에 함축된 다양한 층위와 측면의 내용들, 그리고 복합적인 기능과 그에 따른 특성을 포괄하여 이른바 '외연'(外延: extension)과 '내포'(內包: intension)라는 개념론의 요청에 부응하는 용어를 찾기 어려운 점 때문인 것으로 생각된다. 다만, 적절한 번역어를 찾기 어려운 것은 우리만의 문제는 아니고, 'Rechtsdogmatik'을 영어로 번역하는 경우에도 마찬가지다.98) 흔히 'doctrine' 또는 'dogmatic'으로 번역되기는 하지만, 영미법의 보통법체제 속에서 개별 사건들에 대한 판단을 준거로 하여 전개된 개념체계가 상대적으로 '단순'(simplistic)한 것에 기인하는 바, 포괄적이고 복합적인 의미를 포착할 수 있는 번역어를 찾기 어려운 것은 우리의 경우와 다르지 않다. 통상적인 용어사용의 차원에서도 'doctrine'은 지나치게 일반적인 의미로 사용되는 점에서 독일의 법이론 및 법학방법론상 특유한 '양식'(genre)인 동시에 개념체계 또는 개념관계를 요소로 하는 법(학)적 논제로서 원어의 본질을 표현하지 못하는 한계가 있고, 또한 'dogmatic'은 일반적으로 '경멸적인 함의'(pejorative connotation)의 용어로 사용되는 점에서 적절하지 않은 것으로 여겨지고 있다.99) 아무튼 번역의

....

을 바꾸어도 무리가 아닐 것으로 생각되는 저서와 법도그마틱에 대한 논의가 적잖이 포함된 저서에서 '법도그마틱'이라는 용어를 그대로 사용하고 있다. 법이론(Fn. 24), 특히 214-219, 311-312면; 기초법학, 제2판, 2010, 특히 398면.

98) J. Goldsworthy는 '보통법권'(common law jurisdiction)의 법률가인 자신에게 낯선 대표적인 두 개념으로 법률의 '객관적인 목적'(objective purpose)을 뜻하는 'ratio legis'와 함께 'Rechtsdogmatik'을 적시하고 있다. "Clarifying, Creating, and Changing Meaning in Constitutional Interpretation: A Comment on András Jakab, Constitutional Reasoning in Constitutional Courts - A European Perspective", in: German Law Review, Vol. 14(2013), 1279면, 주석 1번. O. Lepsius(Fn. 71, 694면)도 실정법을 다루는 상이한 방법들을 제시하는 점에서 독일법학에 특유한 '하나의 담론형식'(a form of discourse)인 'Dogmatik'은 번역될 수 없는 개념이라고 단정하였다.

99) A. Jakab, "Judicial Reasoning in Constitutional Courts: A European Perspective", in: German Law Journal. Vol. 14(2013), 1215면, 주석3번.

어려움과 그에 따른 번역시도의 포기는 단순한 언어적 장애 때문만은 아니고, 근본적으로 거의 전면적이고 밀접한 '법학과 법실무 간의 협업'을 통해 운용되는 독일의 특유한 법체제 속에서 부각되는 법이론 및 법학방법론의 독자적인 논제로서 '법도그마틱'에 대한 논의 자체가 미흡한 것에 기인되는 것으로 여겨진다.

법도그마틱에 대하여 나름 포괄적인 접근을 했다고 생각되는 바, 차제에 앞에서 논의한 내용을 토대로 하여 '법도그마틱'과 연관되지만 구별되는 대상들과의 분별을 통해 '법도그마틱'의 번역을 모색해본다. 번역의 출발점은 '유사개념' 또는 연관되는 대상과의 구별이다.

A. Voßkuhle는 '법도그마틱'과 구별되어야 하는 것들을 다음과 같이 제시하고 있다:

『 -. '단순한 법텍스트'(schlichter Rechtstext)
 -. 우선적으로 법텍스트를 토대로 하여 구성되어야만 하는 법규범
 -. 구체적인 사안에 대한 법원의 결정, 실제적인 적용연관성이 없는 법소재에 대한 이론적인 성찰들
 -. 법내재적인 논증관계 내에서 전개되지 않고 종래의 법실무의 변화를 모색하려는 법정책적인 제안들』[100]

이러한 분별과 연결하여, '광의의 법도그마틱' 개념을 전제로 하여 법도그마틱적 논증 또는 법도그마틱의 다섯 가지의 필수요소들을 제시하는 Alexy의 요론을 되새겨 보면 번역을 위한 최소한의 교두보가 확보될 수 있을 것으로 생각된다:

....

100) A. Voßkuhle, "Was leistet Rechtsdogmatik?", in: G. Kirchhof/S. Magen/K. Schneider (Hg.), Was weiß Dogmatik?, 2012, 111면.

『 -. 도그마틱은 명제들(Sätze)이어야만 한다.

-. 이 명제들은 법률상 규범들 및 재판과 관련되어야 한다.

-. 이 명제들은 하나의 관계, 즉 '체계' 속에 있어야 한다.

-. 이 명제들은 제도적으로 정립된 법학의 틀 속에서 생성되어야
만 한다.

-. 이 법도그마틱들은 '규범적인 내용'을 제공해야만 한다.』[101]

분별에 초점을 맞춘 Voßkuhle의 논의가 개념의 '외연', 즉 비교대상과의 경계획정과 관련된 것이라고 한다면, Alexy의 이해는 개념으로 포착되는 대상의 내용, 즉 '내포'와 연관되는 준거를 제시한 것이라고 할 수 있다. 성급함에 대한 비판은 감수하되, 시도해보는 것만으로도 의미가 있을 수 있다는 생각에서 일단 이 두 가지 측면에서 주어지는 단서들을 종합하여 제시하고자 하는 번역어의 제안은 '법정용론'(法整用論)이다.

여기에서 '정용'(整用)은 이른바 '체계사용'의 범주 내에서 구체적인 법문제의 해결을 위한 '법의 해석' 및 '법적용'의 의미와 함께, '체계형성'의 기능, 즉 실정법을 토대로 하되 개별적이고 구체적인 법적용의 차원을 넘어서 기존의 도그마틱의 명제들에 대한 비판론을 비롯하여 법원리나 제도들과 관련된 일반적으로 유효한 공술들을 체계화하는 작업을 포함하는 용

....

101) R. Alexy(Fn. 52), 314면. '명제'(Satz) 또는 '명제집합'(Satzmenge) 대신에 '체계' (System)를 대입하여 보면, 이러한 법도그마틱의 개념정의는 '공술체계'(Aussagensystem) 의 대상영역과 관련하여 '정합성'(Kohärenz)의 '내적 측면'과 '외적 측면'을 구별하는 Alexy의 논의와 연결하여 이해하는 경우에 그 맥락이 좀 더 분명하게 파악된다. "Juristische Begründung, System und Kohärenz", in: O. Behrends/M. Dießelhorst/R. Dreier(Hg.), Rechtsdogmatik und praktischer Vernunft, Symposium zum 80. Geburtstag von F. Wieacker, 1990, 105면. 말하자면 하나의 '체계'가 다른 '체계'보다 더 광범위한 대상과 연관되는 경우에 전자가 후자보다 더 정합적이라고 보는 '외적 측면'이 아니라, 하나의 체계와 또 다른 체계가 내적으로 동시에 일관된 것으로 평가되는 '내적 측면'에 초점을 맞추는 경우 Alexy가 법도그마틱의 핵심요소의 하나로 제시하는 '명제의 체계내재'의 조건은 '정합성'과 다르지 않기 때문이다.

어, 말하자면 '정제된 개념을 토대로 하여 실정법규범을 체계적으로 정리하여 효율적으로 그리고 적확하게 적용될 수 있도록 준비해주는 작업'의 의미를 갖는다.

노한 '법정용'은, 기능적으로 필연적으로 연관되고 또한 그래야만 했었지만, 종래 법해석론 또는 법적용론의 범주에 국한되어 왔던 법도그마틱의 논의기조 속에서 다분히 간과되어 왔던 입법과 법도그마틱의 상호작용의 측면, 말하자면 입법론상 정책적인 효과에 대한 평가 및 예측과는 별도로 또는 그와 연관되는 사전 준비작업 또는 입법의 최종단계에서 필수적인 '정합성'에 대한 검증작업의 맥락에서 주목되는 '정서(整序)기능'(Ordnungsfunktion)도 포함하는 의미의 용어로 상정된다.102) 이러한 '정서기능'은 법도그마틱의 '체계형성'의 기능과 연관된다. 법규범의 체계적인 통일성, 말하자면 "동일 규범 내에서 또는 상이한 규범 간에(수평적 관계이건 수직적 관계이건) 그 규범의 구조나 내용 또는 규범의 근거가 되는 원칙 면에서 상호 배치되거나 모순되어서는 아니된다"는 헌법적 요청,103) 즉 입법자를 기속하는 '체계정당성의 원리'(Systemgerechtigkeit)에 합치되는 입법을 위한 필수적인 기능이다.104)

또한 전술한 바 있거니와, 구체적인 사안에 대한 법적 결정을 위해 기존

....

102) 이와 관련해서는 특히 O. Behrends/W. Henkel(Hg.), Gesetzgebung und Dogmatik, 1989; W. Hassemer, "Dogmatik zwischen Wissenschaft und richterlicher Pragmatik", in, G. Kirchhof/S. Magen/K. Schneider(Hg.), Was weiß Dogmatik?, 2012, 12-13면. 이러한 점에서 여기에서 제시하는 '정용'은 법도그마틱을 법의 일반성과 사건의 구체성 사이의 '중간 추상화단계'에서 법과 사건을 연결시키는 작업, 즉 법률논증을 위한 원칙, 규칙, 지침을 마련함으로써 법률내용을 구체화하는 "사안판단의 준비작업"이라고 하는 경우에 '준비'와는 맥락과 의미가 다르다. 이에 대해서는 배 종대 (Fn. 24), 83면.
103) 헌재결 2004.11.25. 2002헌바66, 판례집16-2(하), 333면; 2005.6.30. 2004헌바40, 판례집 17-1, 962면.
104) 이에 대한 상론으로는 특히 Ch. Degenhart(Fn. 76).

의 법률을 구체적으로 해석하고 적용한 결과들을 정리하고, 그것을 정제된 개념으로 체계화하여 제공하는 점에서 법도그마틱은 입법의 '보조자' (Gehilfin)로서 역할과 함께, 법 및 현실상황의 변화에 따라 기존의 법률이 적절한 규율기능을 수행할 수 없는 경우에는 법해석론의 차원을 넘어서 법해석을 통해 보정될 수 없는 법률의 흠결에 대한 해명을 통해 개정의 필요성을 확인하고, 법정책론의 차원에서 입법개선의 방향과 내용을 제시하는 입법의 '선도자'로서 역할도 수행한다.

다만, 이러한 의미를 갖는 용어로서 '법정용론'은 하나의 법인식 또는 법적용의 방법의 측면과 함께 입법을 위한 선행 준비작업을 포함하는 의미로 사용하는 경우에도 하나의 법학방법으로서의 측면만을 포착하는 한계를 피할 수 없다. 법도그마틱 작업의 산물로 주어지는 법규범적 내용의 명제들 또는 이 명제들의 체계를 내포할 수 없는 한계가 그것이다. 하나의 법학방법으로서 의미와 그 방법적용의 결과로 제시되는 실체적인 규범적 공술들을 지칭하는 원어, 즉 '법도그마틱'(Rechtsdogmatik)을 그대로 사용하지 않고 번역어를 모색하는 경우에 그 내용의 측면을 표현하는 용어로는 '법정용론적 명제' 또는 '법정용론적 공술'이라는 합성어를 사용하는 것이 불가피한 것으로 생각된다.

여기에서 번역어로 제안된 '법정용론'의 사용은 유보하고, 일단 '법도그마틱'이라는 용어를 계속 사용한다. 향후 학계에서 이 제안에 대한 찬반의 논의가 이어지고, 검증을 무사통과하여 언젠가 정착된 용어로 사용될 수 있기를 기대한다.

4. 법도그마틱의 한계 = '포섭도그마'의 한계

(1) '포섭도그마'의 오류와 한계

1) '논리=논리' – '경험=경험' – '가치=가치'

법도그마틱의 기능과 특성을 기술한 앞에서의 논의의 결론은 두 가지로 정리된다. 우선 법실무상 법도그마틱의 필수불가결성과 대체불가능한 특유한 기능은 부정될 수 없다는 점과 함께, 이른바 '계몽된 도그마틱'으로의 갱신을 통해 개방된 법해석방법으로 적용될 수 있는 잠재적인 가능성을 인정하더라도 법도그마틱의 규범적 효력이 법의 '형식성'(formality)과 '폐쇄성'을 필수조건으로 하는 점에서 그 기능적 효용은 원천적으로 법문의 '불확정성'(indeterminacy) 또는 '저확정성'(underdeterminacy)[105]과 관련된 근본적인 한계에서 벗어날 수 없다는 점을 확인한 것이다.

이러한 결론을 전제로 하면, '교조적인 법도그마틱'을 집착하지 않고, 그 순기능을 적절하게 활용하는데 있어서 관건은 결국 '개방' 자체가 아니라, 언제, 어느 지점에, 어떤 여과장치 또는 통제소를 설치하여 '여닫음'과 '넘나듦', 그리고 '오르내림'을 조절하고 관리할 것인가 하는 것이다. 오롯이 헌법명제인 '옳은 판단'의 필요조건으로서 이러한 '개방의 적절한 조절과

....

105) 이와 관련해서는 특히 K. Kress, "Legal Indeterminacy", in: California Law Review, Vol. 77(1989), 283-337면; "A Preface to Epistemological Indeterminacy", in: Northwestern University Law Review Vol. 85(1990), 134-147면. A. D'Amato, "Pragmatic Indeterminacy", in: Northwestern University Law Review Vol. 85(1990), 148-188면. "텍스트의 의미가 늘 '어떤 유사과학적인 방법'(some quasi-scientific way)으로 발견되고 논증될 수 있는 것으로 선제하는 것처럼 말하는 것은 '우스꽝스럽게'(absurd) 보인다"고 하는 J. B. White의 주장도 언어의 구조적인 속성에 기인하는 법텍스트의 근본적인 불확정성을 지적하는 맥락에서 과하지 않다. "Law as Language: Reading Law and Reading Literature", in: Texas Law Review, Vol. 60(1982), 417면.

관리'가 일면 법률가들의 법적 판단에서 눈을 감고 '법자동차'를 운전하는 이른바 '맹목운행'을 피하기 위한 법이론적 과제인 동시에, 타면 일관성을 유지하되, 자의적이지 않은 범위에서 '필수적인 경우에 필요한 변경을 하는'(mutatis mutandis) 법학방법론의 필수적인 요청이라고 한다면, 이는 곧 헌법의 명제이다. 또한 우리 헌법 제103조에서도 명시적으로 규정하고 있거니와, '헌법과 법률을 준거로 하되 양심에 따라 독립하여 심판'하는 법관의 책무와 관련해서 보면, 법적 판단에서 양심에 곁을 전혀 허락하지 않는 도그마나, 양심이 스며들 수 있는 틈새를 열어주지 않는 법도그마틱은 둘 다 헌법의 차원에서도 용인될 수 없다: "방법의 문제들은 헌법의 문제들이다!"(Methodenfragen sind Verfassuingsfragen!)[106]

'법도그마틱 이론'의 차원에서 보면, 후자의 경우, 즉 양심에 대하여 틈새를 개방하는 것은 '포섭도그마'를 토대로 하는 법도그마틱의 핵심공준을 부정하는 것이고, 또한 법도그마틱 방법틀의 해체로 귀결되는 치명적인 균열을 초래한다. '헌법과 법률의 의율(擬律)'이라는 헌법지침을 실행하는 방법으로서 법도그마틱의 고유한 효용을 부인할 수 없다고 본다면, 이 틈새 개방의 대안은 그 법이론적 가능성이나 타당성과는 무관하게 헌법차원에서도 요구될 수 없다. 적어도 무분별한 전면 개방은 그러하다. 그렇다면 남는 대안은 결국 '교조적인 법도그마틱'의 포기, 즉 양심에 곁을 내주는 '개방'뿐이다.

다만, '개방' 자체가 아니라 '개방 후'(After-opening)의 문제로서 '개방의 적절한 조절과 관리'의 과제는 간명한 방침을 갖고 접근될 수 없는 다측면의 복합적인 문제이다. '폐쇄성'의 문제를 법도그마틱의 이론적, 방법론적

....

106) A. Nazari-Khanachayi/M. Höhne, "Verfassungsrechtliche Vorgaben für die Methodenlehre", in: Rechtstheorie, Bd. 45(2014), 79면, 주석 1번; B. Rüthers/Ch. Fischer/A. Birk, Rechtstheorie(Fn. 36), Rn. 704ff; B. Rüthers, "Methodenfragen als Verfassungsfragen?", in: Rechtstheorie, Bd. 40(2009), 253-284면.

한계의 측면과 함께 그 특유한 기능과 효용을 담보하는 필수조건으로서도 주목해야 하는 것도 이 때문이다. '폐쇄성'에 대한 지나친 집착의 결과는 법도그마틱의 지나친 '도그마화'나, 전술한 바와 같이 Esser가 적시한 바, 즉 현실과 동떨어진 '사변석인 공론'일 수밖에 없고, 또 한편 부분별한 과도한 개방은 법적용의 효율성 및 합리성과 함께 사회의 민주적인 조종을 담보하는 법실현의 모델로 선택된 법도그마틱 자체의 포기, 특히 다소간에 표준화된 법학방법론과 결합하여 법적용 또는 이와 관련된 '법대화' 속에서 허용되는 법적 주장들에 대하여 일종의 '한계윤곽'을 제공해주는 고유한 효용의 폐기로 귀착되기 때문이다.

M. Pöcker가 법도그마틱의 변화의 필수성을 확인하면서도, 그것이 전통적인 법적 사유의 합리성을 담보하는 토대의 변경과 '엄격한 규칙-적용의 법모델'(strikter Regel-AnwendungModel des Rechts)의 해체, 당대의 철학과 세계관의 윤곽조건들에 대한 적응, 그리고 법공동체의 일상적인 소통의 결과를 수용하는 것을 요구하는 점에서 법이론의 차원에서 근본적인 전략적 사고의 혁신, 즉 일종의 '법적 사유의 paradigm'의 변화가 선행되지 않는 한, 실제 변화의 가능성을 희박한 것으로 보는 것도 같은 맥락에서 이해된다.107) '법의 개념' 자체부터 그러하지만, 도그마틱적 사고의 핵심수단인

....

107) M. Pöcker, "Unaufgelöste Spannungen und Blockierte Veränderungsmöglichkeit im Selbstbild der Rechtsdogmatik", in: Rechtstheorie Bd. 37(2006), 특히 167-168면. '사회적 습관'(social habit)과 '사회적 규칙'(social rule)을 분별하는 전제 하에, 법의 규범성의 근거를 J. Austin이나 H. Kelsen 등 법실증주의가 제시하는 '강제성'(coercion; compulsoriness)의 '권위'(authority)나, 자연법론자들이 주장하는 '도덕적 이성'(moral reason)이 아니라, 사람들이 법에 복종하는 이유, 말하자면 '규칙 자체에 대한 비관적인 평가'(critical assessment about the rule itself)를 통해 법의 정당성을 인정하는 내재적인 관점에서 찾는 H. L. A. Hart의 법이론의 적실성도 새롭게 평가되어야 하는 것은 이러한 맥락에서이다. 그가 제시한 '사회적 관습 기반의 접근방법'(social practice-based approach)도 그러하거니와, 이른바 '법률과학의 열쇠'(the key to the science of jurisprudence)로 제시한 핵심개념들, 특히 '규칙에 관한 규칙들'(rules about rules), 즉 이른바 '인정규칙들'(rule of recognition)을 비롯한 '재판규칙들'

기본적인 법적 개념들의 '합리주의적인 조건성'(rationalistische Bedingtheit)
과 도그마틱의 '모순성'(Widersprüchlichkeit), 말하자면 '법은 그 속에 내재
된 권위성 때문에 권위적인데, 정작 그 권위는 법에 의해서 창조된다'는 순
환의 논리를 기본전제와 접근방법이 다른 비도그마틱적인 법이론과 초도
그마틱적인 법철학 또는 법정책학의 텍스트 속에서 다루는 것은 맥락 자체
가 근본적으로 다른 점에서 무용하기 때문이다.

　이러한 맥락에서, 인간행태의 근본적인 해명불가능성을 강조하면서 불가
사의한 인간행태를 설명할 수 있는 법칙을 추구하는 것은 우리들을 '진
리'(truth)가 아니라 '확실성의 환상'(illusion of certainty)으로 이끌 뿐이라고
보는 A. A. Leff의 예지는 신선하다. "모든 인간사의 노정 속에서 반복되는
'형태들'(patterns)은 존재하지 않기 때문에 역사와 사회학 및 경제학과 마
찬가지로 법에 대한 과학적인 공술을 하는 것은 불가능하다"고 하는 G.
Gilmore의 극단적인 회의론을 원용하면서 Leff는 다음과 같이 단언한다:

『우리가 법의 세계에서 이해하는 모든 것들은 우리 스스로 만들었
지만 결국은 패배할 수밖에 없는, 그렇지만 적어도 그 과정에서 '뭔가
멋진 수확'(some beautiful innings)을 거둘 수 있는 게임들이고, 이 게임
들 속에서 궁극적으로 '법은 우리가 아는 어떤 것이 아니라, 우리가 실
행하는 어떤 것이다'(The law is not something that we know, but
something that we do).』[108]

(rules of adjudication), '변화규칙들(rules of change)도 그의 저술 당시의 상황과는
근본적으로 다른 구조와 양상의 사회현실, 그리고 법의 기능과 역할에 대한 새로운
기대와 수요 등에 부응하는 '법적 사유 패러다임의 변화'의 관점에서 새롭게 조명되
어야 할 것이다. The Concept of Law, 1961, 81, 89-91면. 형사법 방법론의 맥락에서
Th. Kuhn의 '패러다임주의', 특히 '패러다임 전환'(paradigm shift)의 모델을 원용하
여 이른바 '법 패러다임주의'(legal paradigmism)를 토대로 한 법학방법론을 모색한
한 상훈 교수의 연구도 같은 맥락에서 주목된다. "패러다임과 법의 변화 - 한국형사
법의 방법론 모색", 저스티스, 통권 제158-1호(2017), 240-265면.

'앎'이 아니라, '실행'이 관건인, 달리 표현하면 일종의 '규제적 이념'으로서 이른바 '지행합일'(知行合一)의 명제를 주목하는 관점에서 그 본질과 구조가 파악되는 바, 즉 법해석작업은 단순한 '법의 인지'가 아니라 또는 '법인지'와 교착되어 있는 '법실천'의 행위이다. 언어학에서 제시하는 일종의 '화행'(speech-act)과 다르지 않은 이러한 의미의 법해석, 즉 '법이해의 게임' 속에서 동태적이고 개방적인 '경험' 및 '경험의 비논리'와 주관적인 '가치'와 '가치의 초논리'를 배제하는 인식론은 타당하지 않다. 근본적으로 절대화의 위험성이 내재되어 있기 때문에 '절대의 독선(獨善; self-righteousness)', 말하자면 경쟁 자체를 부정하거나, 공정경쟁의 공준과 상대자를 인정하지 않는 '유아독존(唯我獨尊)식의 독선'의 위험성을 철저하게 경계하는 가치론의 명제와 이 명제와 관련하여 불가피한 '절대적 상대주의' 또는 '상대적 상대주의'의 논제를 둘러싼 가치철학의 고민도 외면될 수 없다. 정태적이고 폐쇄적인 '논리'와 '논리의 논리', '형식'과 '형식의 체계'만을 집착하는 '교조적인 법도그마틱'을 고수하는 경우, 특히 불가피한 불완전성과 그에 따른 '시지프스(Sisyphus)의 부조리', 말하자면 무한하게 반복되는 '도전과 패배의 숙명'을 용인하지 않는 경우에는 크건 작건 간에 이 '멋진 수확'을 할 수 있는 '유용한 패배'의 계기 자체를 도무지 기대할 수 없기 때문이다.

'독선'은 원래 신(神) 또는 법적 담론의 세계에서 이른바 '규제적 이념'으로서 '정의'에게만 그 적격성이 인정되는 바, '비논리' 또는 '초논리'의 절대세계의 명제이다. 법철학의 차원에서든, 법이론 또는 법해석(방법)론의 차원에서든 정의를 지향하는 법담론에서 '독선'은 인간의 몫이 아니다. 한자어의 개념 자체가 '사람 간의 상대적인 관계' 속에서 파악되는 바, 즉 '인

---

108) A. A. Leff, "Law and", in: Yale law Journal, Vol. 87(1978), 1011면; G. Gillmore, The Ages of American Law, 1977, 99-100면; "Products Liability: A Commentary", in: Chicago Law Review, Vol. 38(1970), 106면.

간'(人間)의 '독선'은 '오만의 편견'일 뿐이다. 법학방법론의 차원에서 법도
그마틱이 Th. Kuhn이 'paradigm'의 맥락에서 제시하는 이른바 '정상과학'
(normal science)에 비견되는 '정상법과학'(normal legal-science)의 위상을 차
지하였던 적은 이제까지 없었고, 앞으로도 그럴 것으로 생각되지만, 법해석
및 적용방법론의 차원에서조차도 '법률학'(Gesetzeskunde), 즉 '포섭도그마'
를 토대로 하는 법도그마틱이 단순히 대다수의 법문제를 해결하는 지배적
인 방법이라는 이유만으로 모든 층위와 영역 및 범주를 망라하여 이른바
'어려운 사건들'(hard cases)을 포함하여 모든 법문제들을 포괄하는 '법학'
(Rechtswissenschaft)을 의미하는 이른바 '정상법학'(normal jurisprudence)을
자처한다면, 그것은 권원 없는 '독선편취(騙取)', 무자격의 '독선참칭(僭稱)'
이 아닐 수 없다. 일종의 '범주의 오류'라고 할 수 있는 바, 즉 법철학 및
법이념 차원의 진리명제를 법이론의 차원에서 선취한 것인 점에서 법리적
으로도 용인될 수 없다. 또한 현실적으로도 용인될 수 없다. 앞에서 짚어
본 법사(法史), 특히 법과 궁극의 법이념인 정의가 철저하게 유린된 법패배
의 '흑역사'가 잘 보여주듯이, 이러한 '독선편취'와 '독선참칭', 그리고 이
를 무조건, 무제한 용인하는 것의 결과는 '멋진 수확'은커녕 권력에 굴종하
고 권력자에게 고분고분한 부역, 궁극적으로 법의 세계에서 가장 치명적인
'법왜곡'의 범법에 대한 법이론적 무장해제일 수밖에 없기 때문이다. 결국
권력에 대한 법의 '완전한 패배'를 은폐하는 '분식된 승리'의 기치(旗幟)가
무법의 허공 속에서 펄럭이는 것을 하릴없이 지켜보고만 있게 되는 것이다.

요컨대, 논리는 논리이고, 경험은 경험이고, 가치는 가치다! G. Haverkate
가 법학적 사유에서 법적 확정성을 더 이상 기대하기 어렵게 되었다는 점
과 함께 정치 속에서 법학적 개념들이 해체되는 현상을 주목하면서 제시하
는 단언은 간명하고 적확하다:

『논리는 '올바른 추론'(richtiges Schließen)[109]에만 기여할 뿐이지

'올바른 판단'(richtiges Urteilen)에는 도움이 되지 못한다.』[110]

....

109) 독일어 'schließen'이라는 동사가 우선 '폐쇄하다' 또는 '종결하다'라는 의미와 함께 '추론하다'라는 의미의 용어로도 사용되는 것은 '폐쇄체계' 속에서 수행되는 법도그마틱작업의 본질과 구조에 대한 이해와 관련하여 유용한 시사점을 제공하는 점에서 흥미롭다. 체계내적인 논리적 추론작업으로 이해되는 법도그마틱 또는 법도그마틱의 명제들, 특히 전술한 바 있는 개별 명제들 간의, 명제와 일단의 '명제집합'들 간의, 그리고 '명제집합들' 간의 체계내적 관계와 연관되는 이러한 이의적 함의는 '정합성'(Kohärenz)의 개념을 진리의 정의(定義)를 포함하여 진리에 대한 판단의 준거로 보는 철학적 진리론 및 인식론과, '정합성'을 일종의 또는 심지어 '유일한 합리성의 기준'(das einzige Rationalitätskriterium)으로 보는 법학 간의 차이가 '정합성'의 기능에 대해서도 달리 적용될 수 있을 뿐만 아니라, '정합성'의 개념정의 자체와 '정합성'에 대한 상이한 판단기준들에 대한 차별화된 접근과도 연결될 수 있는 점에서 되새겨봄직하다. 이에 관해서는 S. Bracker, Kohärenz und juristische Interpretation, 2000, 166면. 규범적 체계의 맥락 속에서 '법적 논증'(juristische Begründung)과 '정합성'의 관계, 특히 '정합성'의 개념과 관련하여 중요한 의미를 갖는 이른바 '교호적 논증'(wechselseitige Begründung)의 관점에서 '실증적 논증', '분석적 논증' 및 '규범적 논증'으로 구별되는 법적 논증의 '실천적 합리성'(praktische Rationalität)에 기여하는 '정합성' 이념의 순기능과 그 한계, 그리고 '정합성' 기준들의 기능적 약점에 대한 요론으로는 R. Alexy(Fn. 101), 95-107면.

110) G. Haverkate, Gewißheitsverluste im juristischen Denken, 1977, 134면. Haverkate의 이러한 단언이 적확하다면, 아무리 '인공지능'(artificial intelligence)이 무한의 'big data'에 대한 'deep learning'을 통해 끝없이 발전한다고 하더라도 법적 사유와 법언어를 완전히 포착할 수 있는 '법로봇'(Lawbot), 더 나가서는 법관을 대체하는 콤퓨터, 이른바 '법관자동기계'(Richterautomat)의 구현은 불가능할 것이다. 이 논제와 관련한 대표적인 상론으로는 A. Adrian, "Der Richterautomat ist mölich – Semantik ist nur eine Illusion", in: Rechtstheorie, Bd. 48(2017), 77-121면. 특히 79-85면. 극한의 미립자(微粒子)를 관찰할 수 있는 super현미경을 갖고 있다고 하더라도 상상(想像)의 나래가 펼쳐지는 '비논리' 또는 '초논리'의 우주나 인간의 고유영역인 양심의 세계는 단 한 치의 속도 들여다 볼 수 없고 또한 현대심리학, 인지과학에서 주목하는 이른바 '난쟁이'(homunculus)의 동인이 법 및 법인식에서도 적어도 완전히 배제될 수 없다고 한다면, 법학이 더 나은 법이해를 돕기 위한 '법유전자 지도제작'(mapping the legal genome)에 그칠 수는 없을 것이다. 인간의 인식과정을 주재하는 일종의 '궁극적인 통제자'(the ultimate controller)로 상정되는 'homunculus'에 대해서는 이 덕연, "법인식작업의 본질 – 법인식과 법감정", 언어권력으로서 사법권과 헌법, 2014, 81면. 주석 127, 128번.

2) '포섭도그마'와 3단계론

이러한 맥락에서 보면, 법도그마틱의 기능적 한계는 법인식방법으로서 법도그마틱의 핵심인 이른바 '포섭도그마'(Subsumtionsdogma), 즉 우선 법적 결정의 합리성을 담보하는 법률해석의 정당성은 실정법을 준거로 해서만 확보될 수 있다는 기본전제 하에, 각각 앎의 단절된 단계로 순차적으로 진행되는 법해석의 대전제와, 사태인식의 소전제, 그리고 '포섭'(Subsumtion), 말하자면 사태'에 대하여 해석된 법을 적용하는 과정을 거쳐 법적 결정에 이르는 '3단계론'의 한계와 다르지 않다. 적어도 구체적인 법해석 및 적용의 범주에서는 그러하다.

'포섭도그마'의 틀 속에서 법발견은 철저하게 논리적으로 진행되는 상위명제로부터 하위명제로의 추론, 즉 법의 '형식성'을 전제로 하는 점에서 필연적으로 형식적인 '포섭'에 해당되는 단순한 '규범적용' 이상의 의미를 갖지 못한다. 이 과정에서 '완전한(vollständig) 것' 또는 해석의 정오에 대한 판단의 준거로서 '독립된 해석객체'로 의제되는 권위적인 법률텍스트의 '개념체계'(Begriffssystem) 속에서 수행되는 순정한 논리작업, 즉 '법적 추론'의 작업에서 법의 '비합리적인 측면'(irrational side)이 아니라 법의 '형식적인 측면'(formal side)과 함께 또 하나의 법의 '합리적인 측면'(rational side)이라고 할 수 있는 법의 '비형식적인 측면'(nonformal side), 예컨대 가치들과 의미들의 본질적인 불확정성 또는 이들과 연관되는 '선이해'의 이견 등과 이들의 고려에 수반되는 제약들은 전혀 고려되지 못한다. 형식에 포획된 법적 추론의 과정에서 법해석 및 적용의 주체는 독자적인 '결정자'가 아니라 단순히 객관적으로 선재하는 '권위적인 법문의 의미들'(meanings of authoritative words), 즉 법규범을 발견하여 인식된 사태와 연계시키는 '논리수행자'로서 역할만을 수행하는 것으로 이해된다.111)

....

111) '법해석론'(legal hermeneutics)의 관점에서 '법형식주의'나, 법을 법해석자와 완전히

법률텍스트의 완전무결성을 전제로 법해석방법론상 '포섭도그마'를 수
용하는 경우에 법률문언을 넘어서거나 법률문언에 반하는 해석은 허용될
수 없다. 현실적 타당성과는 무관하게 이러한 해석의 결론은 어떤 정치한
논증에 의해서도 정당화될 수 없다. 현실적으로 법률해석의 정당성이 오롯
이 논증에 의해 확보되고 또한 기술되어야 한다는 점을 인정하면서도,
예컨대 법을 도덕철학과는 다른 방식의 '해석적인 학문분과'(interpretive
discipline)로 보면서도 해석의 본질을 넓게 이해하면서 '통합성'(integrity)을

....

분리된 '자기완결적'(self-complete)이고 '자기언명적'(self-announcing)인 것으로 보
는 '고지식한 현실주의'(naive realism)에 대한 비판과 함께, 이른바 '차이의 이념
성'(ideality of difference)을 토대로 하는 '새로운 법해석의 가능성'(fresh possibility
for legal interpretation)을 모색하는 맥락에서 해석대상으로서 법 또는 법개념의 '비
형식성'과 '불확정성'에 초점을 맞추는 논의들도 그 핵심취지는 '포섭도그마'의 극복
이다. 예컨대, A. Brudner, "The Ideality of Difference: Toward Objectivity in Legal
Interpretation", in: Colorado Law Review, Vol. 11(1990), 1133-1142면. 또한 법의
'형식성'과 함께 이를 전제로 하는 형식적인 법적용방법으로서 '포섭'의 고유한 효용
을 강조하면서도, 지나치게 모든 법적 추론을 형식화하는 경우 오히려 법의 형식적
측면을 매력적인 것으로 만드는 특별한 순기능을 해치는 결과를 초래하게 될 것이라
고 경계하는 견해도 '포섭도그마'에 대한 경계의 관점에서 주목된다. F. Schauer,
"Balancing, Subsumption, and the Constraining Role of Legal Text", in: Law &
Ethics of Human Rights, Vol. 4(2010), 45면. '법생산'(Rechtsherstellung)의 맥락에서
'결정발견'(Entscheidundsfindung)으로 이해되는 비형식적인 측면의 '법발견'(Rechts-
findung), 특히 법의 '형식성'과는 다른 '결정자 재량'이나 '결정절차', '결정조직' 등
의 측면은 법 및 법해석의 '형식성'을 강조하는 '용기'(container)와 그 안에 있는 것
을 끄집어내어 펼쳐놓는다는 의미의 '해석'(interpret; auslegen)의 은유, 말하자면 포
장을 풀어서 법률 속에 담겨져 있는 선재하는 내용을 드러내는 방식으로는 전혀 포
착할 수 없다. 이에 관해서는 M. Albers, "Höchstrichterliche Rechtsfindung und
Auslegung gerichtlicher Entscheidungen", in: VVDStRL, Vol. 71(2012), 260-262면.
'개념법학' 또는 '포섭도그마'에 대한 요론과 비판 및 이를 수정 및 극복해나가는
법학방법론의 전개에 대한 개관으로는 H. Coing, Grundzüge der Rechtsphilosophie,
5. Aufl. 1993, 273-298면; A. Kaufmann, "Gedanken zu einer ontologischen Grundlegung
der juristischen Hermeneutik"(1982), in: Beiträge zur Juristischen Hermeneutik sowie
weitere rechtsphilosophische Abhandlungen, 1984, 89면.

법의 토대 및 법적 효력의 근거로 보는 입장, 특히 법의 내용이 공동체의
정치와 사법의 실무와 결정들 속에서 표출되는 특정한 공동체의 정치적 도
덕성에 대한 '구성적 해석'(constructive interpretation)을 통해서 결정되어야
만 한다고 주장하는 R. Dworkin의 법이론112)과 '포섭도그마'는 전혀 접속
될 수 없다. 같은 맥락에서 논증의 적실성과 성공여부를 사회적·제도적 장
치를 통한 합리적 판단에 달린 것으로 보는 관점에서 법률해석의 정당성의
궁극적인 근거로 제시되는 '법적 합리성에 대한 사회의 판단'이나, '해석의
정치학'(politics of interpretation)이 아니라 내적인 문제로서 주목되는 '해석
속의 정치학'(politics in interpretation)의 맥락에서 고려되는 '정치적 도덕성
의 원리들'(principles of political morality)도113) '포섭의 도그마'와 '3단계
론'의 틀 속에서는 일종의 '범주의 오류'로서 전혀 수용될 수 없다.

3) '포섭도그마' = '배척의 도그마' = '절연의 의제(擬制)'

법의 세계는 적어도 존재론적으로는 가치와 무관할 수 없다. 특히 현실
과 이념의 교섭 속에서 형식과 실체가 융합되어, 예컨대 A. N. Whitehead가
우주론 차원에서 제시하는 바, 즉 '실재와 과정'(reality and process)의 '범
주적 체계'(categoreal scheme)114)로 주어지는 '현상으로서 법'과 전술한 바

....

112) R. Dworkin, Law's Empire, 1986.
113) 박 철, "법률의 문언을 넘은 해석과 법률의 문언에 반하는 해석", 김 도균(엮음)(Fn.
    10), 85면; R. Dworkin, "Law as Interpretation", in: Texas Law Review, Vol. 60
    (1981-1982), 549면.
114) A. N. Whitehead, PROCESS AND REALITY An Essay in Cosmology, D. R.
    Griffin/D. W. Sherburne(ed.), Corrected Edition, 1978. 단순한 추상적인 관념들만을
    집착하는 이른바 '잘못 부여된 구체성'(misplaced concreteness)의 오류에 빠져 있는
    철학논의의 결함을 지적하면서 Whitehead가 제시하는 '반성적 경험'(reflective
    experience)의 명제와 '실체'(actual entity; actual occasion), '파악'(prehension), '관
    계'(nexus), '존재론적 원리'(ontological principle)의 네 가지 기본관념들은 법해석 및
    적용작업을 일종의 '소우주'로서 상정되는 법에 대한 경험으로 보는 경우 법적 논의

A. A. Leff가 제시하는 '법이해 게임'의 상대성과 역동성 등을 주목해야 하는 것은 이 때문이다. '논리와 언어'의 바깥에 있는 감성 및 상상의 가능성과 창조성을 배제하는 '경직된 경험주의'(rigid empiricism), 말하자면 정태적이고 추상적인 법개념체계의 내용을 형식논리적 규범소재만을 갖고 추론하고 분석하여 정답을 찾을 수 있다고 믿는 '포섭도그마'와 법실증주의를 토대로 '3단계론'의 법적용방법은, 자신이 방법론의 '역할모델'(role-model)로 삼은 자연과학의 '객관적 합리주의'와 그에 따른 실증적 방법조차 그 객관성과 실증성이 의문시되고 있거니와, 적어도 자연과학보다 훨씬 더 이론적 흠결성과 현실적 한계가 크고 분명하게 드러난다.

'포섭도그마'의 방법에 따르면 법의 형성과 변화의 과정 속에서 늘 법과 상호작용하는 실체적인 가치요소들이 배척되고 또한 법적 개념들은 그에 특수한 정신적인 내용이 박탈되어 단순한 기술적(技術的)인 개념으로 의제된다. 결국 모든 사회학적 또는 정치윤리적인 문제에 대한 관심과 그에 대한 가치판단을 법의 해석과 적용에 반영하는 것은 법의 영역을 넘어서는, 말하자면 객관적이고 규범논리적인 엄격한 법적 사유 또는 이른바 '순수법학'과는 합치될 수 없는 '불순법학'이나 일종의 '법학의 일탈'로 취급된다. 이는 법철학 및 법이론의 차원에서 가치 및 가치적 판단과 연관되는 문제들에 대한 논의의 필요성 자체에 대한 긍부정의 평가나 필요성의 크기에 대한 적극 또는 소극적인 입장과는 무관하게 그러하다. 예컨대, '가치사유'(Wertedenken)는 항상 '절대의 씨앗'(Keim des Absoluten)을 내포하는 바, 가치들에 대한 진지한 호출은 합목적인 결과형량을 위축시키고, 다양한 요청들의 공평한 조정을 방해하기 때문에 정당한 형량과 엄격한 실용주의를 동시에 추구해야 하는 법적 결정에서, 특히 체계적인 법적용의 요청에 부응하여 고도로 분화된 법의 세계에서 '형량에 적대적인'(abwägungsfeindlich)

....

의 범주에서도 유용하게 원용될 수 있다. 이에 관해서는 특히 18-30면.

'가치사유'는 근본적으로 '이물'(異物; Fremdkörper)이고, 그렇기 때문에 흔히 '법에 적대적인 것'(rechtsfeindlich)으로 여겨진다고 하는 U. Di Fabio의 진단은 적확하다.[115] 가치의 명제를 앞세우는 주장과 담론의 위험성을 강조하는 맥락에서는 그러하다.

하지만 아무리 세밀하게 분화된 법을 상정하더라도, 개별적이고 구체적인 정의(正義)의 정의(定義), 즉 정당한 가치형량의 법문제가 '가치사유'와 무관한 기계적인 규칙적용의 문제로 치환될 수는 없다. 더 이상 이견이 없는 바, 기본권의 사법(私法)상 효력의 근거로서 '근본규범' 또는 '객관적인 가치질서'로서 기본권이 다소간에 일반법의 해석 및 적용의 지침과 한계로 고려되어야 하는 법질서에서는 더더욱 그러하다. 가치명제와 가치에 초점을 맞춘 사유와 주장에 늘 수반되는 절대화의 위험은 절제와 통제의 관점에서 인정하고 유의해야 할 문제이고, 따라서 법적용에서 늘 사회의 '합리적인 가치질서'를 고려하라는 요청의 근거이지, 가치의 관념과 '가치사유'의 회피 및 이를 통한 문제의 부정 또는 외면을 정당화하는 이유가 될 수는 없다. 일견 '법적대적인 것'으로 드러나는 형량적대성도 법적 안정성과 효율성 등 실용적인 기능의 측면에서 주목되는 일면일 뿐이다. 구체적인 법적 결정에서 현출 및 부각되는 양태와는 전혀 무관하게, 사실상 거의 모든 법문제의 해결에서 배제될 수 없는 '이익형량'(Interessenabwägung)의 핵심은 '가치사유'이다. '법익형량'(Gütersabwägung), 즉 현실과 규범의 교차지점에서 수행되는 '가치형량'에서 현실정합성 또는 정책적 합목적성과 가치적 정당성은 선택의 요청이 아니라, 조화와 절충, 즉 그 자체가 바로 형량의 대상이다. 법적 논증의 정교화를 위해 제시되는 "기존의 법질서 밖에 존재하는 사물의 성질, 사회현상, 정책" 등을 준거로 하는 '외적 논증'이나, 결과의 합리성에 초점을 맞추는 '실질적 논증', 그리고 '법과 판결의 도덕

....

115) U. Di Fabio, "Grundrechte als Wertordnung", in: JZ, 2004, 2-3면.

성'을 고려하는 관점들도 모두 가치의 관념 및 '가치사유'와 직간접적으로 연관되는 것인 바, 이러한 방법과 관점들을 법을 일종의 '수학공식'(mathe-matical formulas)으로 상정하는 관념과 '포섭'의 형식으로 완전히 대체하는 것은 또는 완전한 대체가 불가능하기 때문에 배제하는 것은 타당하지 않고, 실용적이지도 않다, '실증적인 명제'인 동시에 '논리의 명제'이기도 한 '포섭도그마 지양'의 관점에서 법도그마틱에 대하여 반성과 함께 적어도 '절제의 요청'을 환기시키는 것은 바로 이 때문이다.116)

또한 일찌감치 "사법적 결정의 언어가 주로 '논리의 언어'(language of logic)이고, 논리의 방법과 형식이 모든 인간의 마음속에 있는 '확실성과 안정에 대한 열망'(longing for the certainty and for the repose)에 부응하는 듯 보이지만 … 논리적 형식의 배후에는 '상대적인 가치'(relative worth)나 '경쟁하는 입법근거들의 중요성'(importance of competing legislative grounds)에 대한 판단과 '분명하지 않고 무의식적인'(inarticulate and unconscious) 판단이 자리 잡고 있다"고 보는 입장에서, O. W. Holmes 대법관이 경계하였듯이, 대개 '망상'(illusion)에 불과한 '확실성'과 인간의 운명이 아닌 '안정'을 기대하며 법체계가 수학과 같은 방식으로 작동될 수 있고 또한 그래

----

116) 박 철(Fn. 113), 92-101면. 법적 판단의 과도한 형식화를 경계하면서도, 궁극적으로 '합리성'(rationality)은 '하나의 형식적이고 논리적인 문제'(a formal and logical matter)이고, 반면에 결정자에 대한 제약의 정도는 '실증적인 문제'(empirical matter)라는 점을 제시하면서 결정적인 것은 아닐지라도 오롯이 '활자화된 법문의 의미'(meaning of the words on a printed pages)를 준거로 하여 '하나의 법문 또는 규칙의 존재 사실 자체'(the very fact of the existence of a writing or of a rule)가 법적 결정의 이유로 취급되는 점에서 대체로 '포섭'의 과정을 통해 작동되는 법의 규칙들이 실제로 결정자의 선택에 대하여 '유의미한 제약들'(significant constraints)로 작용된다고 보는 경우, 이러한 형식의 제약은 논리적으로 법적 판단에서 '합리성'을 '논리와 형식의 문제'로 보는 전제하에서만 작동되는 점에서 단순한 '실증의 문제'가 아니라 '논리의 문제'이기도 하다. 말하자면 이미 그 전제에 의해 법적 판단에서 실질적인 가치 또는 정책의 선택이나 합목적성의 판단을 배제하는 제약이기도 하다. 이에 관해서는 F. Schauer(Fn. 111), 44-45면.

야 하는 것으로 보는 '논리적 실증주의'는 법 및 사법(司法)의 현실적 측면에 대하여 눈을 감는 것과 같다. 전통적으로 '실용주의'(pragmatism)와 '법현실주의'(legal realism)의 경향이 강한 미국에서 사법적 결정에 영향을 미치는 사실의 확인이나 정책 또는 법적 결정의 사회·경제적 효과의 예측과 전망 등과 관련하여 적극적으로 수용하는 사회과학의 연구성과들을 비롯하여, 법학과 정치학, 사회학 등 인접 사회과학들의 학제 간 실증적 연구에서, 특히 '법관의 역할과 관련된 공공정책토론'(the public policy debate on what judges do)의 맥락에서 제시되는 이른바 '태도모델'(Attitudinal Model)이 주목하는 법관의 이데올로기적 성향이나 '정책선호'(policy preference), '평판에 대한 의식' 등도 사법적 결정에 미치는 실제 영향의 존부나 그 크기 및 이들에 대한 연구결과의 실증적 타당성과는 무관하게 '포섭도그마'의 관점과 이를 전제로 하는 개념법학의 방법틀 속에서는 외면될 수밖에 없다.117)

....

117) O. W. Holmes, "The Path of the Law", in: Harvard Law Review, Vol. 10(1897), 465-466면. 법 또는 사법(司法)과 정치의 관계에 관한 상론으로는 Ch. G. Geyh, "Can the Rule of Law Survive Judicial Politics?", in: Cornell Law. Review, Vol. 97(2012), 192-254면, 특히 197-214면. 다만, 법관의 재판에 영향을 미치는 요인들에 대하여 광범위하게 진행된 미국에서의 실증적인 연구들도 대체로 법관의 태도와 함께 법이 중요한 역할을 수행한다는 점을 부인하지는 않는 전제 하에 법이 법관을 제약하는지 여부가 아니라 얼마나 제약할 수 있는지에 초점을 맞추고 있다. 법의 규칙 및 법제도의 영향을 외면 또는 경시하는 실증적인 연구, 특히 '태도모델'에 대한 방법론적 비판과 함께 이에 대한 요론으로는 B. Friedman, "Taking Law Seriously", in: Perspectives on Politics, Vol. 4(2006), 261-264면. 법관의 '정책선호'와 관련하여, 사회과학의 연구가 정보제공을 통해 법의 현실파악의 정확성을 높이는 중요한 역할을 수행하기는 하지만 법적 결정의 고유한 근본적인 가치선택이 사회과학의 연구성과에 의해 결정되어야 하는 것은 아니라고 보면서도, 사회과학의 실증적인 연구가 다소간에 불확정의 조건 하에서 내려지는 사법적 결정에 미치는 영향을 어려운 정책선택을 보다 쉽게 만드는 것이 아니라 보다 투명하게 만드는 것으로 보는 관점에서 제시하는 '절제된 지원'(modest assistance)의 지침도 주목된다. 다만, 이 지침은 법공동체의 객관적인 검증을 통한 여과와 선택, 즉 '과학으로 가장한 이데올로기'(ideology masquerading as science)의 판별이 필수적이라는 점과 함께 전통적인 법도그마틱이 포착하지 못하는 법 및 법해석과 정책적 선택의 연관성, 그리고 사법

이른바 '법수사학'(juristische Rhetorik)의 관점에서 주장하는 바와 같이, 일종의 정형화된 법적 추론의 형식으로서 '3단계론'을 이른바 '생략삼단논법'으로 이해하는 경우, 논리만으로 법적 결정의 진리성과 확실성을 확보할 수 있다고 전제하는 법도그마틱의 인식론적 오류는 더욱 분명하게 드러난다. 인식론의 차원에서 보면 소전제의 사태를 확인된 대전제에 포섭함으로써 결론을 도출하는 '3단계론'의 논증과 달리, '생략삼단논법'의 경우에 법언어기호로 주어지는 실정법의 개념 또는 개념체계를 분석하여 그 의미

....

적 결정에서 사회과학연구의 중요성이 과소평가되어서는 않된다는 점을 강조하는 것이다. D. L. Faigman, "To Have and Have not: Assessing the Value of Social Science to the Law as Science and Policy", in: Emory Law Journal, Vol. 38(1989), 1079-1095면. 법학 내부의, 말하자면 규범의 목적을 준거로 한 '법적인 선별 및 평가'(juristische Selektion und Bewertung)의 사전작업을 전제로 하되, 독일에서도 미국의 헌법학 및 헌법재판 실무에서 활발한 사회과학과의 학제 간 협업 또는 분업의 모델을 적극적으로 수용해야 한다는 주장은 헌법을 넘어서 모든 법영역에서, 그리고 우리의 법학과 법실무에도 그대로 타당하다. O. Lepsius(Fn. 96). 특히 행정재량에 대한 법적 판단에서 가장 부각되거니와, 헌법재판상 '비례성심사'를 비롯하여 민법상 '사적 자치 원칙'을 토대로 하는 계약법 도그마틱에서 이른바 '원칙과 예외 형식'(Regel-Ausnahme Formel)의 적용이나, 형사법상 '양형(量刑)', 징계법상 '양정'(量定) 등 일반법 영역의 사법적 판단에서도 다소간에 관건이 되는 '가치형량'(Werteabwägung) 또는 '법익형량'(Gütersabwägung) 등은 그 본질은 규범적인 '가치평가'(evaluation)의 문제이기는 하지만, 어떤 경우이든 그 판단은 계량적인 경제적 비용편익분석을 포함하여 사회적인, 도덕적인 이익과 부담도 고려되는 넓은 의미의 비용편익분석'(cost-benefit analysis)과 연관될 수밖에 없다. 규범과 사실이 무분별하게 혼재된 상태로 법적 판단에 반영되는 것이 용인될 수는 없지만, 단절된 것일 수도 없다는 관점에서 보면, 가치평가의 토대 또는 전제로서 직간접적으로 법적 판단에서 고려되는 '사실'(Tatsache) 또는 '사정'(Umstände)의 인식, 현실에 대한 평가 및 미래에 대한 전망과 예측 등에 대하여 적어도 사회과학적으로, 필요한 경우에는 자연과학적으로 '합리적인 의심'은 벗어나는 정도의 객관성이 요구되는 것은 물론이다. 예컨대, 행정재량, 특히 규제의 결정과 선택재량에 대한 법적 통제의 방법으로서 비용편익분석에 대한 상론으로는 B. F. Mannix, "Benefit-Cost Analysis as a Check on Administrative Discretion", in: Supreme Court Economic Review, Vol. 24(2016), 155-167면.

를 확정하는 대전제는 흔히 논리적으로 느슨한 방식으로 수행되거나 전제들의 일정 부분이 생략되거나 암시되는데 그친다. 명시적으로 제시되는 경우에도 그것은 "수긍할 만한 혹은 믿을 만한 것"일뿐이지 엄격하게 증명된 진리와는 거리가 멀다. 이러한 점에서 재판실무상 설시문에서 권위를 갖는 최고법원이나 유력한 학설 등에 의해 지지되는 명제라는 명시나 암시가 논리형식만으로는 완전히 확보되지 못하는 객관적 타당성이나 설득가능성을 보충하는 역할을 하는 것으로 보는 견해는 전적으로 타당하다.

> 『최고법원의 판례가 가지는 권위, 혹은 유력한 학자들이 지지하는 법도그마틱적 명제의 신뢰가능성이 논증의 에토스적 차원을 형성하면서 여러 가능한 대립적 판결들 중 - 이들이 각기 이성적 논거를 가졌음에도 - 선별되는 하나의 결정이 불가피하게 가진 논증적 불충분성을 메꾸어 주는 역할을 하게 되는 것이다.』[118]

또한 법적으로든 현실적인 측면에서든 공동체 전체에 큰 영향을 미치는 헌법재판이나 최고법원의 판결의 경우에 더욱 분명하게 드러나는 바와 같이, 법적 추론에서 당사자들에 대한 설득의 차원을 넘어서 공동체 구성원들에 대한 설득의 가능성도 고려되어야 하는 점에서 그 논증에는 법적 명제뿐만 아니라 공동체 구성원들의 가치적 공감대를 토대로 하는 일반적인 가치명제도 투입된다. 말하자면 logos와 함께 그 본질상 'meta윤리학'과 'meta심리학' 차원의 '객관적인 진리성' 및 그에 대한 판정이 불가능한 ethos와 pathos도 필수적인 논증요소들이다.

소전제의 단계에서 '포섭도그마'가 전제로 하는 바와 달리, 사태의 파악도 대전제의 법해석이 종결된 후에 다음 단계에서 그와 무관하게 진행되는

----

118) 이 계일, "수사학적 법이론의 관점에서 본 법적 논증의 구조", 김 도균(엮음)(Fn. 10), 221면.

단순한 '인지'(認知)의 문제만은 아니고, 규범의 적용에 앞서서 이미 법해석작업, 즉 법적 판단의 척도를 찾는 작업과 연관되어 있다는 점이 간과되어서는 아니된다. 다소간에 형성적인 일종의 '구성적 작업'인 점에서 판단주체의 가치적 선반난이나 법삼성 등의 주관적인 요소와 무관한 것일 수 없다는 점도 마찬가지다. 논리만으로 법규범의 '객관적 진리성'과 '확정성'이 담보될 수 없는 것과 마찬가지로, 하나의 '사실'에 대한 인식도 '사실' 또는 '현실'에 대한 인식과 평가가 반영된 규범텍스트의 해석, 즉 법해석의 관점 및 그 결과와 분리될 수 없고, 따라서 궁극적으로 인식주체의 주관적인 입장과 관점에 따라 다를 수밖에 없기 때문에 법의 해석과 적용에서 사실인식과 가치판단은 준별되지 아니한다. 요컨대, '사실'의 확인과 평가는 법의 해석 또는 적용과는 단절된 선후의 단계에서 단순히 '포섭'의 대상을 확정하는 문제가 아니라, 그 자체가 이미 '규범해석'(Norminterpretation) 및 '규범적용'(Normanwendung)의 문제이다.

'사실'도 그러하거니와, '3단계론'상 소전제로서 파악되는 '사태'(Sachverhalt), 즉 '사실 또는 사정의 양태'의 경우는 더더욱 법해석작업과 상호 교착되어 수행될 수밖에 없다. '사태파악'과 법적 판단의 척도를 찾는 법해석주체의 '선이해' 등 주관적인 관점 간의 '절연'(絕緣)은 부각의 여부와는 무관하게 항상 '구체적인 자기반성'과 연계되는 실제 규범적 인식과 법적 판단에 적용될 수 없는 작위적인 '의제'에 불과하다. 규범해석 및 적용의 작업에서 이 '절연'의 요청을 준수하였다고 주장하는 것도 '자기기만' 또는 은폐의 '분식'(粉飾)이 아닐 수 없다. 절대 불가능한 것의 가능성을 전제로 이 '절연'을 요구하는 것의 '무리'(無理)와 이를 전제로 하는 법이론과 법해석방법론은 존재론의 차원에서든, 인식론의 관점에서든 도무지 용인될 수 없다. 유한하지만 유한성을 인식할 수 있고, 바로 그렇기 때문에 무한의 완전성을 추구할 수 있는 유일한 현존재인 인간과 인간의 사유는 본질적으로 주관성의 한계를 벗어날 수 없는 이성과 감성의 혼합체이다. 이 한계를 인

정하는 전제 하에, 본질적으로 불완전하기 때문에 또는 오롯이 불완전함에
도 불구하고 궁극적으로 성취될 수 없는 '완전태'를 지향해나가는 인간에
게 주관성의 '탈각'(脫却)을 요구하는 것은 인간의 수분(守分)에 맞지 않는
'절대의 객관' 또는 '절대 진'의 개념인 '신'(神)의 참칭(僭稱)이나, 주관의
핵심인 '의식'(consciousness)의 관점에서 보면 '무'이고 '비존재'인 하나의
돌멩이가 될 것을 주문하는 것과 다르지 않다.

　'인식주체와 인식대상의 분리'의 전제는 오늘날 자연과학에서 조차도 부
정되었거니와, 본질적으로 가치관계적인 법적 사유 또는 결정에서 하나의
'사태'에 대한 '유일하게 정확한 인식', 말하자면 절대의 객관적인 인식은
상정될 수 없다. 규범 또는 규범텍스트와 사실 간의 필연적인 교차관계에
대한 더 이상의 상론은 약하고, 최근에 사회심리학 분야에서 '집단 양극화'
(group polarization)에 대한 연구들을 통해 해명된 이른바 '선택의 딜레마'
(choice dilemma)의 문제를 하나의 예증으로 제시한다. 같은 문제나 현상을
바라보는 시각이 다른 경우 토론을 하면 할수록 오히려 '집단 간의 차이는
극대화'(maximization of inter-group differences)되고 '집단 내의 차이는 최
소화'(minimization of intra-group differences)되어 절충과 타협을 통한 선택
이 어렵게 되는 현상이 주요 논제로 주목되고 있거니와, 그 결정적인 요인
의 하나로 '집단내부의 규범'(ingroup norm)과 '사회적 정체성'(social identity)
을 공유하는 '자기범주화'(self-categorization)를 제시하는 문제인식은 법인
식작업에서도 타당하다. 또한 집단의 단위에서 뿐만 아니라 개인 차원에서
도 적확하다.119) 책제목으로 "현실은 어떻게 현실적인가?"라는 도발적인
질문을 제기한 P. Watzlawick의 경계의 단언은 법 및 법적용의 영역에서도
각별한 의미를 갖는다:

....

119) 이에 대해서는 특히 Z. Krizan/R. S. Baron, "Group polarization and choice-dilemmas:
　　How important is self-categorization?", in: European Journal of Social Psychology,
　　Vol. 37(2007), 191-201면.

『단 하나의 현실만이 존재한다고 보는 믿음이 모든 '자기기만들' (Selbsttäuschungen) 중에서 가장 위험하다.』[120]

종래의 정형화된 법적용·패러다임 속에서 '포섭'도 순수한 논리적인 연역적 추론의 한 부분으로만 이해되는 점에서 전술한 오류성과 흠결성에 대한 비판이 그대로 해당한다. 법적 결정 또는 법적 논증의 정형화된 형식으로서 '3단계론' 중에 제3의 단계에 해당되는 '포섭'은 제한된 단위에서, 말하자면 법적 결정에 대한 구체적인 논거로서 사전에 확정된 대전제와 소전제를 단순히 연결하는 논증형식의 일부로만 이해되기 때문이다. '포섭'에 대한 이러한 이해는, 전술한 바와 같이, 사실의 검증과 평가가 단순한 '사태포섭'(Sachverhaltssubsumtion)의 문제가 아니라, '사실과 규범'(Tatsache und Norm)이 일종의 '분절'(分節: articulation)의 구조 속에서 교차 및 중첩되는 법인식작업, 즉 '규범해석'의 문제 또는 적어도 '규범해석'과 연관되는 문제라는 점을 포착하지 못한다.

이러한 점에서, 기존의 법률실증주의와는 달리 '포섭'의 기능과 역할에 대한 새로운 이해가 가능하다고 보는 관점에서 '포섭'을 '설득력을 추구하는 논증의 기초적 형태', 말하자면 '법적 결정 또는 주장들을 기존의 판례

---

120) P. Watzlawick, Wie wirklich ist die Wirklichkeit?, 8. Aufl., 2010, 7면. 법이론과 실무상 '극단적인 구성주의'의 효용에 초점을 맞추어 같은 논제에 대한 상론으로는 H.-J. Strauch, "Wie wirklich ist die Wirklichkeit?", in: JZ, 2000, 1020-1029면. 여기에서 '현실'은 영어로 'reality'로 동일하게 표현되는 '실재'와의 연관관계 속에서 '보이는 것'과 '보이지 않는 것'이 얽혀 있는 구조로 주어지는 '실상'(實狀), 즉 '사태' (Sachverhalt)를 파악하는 인식론의 맥락에서 복합적인 의미를 갖는다. 이른바 '주름과 표현'의 관계를 주목하여 '현실'과 '실재' 사이에 대한 사유를 통해 '주름'(le pli)을 파악하는 것을 형이상학 또는 자연철학의 과제로, 표현의 일반구조(선험적 지평)를 파악하는 것을 담론학의 과제로 보는 이론철학의 구도 속에서 상정되는 개념이다. 이에 관해서는 G. Deleuze, Le Pli, Leibniz et le Baroque(1988), 이 찬웅(역), 주름, 라이프니츠와 바로크, 2004. 이 정우, 접힘과 펼쳐짐, 2000, 95-137면.

들이나 (광의의 의미에서의) 도그마틱 등 법적 의미체계 속으로 편입할 수 있는 가능성을 암묵적으로 심사하는 매개적 기제'로 보아야 한다는 견해는 되새겨봄직하다.[121] '포섭'이라는 용어사용과 관련된 논의는 별론의 대상이되, 다만 이러한 내용의 '포섭'은 '3단계론'의 전체 또는 '3단계론'이 토대로 하는 법도그마틱을 포괄하는 의미로 이해되는 점에서 '3단계론'의 한 부분으로서 논의하는 '포섭'과는 논의의 맥락이 다르다.

요컨대, 법적 결정 또는 결정을 정당화하는 법적 논증에서 '법=법률', 즉 '법언어로 구성된 법텍스트 속에 확정된 의미덩어리인 법규범이 선재한다'는 전제 하에 ethos와 pathos를 합리적인 논증을 방해하는 '법 외적인 것'으로 배제하는 법도그마틱과 이를 핵심으로 하는 '3단계론'은 순수한 논리작업인 '법적 추론'과 '규칙적용'의 방법에 의해서만 옳은 답을 찾을 수 있다고 보는 '포섭도그마'로 귀착된다. 도그마로 고착된 과도한 법 및 법적 결정의 형식화는 그 자체가 일종의 '계몽'의 산물인 '형식'의 유래와 배경, 특히 그 근거와 조건을 성찰하지 못하게 한다. 법학과 인접 사회과학들 간의 학제적 협업이 필수적으로 요구되는 '법이론의 근본문제'인 '사실과 규범의 관계'와 현실 및 법환경의 변화에 따른 '형식' 적용의 내적, 외적 한계에 대해서도 눈을 감게 만든다. 강조의 맥락에서 다시 정리하여 재확인하면, 법문제 해결의 형식으로서 '3단계론'의 핵심인 '포섭도그마', 즉 '인식주체와 인식대상', '인식대상과 언어', 그리고 '인식과 언어'를 분리하는 기본전제는 현대 언어학과 인식론에 의해서 파기되었다. 적어도 이러한 전제의 파기와 그에 따라 확인된 오류와 한계를 부정하는 법이론 및 법해석론은 '오만의 독선'에서 벗어나지 못한 편견, 즉 '반계몽'의 도그마일 뿐이다.

---

121) 이 계일(Fn. 118), 230면. 주석 17, 18번.

4) '논리적 실증성'의 한계 – 정치적 중립성?

또한 전술한 바와 같이, 법실증주의를 토대로 하는 '3단계론'이 내세우는 '정치적 중립성'의 명제도 다분히 분식된 허구에 불과하고, '3단계론' 자체가 오히려 근대 시민사회의 성장과 법치국가의 확립 과정에서 자유주의적 이데올로기에 충실한 일종의 '정치적 기획'의 일환이다.[122] 자본주의라는 정치경제학적 체제나 보수주의의 이데올로기와 연결하여 보는 경우에 더욱 그 맥락이 분명해질 것으로 생각되지만, 아무튼 '3단계론'을 19세기 서양시민사회의 일종의 '정치적 프로그램'의 일환으로 보는 견해는 되새겨봄직 하다:

> 『법률적 삼단논법이 터잡은 19세기의 서양사회에서 실정법은 개인의 자유와 시민사회의 자율성을 이념으로 하는 이성법을 텍스트화한 것이며, 근대법체계의 성립은 바로 자유로운 시민사회의 성립을 뜻하는 것이었다. 이성법은 시민사회의 절대명령이라 할 수 있는 개인의 자유와 재산의 보호를 자신의 공리로 삼고 있었다. 바로 그렇기 때문에 법률텍스트에 충실한 법관, 법률을 (언어)논리적-기계적 작동장치로 써 그대로 옮기려는 법관은 법전화로써 이룩된 당시의 '근대시민사회를 지키려는 정치적 프로젝트'의 법률적 표현이었다고 말할 수 있다. 그러한 정치적 프로젝트는 인류역사상 장엄한 진보의 발걸음으로서 어떠한 경우에도 절대 처분해서는 안 되는 것이었다.』[123]

더욱이 오랜 동안 권위주의적인 독재체제 하에서 우리가 체험하였던 바와 같이, 비민주적인 국가에서 법실증주의를 토대로 하는 법학의 형식적

---

122) 이에 관한 상론으로는 특히 이 상돈(Fn. 24), 131-154면. '엄격한 포섭'으로서 '3단계론'의 역사적 배경에 대한 개관으로는 최 규환, 헌법재판소의 법률해석, 2020, 7-8면.
123) 이 상돈(Fn. 24), 147-148면.

논리가 독재나 권력자의 횡포를 정당화하는 수단으로 이용되는 경우에 실정법해석론은 심지어 정치적 "사기학(詐欺學)" 또는 "기만학(欺瞞學)"이었을 뿐이었다고 하는 주장도 법도그마틱과 '포섭도그마'의 위험성을 경계하는 맥락에서 주목되거니와,[124] 아무튼 '법원론'(法源論)의 차원에서든 또는 법해석방법론의 맥락에서든 법실증주의와 연관되는 전통적인 법도그마틱과 이에 따른 법해석 및 적용틀인 '3단계론'도 근본적인 '이데올로기 감염성'으로부터 벗어나는 것은 불가능하다. 실정법규범의 법실무 및 법정책상 규범윤리적, 실천적 의미와 기능은 시대상황에 따라 다를 수밖에 없고, 특히 오늘날의 다원주의사회에서 특정한 이데올로기와 법 및 법학방법론 간의 동맹관계가 다소간에 이완되기는 하였지만, 원천적으로 분리될 수 없는 법과 사회현실 간의 연관성을 외면하고, 법과 현실 또는 법이론과 사회이론 간의 작위적인 준별의 전제 하에 법문제의 해결을 위한 일종의 '완전체'의 형식으로서 법률과 법해석규칙의 독자성을 고수하는 법도그마틱과 이를 법해석론 또는 법적용론상 '포섭도그마'로 수용한 '3단계론'의 패러다임을 유지하는 한에서는 그러하다.

하지만, 이와 같이 언어학과 인식론에 의해 그 기본전제가 부정되고, 오류가 확인되었음에도 불구하고 '3단계론'은 여전히 법실무상 지배적인 법

....

124) 강 희원(Fn. 97), 7면. 여기에서 재론은 약하되, 다만, 우리 '사법사' 중 '법왜곡' 및 '사법불법'의 '흑역사' 부분에 대한 반성과 관련하여 앞에서 지적한 바와 같이, 과연 권위적 체제 하의 우리 법운용에서 '법실증주의'와 '법실증주의를 토대로 하는 형식적 논리의 법학방법' 자체가 정착되기는 하였던 것인지 의문이다. 정착되어 정상적으로 가동되었다는 전제 하에 법실증주의와 그에 따른 법학 및 법해석방법론을 대상으로 하여 비판하는 것이 타당한 것인지, 적어도 일반적으로 그러한지는 되짚어 볼 문제이다. 이러한 점에서 이 상돈 교수가 한국사회가 근대 서양에서 시민사회가 정착되는 단계에 있는 경우라면 '3단계론'의 정치적 순기능을 어느 정도는 기대할 수 있을 수도 있을 것으로 조심스럽게 진단하면서, 다만 사회현실의 복잡성과 한국사회의 사회문화적 특수성 등에 대한 구체적인 분석을 통해 그 한계를 실증적으로 해명한 연구성과도 주목된다. 이 상돈(Fn. 24), 154-163면.

적용의 기본모델로 활용되고 있다. 앞에서 인용한 바 있는 Lepsius에 따라 법도그마틱 작업을 "역사적인 것에 대하여 현실적으로 중요한 것을, 경험적인 것에 대하여 법적인 것을, 감정적인 것에 대하여 이성적인 것을, 법정책적인 것에 대하여 법적용을, 비판적인 것에 대하여 권위적인 것을, 제약되지 않는 철학적인 것에 대하여 실증적인 것을 우선하여 법적 숙고를 하는 것"으로 본다면, 전자의 요소들은 이른바 '순수법학'의 틀에서 벗어나지 못한 '포섭도그마'에 원천적으로 포섭될 수 없다. 법해석의 단계에서는 물론이고 사태파악 및 포섭의 단계에서도 마찬가지이다. 이른바 'Descartes의 신화'(cartesianische Mythos), 즉 세계를 이성과 객관성을 토대로 하는 '진리의 영역'과 감성과 주관성에 의해 지배되는 '취향의 영역'으로 분별하는 '합리주의'의 2원적 세계관을 극복한 '이론다원주의'(Theorienpluralismus) 또는 '방법다원주의'[125]의 '존재론적 실증성'과 여전히 '합리주의'의 인식관념을 토대로 하는 법도그마틱의 '논리적 실증성' 간의 괴리가 그대로 지속되고 있는 것이다.

오늘날 적지 않은 경우 그러하고 또한 양적 다소와 무관하게 우리가 관심을 가져야 하는 법 및 법문제의 '복잡성'(complexity)은 법적 결정 자체와 법적 결정을 하는 사람, 그리고 법과 법문제가 주어지는 세상이 복잡한 것에 따른 불가피한 현상이다. 법적 문제에 대하여 하나의 정확한 답을 제시해야 하는 법의 세계에서 간명한 해결책이 없다는 것이 '복잡성'의 문제이기는 하지만, 그렇다고 해서 '복잡성'이 절대적인 선악의 잣대로 판단될 수

---

125) 이에 관해서는 M. Pöcker(Fn. 16), 68-69면. O. Lepsius(Fn. 71, 692-709면)가 법도그마틱의 장점을 긍정적으로 평가하면서도 공법분야에서 통합과 체계성을 추구하는 법이론과 개별적인 법문제의 해결에 초점을 맞추는 법실무 간의 중용의 대안, 말하자면 '통합이론'(unified theory)과 '이론 없는 학설'(theory-less doctrine)을 피하는 절충의 방안으로 R. K. Merton을 원용하여 제시하는 이른바 '중간범주이론들'(middle-range theories)도 '방법다원주의'의 일환으로 볼 수 있다. Social Theory and Social Structure, 1949, 39면.

있는 법문제는 아니다. '합리주의'와 '이론다원주의', '논리적 실증성'과 '존재론적 실증성' 또는 '인식론의 실증성'간의 괴리는 '단순화'와 '체계화'라는 두 가지 방법의 선택과 절충만으로 해결될 수 없는 '복잡성'의 표현, 즉 그 자체가 존재와 당위가 교차되는 과정 속에서 가치철학의 '형이상학', '경쟁하는 관점들', '이론', '방법' 그리고 '도그마틱', 즉 '논리' 등이 혼합된 일종의 '복합적인 모순'의 현상들이다. '법철학의 안락사'를 법철학의 난제인 형사법상 '안락사'와 같은 맥락에서, 말하자면 적어도 법규범적 인정의 가능성을 부정하지 않는 전제 하에 논의될 수 있는 문제로 받아들일 수 없고, '법률학(Gestezeskunde)=법학(Rechtswissenscaft; Jurisprudenz)'의 방법론을 용인할 수 없는 것은 바로 논리의 한계 및 '논리적 실증성'의 근본적인 흠결성 때문이다.

완전한 형식의 논리체계라고 할 수 있는 수학의 명제로서는 몰라도, '포섭도그마'의 배후에 있는 법실증주의의 핵심명제로서 '논리적 실증성'은 전혀 실증적이지 않은 '(법)언어의 논리성'이라는 작위적인 의제(擬制)를 전제로 하는 점에서 일종의 '형용의 모순'에 불과하다. 법 및 법적 결정의 다소간의 '비논리성'(illogicality)과 '초논리성'(meta-logicality) 및 '비합리성'(irrationality)과 그에 따른 '불확실성'과 '비실증성', 즉 주관성을 일정 부분 용인할 수밖에 없게 만드는 이러한 괴리의 존재를 부정하는 것, 말하자면 문제의 존재 자체를 부정하여 문제를 해결하려는 것은 '망상'(illusion) 또는 '간명한 오류'의 재단(裁斷)에 불과하다. L. Nelson이 자신의 저서의 제목으로 삼아 법실증주의를 간명하게 규정한 "법 없는 법학"(Rechtswissen schaft ohne Recht)이라는 슬로건의 핵심이라고 할 수 있는 '법=법률(텍스트)'의 전제와 함께 '모든 법적 문제는 논리 또는 연산(algorithm)의 방법으로 해결될 수 있다'거나 또는 '그래야만 한다'라는 오류의 전제로부터 이 전제의 도치(倒置)에 불과한 바, 즉 '논리와 연산의 방법으로 해결될 수 없는 문제는 법문제가 아니다'라는 결론을 제시하는 것은 '순수법학'이 금기시하는

'법 외적인 불순한 동인(動因)'의 존부와는 무관하게 깔끔한 '우전제우답' (愚前提愚答)의 순환론일 뿐이다.

'포섭도그마' 자체가 'Descartes의 신화'와 가치맹목의 인식론을 토대로 하는 가장 분명한 하나의 법이론이거니와, 순수한 논리의 세계가 아닌 법의 세계에서 법이론적 입장의 전제를 부정하는 '우전제'와 이 전제에 따른 논리필연의 '우답'은 단순한 논리의 문제에 그치지 않는다. C. Schmitt, K. Larenz 등 Nazi에 부역하였던 법학자들과 맹목적으로 법문을 되뇌기만 하였던 Nazi법관들의 행적을 집요하게 파헤치고, 독일의 법 및 사법의 '흑역사'를 고발해 온 B. Rüthers가 '법의 효력'에 대한 요론(要論)의 취지가 바로 "법이론적 입장의 선택이 필수적이라는 전제와 함께 어떤 선택의 대안과 (가치)형량의 준거들이 있는지를 독자들에게 제시하고자 하는 것"임을 굳이 덧붙이면서 경계하는 위험은 바로 이 '우전제우답'에 초점을 맞춘 것으로 이해된다:

『자신이 선택한 법이론적 입장을 자각하지 못하는 법률가들은 그 자체로 사회적·정치적 위험들이다. 이들은 맹목비행(Blindflug)과 마찬가지로 자신들이 하는 일의 영향의 크기를 알지 못하는 상태에서 직무를 수행한다. 역사가 가르쳐주는 바, 이는 참담한 결과로 귀착되기 마련이다. 법률가들이 당대의 권력자들에게 부지불식간에 또는 적극적으로 굴종하는 도구들이 되고 마는 것이다.』[126]

5) 소결 - 월경(越境)과 파격(破格)의 요청

많은 법적 문제를 저비용-고효율의 접근방법을 통해 처결하는 일종의 '기계적인 모델'로서 법도그마틱의 순기능이 부인될 수는 없다. 하지만 '법의 확정성' 및 '개념주의'(conceptualism)를 전제로 하여 '사법의 비도덕성'

---

126) B. Rüthers/Ch. Fischer/A. Birk(Fn. 36), 203면, Rn. 333.

(amorality of adjudication)을 요구하는 '법형식주의'(legal formalism)와 같이 법도그마틱을 맹목적으로 사용될 수 있는 하나의 '과학적인 모델'이나 법문제의 해결에 특화된 법적용방법으로 보는 관점, 즉 '포섭도그마'는 용인될 수 없다. 존재와 당위의 교차지점에서 현실과 가치 및 역사를 성찰하고 또한 논리나 연산으로는 접근할 수 없는 열정과 영감에 대해서도 관심을 갖고 어떻게 취급해야 할지를 고민할 것을 요구하는 법과 법학의 다른 층위와 측면들에 대하여 눈을 감고 생각을 하지 말 것을 요구하는 것은 '생명'의 현상과 이와 맞닿아 있는 인식의 세계를 '해부학'의 대상으로만 보는 것과 다르지 않은 부당한 '배척의 도그마'일 뿐이다. '심안'(心眼), 즉 상상의 눈으로만 볼 수 있는 보이지 않는 뿌리와 줄기와 나뭇가지 사이의 공간을 포함한 나무 전체의 형상과, '조망'(眺望)으로만 포착될 수 있는 맥락, 말하자면 하나의 나무가 다른 숱한 나무와 풀들, 온갖 곤충, 동물들과 어울러져서 자리 잡고 있는 숲과 산 그리고 숲과 산들이 이어진 산맥을 보지 말고, 하나의 나뭇가지, 단일의 나무와 산만을 떼어놓고 주시하라는 '절연의 도그마'도 무의미한 또는 드물지 않게 해로운 허구의 '의제'(擬制) 이상의 의미를 갖지 못한다.

전술한 바와 같이, 의문이 없지 않지만, 법도그마틱을 이른바 '주류법학', 말하자면 Th. Kuhn이 말하는 '정상과학'과 유사한 '정상법학'으로 취급하는 경우, 생각건대 특히 '절제'와 '성찰'의 요청을 외면하는 경향으로 인해 '포섭도그마'의 한계와 흠결성은 더욱 분명하게 부각된다. '격률'(格律)로서 법과 법의 형식적 체계성만을 주목하여 '상상과 조망'의 잠재적인 능력이 배제되는 몰가치 또는 몰감성의 기계적인 작업, 즉 '논리적인 법적 추론'만을 통해 모든 법문제에 대하여 분명하고 객관적으로 옳은 답이 발견될 수 있고 또한 그래야만 한다고 보는 '포섭도그마'의 오류는 H. L. Mencken 간명하게 제시하는 '편견'(prejudice)의 오류와 정확하게 일치한다:

『모든 인간 문제에 대해서는 늘 쉽게 찾아지는 해결책, 즉 깔끔하고, 그럴 듯한, (그러나 또는 그렇지만: 역자 부기) 틀린 답이 있다.』[127]

입법자나 법관은 물론이고, 법학자들도 '기계적인 논리수행자'를 넘어서 적어도 필요한 경우에 필요한 만큼은 또는 가끔은 Mencken이 상정하는 사람, 즉 "어두운 숲 속에서 낯선 나비들을 쫓아다니거나 접근이 금지된 황홀한 냇물에서 낚시를 하는 예술가나 형이상학자들"과 같이 '월경'(越境)과 '파격'(破格)을 감행하고, '창조적인 상상'(creative imagination)을 하는 '사람'이어야 한다. 일면 종종 절망을 안겨주기도 하지만, 타면 오로지 이러한 '사람'에게만 희망의 계기를 허락하는 '영감의 설명할 수 없는 요동'(puckish and inexplicable rise and fall of inspiration) 속에서 마음으로 느끼고, 측은해하고, 분노하기도 하는 이른바 '생각'(生覺)을 해야만 한다. 영감의 요동에 따른 '생각'의 발원(發源)이고, 동시에 그 결과이기도 한 이러한 '창조적인 상상력'과 이 상상력을 모태로 하여 발현되는 '월경'과 '파격'의 의지와 능력을 갖추지 못한 법률가들에게 법을 맡기고, 더 나아가서 법의 '개척'(開拓), 즉 '정의개척'의 성과를 기대하는 것은 상상력이 없는 예술가들과 철학자들에게 '미(美)가치'와 '진리가치'의 창조와 개척을 주문하는 것과 다르지 않다. 얼토당토 아니 할 뿐만 아니라, 영화에 나오는 terminator 만큼이나 위험하다.

A. Hitler의 Nazi 체제에 부역한 제3제국 독일 법원이 자행한 '법왜곡'의 수많은 사형판결들은 말할 것도 없고, 우리의 경우에도 1975년 4월 8일 대법원에서 형이 확정되고 판결 선고 후 불과 20시간 후 사형이 집행되어 8명의 무고한 희생자(顯考! 서 도원, 도 예종, 송 상진, 우 홍선, 하 재완, 이

---

127) H. L. Mencken, "The Divine Afflatus", in: H. L. Mencken - Prejudices: First, Second, and Third Series, 2010, 242면: "There is always a well-known solution to every human problem – neat, plausible and wrong."

수병, 김 용원, 여 정남)를 낸 이른바 '인혁당사건'('의문사 진상규명위원회'
는 2002년 9월에 이 사건이 당시 중앙정보부에 의해 조작된 사건이라고 발
표하였고, 동 12월에 유족들이 청구한 재심사건에서 서울지방법원은 사건
발생 후 30여년이 지난 2007년 1월 23일에 위 8인에 대하여 무죄를 선고하
였다)을 비롯한 '사법살인'(Justizmord)의 예들이 없지 않거니와, '설마가 사
람 잡는다!'는 경구는 결코 허언이 아니다. 그럼에도 불구하고, 설마! 설마?
법관을 비롯한 법률가들이 Hitler가 조롱하고 경멸해마지 않은 법(학)과 법
률가의 전형, 즉 무책임하고 몰지각한 '권력의 주구(走狗)'나 '사법테러의
실행자 또는 방조범'이 되겠다고 작심하지 않는 이상, '생각의 포기', '자기
성찰의 태만' 그리고 '책임회피'는 최우선의 절대금기들이다. Hitler가 법률가
들과 그들이 하는 일에 대하여 품었던 것은 오로지 '경멸'(輕蔑: Verachtung)
이었다:

> 『오늘날의 전체 법학은 '하나의 유일무이한 거대한 책임전가의 체
> 계학'(eine einzige große Systematik des Abwälzung von Verantwortung)
> 에 지나지 않는다. 그렇기 때문에 나는 이러한 법학설들을 학습하는 법
> 연구를 가능한 한 어떻게 해서든지 '비루하게'(verächtlich) 만들기 위해
> 모든 것을 할 것이다. 왜냐하면 이러한 연구를 통해서는 삶의 태도에서
> 모범이 될 만한 사람들이 육성되지 않기 때문이다. 이 공부는 일종의
> '무책임성을 함양하는 유일한 교육'(einzige Erziehung zur Verantwor-
> tungslosigkeit)이다.』[128]

다음 (2)-(5)의 부분은 이전에 발표된 논문의 일부를 전재한 것이다.[129]

....

128) H. Picker, Hitlers Tischgespräche, A. Hillgruber(Hg.), 1968, 66면; A. Kaufmann,
"Tendenzen im Rechtsdenken der Gegenwart(1976), in: Beiträge zur Juristischen
Hermeneutik sowie weitere rechtsphilosophische Abhandlungen, 1984, 135면, 주석
29번에서 재인용.

법인식의 요소로서 '법감정'에 초점을 맞추어 '포섭도그마'의 인식론적 오류를 검토하고 비판한 것이지만, 그 논지의 대강은 '역사'와 '현실', '경험공간'(Erfahrungsraum)과 '기대지평'(Erwartungshorizont), '법정책', '윤리적 비판의 관심' 및 '가치철학' 등의 법 외적인 요소들에도 그대로 해당된다. 또한 법인식작업의 본질과 구조를 심리학적으로 해명한 5(심리학적 인식과정으로 본 법인식작업과 법감정)의 내용도 어의학적인 개념분석을 핵심수단으로 하는 법도그마틱과 이를 토대로 하는 '3단계론'의 핵심명제, 즉 오로지 형식적인 논리적 추론의 방법만이 '옳은 법적 결정'을 담보한다는 '논리적 실증성'의 명제, 특히 위에서 언급한 '3단계론'의 '분리전제'들에 대한 실증적인 반론의 맥락에서 되새겨봄직한 것으로 생각되어 주석정리와 편제상 기술적인 보정만 하고 가감 없이 전재한다.

(2) '포섭도그마'의 금기로서 법감정

『법실증주의이론, 특히 이른바 '포섭의 도그마'를 고수하는 형식적인 개념법학의 관점에서 법관의 법인식작업상 결정요소로서 '법감정'은 기본적으로 금기시되거나 유의미한 영향력은 부정된다. 법의 객관성과 보편성을 추구하는 수단으로 법률과 법을 동일시하는 형식론과 법개념체계의 폐쇄적인 구조 안에서 엄격한 '논리적 추론'의 인식방법에 집착하는 이른바 '순수법학'의 입장에서는 법의 효력근거로서든, 법적 결정의 요소 또는 준거로서든 법감정은 관심의 대상이 아니다. 오히려 법규범 및 법적 결정의 객

---

129) 이 덕연(Fn. 110), 29-80면. 부분적으로 논의가 중복되는 내용이 적지 않지만, 글의 연결맥락을 고려하여 편의상 그대로 전재한다. '경험공간'과 '기대지평'은 R. Koselleck(Fn. 92, 349-375면)이 제시하는 바, 즉 역사학은 지속적인 구조들이 잠재되어 있는 '유래'(Herkommen)를 알아야만 상시적으로 변화되는 것과 새로운 것을 인식할 수 있다고 보는 관점에서 '지나간 미래'라는 함축적인 화두를 갖고 '개념사' 속에서 과거와 미래를 연결하여 재구성하는 역사학방법론의 핵심개념이다.

관성과 보편성의 요청을 전제하고 지향하는 법학 및 법학방법론의 순수성을 오염시키는 이데올로기적 이물질로 배척된다. 특히 법을 알고 있거나 또는 법발견의 방법, 즉 '법적 추론'(legal reasoning)을 알고 있어야 하는 법률전문가, 특히 법관의 법해석 및 적용작업에서 법감정은 법인식상 오류의 잠재적인 근원으로서 절대 배제되어야 할 '금기'로 여겨진다.

법감정을 금기시하는 이러한 인식은, 법인식의 대상과 방법론을 작위적으로 축소하고 의제한 점에서 일종의 '구조화된 구조'라고 할 수 있는 이른바 '3단계이론'에서 극명하게 드러난다. 즉 대전제로서 공준으로 확립된 방법을 통해 법텍스트에 담긴 의미, 즉 규범을 발견해내는 법해석의 단계와, 소전제로서 사태파악의 단계, 그리고 이 개념과 파악된 사태의 부합에 대한 판단, 즉 '포섭'을 각각 단절된 상태에서 순차적으로 진행되는 독자적인 단계의 인지적 사유작업으로 이해하는 논리형식 속에서 주관적인 또는 주관적일 수밖에 없는, 그렇기 때문에 비논리(illogical) 또는 반논리적인 법감정은 근본적으로 객관성을 토대로 하고 또한 지향하는 법 또는 법해석작업과 친할 수 없는 '불상용(不相容)의 이질적인 것'인 것으로 여겨질 수밖에 없다.130) 3단계이론의 핵심인 추론의 '논리'(logic)가 문의에 집착하여 곧이곧대로 법문을 해석하는 '문리해석'(literalist interpretation)과 동일한 것은 아닌데, '논리'에 초점을 맞추어 비판을 하지만 실제로는 대부분 '문리해석의 방법'을 대상으로 하여 공격을 했다고 할 수 있는 이른바 '법현실주의자'(legal realist)들의 착시(錯視)에 대한 Hart의 날카로운 지적을 인정한다고 하더라도,131) '논리해석'을 비롯한 '체계적 해석', '역사적 해석' 등의 법

....

130) 여기에서 '비논리적인'의 용어는 상식이나 실질적인 가치공준에 부합되지 않는다는 의미, 예컨대, '법적 논증(legal argument)은 논리적인데, 그 결론은 비논리적이다'라는 말이 논리적으로 모순이 아닌 맥락에서와 마찬가지로 '타당하지 않은' 것과는 다른 기술적인 의미, 즉 '본질적으로 논리적인 설명 및 입증과 친하지 않다'는 뜻으로 사용된 것임을 밝혀둔다. 이와 관련해서는 N. MacCORMICK, Legal Reasoning and Legal Theory, 1978, 39면.

해석방법론의 틀에 '법감정'이 직접적인 판단요소로 편입될 수 있는 여지가 없는 것은 마찬가지이다. 법관의 인식과정에서 법감정의 간접적인 또는 부차적인 영향을 인정한다고 하더라도, 구체적인 역사적 윤곽조건 속에서 법문제를 해결하는 '현실세세의 법관'(real-world judge)이 아니라 낭위와 존재의 단절을 전제로 '이상적인 법관(ideal judge)이라면 어떻게 할 것인가?'[132]라는 추상적인 질문에만 초점을 맞추고 또한 그렇기 때문에 '객관적인 진리'와 '주관적인 견해'를 준별하는 전통적인 철학의 명제[133]에 집착하여 애매하고 근거가 불명확한 감성적 느낌이나 직관적 판단 등을 철저히 외면해 온 형식주의적인 법학방법론에서 그 유의미성은 결코 고려할만 한 것이 되지 못하고 또한 그래서도 아니된다는 인식론적 전제 하에 관심은커녕 원천적으로 '주목금지'의 대상일 뿐이기 때문이다.』

(3) '포섭도그마'의 방법론적 오류

『하지만, Fechner가 명쾌하게 지적한 바와 같이, 순수법학이론은 '과학적인 방법론'을 통해서 권력요소를 배제하려고 한 반권력적 구상이었지만, 동시에 그 인식방법론 자체는 특정한 가치판단을 전제로 한 '이데올로기적 술화'였다.[134] '정의=강자의 이익'의 명제를 객관적인 법으로 포장해주는 '은폐된 이데올로기'의 오용에 대해서는 되짚어볼 것도 없거니와, 법실증주

---

131) H. L. A. Hart(Fn. 107), 132-137면. M. S. Moore, "The Plain Truth about Legal Truth", in: Harvard Journal of Law and Public Policy, Vol. 26, No. 1(2003), 25면.

132) 이에 관해서는 C. R. Sunstein/A. Vermeule, "Interpretation and Institutions", in: Michigan Law Review, Vol. 101(2003), 898면.

133) 이에 관해서는 강 진철, "법해석학-영미에서의 논의를 중심으로", 현대법철학의 흐름, 한국법철학회(편), 1996, 117-120면.

134) E. Fechner, "Ideologie und Rechtspositivismus", in: W. Maihofer(Hg.), Ideologie und Recht, 1969, 97면 이하.

의의 원조인 일반적인 실증주의와는 정반대로 법실증주의의 핵심요소인 과학적 이데올로기의 요체는 '사실의 절대화'가 아니라 오히려 '사실의 절대적인 부정'이다.[135] 말하자면, 인식대상의 존재의 문제와 인식방법의 문제 또는 인식(입증)의 불가능성과 부존재를 혼동한 것이다. '무지의 오류'에 따른 것이었든 아니면 의도적인 이론적 의제였든, 법감정을 금기시한 것도 맥락을 같이 한다. 가치상대주의를 영원히 민주주의와 조화될 수 없다고 비판하는 C. S. Lewis의 말대로, "정확하게 생각한다고 해서 악인이 선인이 되는 것은 아니지만, 순수한 이론적 오류는 악에 대한 감독과 억제 자체를 없애고 또한 좋은 의도에 대해서도 본심에서 우러나오는 지지를 받지 못하게 한다."[136]

기본적으로 법을 '추상적이고 확정된 규범'과 동일한 것으로 보는 잘못된 법개념의 정의에서 비롯된 '포섭의 도그마'는 '전제의 오류'에 의해 '예정된 오류'일 뿐이다. 대부분의 도그마가 그러하듯이, 이 오류가 오랜 동안 정론의 자리를 보전해왔던 것은 그것을 지적하고 극복하려는 시도들이 합리적인 이유 때문이 아니라 특정한 이념과 체제의 수호와 연관된 이데올로기적인 동기들에 의해 금기시되는 상황에서 구현되기 어려웠었기 때문이었다고 보는 A. Kaufmann의 분석은 적확하다.[137] 이성보다는 감성에 의해, 법치화보다는 민주화에 의해 실현되었다고 여겨지는 이른바 '패러다임의 전환'에 의해 비로소 '포섭의 도그마'와 그것을 둘러쌓고 있었던 개념법학 방법론의 방어벽이 해체되고 극복된 오늘날 '포섭' 또는 '포섭'이 포함된 법해석작업은 더 이상 '선재하는 법'을 단순히 적용하는 '하나의 순수한 형

---

135) E. Fechner(Fn. 134), 107면.

136) C. L. Lewis, Christian Reflections, 1967, 72, 81면.

137) A. Kaufmann, "Die ipsa res iusta - Gedanken zu einer hermeneutischen Rechtsontologie"(1973), in: Beiträge zur Juristischen Hermeneutik sowie weitere rechtsphilosophische Abhandlungen, 1984, 58-59면.

식논리적인 추론'으로만 이해되지 않는다. 법인식주체가 전인격을 걸고 법을 형성 또는 실현해나가는 결단적 행위, 즉 일종의 '인격의 행위'(ein Akt der Persönlichkeit)로 파악된다. Kaufmann이 인용한 Engisch에 따르면 "법을 찾는 사람은 자기 사신을 완전히 지워버릴 수 없고 또한 그래서도 아니된다. 오히려 자신을 지키고 끼워 넣어야만 한다".138) 해석론상 이견의 여지가 없는 이른바 '정리된 법'(the settled law)에 의해서 '하나의 옳은 답'(one right answer)에 이르는 간명한 길이 안내되지 않는 법문제, 이른바 '어려운 사건'(hard case)의 경우 더욱 부각되기는 하지만, 당연히 일반적으로 요구되는 법관의 '제도적 역할'(institutional role)139)이 컴퓨터 같이 단순히 정보를 기계적으로 처리하는 '자동포섭기'(Subsumtionsautomat)로 전락되지 않기 위해서 또한 그렇게 되지 않도록 우리가 정작 요구하는 것은 우선 당연한 전문가로서 법률지식과 함께, 또는 그보다 앞서서, 삶의 경험과 경륜을 바탕으로 하는 자기성찰의 자세와 도덕적 판단력, 그리고 이들이 응축된 법관의 인격이다.140) 법감정은 바로 이 인격의 토대이고 핵심이다.』

(4) Esser의 '선이해와 방법선택' - '포섭도그마'의 사망선고

『법발견작업, 특히 법관이 하는 재판의 이러한 '인격의 행위'로서의 가치평가와 가치실천의 요소를 포함하는 구조의 복합성, 결정체계의 맥락에서 법형성 및 법발전의 기능은 이미 오래 전에 J. Esser141)에 의해 주목되고, 충분히 해명되었다. 구체적이고 다양한 예들을 통한 치밀한 논증도 압

---

138) K. Engisch, Wahrheit und Richtigkeit im juristischen Denken, 1963. A. Kaufmann (Fn. 111), 91면에서 재인용.

139) 이와 관련해서는 M. K. Temin, "Toward an Account of the Truth of Proposition of Law", in: Cincinnati Law Review, Vol. 49(1980), 341-349면.

140) A. Kaufmann(Fn. 111), 91면.

141) J. Esser(Fn. 1).

권이지만, 거시적인 법학방법론의 차원에서, 특히 준거규범을 탐색하고 선택하는 법해석의 작업과 단순한 사실확인을 넘어서 사태의 규범적 의미에 대한 평가가 포함되는 사태파악의 상호의존적인 교차관계, 그리고 이 교차적 관계의 토대이고 중심축이라고 할 수 있는 이른바 '선이해'(Vorverständnis)와 연계된 '포섭'의 본질과 구조를 규명한 탁월한 성과는 전통적인 '포섭의 도그마'에 대한 최종적인 사망선고로 보기에 모자람이 없다:

> 『외견상 법적용은 사태와 적용규범의 이른바 포섭이라는 연역의 논리형식으로 진행되는 단일한 행위인 듯 보이지만, 결정적인 요소는 이 추론에 선행하는 판단, 즉 분쟁규율의 필요성여부와 그 크기, 그리고 규범의 부합성, 말하자면 인식된 필요성에 부응하는 규범의 적합성에 대한 판단이다. 이 두 가지 판단을 위해서는 사태에 대한 있는 그대로의 '완전한'(vollständig) 규명과 평가만으로는 부족하고, 이를 넘어서는 사전적인 숙고가 필요하다. 즉 어떤 관점에서 사태를 평가해야 하는지가 관건이고, 이는 준거규범에서 찾아진다. 이 준거규범을 찾는 것 자체도 (단순히 논리적인 추론작업으로만 진행되는: 필자 부기) 체계적인 탐색행위가 아니라 주어진 사태의 상황에서 또한 법체계적 관계와 법정책적 결과와 관련하여 고려되어야 하는 다수 규범들의 효용에 대한 평가가 요구되는 복합적인 작업이다.』[142]

'포섭의 도그마'가 극복된 이상, 그 앞과 뒤에서 노정을 같이 해 온 사유의 결과들, 말하자면 개념이나 텍스트에 대한 이해작업을 포함하여 일반적인 인지과정에서 인지적 판단 또는 결정의 핵심요소로서 감정의 필수불가결성과 중요성을 새롭게 조명하고 실증적으로 세밀하게 분석 및 입증해나가고 있는 현대의 인식철학과 심리학의 유력한 연구성과들, 그리고 이러한

----

142) J. Esser(Fn. 1), 31면.

흐름과 궤를 같이 하고 있는 것으로 여겨지는 '법학적 해석학'(juristische Hermeneutik)[143]이 제시하는 설득력 있는 법학방법론을 외면하지 않는 한, 법관의 법인식작업에 대한 이해에서 또한 '법적 판단'에 이르는 법인식과 정 사체에서 법관의 법감성은 셜코 금기시되거나 경시될 수 없다. Esser도 의미의 탐색작업으로서 법해석에서 결정대상인 사태의 법적 의미와 법적 판단의 준거로 고려되는 규범들의 규율의도에 대한 법적용자의 이해, 즉 '선판단'의 영향이 불가피하고 필연적일 수밖에 없음을 지적하면서, 이러한 결정상황 속에서 법률가들에게 요구되는 능력으로 법학교육을 통해 획득한 능력, 즉 '명백하게 관련 없는 것'과 '추측건대 관련되는 것'을 구별하고 또한 경쟁관계에 있는 규범들을 특정한 체계적 위계질서에 따라 효력을 판별하는 능력과 함께 합리적인 사건해결을 위한 판단력과 법감정 또는 법실무가들이 말하는 '감식력'(Judiz)을 각별하게 강조하고 있다.[144] 법현실주의 또는 실용주의적 관점에서 주목하는 것인 점에서 맥락은 좀 다르지만, 이른바 '법과 경제'(Law and Economy)의 대표자인 동시에 미국 항소법원 연방법관이기도 한 R. Posner[145]가 법관의 감성을 포함하여 기질이나 경험, 개인적 배경 및 이데올로기가 재판에 미치는 영향을 강조하는 것도 이른바 '개념법학'의 틀을 벗어나서 실제 일종의 통합적인 심리적 과정으로 진행되는 법인식작업의 본질에 초점을 맞춘 것인 점에서는 다르지 아니하다.

....

143) A. Kaufmann(Fn. 5), 79-88면; R. Ogorek, "Hermeneutik in der Jurisprudenz", in: Aufklärung über Justiz: Zum Problem des richtigen Gesetzesverständnisses, 2008, 105-119면. 국내 문헌으로는 특히, 강 진철(Fn. 133), 97-125면. '해석학'에 대한 일반적이고 포괄적인 개론으로는 R. E. Palmer, Hemeneutics(1969), 이 한우(역). 해석학이란 무엇인가?, 2004.
144) J. Esser(Fn. 1), 31면.
145) R. Posner, "Judicial Method: Internal Constraints on Judging", in: How Judges Think, 2008, 174면.

『'법학적 해석학'의 입장에서도 전통적인 개념법학과 달리 법관이 '법적 확신'에 이르게 되는 인식과정을 대전제와 소전제 및 '포섭'이 각각 단절된 채 순차적으로 진행되는 것으로 이해하지 않고, 법텍스트 작업, 즉 법개념의 이해를 내용으로 하는 법해석작업과 법을 적용해야 하는 대상인 사실을 확인하는 사태파악의 작업이 선후의 관계가 아니라 서로 영향을 주고받는 상호교차의 관계 속에서 동시적으로 진행되는 것으로 보는 바, 이러한 관점에서 법관의 법인식작업은 결코 일방적으로 선재하는 법규범을 일방적으로 수용하고 기계적으로 적용하는 것이 아니라 적극적으로 법규범을 형성하는 구성적 행위로 파악되기 때문이다. 어떤 것이 먼저라고 할 것 없이 자신을 아는 인식주체로서 그리고 윤리적, 정치적 정체성의 주체로서 자신을 늘 의식하고 반성하면서 법텍스트 또는 규범, 그리고 사태 사이를 왕래하며 눈길을 번갈아 주는 교호적이고 입체적인 인식과정 속에서 수행되는 법관의 법실천행위는146) 어떤 위치와 어떤 단계에서도, 그리고 어느 한 순간과 부분도 법관의 '인격' 또는 '관점'과 단절된 상태에서 진행되지 않는다.』

(5) 소결

『이러한 맥락에서 볼 때, 오늘날의 법학방법론에서 또는 본고에서 주목하는 바와 같은 부류의 판례를 평석하는 논의에서 법관의 법감정을 주요 논제로 다루지 않는다면, 그것은 '무지의 오류'나 '이데올로기적 동기'147)

---

146) 이에 관해서는 K. Engisch, Logische Studien zur Gesetzesanwendung, 3. Aufl., 1963, 15면. A. Kaufmann(Fn. 5), 63면, 주석 49번에서 재인용함.

147) 법실증주의에서 법관은 헌법국가의 중립성의 원형으로 전제되고, 법관의 중립성은 체제에 내장된 당위의 요청으로 의문을 가질 수도 없고 또한 그럴 필요도 없는 절대 명제이다. 반면에 이데올로기 담론의 차원에서 법체제와 법운용주체의 중립성 자체를 부정하는 이른바 '비판법학'의 입장에서 법관의 편파성은 은폐되어 있지만 구조적으로 내장된 핵심장치이고 체제유지의 필수적인 수단으로 여겨지는 바, 폭로와 규명의 대상일 뿐이다. 논의의 맥락상 여기에서 상론은 약하되, 다만 당위명제의 절대

둘 중의 하나에 기인되는 것으로 판단될 수 있다. 다소 성급한 예단일 수도 있겠으나, 다만 이에 대한 반박은 전술한 '포섭도그마'의 오류에 대한 지적과 다음의 인식론에 대한 적확한 반론이 없이는 유효할 수 없다. 즉 사안의 영역과 내용에 따라 상대적인 차이는 있겠고, 또한 그 자체가 법감정이 작용된 것이라고 볼 수 있거니와, 아무튼 법리적 논증 또는 판결문상 명시적으로 표현 또는 반영되었는지 여부나 그 정도와 무관하게 법관의 법감정은 법관의 '법적 확신' 또는 '포섭'을 경유하여 최종적인 '법직 결정'에 이르는 과정에서-전술한 Esser[148]의 말대로 '선이해'를 매개로 하여 또는 '선이해'와의 연관체계 속에서 '구별되지만 단절될 수 없는' 상호교섭의 관계에 있지만, 작위적으로 나누어서 말하자면 - 사태의 속성과 그 규범적 의미를 파악하고 또한 법개념을 해석하는 입체적이고 복합적인 인식과정의 모든 단계와 부분에서 윤리적 관점과 이익 또는 가치형량의 단서 그리고 법해석의 방법과 준거를 선택 또는 조합하는데 시종일관 유의미한 영향을 미친다는 점이 그것이다.』

성이 의문제기금지의 합당한 이유가 될 수 있는 것은 '반증의 가능성' 자체가 상정되지 않는 이념세계에서나, 아니면 자기정당화의 작위적이고 폐쇄적인 이론체계 속에서만 성립될 수 있고 또한 적어도 '법률을 말하는 입'이 아니라 현실과 당위의 교차점에서 전인격을 걸고 법을 형성해나가는 이데올로기와 감정의 주체, 말하자면 '현실 세상의 법관'의 공평무사성에 대하여 문제를 제기하는 것은 법률가에게 지극히 당연한 관심사라는 점만을 재확인해둔다. 아무튼 이러한 맥락에서 '비판법학'의 비판에 대한 유효한 방어전략은 비판의 대상, 특히 법관의 파당성에 대한 의문 자체를 금기시 하는 법실증주의적 관점이 아니라, 그 가능성과 필요성을 인정하는 전제하에, 특히 실증적인 반증에 초점을 맞추어 수립되어야 한다. 본고에서 법관의 법감정을 논구하는 것도 그 일환이라고 할 수 있다.

148) J. Esser(Fn. 1), 31면.

5. 심리학적 인식과정으로 본 법인식작업과 법감정

(1) 개요

『법감정을 도덕적인 판단과 연관된 감성적 경향이라고 한다면, 우리는 그것을 어디에서 어떻게 찾아 볼 수 있는가? 우리의 삶과 마찬가지로 우리의 삶을 규율하는 법과, 그것을 준거로 하여 판단하고 결정을 내리는 법관의 법인식작업도 윤리를 벗어날 수 없다. 어떤 이유와 동기에서건 이성과 논리의 '수사'(rhetoric)에 집착하여 판결문에서 감성적 언어의 표현을 금기시하거나 극도로 절제한다 하더라도 법관의 내심으로는 '법적 확신'에 이르는 과정에서 시종일관 옳은 것과 그릇된 것 또는 편안한 것과 거북한 것을 분류할 것이다.

이 글을 쓰게 만든 주된 동인이라고 할 수 있는 일련의 판례에 대한 관심부터 그러하거니와, 이 관심이 또 다른 관심을 낳아서 법에서, 법해석방법론에서 또한 법을 해석하고 적용하는 법관의 법인식작업에서 법감정의 역할과 기능은 무엇인지, 특히 양형의 적정성을 둘러싼 논란에서 흔히 '국민 법감정'이 거론되거니와, 법과 법을 해석 및 적용한 판결의 내용이 당사자나 공동체구성원인 일반 시민들의 법감정과 거리가 먼 경우에 그것은 '국민 법감정'을 제대로 반영하지 못한 법적 판단, 즉 '법이성'의 문제일 뿐인 것인지, 본질적으로 논리적이고 형식적인 이른바 '법적 추론'을 하는 법전문가인 법관에게 법감정은 법원(法源)으로서는 물론이고 하나의 결정요소로서도 관심을 가질 만한 것이 아니며, 오히려 무용하거나 해로운, 그래서 그 개입이 배척되어야만 하는 것인지 등등 본고의 구상에서부터 집필에 이르는 전 과정에서 주의(注意)를 이끈 것도 시종일관 필자의 법감정과 연통되어 있다. Decartes를 패러디하여 말하자면, '생각하기 때문'이 아니라 '느끼고 있기 때문'에, 아니면 '생각하기 때문'이라고 하여도 '느끼고 있는 것을 생각하기 때문'에 존재하는 내가 법관의 말, 즉 판결을 접한 순간 즉각적으로 또는 직관적으로 느낀 '뭔가 마음에 거북함'이 그 핵심이다. 이제까지 논의는 필자가 느끼는 이 '거북함'을 '법적 확신'에 이르는 과정 속에서 법관은 느끼지 못한 것인지, 느끼지 않은 것인지, 아니면 어떻게 느꼈든 판결문에 표출하지 않았을 뿐인 것인지 등에 관해 의문을 제기하고 답을 찾아본 것이었다. 결론은 법관의 판결을 비롯한 모든 법적 판단에서 법감정의 개입은 회피할 수도, 회피해서도 아니된다는 것, 그리고 그것이 논증에 반영되고 설시로 표출이 되는지 여부나 그 정도와 무관하게 비평자에게는 늘 각별한 관심과 주목의 대상이라는 것이다.

하지만, 감정으로부터 자유로울 수 없다는 것을 인식하는 것과 그 감정을 뒤흔드는 데는 특효인 유행가 노랫말대로 '나도 모르는 내 마음'이 구체적으로 어떻게 형성되고 작용되는지를 파악하는 것은 별개다. 전자는 존재론, 후자는 인식론의 화두이다. 인간의 '의식'(consciousness), '자아'(self), 그리고 그것이 작동(용)되는 '인식과정'(cognitive process)에 대한 인식론의 물음은 철학을 비롯한 모든 인지과학의 영원한 숙제인 '몸과 마음의 관계'에 대한 물음으로 귀착된다. 달리 말하자면 '내 몸이 나인가?', '내 마음이 나인가?', 아니면 몸과 마음 그 어느 것만은 아니고 '몸과 마음이 합쳐진 것이 나인가?', 그렇다면 '나는 어떤 정태적 실체로 존재하는 것인가?' 아니면 '나는 동태적 과정일 뿐인가?' 등등 감당하기 어려운 화두들이다. 종교와 학문 또는 과학 간의 경계, 철학과 심리학은 물론이고 물리, 생물, 화학 등 모든 학문 간의 경계를 무색하게 만드는 난제들이다. '존재론적 물음과 인식론적 물음을 혼동하지 말라'는 철학자들의 경고를, D. Dennett[149]의 표현을 빌리자면, '귀담아들을 만한 충고'로 못이기는 척하면서라도 받아들일 수밖에 없게 만드는 물음들이다.

....

149) D. C. Dennett, 이 희재(역), Kinds of Minds, 마음의 진화, 2006, 19면.

장광설을 늘어놓는 것은 다음 논의의 범주를 불가불 작위적으로 제한하고 또한, 당연한 얘기지만, 물음과 답이 일면적이고 피상적일 수밖에 없는 것에 대한 변명이 필요하다고 생각하기 때문이다. 우선 대표적으로 E. O. Wilson에 의해 '새로운 종합'의 대담한 시도로 제창되어 주목되고 있는 '사회생물학'(sociobiology)[150]이나, 근본적으로는 지식의 한계 때문이지만 문외한이 아니더라도 발전의 앞머리를 따라잡기 어려운 '뇌과학'(brain science)[151] 등 관련 학문분야에서의 접근방식과 연구성과를 분석, 평가하고 그것을 활용하는 것은 필자의 능력 범위 밖에 있다. 하지만, 이러한 까닭에 다음에서 관점을 좁혀서 시도해보려고 하는 법관의 법인식작업과 법감정에 대한 심리학적 이해도 작위적으로 축소된 접근방법에 따른 한계가 분명한 것은 물론이고, 비전공자로서 책가방 하나면 담아낼 수 있는 정도의 몇 편 논문과 연구서에 의존한 만큼 주의환기와 문제제기의 관점에서라면 몰라도 비슷하게라도 답에 근접해가는 것과는 거리가 멀다.

전술한 Damasio와 그의 동료들이 실험을 통해 입증하는데 성공하고 제시한 이른바 '생리적 지표'(somatic marker)를 원용하여 말하자면, 이 부분의 소박한 시론도 선별된 심리학 연구성과를 빌려서 정리 및 기록한 일종의 "어떤 것에 대한 앎(knowing)이 없는 상태에서의 생리적인 반응(somatic

----

150) 하버드 대학의 동물학 교수인 Wilson은 많은 논란 속에서 생물학, 동물학, 유전학, 생태학을 포함하여 인간행위에 관한 모든 연구를 통합하려는 담대한 시도를 계속 이어나가고 있다. Wilson은 '사회생물학'을 '모든 사회적 행동의 생물학적 토대에 대한 체계적 연구라고 정의하며, '유전자의 도덕성'(The Morality of the Gene)이라는 제목의 제1장에서 인식론의 경우라면 몰라도 윤리를 설명하기 위해서는 '모든 층위에서'(at all depth) '자연선택'(natural selection)이 적용되어야만 한다고 주장한다. E. O. Wilson, Sociobiology: The New Synthesis, 1975. 3면.

151) 인간의 마음, 의식, 또는 이와 연관된 윤리의 본질과 작용방식에 관한 철학과 뇌과학 또는 신경과학(neuroscience)적 접근의 가능성과 한계, 특히 신경과학이 인간의 경험의 본질에 대해 우리에게 어디까지 말해줄 수 있는지에 관한 깊은 통찰로는 특히 J.-P. Changeux/P. Ricoeur, M. B. De Bevoise(trans.), What makes us think?, 2000.

response)"이라고 할 수 있다.[152) 일단 선택 및 반응한 것이고, 그것을 명백하게 설명하거나 의식적으로 합리화하고 정당화할 수 있는 것은 훗날에나 가능한 과제이다.

다만, 당장 이 '생리적 반응'이 적어도 '불합리성'을 이유로 하여 '법적 추론' 또는 '법적 판단'의 본질 및 구조와 관련된 인식론적 논쟁에서 배제되어서는 아니된다는 전제와 그 이유는 나름대로 확신을 갖고 분명하게 제시할 수 있는 바, 이는 '합리주의와 직관주의의 동합'(integrating rationalism and intuitionism)의 명제를 제시한 이른바 '사회적 직관주의'(social intuitionism)[153) 의 관점과 주장에 대한 일종의 '즉각적인 동감' 또는 '포괄적인 동의'라고 할 수 있다.[154) 그 핵심은 도덕적 판단에서 감정을 직접적인 요소로 취급하지 않고 이성만을 주목하는 합리론의 관점을 탈피하여 도덕적 정서와 직관을 중시하는 관점, 그리고 감정, 이성 및 직관이 상호작용하여 도덕적 판단에 영향을 미치고, 이 과정에서 이성보다 오히려 정서와 직관의 작용이 선행된다는 점에 대한 강조이다.[155)』

----

152) J.-P. Changeux/P. Ricoeur(Fn. 151), 197면에서 재인용함.

153) 특히 J. Haidt, "The Emotional Dog and Its Rational Tale: A Social Intuitionist Approach to Moral Judgment", in: Psychological Review, Vol. 108(2001), 814-834면; 강 인구(역), 도덕적 판단에 대한 사회적 직관주의 모델, 2003.

154) Haidt, 강 인구(역)(Fn. 153)는 번역서 '서문'에서 기본적으로 합리론의 관점이 서구적인 관점이라 동양의 시각에서는 적합하지 않을 수 있다는 이유를 들어 한국학생들이 자신의 관점에 쉽게 동의할 수 있을 것이라고 추측하였는데 전적으로 동의한다. 다만 이 동의는 일반화할 수는 없되 '필자의 동감'으로 실증되는 점에서 '생리적인 반응'이라고 할 수는 없을 것이다. 4면.

155) J. Haidt, 강 인구(역)(Fn. 153), 3-4면, 118-130면. 윤리학과 직관에 관한 개관은 P. Singer, "Ethics and Intuitions", in: The Journal of Ethics, Vol. 9(2005), 331-352면.

(2) 인식과정의 다분화모델로 본 법관의 법인식과정과 법감정

1) 법적 추론의 과정으로서 법인식과정과 법감정

『자연과학적 방법을 기초로 하는 '도덕적 추론'의 모델에 따라 이해하는 입장에서는 도덕적 판단도 가설의 제시와 검증, 그리고 결론에 이르는 추론의 한 과정으로 본다. 도덕적 판단은 우선 관련되는 준거를 탐색하고, 이를 변별한 후 이론작업을 통하여 준거들을 조합하여 결론(정)에 도달하는 단계적인 논리적 작업이라는 것이다. 그렇다고 해서 이 추론의 전 과정이 의식적이고 통제되는 작업으로만 진행된다고 보는 것은 아니고 또한 부분적으로 편견과 오류가 발생되고 개입될 수 있는 가능성 자체를 부인하는 것은 아니다.156) 다만, Galloti의 포괄적인 개념정의, 즉 추론을 "결론(목표, 초점: 필자 부기)에 도달하기 위해 '주어진 정보'(일단의 전제들)를 변환하는 정신적 활동"157)으로 정의하는 입장에서 보면 그 개념론적 핵심은 '외연'과 '내포'의 양 측면에서 다음 두 가지로 정리된다. 전자는 이성과 감성, 그리고 추론(reasoning)과 상상(imagination)을 독자적인 또는 상호 배척관계에 있는 별개의 능력이나 성향으로 보는 종래의 입장158)에서는 이성적 사유에 포함되는 것으로 보기 어려운 일정한 범주의 정신적 또는 심리적 과정을 포섭의 개념정의에서 배제하는 것이다. 예컨대 순간적이고 직관적인 반응으로 구성되는 어떤 생각이나 상상, 한 단계의 정신적 과정으로 나타나는 '찰나적인 통찰', 기타 분석되지 않은 상태의 무모한 반응, 정보처리

---

156) J. Haidt, 강 인구(역)(Fn. 153), 37면.

157) K. M. Galotti, "Approaches to studying formal and everyday reasoning", in: Psychological Bulletin, Vol. 105, No. 3(1989), 333면.

158) 이러한 입장에 대한 심층적인 분석과 비판, 특히 상상이 건강한 추론에 미치는 영향에 대해서는 D. N. Perkins, The Mind's Best Work, 1981. 추론과 모험적인 상상의 밀접한 관계에 대해서는 D. N. Perkins, "Reasoning as Imagination", in: Interchange, Vol. 16, No. 1(1985), 14-26면.

과정을 포함하지 않는 단순한 기억의 재생 등은 추론의 정의에서 배제된다.159) 후자, 즉 '내포'의 측면에서는 추론의 전체 진행과정에 대하여 추론자 스스로 인식한다는 점, 그리고 적어도 의도적이고 통제되는 다단계의 과정으로 진행되는 정보처리작업으로서의 특성을 추론 형식의 도덕적 판단의 본질적인 요소로 보는 것이다. 인식 또는 판단작업으로서 형식과 준거자료, 기타 실제 효과 등 상이한 점이 없지는 않지만, 도덕적 추론과 판단에 대한 이러한 전통적인 합리주의적 입장, 그리고 이에 대한 반론의 대강과 요체는 그 대상을 '법적 추론'과 판단으로 대치하여 그대로 이해하여도 전혀 무리가 없다. 전술한 바와 같이, 당위와 현실, 법과 도덕을 준별하는 법실증주의의 인식론적 전제의 오류는 이미 확인된 지 오래되었고, 이 '오류의 전제'를 고수하지 않는 한, 도덕적 판단과 법적 판단이 '한 마당'에서 샅바를 같이 걸고 가장 궁극적인 철학문제의 하나인 "인간의 행위를 바르고 그르게 만드는 것은 무엇인가?"(What makes actions right or wrong?)160)라는 화두와 씨름하는 '실재'(reality)는 부인될 수 없다. 또한 이른바 '실증적 합리주의'를 토대로 하는 과학자형 사고와 접근의 전형으로서 자연과학의 방법론을 차용하여 법학과 법해석방법론에 적용한 것이 법실증주의 및 형식주의적 개념법학이고, 법실증주의와 자연법론의 전통적인 대립구도를 변증법적으로 지양하여 '현상'(phenomenon)으로 파악되는 법의 본질적인 양면성, 즉 합리적 측면과 연계되는 '실정성', 그리고 비(초)합리적 측면과 관계되는 '자연법성'을 수렴하여 제3의 대안을 제시한 것으로 평가되는 것이 '법학적 해석학'이거니와, 인식과정의 본질과 구조, 특히 '이성과 감성'

---

159) K. M. Galotti(Fn. 157), 333-334면.

160) P. Thagard는 순번을 매기지 않는 전제 하에 '실재란 무엇인가?'(What is reality?), '실재를 어떻게 알 수 있는가?'(How do we know reality?), '삶은 왜 살만한 가치가 있는 것인가?'(Why is life worth living?)라는 문제들을 근본적인 철학의 질문들로 제시한다. The Brain and the Meaning of Life, 2010, 3면.

또는 '의식과 무의식'의 기능적 관계에 대한 존재론적, 인식론적 관점의 근본적인 상위와 연관되는 점에서 논의의 궤적과 맥락이 다르지 않기 때문이다. 이는 도덕적 판단의 준거가 되는 실체적인 내용은 판단과 결정 및 그에 따른 실천행위의 맥락 속에서 필연적인 연계를 통해서만 발견될 수 있다고 보는 이른바 '맥락주의'(contextualism)의 관점에서도 다르지 않다. 도덕적 판단의 문제에 대하여 철학적 방법보다는 현상학적인 접근이 더욱 유효하다는 것을 강조하면서, 특정한 상황에서 결정주체 또는 결정에 대한 비평자에게 구체적인 도움을 주어야 하는 윤리학이 '논리' 또는 '단순하고 추상적인 결정과정'으로 환원될 수는 없다고 본 D. E. Marietta의 인식은 법적 판단의 경우에도 타당한 것으로 여겨진다.161)

따라서, 전술한 바와 같이 법감정을 '법문제와 관련된 인간의 직관적인 가치감정'이라고 한다면, 이는 오롯이 도덕적 선판단의 핵심요소이고, 결국 이 글에서 법관의 법인식과정을 이성과 감성이 상호 영향을 주고받는 통합적인 인식과정으로 보고, 그 과정 속에서 법적 결정 또는 판단의 요소로서 법감정의 문제를 논구하는 것은 우선 도덕적 추론과 도덕적 판단을 동일시하는 합리론과, 인식(방법)론의 차원에서 법과 도덕을 준별하는 법실증주의, 그리고 이른바 '포섭도그마'의 오류를 법이론적으로 규명하고, 더 나가서 '법적 확신'에 이르는 법관의 법인식과정에 대한 보완적인 인식모델을 제시하고자 하는 데 그 목적이 있다. 제2장이 전자의 과제에 초점을 맞춘

....

161) D. E. Marietta Jr., Beyond Certainty A Phenomenological Approach to Moral Reflection, 2004, 49-50, 61-62면. 특히 도덕적 판단이 '추상적인 결정절차'로 환원될 수 없다고 본 점에서 N. Luhmann의 저서 'Legitimation durch Verfahren'(1969)의 핵심내용이라고 할 수 있는 이른바 '체계이론'(Systemtheorie)에 대한 Esser(Fn. 1, 21, 205-216면)의 비판과 현상학적 인식론의 토대를 같이 한다. 특히 법적 확신(자신의 판결의 옳음이나 의견이나 판단의 대안들에 대한 법관의 판단의 옳음에 대한 확신)의 획득과 통제에 대한 방법 및 방법론을 제시하지 못한다는 점, 말하자면 법적 확신의 체험적 과정은 인식론의 범주를 훨씬 넘어서는 것으로 보는 점에서 그러하다.

법이론적 논의였다고 한다면, 여기에서 관심은 도덕적 판단의 요소로서 감성의 요소와 직관의 인식체계의 중요성을 주목하는 이른바 '사회적 직관주의'의 모델을 비롯한 현대 심리학의 연구성과를 원용하여 '법적 추론'과 법관의 법인식작업을 동일시하는 입장에서 '도덕적 선판단'의 과정과 결정요소로서 법감정과 그 중요성을 외면하고 간과해 온 종래 법이론 및 법학방법론의 편견을 보정하는 것이다.

다만, 당연한 것이라 사족같이 보이지만, 생략할 수 없는 단서가 하나 있는 바, 말하자면 직관과 감정의 중요성을 강조한다고 해서 전통적인 합리론적 관점이나 '법적 추론'의 중요성을 간과하는 것은 아니다. 또한 L. Green이 법실증주의의 대가인 Hart의 명저『The Concept of Law』제3판(2012)에 추가된 '개설'에서 양식이 다르다는 전제 하에 법이론과 함께 법과 재판의 정치성을 강조하면서 적시한 바와 같이,162) "그렇지 못하다고 하더라도 법은 경우에 따라서는 객관적인 체 해야만 한다"는 것을 부인하는 것도 아니다. 여기에서 관심은 우선 법이성적 판단과의 관계에서 도덕적 선판단과 법감정이 중요하고 또한 어떻게 영향을 미치는가 하는 것에 모아지는 것이기는 하되, 그렇다고 해서 합리론적 모델과 같이 법이성과 법감정을 서로 무관하고 상호 배척적인 별개의 변인(變因)으로 보는 것은 아니고, 법감정과의 관계에서 법이성의 중요성과 그 영향 또한 주목의 대상임은 물론이다.』

2) 특별한 양식의 인식과정으로서 법관의 법인식작업

『'인식'의 개념에 대한 통일된 정의는 여전히 찾아보기 어렵지만, '인식'은 대체로 인지, 주의, 생각, 언어, 사유, 상념, 행위, 반응, 동인 등 뇌를 필수적인 토대로 하는 것으로 여겨지는 다양 다양한 종류의 기능들을 기술하

....

162) L. Green, Introduction, xv면.

는 용어로 사용된다.[163) 다만 여기서는 인식을 전술한 바와 같이 P. Thagard[164)가 존재론과 인식론을 아울러서 제시한 철학의 근본적인 질문들, 즉 '실재'와 '실재에 대한 앎의 방법', '삶의 가치', 그리고 '인간행위의 바르고 그름에 대한 판단의 준거'의 문제들에 대하여 답을 탐색하는 모든 '정신적 작업'(mental work)을 포괄하는 개념으로 사용한다. 다만, 여기에서 '정신적 작업'이란 '몸과 마음' 또는 '이성과 감성'의 관계에 대하여 단절적인 이원론이 이해하는 맥락에서와는 달리 포괄적인 뜻을 갖는다. 말하자면 일반적으로 사용되는 단순한 '육체적 작업'과 구별되는 것이되, 그 내용은 '논리적인 추론'의 형식을 요소로 하는 '이성적인 사유작업'을 뜻하는 '인지작업'과 함께 감성의 직관적인 반응을 요소로 하는 '감각'을 포함하는 또는 '감각'이 더 우선되고 중요한 요소로 작용되는 일종의 '융복합의 정신적 작업'으로서 '지각행위'에 해당하는 개념으로 사용된다.

'법의 발견', '법의 구체화' 또는 '법의 형성' 중에 그 어떤 것으로 보든, 아니면 복합적인 것으로 이해하든 간에 '법적 확신'에 이르는 법관의 법인식작업도 이러한 포괄적인 의미의 '정신적 작업', 즉 '인식' 개념의 외연을 벗어나지는 않는다. 말하자면 법을 소재 및 준거로 하여 상대적으로 확립된 형식의 프로그램, 즉 정립된 법해석방법론과 절차법규칙에 따라 특별한 효력을 갖는 법적 판단에 이르는 '정신적 작업'이라는 점에서 특별한 양식의 '인식'이다. 그 특수성은 각별하게 주목되어야 하지만, 그렇다고 해서 그것이 철학이나 심리학 등 인접 학문분야에서의 '인식' 및 '인식과정'에 대한 괄목할 만한 연구성과들을 외면하는 것을 정당화하는 이유가 될 수는 없다. 특히 법관의 법적 판단의 요소로 법감정의 중요성과 그 영향을 논구

....

163) C. Morawetz, "Faszination Gehirn: Eine kurze Einführung in die kognitive Neurowissen-schaft", in: R. V. Alexandriwicz/Yh.-Ch. Gablonski/J. Glück(Hg.), Psychology, 2014, 63면.

164) P. Thagard(Fn. 160), 3면.

하는 이 글의 맥락에서는 더더욱 그러하거니와, 법에서 상상력의 필수성을
강조하는 O. Bülow의 말은 되새겨봄직 하다: "법은 상상(Phantasie)에 별다
른 도움을 주는 친구가 아니지만, 상상력의 도움 없이는 법은 존재할 수 없
는 것으로 보인다."165)

우선 법관의 '자아'(self)에 초점을 맞추어서 법인식작업의 특수성을 검
토하고, 이는 반대방향에서 보면 일반적인 인식과정과의 공통점을 확인하
고 규명하는 것이기도 한 바, 이를 토대로 하여 법감정과 관련하여 주목되
는 이른바 뜨거운 '열인식'(hot cognition)과 차가운 '냉인식'(cold cognition)
의 분류를 차용하여 일반론의 차원에서 그 구조적, 기능적 특성을 규명해
본다.』

3) 법명제 및 법적 판단의 '진리성' 또는 '진리가치'

『'사회적 직관주의'의 관점에서 도덕적 판단은 한 사람의 정신에서 발생
하는 단일한 행동이 아니라 시간, 즉 역사 속에서 또한 공동체의 다양한 사
람들과의 관계 속에서 형성되고 확산되어 나가는 일종의 '진행과정'
(ongoing process)이다.166) 여기에서 관심사는 아니지만 극히 사적인 도덕적
추론을 하는 드문 경우에도 타인들과의 관계에서 순환하고 영향을 주고받
는 것은 다르지 않다.

도덕적 판단의 역사 및 공동체 연관성과 동태성을 확인하고 강조하는 이
러한 관점은 도덕적 선판단과 구별은 되지만 단절될 수는 없는, 특히 공동
체의 도덕 및 법감정과 분리될 수 없는 법적 판단의 경우에도 적확하다.
'법적 확신'에 이르는 과정을 전통적인 '3단계론'과 달리 법관이 법과 사태
에 대하여 눈길을 번갈아 주는 일종의 '순환적 인식'의 과정으로 보는 '법

---

165) R. Ogorek, "Virtual Reality and Rechtsanwendung", in: Aufklärung über Justiz: Zum
Problem des richtigen Gesetzesverständnisses, 2008, 361면에서 재인용함.

166) J. Haidt, 강 인구(역)(Fn. 153), 119면.

학적 해석론'에 대해서 전술한 바 있거니와, 이러한 관점에서는 인식의 주체인 법관도 주어진 법텍스트를 기계적으로 분석하여 사태에 적용하는 이른바 '자동포섭기'가 아니라, 자신의 전인격을 투입하는 법해석과 사태파악의 작업에 앞서 또는 그 속에서 상시적으로 '자아'(self)에 대한 반성을 하는 '자기해석적 존재'(selfinter-preting being)[167]로 상정된다. 말하자면 도덕적 판단 및 도덕적 선판단과 시종일관 연통되어 진행되는 법적 판단의 '진행과정' 속에서 인식주체로서 법관이 그 자신 해석의 대상이기도 한 일종의 매개체로 공여되는 것으로 보는 것이다.

전술한 바 있듯이, 이러한 매개체로서 공여되는 법관은 '이상적인 법관'(ideal judge)이 아니라, '현실 세계의 법관'(real-world judge)이다. 흔히 법관을 일종의 성직자라고 하거나 또는 훌륭한 법관을 '사도'(使徒)로 칭하는 표현을 빌려서 말하자면, 절대적으로 보편타당한 법을 뜻하는 '이상적인 법'을 상정하는 경우 그것을 우리는 신 또는 신의 말씀(Words)과 같은 개념으로 볼 수 있는 바, 법관은 성직자가 그러한 것처럼 당연히 신이 아닌 사람으로서 신의 뜻과 말씀을 헤아리고 전달하는 '사자'(使者)일 뿐이다. 또한 그 뜻을 헤아리는데 준거가 되는 법텍스트도 개방된 구조의 규칙으로 주어진다. 본질적으로 불확정적일 수밖에 없는 개방된 법텍스트에 대한 법관의 작업에서, '보기 좋은 장난감'(pretty plaything)이 아니라 일종의 규칙인 점에서 당연히 법에게도 해당되는 기대, 즉 적어도 법관이 무엇을 법이라고 말할 것인지 예측하거나[168] 또는 타당한 판단을 하는 법관을 확보하는데 도움이 되는 한에서 중요한 법의 효용[169]은 충족되기 어렵다. 불완전

....

167) M. Schechterman, "The narrative self", in: Sh. Gallagher(ed.), The Oxford Handbook of The Self, 2012, 395면.
168) F. W. J. Schelling, Philosophische Untersuchungen über das Wesen der menschlichen Freiheit und die damit zusammenhängenden Gegenstände(1980), 한 자경(역), 인간자유의 본질, 1998, 44면.
169) K. N. Llwellyn, The Bramble Bush, 4th. ed., 2008, 7면.

한 사람과는 거리가 먼 '이상적인 법관이라면 어떻게 법을 해석하고 적용할 것인가?'라는 물음과 '이상적인 추론'의 방법론에만 초점을 맞추는 전통적인 법학벙법론을 넘어서, 그 자체가 감성의 동인과 무관한 것일 수 없기는 하지만, 아무튼 합리적인 '사유'(Denken)와 함께, H. L. Dreyfus가 말하는 바와 같이 몸이 없고, 그렇기 때문에 소망과 기대의 지평을 가질 수 없는 '인공지능'(artificial intelligence)이 아니라 이른바 '육화된 인지'(embodied intelligence),170) 말하자면 주관적인 감정과 욕망, 그리고 미래에 대한 기대와 변이의 가능성을 내포한 능동적인 인식주체로서 '현실 세계의 법관'의 가능성과 한계를 주목해야 하는 것은 바로 이 때문이다. 생동하는 실재를 포착하지 못하고, 실재론의 근거가 결여된 경우 공허하고 추상적인 독단론으로 전락하게 되는 것은 철학의 차원에서 관념론에만 국한되는 것은 아니다.

'조응설'(correspondence theory), '정합설'(coherence theory) 등 진리의 본질에 관한 입장에 따라, 특히 언어와 진리의 관계에 대한 근본적인 선이해에 따라 '법적 판단' 또는 '결정'의 진리적격에 대한 답은 다르겠지만,171) 법관의 법적 판단을 포함하여 법영역에서 제시되는 명제(proposition)와 언술(statement)들도 '진리가치'(truth-value)에 대한 담론의 주제가 될 수 있다. 이는 이른바 '애매함'(vagueness)과 '진리의 등급'(degree of truth)을 전제하는 다원적 진리론의 맥락에서는 당연한 것이거니와,172) 적어도 어의학적으로 접근 및 해석될 수 있는 언어형식의 '상징의 연속'(sequence of symbols)

---

170) 인간의 인지활동의 개방성과 비형식성을 강조하는 기술철학자 Dreyfus의 '현상학적 인식론'에 대해서는 What Computers can't Do: The Limits of Artificial Intelligence, 1972; 국내 문헌으로는 양 해림, 현상학과의 대화, 2003, 246-247면.

171) M. Dummett, The Seas of Language, 1993, 117-165면.

172) 대표적으로는 '어의학적 불확정성'(semantic indeterminacy)과 함께 '진리의 등급'을 전제하는 이른바 'fuzzy plurivaluationism'을 제시한 N. J. J. Smith, Vagueness and Degrees of Truth, 2008.

으로 주어지기 때문에 그러하다. 진리 또는 '진리가치'의 본질과 그에 대한 접근과 판단의 방법, 준거 등에 관해 근본적으로 상이한 관점에서 접근하는 '실재론'(realism)과 '구성주의'(constructivism)도 진리나 '진리가치' 자체가 아니라 '진리메이커'(truth-maker)의 본질에 관한 전제와 선이해를 달리하는 것일 뿐이다.[173] 예컨대, 법현실주의의 철학적 토대인 형이상학 차원의 '실재론'(realism)[174]을 심리학이나 사회과학에서의 진리와 마찬가지로 '법적 진리'에 대한 '실재론'에 대하여 그것을 '하나의 순수한 가능성'(a genuine possibility)으로 인정하는 관점으로 이해한다고 하더라도, 그 존재론적 핵심전제로 주장되는 진리명제의 독립성, 즉 '마음'(mind)이나 '진리가치에 대한 앎과 발견', '진리가치에 대한 현실적인 결정력'(actual capacity to decide what the truth-value is) 등과의 무관함은 공술에 대한 관찰자의 마음과 관습으로부터의 독립을 의미하는 것이지, 공술 주체와의 관계에 해당되는 것은 아니다.[175]

또한 진리의 본질에 관한 형이상학적 '진리론'(theory of truth)과 인식론 차원의 '정당화이론'(theory of justification)은 구별되어야 한다는 전제 하에, '정당화이론'을 어떤 명제를 진리로 믿는 것이 합리적이기 위한 조건을 정하데 초점을 맞추는 것이라고 보더라도[176] '합리성'(rationality), 말하자면 '정당화이론' 차원의 '진리가치'는 문장 또는 명제의 구성과의 정합성을 준거로 하는 이른바 '의미론적 가치'(semantic value)[177]와는 달리 오로지

....

173) M. S. Moore(Fn. 131), 41면. 법명제의 진리성 또는 진리가치에 대한 '실재론'과 '비실재론', 즉 구성주의의 상반된 이론적 입장에 대해서는 A. K. Temin(Fn. 139), 346-350면.

174) '실재론'과 '비실재론'의 개념, 특히 의미론적 논제로서 '실재론'에 관해서는 M. Dummett(Fn. 171), 230-276면.

175) M. S. Moore(Fn. 131), 42면.

176) M. S. Moore(Fn, 131), 42-43면.

177) M. Dummett(Fn. 171), 234면.

'논리성'(logicality)만으로 결정 또는 담보되는 것은 아니다. 누구도 법적 결정을 내리는 법관에게 비논리적(illogical)일 것을 요구할 수는 없지만,[178] '모든 언술은 확정적으로 참 아니면 거짓이다'라는 '진위양가성의 원칙' (principle of bivalence)[179]의 실재론적 진제 하에 논리적이기만 할 것을 요구할 수는 없다.』

4) '설화적 실재'로서 법관의 '자아'

『법관의 법감정을 논구하는 것도 바로 이러한 맥락에서이거니와, 이 가능성과 한계는 구체적인 법인식작업에 인입되는 법관의 인격, 즉 양심의 수준과 그 내용에 의해 결정된다고 보면, 결국 이 한계는 논리와 언어로 설명하고 표현될 수 없는 법관의 법감정과 그 중요성에 대한 외면과 간과가 아니라 이성과 감성, '사유'(Denken)와 느낌(Fühlen), 그리고 '욕구'(Wollen)의 건강한 조화를 통해서만 극복될 수 있다. Searle의 말대로, 외부적 실체가 아니라 이른바 '의식적 작인'(作因: agency)과 '의식적 합리성'이 합쳐진 것을 '자아'(self)라고 한다면, 법인식과정에서 법관이 이 둘 간의 건강한 조화를 지향하는 '자아'이기 위해서는 '통합된 의식의 장'과 함께 숙고능력을 갖추어야 하는 바, 이를 위해서는 인지능력뿐만 아니라 지향적 의식상태들을 조화시켜서 합리적인 결론을 도출하는 능력이 필수적이다.[180] 법관의 '자아'의 핵심요소로서 법감정을 주목해야 하는 것은 그것이 바로 법관의 의식대상에 대한 '주목'(aboutness)과 의식의 '정향성'(directedness)을 결정하고, 인지 및 의식상태를 종합하고 조화시키는 '작인'(作因)이기 때문이다.

전술한 바와 같이, 법적 판단에 '자기해석적 존재'로 작용하는 법관의

....

178) M. S. Moore(Fn. 131), 25면.

179) M. Dummett(Fn. 171), 230면.

180) J. Searle, Liberté et Neurobiologgie(2004), 강 신욱(역), 신경생물학과 인간의 자유, 2010, 101-102면.

'자아'는 '진행과정'에 있는 '설화적 실체'(narrative entity)로 이해된다.[181]
설화의 본질과 함의에 대해서는 다양한 견해가 있지만, 설화의 형식 자체
와 그 유용성에 대해서는 대체로 이견이 없는 바, 이른바 '해석학적 설화
관'(hermeneutical narrative view)[182]에 따르면, '자아감'(sense of self)과 '자
아의 삶'(life of self)은 단절된 것이 아니라, 눈길을 번갈아 주어야 하는 동
전의 양면과 같은 관계에 있는 '자아'의 구성요소로서 각각 그 내용과 구조
의 측면에서 설화적 특성을 공유하는 것으로 본다. 말하자면 삶의 '진행과
정'의 앞머리에 있는 '자아'를 설화의 형식으로 본다는 것은 그것을 단순히
종래의 삶의 궤적 대한 기억이나 그것이 반영된 결과로 보는 것을 넘어서
장래 삶의 선도자로서의 기능을 주목하는 것이고, 여기에서 '자아의 삶'을
선도한다는 것은 설화로서 자신의 삶을 이해하고 반성하는 것과 함께 자신
의 삶으로 여기는 특정한 설화를 실연(實演)에 옮기는 것, 그리고 새로운
설화를 만들어 가는 것을 포함한다.

　　이러한 맥락에서 본다면, 법관의 법감정과 유리될 수 없는 법관의 '자아
감', 그리고 그것에 의해 선도되는 법관의 '자아'가 작용하는 법적 판단도
적어도 일정 부분은 설화로서 '자아'를 반추하고 성찰하는 것인 동시에,
'자아의 삶'을 말하고 또한 만들어 가는 과정으로 이해된다. 최종법원인 대
법원과 대법관의 경우에는 앞으로 말하고 만들어갈 이야기를 암시하고 예
고하는 것이기도 하다.』

---

181) M. Schechterman(Fn. 167), 394-395면.
182) M. Schechterman(Fn. 167), 395면.

(3) 심리적 과정으로서 법인식작업의 특성과 법감정

1) 법인식작업의 '다중적 과정성'과 법감정

『법의 개념을 정의의 법이념에 근접해가는 일종의 '진행과정'으로 정의
한다면, 전체적으로든 개별적으로든 또는 거시적, 미시적 차원과 무관하게
법을 해석하고 적용하는 모든 법인식작업은 복합적인 '다중적 과정성'을
가진다. 법인식작업은 인식의 대상인 '법의 과정성', 인식 주체의 '자아의
과정성', 그리고 이 두 과정을 포괄하는 시공간적 환경, 즉 '맥락의 과정성'
이 겹치고 섞이는 과정으로 진행된다. 법학방법론의 관점에 따라 법해석작
업의 본질을 달리 보는 다양 표현들, 예컨대 '법의 발견'이든, '법의 형성'
이든 또는 '법의 구체화', '법의 확보' 그 어떤 것도 법인식작업의 이러한
'다중적 과정성', 그리고 그것이 표출되는 인식과정의 복합적인 구조와 역
동적인 메커니즘을 제대로 포착해내지 못한다. '언어로 표현할 수 없는 전
(前)논리적 사고의 형태'[183]가 누락된 관념의 틀을 벗어나지 못하는 한 그럴
수밖에 없다. 관점과 방법, 그리고 궁극적으로는 논리와 언어의 한계이다.[184]

하지만, 오랜 기간 택일을 강요하는 경쟁 구도 속에서 대립되어 왔지만
'폐쇄된 법체계'의 전제와 연역의 추론방법에 집착하는 점에서는 다르지
않은 자연법론과 법실증주의의 방법론을 고수하는 경우에는 이 흠결을 메

---

183) R. Root-Bernstein/M. Root-Bernstein, 박 종성(역), 생각의 탄생, 2007, 23면.

184) 고도로 복잡한 이론과 논리, 그리고 그것을 담아내는 수학적 언어의 동원이 필수적
일 것으로 생각되는 물리학의 대가 Einstein이 J. Hadamard에게 한 얘기는 법학방법
론에 대해서도 그 시사하는 바가 예사롭지 않다. "언어라는 것, 글로 된 것이건 말로
된 것이건 간에 언어는 나의 사고과정 안에서 아무런 역할도 하지 못하는 것으로
보인다. 사고과정에 필수적인 역할을 수행하는 심리적인 실체들은 일종의 증후들이
거나 분명한 이미지들로서, 자발적으로 재생산되고 결합되는 것들이다. 내 경우에
그 요소들이란 시각적이고 때로는 '근육까지 갖춘 것'들이다." R. Root-Bernstein/M.
Root-Bernstein, 박 종성(역)(Fn. 183), 23면.

울 수 있는 가능성을 전혀 기대할 수 없다는 점은 확인할 수 있다. 특히, '주어진 법', 말하자면 해석작업에 앞서 '선재하는 법규범'의 전제 하에 그 것을 단순히 '발견'해내는 것으로 법해석의 기능을 이해하면서 이른바 '포 섭의 도그마'에 집착하여 법인식의 수단으로 '법적 추론'의 논리형식만을 주목하는 형식주의적인 개념법학의 근본적인 방법론적 오류에 대해서는 이미 상술하였거니와, 바로 법인식과정의 '다중적 과정성'을 전혀 설명할 수도, 수렴할 수도 없는 한계는 이 '전제의 오류'와 그에 따른 법인식작업 의 본질에 대한 '오해'의 논리적, 현실적인 흠결이 가장 극명하게 드러나는 부분이다.

반면에, 자연법론과 법실증주의를 변증법적으로 극복한 '제3의 방법론' 으로 평가되는 '법학적 해석학'은 '다중적 과정성'과 함께 미흡하게라도 하 나의 특별한 '인식과정'으로서 법인식작업의 속성을 해명하는데 유용한 토 대와 관점을 제공해준다. 특히 그 자체가 '진행과정'인 인식주체로서 '자 아'가 '해석론적 주체'로서 일면 매개체로 공여되고, 타면 법텍스트와 사태 에 대하여 번갈아 눈길을 주면서 '법적 판단'에 이르는 '인식과정'을 선도 해나가는 것으로 파악하는 '법학적 해석론'의 방법론은 심리과정과 인지과 정이 혼합된 일종의 통합적인 법인식과정 속에서 판단의 요소로서든, 동인 (動因) 또는 변인(變因)으로서든 '법감정'의 역할과 기능이 간과될 수 없다 는 점을 확인시켜 주는 동시에 또한 그것에 대한 파악의 과제를 던져준다.

"궁극적인 규범적 전제들은 사유된 것이 아니고 또한 '일련의 논리적 추 론'(a chain of legal reasoning)의 산물도 아니다"라는 MacCORMICK[185]의 말을 그 대상을 개별 법규범으로 하여 다음과 같이 바꾸어 말해도 전혀 무 리가 없다. 즉 모든 개별 법규범은 사유된 것만은 아니고 또한 '일련의 논 리적 추론'만의 산물도 아니다. 인식과정에서 감정의 작용 자체와 그 중요

....

185) N. MacCORMICK(Fn. 130), 5면.

성을 간과하거나 또는 단순히 '인지 후(後)적'(postcognitiv) 인 것, 말하자면
주된 인지작용이 완결된 후에야 생성되는 심리작용으로만 보았던 종래의
심리학적 이해는 과학사의 한 대목으로 기술(記述)될 수는 있겠지만, 인간
의 인식과정에 대한 이해와 설명으로서는 더 이상 설득력을 갖지 못한다.
이는 법인식과정을 대상으로 하는 경우에도 다르지 아니하다.186)』

2) '냉(冷)인식' – '열(熱)인식' 이분설로 본 법인식과정과 법감정187)

『선호(preference)와 태도(attitude), 그리고 '인상형성'(impression formation)
등에 대한 실험심리학의 연구결과에 따르면, 적어도 감정적 판단의 상당
부분은 흔히 그것의 토대로 여겨져 왔던 개념 및 인지작용과 독립된 것일
수 있고 또한 오히려 시간적으로도 선행될 수 있는 것으로 규명되었다. '육
체와 정신', '몸과 마음', '이성과 감성'의 관계와 마찬가지로 그 구조적, 기
능적 관계의 세밀한 내용은 여전히 연구과제로 남겨져 있고, 치열한 논쟁
의 대상이기는 하지만, 감정과 인지작용은 다양한 방식으로 상호 영향을
미칠 수 있되, 적어도 부분적으로는 독립된 별도의 체계들 속에서 통제되
고 또한 이 두 요소는 정보처리의 효과, 즉 인식 또는 판단의 결과에 대하
여 각각 독자적인 원천으로 작용된다고 보는 점에서는 이견이 없다. 일반

---

186) 이에 관해서는 특히 R. B. Zajonc, "Feeling and Thinking-Preferences Need No
Inference", in: American Psychologist, Vol. 35(1980), 151면.

187) 법감정이 모든 법적 인식에 관여된다는 전제 하에, 관심은 통합적인 인식주체의 유
기체적 구조 속에서 법감정이 구체적으로 작용되는 기능적 양식, 특히 그것들의 관
계에 대한 정밀한 분석에 모아진다. 예컨대 인식기능의 부문을 생리, 심리 및 정신
인식기능으로 구별하는 것도 통합적인 인식과정의 틀 속에서 입체적으로 접근할 수
있는 점에서 유용한 시도로 생각된다. 대표적인 예로는 E.-J. Lampe, "Rechtsgefühl
und juristische Kognition", in: ders.(Hg.), Das sogenannte Rechtsgefühl, 1985, 110-
126면. 다만, 여기에서는 법인식과정에서 법감정과 논리적인 사유의 상호의존관계,
특히 법감정의 기능적 필연성과 중요성을 재확인하는데 초점을 맞추어 '냉인식'과
'열인식'의 2분설을 비판적으로 검토한다.

화하는 것은 성급한 예단일지 몰라도, 특히 '논리적 추론'에 대한 감정의 순기능적 촉진효과를 실험을 통해 분석 및 입증하고 있는 최근의 유력한 연구성과들을 더욱 주목하는 것도 이러한 맥락에서이다.[188] 이에 따르면, 실험실 차원에서는 긍정적이든 부정적이든 '감정상태'(state of affect)가 논리적인 추론의 능력을 저해하는 것으로 볼 수 있지만, '형식적인 추론'을 포함하여 대부분의 실제 인식과정에서는, 특히 높은 수준의 인식능력이 요구되는 경우에는, 오히려 인식대상에 대한 관심(interest)과 주목(attention)을 이끌고 또한 인식목표에 대한 집중을 지속하게 하는 자극을 제공하는 점에서 감정이 더 적확한 추론에 도움이 된다는 것이다.[189]

인식과정에서 감정작용의 필연성과 그 중요한 영향을 주목하는 이러한 인식의 전환과 그것을 뒷받침하는 유력한 실험심리학적 연구성과들에도 불구하고, 법이론과 법학방법론이 그 흐름에 합류하는데 가장 결정적인 장애는 '철학적 구성주의'(philosophical constructivism)와 계보를 같이하는 전통적인 실증주의적 법학방법론과의 부정합성이었다고 할 수 있다. 이른바 '단일한 법적 명제'(singular legal proposition), 말하자면 모든 특정한 법문제에는 법의 고유한 탐색방법, 즉 'p가 참이고, p가 q를 내포하면, q도 필연적으로 참이다'라는 '추론의 규칙'에 따라 찾아지는 '유일한 옳은 답'(only one right answer)이 대응되어야만 하는 것으로 보는 인식론에 수렴될 수 없었기 때문이다. 적어도 '정당화의 명제'에 의해서 지배되는 '법의 세계'에서는 가장 큰 '진리가치'를 담보하는 논리형식과 도대체 '기술(記述)될 수 없는 전(前) 논리' 또는 '증명될 수 없는 초(超) 논리'의 감성과 직관, 열정

---

188) 특히 I. Blanchette/S. Gavigan/K. Johnston, "Does Emotion Help or Hinder Reasoning? The Moderating Role of Relevance", in: Journal of Experimental Psychology: General, Vol. 143(2014), 1049-1064면; J. Yiend, "The effects of emotion on attention: A review of attentional processing of emotional information", in: COGNITION AND EMOTION, Vol. 24(2010), 3-47면.

189) I. Blanchette/S. Gavigan/K. Johnston(Fn. 188), 1050-1052면.

과 의욕은 근본적으로 친할 수 없는 것이었다.

전술한 바와 같이, 법실증주의의 근본적인 '구성주의적 전제', 특히 '단일한 법적 명제'와 그 핵심인 '포섭의 도그마'가 적어도 이론적으로는 이미 극복된 지 오래되었지만,, 법인식과정에서 '논리'와 '논리적인 사유'의 형식으로서 '법적 추론'의 방법은 여전히 중심의 자리에 있다. 법이론의 차원에서 '포섭의 도그마'가 극복된 것이 법실무에 그대로 반영되어 나타날 수 없는 것은 그 자체가 G. Radbruch가 말하는 '특수한 현실'로서 법의 한계 때문이 아닌가 생각된다. '한계의 부정'이 아니라 '한계인정'의 전제 하에서라도, 좀 더 정확하게 표현하면, 한계를 인정하기 때문에 더더욱 정당화의 준거로 객관적인 합리성을 지향해야 하는 법의 당위적 요청은 실정성과 함께 모든 법적 판단의 '진리가치'에서 간과될 수 없는 것은 물론이거니와, 법실무상 구체적인 법적 분쟁에서 생사여탈을 결정하고 승패를 가리고, 그것을 언어를 매개로 하는 논증을 통해 정당화해야 하는, 그렇기 때문에 최대한 '객관적인 체'할 수밖에 없는 법관의 입장에서 '나도 모르는 내 마음'이 법적 판단에 개입되었음을 인정하고 토로하는 것을 기대하는 것은 무리일 것이다. 필요하고 바람직한 것인지 여부와는 무관하게, 어휘 구사력이 뛰어나고 예민한 시적 감수성을 갖춘 법관이라도 그것을 판결문에 표현 또는 기술하는 것은 적어도 L. Wittgenstein[190]이 어려운 예로 드는 '커피의 향기'를 기술하는 것보다 쉽지 않을 것이다.

이와 같이 가설적 조건에 의해서건 또는 정언적 명제에 따른 것이든 합리적인 추론의 형식으로 진행되어 법적 판단에 이르고, 그 정당화의 근거가 논리의 언어로 표현되는 법인식의 과정에는 적어도 외견상으로는 법감정이 개입되는 것으로 보기 어렵다. 이러한 점을 고려하건대, 인식을 '선호'나 '끌림' 등의 느낌이나 분위기 등 감정적인 반응과 태도가 작용하는

....

190) L. Wittgenstein, 이 영철(역), 확실성에 관하여, 2006, 283면, 610번.

'뜨거운 인식'(hot cognition: 이하 '열인식'으로 약칭함)과 '인지'(recognition)
나 범주화(categorization) 등 합리적인 사유작용을 내용으로 하는 '차가운
인식'(cold cognition: 이하 '냉인식'으로 약칭함)으로 나누는 2분설로 보
면,191) 법인식과정은 자연스럽게 후자의 '냉인식'에 속한다고 할 수 있을
것이다. 근본적으로 '육체와 정신', '몸과 마음'에 관한 2원론과 마찬가지로
'이성과 감성'에 대한 단절적 이원론도 부정하면서 양자 간의 상호의존적
연계성을 강조하되, 그 본질과 속성을 기준으로 하여 감정의 느낌과 인지
적 사유를 구별하는 Zajonc에 따르면, 우선 에너지와 정보가 작용되는 점에
서는 느낌과 사유가 다르지 않지만, 느낌은 주로 에너지의 전달과 그에 대
한 즉각적인 반응으로 경험되고, 사유는 기본적으로 일종의 정보처리과정
으로 이해된다.192) 사유양식의 인식과 차별화되어 부각되는 감정적 반응의
속성으로는 선행성, 근본성, 불가피성, 자율적인 통제불가능성, 불가역성,
자아내재성, 언어적 표현의 어려움, 인식 비의존성, 내용으로부터 독립성
등을 적시한다.193)』

3) 제3의 범주 - '양(凉: cool)인식'

『하지만, 여기에서 관심은 감각과 사유가 서로 영향을 주고받는 교차적
의존의 관계에 있고, 그리고 완전한 평형상태이건 그렇지 않건, 긍정적이건
부정적이건 이 관계가 '진행과정'이라는 것에 대한 심리학적 재확인에 모
아진다. 감정은 항상 사유의 동반자로 현전하는데 반해서, 감정에 대하여
인식은 늘 그러하지는 아니한 것으로 보는 것이 타당한지, 적어도 일반적
으로 또는 법인식과정에 대해서도 그러한지 또한 동반되는 경우 그 구체적
인 교섭의 방식과 내용 등등에 대한 세밀한 관심은 불가불 자제할 수밖에

....

191) 이에 관해서는 특히 R. B. Zajonc(Fn. 186), 151-175면.
192) R. B. Zajonc(Fn. 186), 154면.
193) R. B. Zajonc(Fn. 186), 154-160면.

없다. 다만, 여기에서 일종의 ‘심리적 과정’으로서 감정의 작용과 전술한 ‘자기해석적 존재’로서 ‘자아’와의 관계에 대해서는 재확인할 필요가 있는 바, Zajonc의 말대로 감정적 판단은 판단의 대상인 사물이나 사건의 본질이나 내용을 기술하는 것이라기보다는 ‘자아’ 속에 있는 무엇인가를 기술하는 것,194) 즉 ‘자아의 삶’을 만들어 나가는 것이라는 점이다. 즉 감정적 판단은 늘 ‘자아’에 대한 것이고, 따라서 그것은 인지적 사유에 의해서 영향을 받는 방향에서건 또는 사유에 개입을 하는 맥락에서건 그 대상과의 관계에서 늘 인식 또는 판단주체의 ‘감정상태’와 ‘태도’를 드러내는 것일 수밖에 없기 때문이다.

결국, 이러한 맥락에서 보면, 법관의 법인식작업의 경우 우선 ‘열인식’에 속하는 것으로 볼 수는 없지만, 일견 보이는 바 그대로 ‘냉인식’으로만 분류하는 것도 간명하기는 하지만 일종의 ‘상투적인 범주화’의 오류라는 비난을 면하기는 어렵다. 일종의 제3의 인식의 형식으로 ‘냉인식’과 ‘열인식’의 경향과 속성이 융합된 서늘한 ‘양(凉)인식’(cool cognition)195)의 범주를 추가하여 그 전형적인 예로 법인식과정을 설명하는 것은 작위적기는 하지만, 적어도 ‘궁즉분’(窮卽分)의 방법론지침에 따라 해봄직한 시도로 생각된다. 말하자면 ‘법적 판단의 ‘진리가치’와 그 준거로 우선 합리적인 객관성을 지향하고, 건강한 절제를 전제로 하되, 다만 법감정의 영향으로부터 자

....

194) R. B. Zajonc(Fn. 186), 157면.

195) 느낌 또는 느낌의 차이를 담아낼 수 있는 어휘의 결여를 절감케 하는 전형적인 예이지만, ‘양인식’의 의미는 우리 사회에서 인성에 대해 긍정적으로 평가하는 뜻의 외래 통속어로 일반화된 ‘쿨하다’라는 말의 뉴앙스를 연상하면 효과적으로 파악될 수 있을 것으로 생각된다. 군이 정리해보자면, 합리적으로 판단하여 설득력이 인정되는 것은 흔쾌히 수긍하고, 그렇지 않은 경우에는 단호하게 거부하고 부정하는 태도나 성향, 실행의 관점에서는 고상하되 유아독존은 아니고 또한 이웃을 배려는 하되 남들의 판단이나 시선을 의식하지 않고 나름대로 객관성을 유지하려고 애쓰면서 독자적인 가치관과 감성에 충실하게 살아가는 자율적인 행동방식을 형용하는 것이라고 할 수 있다.

유로울 수 없는 '통합적인 인식과정'으로 법관의 법인식작업을 이해하면, 몸의 생리적 구조가 그러하듯이 '현실 세계의 법관'의 '차가운 머리'와 '뜨거운 가슴'은 '구별은 되지만 단절될 수는 없는' 이른바 '삼투압적 관계'로 연결되어 있고 또한 그러해야만 하기 때문이다. 관건은 건강한 절제와 소통이다. 희소하여 아쉽기도 하지만, 그래서 더더욱 반갑게 주목하게 되는 건강한 '양(凉)인식'의 판례로 상론을 대신한다.[196]

....

196) 대전고법 2006.11.1. 선고 2006나1846 판결. 임대주택의 실수요자인 고령의 무주택자가 처의 병수발 때문에 직접 대한주택공사를 찾아갈 수 없어 자신의 돈을 관리하고 있던 딸을 통해 딸 명의로 임대차계약을 체결한 후 혼자서 임대주택에서 생활해 온 경우, 위 임대주택 거주자를 우선분양권에 관한 임대주택법 제15조 제1항 제1호의 '임차인'으로 본 판결로서, 비록 대법원에서 파기되기는 하였지만, 법해석방법론, 설시문의 양식 등 다양한 관점에서 눈길을 끈다.

『법률용어로서의 '임차인'이라는 단어가 임대차계약의 양 당사자 중 부동산을 빌리는 측 당사자를 의미한다는 사실은 굳이 법률가가 아니더라도 잘 알고 있다. 그러나 법률 문언의 올바른 의미를 밝히기 위해서는 법률용어로서의 의미만이 아니라 그 법률이 달성하고자 한 정책목표와 우리 사회가 법체제 전체를 통하여 달성하고자 하는 가치를 아울러 고려하여야 한다. 위 법률의 문언만이 아니라 위 법률이 달성하고자 한 정책적 목표와 위 법률이 의도한 계획의 관점에서 보면, 피고 2의 주거안정은 당초부터 위 정책목표와 계획상의 보호범위 내에 있었던 것이지 그 바깥에 있었다고 생각되지 않는다. 정책적 목적과 계획을 분명하게 하기 위하여 사용된 언어가 그 정책적 목적과 계획의 실행을 제한하고 억제하는 방향으로 해석되고 집행되는 것은 옳은 일이 아니다.

이러한 법해석학의 관점에서 볼 때, 이 사건에서 피고 2가 무주택자이고 이 사건 임대주택에 대한 실수요자였음에도 불구하고 위에서 본 특별한 사정 때문에 임대차계약상의 임차명의인이 아니라고 하여 그의 권리를 부정하는 것이 이 법의 공익적 목적과 계획에 부합한다고 생각되지 않는다. 오히려 이 법상의 임차인의 요건을 그렇게까지 문언적, 법형식적으로 해석할 것이 아니라 이 사건과 같은 특별한 사정이 있는 예외적 사안에서 임대차계약의 목적과 재정적 부담과 실제 거주자라는 실질적 측면에서 사회적 통념상 임차인으로 충분히 관념될 수 있는 피고 2가 위 법상의 임차인 요건을 갖추었다고 보는 것이 위 법의 공익적 목적과 계획에 부합하는 해석이라고 생각한다. 가장 세심하고 사려 깊은 사람도 세상사 모두를 예상하고 대비할 수는 없는 법이다. 가장 사려 깊고 조심스럽게 만들어진 법도 세상사 모든 사안에서 명확한 정의의 지침을 제공하기는 어려운 법이다. 법은 장래 발생 가능한 다양한 사

....

안을 예상하고 미리 만들어두는 일종의 기성복 같은 것이어서 아무리 다양한 치수의 옷을 만들어 두어도 예상을 넘어 팔이 더 길거나 짧은 사람이 나오게 된다. 미리 만들어 둔 옷 치수에 맞지 않다고 하여 당신의 팔이 너무 길거나 짧은 것은 당신의 잘못이니 당신에게 줄 옷은 없다고 말할 것인가? 아니면 다소 번거롭더라도 옷의 길이를 조금 늘이거나 줄여 수선해 줄 것인가? 우리는 입법부가 만든 법률을 최종적으로 해석하고 집행하는 법원이 어느 정도 수선의 의무와 권한을 갖고 있다고 생각한다. 이는 의회가 만든 법률을 법원이 제멋대로 수정하는 것이 아니라 그 법률이 의도된 본래의 의미를 갖도록 보완하는 것이고 대한민국헌법이 예정하고 있는 우리 헌법체제의 일부라고 생각한다. … 가을 들녘에는 황금물결이 일고, 집집마다 감나무엔 빨간 감이 익어 간다. 가을걷이에 나선 농부의 입가엔 노랫가락이 흘러나오고, 바라보는 아낙의 얼굴엔 웃음꽃이 폈다. 홀로 사는 칠십 노인을 집에서 쫓아내 달라고 요구하는 원고의 소장에서는 찬바람이 일고, 엄동설한에 길가에 나앉을 노인을 상상하는 이들의 눈가엔 물기가 맺힌다. 우리 모두는 차가운 머리만을 가진 사회보다 차가운 머리와 따뜻한 가슴을 함께 가진 사회에서 살기 원하기 때문에 법의 해석과 집행도 차가운 머리만이 아니라 따뜻한 가슴도 함께 갖고 하여야 한다고 믿는다. 이 사건에서 따뜻한 가슴만이 피고들의 편에 서있는 것이 아니라 차가운 머리도 그들의 편에 함께 서있다.』

한 지면에 같이 놓고 곱씹어봄 직하다 생각되어 대법원의 판결(2009.4.23. 2006다81035) 이유 중 일부를 전재한다:

『법은 원칙적으로 불특정 다수인에 대하여 동일한 구속력을 갖는 사회의 보편타당한 규범이므로 이를 해석함에 있어서는 법의 표준적 의미를 밝혀 객관적 타당성이 있도록 하여야 하고, 가급적 모든 사람이 수긍할 수 있는 일관성을 유지함으로써 법적 안정성이 손상되지 않도록 하여야 한다. 그리고 실정법이란 보편적이고 전형적인 사안을 염두에 두고 규정되기 마련이므로 사회현실에서 일어나는 다양한 사안에서 그 법을 적용함에 있어서는 구체적 사안에 맞는 가장 타당한 해결이 될 수 있도록, 즉 구체적 타당성을 가지도록 해석할 것도 또한 요구된다. 요컨대, 법해석의 목표는 어디까지나 법적 안정성을 저해하지 않는 범위 내에서 구체적 타당성을 찾는 데에 두어야 할 것이다. 그리고 그 과정에서 가능한 한 법률에 사용된 문언의 통상적인 의미에 충실하게 해석하는 것을 원칙으로 하고, 나아가 법률의 입법 취지와 목적, 그 제·개정 연혁, 법질서 전체와의 조화, 다른 법령과의 관계 등을 고려하는 체계적·논리적 해석방법을 추가적으로 동원함으로써, 앞서 본 법해석의 요청에 부응하는 타당한 해석이 되도록 하여야 할 것이다.

한편, 법률의 문언 자체가 비교적 명확한 개념으로 구성되어 있다면 원칙적으로 더 이상 다른 해석방법은 활용할 필요가 없거나 제한될 수밖에 없고, 어떠한 법률의 규정에서 사용된 용어에 관하여 그 법률 및 규정의 입법 취지와 목적을 중시하여 문언

(4) 법인식과정과 법감정의 통제가능성

1) 법이성과 법감정의 상호작용 – 법감정 개입의 불가피성과 통제가능성

『법적 판단에서 '이성과 감성의 건강한 조화'라는 명제는 애매하고 또한 현실성이 결여되어 있다는 의미에서 다분히 관념적이다. 또한 조화의 요청이 늘 '균형'(Symmetrie)을 요구하는 것도 아니거니와, 균형의 정향점을 상정한다 하더라도 그것은 판단 주체의 '마음의 평의회'(council of one's own mind)[197]에서 스스로를 설득하는 맥락에서 법이성과 법감정 간의 일종의 '경쟁'에 따른 결과로 주목되는 것일 뿐이고, 지나치게 크지 않은 경우에는 오히려 경쟁과정을 촉진하는 '불균형'(Asymmetrie)을 원천적으로 배제하는 것은 아니라는 점에서 이성과 감성의 적정한 역할분담에 대하여 황금비율 같은 객관적인 기준은 상정될 수 없다.[198] 적어도 일반적으로는 그러하다.

....

　　의 통상적 의미와 다르게 해석하려 하더라도 당해 법률 내의 다른 규정들 및 다른 법률과의 체계적 관련성 내지 전체 법체계와의 조화를 무시할 수 없으므로, 거기에는 일정한 한계가 있을 수밖에 없다. …
　　원심은 이 사건에서의 특별한 사정에 대한 구체적 타당성 때문에 위와 같은 법적 안정성의 요청이 후퇴되어야 한다고 판단한 것으로도 보인다. 하지만, 특별한 사정이 있는 예외적 사안을 구체적 타당성 있게 해결한다는 명분으로 위와 같은 법률 해석의 본질과 원칙을 뛰어넘을 수는 없다. 무엇이 구체적 타당성 있는 해결인가 하는 문제는 차치하고서라도, 법률 해석의 본질과 원칙에서 벗어나 당해 사건에서의 구체적 타당성 확보라는 명분으로 1회적이고 예외적인 해석이 허용된다면, 법원이 언제 그와 같은 해석의 잣대를 들이밀지 알 수 없는 국민은 법관이 법률에 의한 재판이 아닌 자의적인 재판을 한다는 의심을 떨치지 못할 것이며, 이는 법원의 재판에 대한 국민의 신뢰를 크게 해칠 뿐만 아니라 모든 분쟁을 법원에 가져가 보지 않고서는 해결할 수 없게 함으로써 법적 안정성을 심히 훼손하게 될 것이기 때문이다.』

197) 맥락은 다르지만, 이에 관해서는 D. N. McCloskey, Knowledge and persuasion in economics, 1994, 371면.

198) 경제학적 경쟁의 개념을 원용한 기술이기는 하지만, 시장이 아닌 개인의 통합적인 인식과정, 그리고 경쟁의 주재자요 조정자인 동시에 경쟁의 마당이기도 한 독자적인

아무튼, 법관의 법인식과정 속에서 법감정의 개입이 불가피하고 그 영향이 중요하다는 것이 확인 및 해명되었다고 하더라도, 본질적으로 기술할 수 없거나 극히 어렵고 또한 법적 판단에 이르는 법인식과정의 공식기록이라고 할 수 있는 판결문에 거의 표현되지 않는 감정적 판단과 태도를 구체적으로 어떻게 인식하고 통제할 수 있을 것인지는 자못 난감한 문제이다. 더구나 법인식과정은 '논리' 또는 '논리형식'이 핵심인 '법적 논증'의 방법만으로 진행되며, 그 과정 속에서 감정적 판단이 개입될 여지는 전혀 없다거나 또는 그것이 가능하고 불가피하다고 하더라도 대외적으로는 그 표출이 최대한 배제되어야 하고, 실제 재판실무상으로도 그러하다고 믿고 주장하는 경우에 적어도 법학방법론의 차원에서 유력한 반증의 논거로 반박하는 것은 쉽지 않다. 느낌이나 태도 또는 분위기와 같은 '보이지 않는 마음'과 선과 악에 대하여 오로지 개인 홀로 마음으로 듣는 '내면의 소리'를 관찰자의 입장에서 보고 들었다고 할 수는 없고 또한 보고 들은 것으로 여기는 것을 준거로 하여 법적 판단을 비판할 수는 없는 노릇이기 때문이다.

궁색하기는 하지만, 아마도 현실적으로 통제할 수도 없고 또한 규범적으로 통제되어서도 아니되는 것으로 보는 전제 하에, 법관의 양심에 맡기는 수밖에 없다고 보는 것도 '전(前)논리적' 또는 '초(超)논리적'인 법감정의 문제에 대한 나름대로의 '논리적인' 인식이 반영된 입장이라고 할 수 있다. 말하자면, "법인식과정에서 법관이 따라야 하는 '양심의 소리'(Gewisssensruf)는 원천적으로 교육과 믿음 또는 세계관에 의해 결정되는 '선이해' (Vorverständnis)의 연장선에서 들리고 답해질 수 있다"고 보는 입장에서는,[199] 관건은 법관의 세계관에 의해서 형성되어 주어지는 특정한 '인간

....

인식 및 판단의 주체를 전제로 한 점에서 맥락이 다르다. 특히 다수 참여자의 독립성, 동종의 재화나 서비스의 공급 등을 전제조건으로 하는 기업 간 경쟁과는 다른 차원의 개념이다.

199) F. Kümmel, "Zum Problem des Gewissens", in: J. Bildhorn(Hg.), Das Gewissen in

상'(人間像)이고, 따라서 궁극적으로 그 어디에든 있어야 한다면 법감정의 소재지는 '인간상'일 수밖에 없다. 그렇다면 법관에게 요구되는 윤리적 요청과 연관되는 법감정의 문제는 구체적인 상황에서 오롯이 개인적으로만 대면하는 '양심현상'(Gewissensphänomen)에 관한 담론의 맥락에서만 접근될 수 있는 것으로 이해하는 것이다.[200] 결국 법관의 법감정의 문제는 법학교육 또는 법문화적 담론의 논제일 뿐이고, 개별적이고 구체적인 법인식작업의 차원에서 법관의 세계관과 '인간상'을 분석하고 비평하는 것은 무의미하다는 결론으로 이어진다.

다만, 서두에서 전제한 바와 같이, 이제까지 논의의 출발점이었고 또한 현 지점에서 어느 정도 규명되었다고 생각하는 것은 관찰자가 아닌 참여자로서 필자의 체험, 말하자면 법인식과정에서 소극적으로건 적극적으로건 법감정의 개입이 불가피하다는 것에 대한 주관적이지만 극히 실증적인 인식, 그리고 세부적으로 차이가 적지 않을지라도 법관의 법적 판단을 비롯하여 모든 법인식작업에 대한 그것의 일반화의 가능성과 필요성이다.

여기에서 재론을 더할 필요는 없는 바, 이견이 있다면 순서상 반론의 차례이고, 그 핵심은 다음에서 하나의 특수한 양식의 인식으로서든 또는 인식과정의 한 부분으로서든 감정적 판단의 자동성 또는 통제가능성을 해명하면서 법감정이 작용하는 전형적인 법인식과정의 예로 활용하는 법관의 자유심증이나 양형판단에서 법감정의 개입을 부정하는 것이 될 것이다. 간명하게 판단되고 해결될 수 있는 경우에도 법감정은 상시적으로 잠복되어 있고, 따라서 눈에 띄지 않게 소극적으로 작용되는 것이기는 하지만, 특히, 익숙하지 않은 새로운 사태의 경우에 본질적으로 사실(fact)과 '가치'(value)를 대상으로 하는 점에서 '도그마틱적 평가'(dogmatische Bewertung)의 대

----

der Diskussion, 1976, 441면. E. E. Hirsch, Zur juristischen Dimension des Gewissens und der Unverletzlichkeit der Gewissensfreiheit des Richters, 1979, 35면에서 재인용.
200) '인간상'과 양심의 관계에 대해서는 E. E. Hirsch(Fn. 199), 35-37면.

상이 아닌 사태의 개별적인 구성부분들을 법적으로 인식하고 평가하는데 법감정이 개입되지 않는다고 한다면,201) 무엇을 준거로 하여, 어떤 방법으로, 어떤 사유과정을 거쳐서 법적 판단에 이를 수 있다는 것인지 그 가능성과 대안을 제시해야 한다.』

2) '자동적인 인식과정'과 '통제되는 인식과정' – 다분화의 필요성

『앞에서 인용한 Zajonc의 '감정의 반응은 자율적으로 통제될 수 없다'202) 는 주장을 아무런 유보조건 없이 인정할 수밖에 없다고 한다면, 법관의 법감정에 대한 논의는 그것이 법적 판단에 '의식적인 작인'으로서 중요한 영향을 미친다는 점을 확인한 지점에서 종결되어야 할 것이다. Searle의 말대로, 자유의지가 '과학적 사실'인지는 알 수 없지만, 근본적으로 '지향성'을 내포하고, 그렇기 때문에 '합리성'의 제약을 받을 수밖에 없는 '의식의 문제'는 의식의 구조상 자유의지를 전제하지 않고서는 한 발짝도 나갈 수 없거니와,203) 정당한 법과 합리적인 법적 판단 또는 결정의 가능성을 지향하고, 이 '지향성'을 의식하는 가운데 책임을 추궁하고, 비판을 통해 선택가능성을 전제로 좀 더 합리적인 대안을 제시하는 법학의 담론의 장에서 선택의 여지, 즉 '합리성'(rationality)으로 인해 차이가 만들어질 수 있는 공간과 의도적인 인지과정을 통한 통제의 가능성이 없는 것에 대한 논의는 무의미하기 때문이다.

하지만, 법관의 법인식작업에서 법감정이 개입되는 과정은 현상을 분석대상으로 하는 수준에서 현대 사회심리학에서 관심을 갖는 혼합적인 인식과정, 즉 '자동적인 과정'과 '비자동적인 과정'이 혼합된 과정에 속한다. 자동적인 것만도 아니고, 그렇다고 해서 의식을 통해 필연적으로 통제되는

....

201) 이에 관해서는 E.-J. Lampe(Fn. 187), 121면.
202) R. B. Zajonc(Fn. 186), 156면.
203) J. Searle, 강 인욱(역)(Fn. 180), 21-23면.

것도 아닌, 말하자면 전술한 '현상학적 인식론'에서 보는 바와 같이 의식의 '구속성'과 함께 '지향성'에 의해 형성되어 나가는 개방된 인지의 지평의 속에서 역동적인 모호성과 능동적인 변화의 가능성이 원천적으로 또는 전면적으로 배제되지는 않는 이른바 '자동적인 의도적 과정'(automatic attentional process)이다.204)

현대심리학에서 인식과정은 투입되는 정보 또는 자극을 준거로 하여 인식과정의 유형을 다섯 단계로 구분하는 바, '자동적'(automatic), '즉각적'(spontaneous), '관념적'(ruminative), '의도적'(intentional) 및 결단적, 즉 '책임을 지는'(responsible) 인식과정이 그것이다. 인식과정의 산출(output)의 측면에서는 '관념'(concepts), '추측'(inferences), '관심'(concerns), '대답'(answers), 그리고 '확신'(convictions)과 각각 연계되는 이 5단계모델은 인식주체의 관점에서 보면 인식과정에 대한 영향력을 개인이 통제할 수 있는 가능성의 크기나, 의식 또는 의도에 의한 조종과 통제의 복잡성의 정도를 나타내는 것이기도 하다.205) 감정의 자율적인 통제가능성을 부인하는 관점을 그대로 수용하는 경우 법인식과정에서 법관의 법감정이 작용하는 부분은 제1단계의 '자동적인 인식과정'에, 반면에 법관의 법적판단을 오롯이 논리적인 '법적 추론'의 결론으로만 보는 입장에서 이해되는 법인식과정은 제5단계의 '결단적 인식과정'에 속하는 것으로 볼 수 있을 것이다.

하지만, 후자 입장의 '무지의 오류', 법감정의 개입을 금기시하거나 간과하는 인식의 오류에 대해서는 이미 충분히 상술하였거니와, 이 5단계의 인식과정들은 상대적인 차이를 기준으로 하여 분류된 것일 뿐이지 각각 단계의 인식과정이 상호 영향력의 교섭이 차단된 채 개별적으로 고립되어 진행

....

204) R. M. Schiffrin/S. T. Dumais, "The development of automatism" in: J. R. Anderson(ed.), Cognitive Skills and Their Acquisition, 121면. J. S. Uleman, "A Framework for Thinking Intentionally about Unintended Thoughts", in: J. S. Uleman/J. A. Bargh, Unintended Thought, 1989, 430면에서 재인용.
205) J. S. Uleman(Fn. 204) 435면. 도형 14.2.

되는 것으로 이해되는 것이 아니다. 말하자면 교섭의 밀도나 양식은 각각 단계별로 다르지만, 가장 자율적인 통제의 가능성이 높고, 따라서 책임을 물을 수 있는 전형적인 '합리적인 사유'의 형식이라고 할 수 있는 제5단계의 '결단적 인식과정'도 제1단계부터 제4단계의 인식과정들과 순차적으로 또는 비약적으로 영향을 주고받는 점에서 다르지 않다는 것은 현대심리학에서 정설로 자리를 잡은 지 오래다. 전술한 바와 같이, 통합적인 인식과정에서 감정의 영향력과 그 중요성을 강조하되, 사유와 감정적 판단을 상호 긴장관계를 유지하는 별개의 영역으로 파악하는 식의 Zajonc의 견해206)에 동의할 수 없는 것은 이 때문이다. 다만 감정적 반응의 자율적인 통제가능성, 즉 의도적인 인지과정을 통한 감정통제의 가능성을 부정적으로 보는 Zajonc도 순정한 형태의 합리적인 사유에 대해서는 극도로 회의적인 입장을 보이고 있는 바, 즉 합리적인 사유를 통해 다양한 대안들과 관련하여 모든 긍부정적인 요소들을 형량의 방법으로 판단하여 논리적으로 필연적인 결정에 이르는 것으로 보는 것은 환상일 뿐이라고 단언한다.207) 인식과정의 산물인 결정이 내려지기 전에 또는 인식과정 속에서 선택가능한 대안들에 관해 수집되어 인식 및 형량되었다고 제시되는 정보들이 실제로는 결정을 사후에 정당화하는 근거일 뿐이라는 지적208)은 사유와 감정적 판단 간의 교섭의 가능성을 시사한 것이라는 점에서 주목함직 하다.』

3) '조건부 자동성'의 인식과정과 법감정

『법감정이 개입되는 인식과정이 제1단계의 '자동적 과정', 즉 대안 선택의 가능성이 없기 때문에 인식주체의 의도적인 인지과정을 통해 자율적으로 통제할 수 없고, 그렇기 때문에 어떤 책임을 물을 수 있는 이른바 '자유

....

206) R. B. Zajonc(Fn. 186), 156면.
207) R. B. Zajonc(Fn. 186), 154면 이하.
208) R. B. Zajonc(Fn. 186), 155면.

의지'가 상정될 수 없는 인식과정으로 보는 것은 성급한 예단이다. Searle 을 재인용하면, 무엇인가를 인식하거나 실행하는 과정에서 의식, 말하자면 의지나 의도의 작용공간이나 여지를 상정할 수 없다면 합리성의 개념 자체 는 물론이고, 궁극적으로는 어떤 의무나 책임도 무의미하게 될 수밖에 없 기 때문에[209] 법관의 법감정적 판단 또는 법감정이 개입되는 인식과정이 인과적으로 완결된 조건에 의해 결정된다는 뜻의 '자동적인' 것이라고 한 다면 법감정에 대한 추가적인 논의는 공론(空論)에 불과할 것이다.

그러나 사회적 지각과 인식의 과정에서 '선(先)의식', '반의식' 또는 '무 의식' 등 합리적인 의식 또는 인지의 차원에서 기술하거나 입증할 수 없지 만, 그렇다고 해서 간과할 수는 없는 다양한 '자동적인 영향'의 다양성을 규명해낸 사회심리학의 연구성과,[210] 특히 이른바 '조건부 자동성'(conditional automaticity)이나 '부분적인 자동성'(partial automaticity)의 명제에서 잘 드러나는 바와 같이,[211] 인식의 유형에서 순수한 '결정론' 형식, 즉 인식 주체의 자율적인 작용공간과 통제가능성이 전혀 없는 '자동적인 과정'은 극히 예외적인 범주로 또는 일정한 조건부로만 상정될 수 있을 뿐이다. 위 에서 살펴 본 5단계모델에서 제1단계의 '자동적 과정'과 바로 다음 단계의 '유의적(attentive) 과정'이라고 할 수 있는 '즉각적인 과정' 조차 구별할 수 있는 충분한 기준이 아직 제시되고 있지 못하고 있거니와, 이는 '즉각적인 과정'이 '자동적인 것'도, 의도나 의식 또는 전략적인 것 중에 어떤 뜻에서 건 '통제되는 것'도 아닌데 기인하는 것이지만, 원천적으로 이러한 유형의 인식 또는 판단에서 의도 또는 의식만을 기준으로 하여 일정한 '작인'(作

....

209) J. Searle, 강 인욱(역)(Fn. 180), 21면.

210) 이에 관해서는 특히 J. A. Bargh, Conditional Automaticity: Varieties of Automatic Influence in Social Perception and Cognition", in: J. S. Uleman(Fn.204), 3-51, 425-469면.

211) J. A. Bargh(Fn. 210), 3-8면

因)의 영향에 대한 통제가능성의 유무를 판단하는 것이 성립되지 않기 때문이기도 하다. 감정과 느낌 또는 분위기를 비롯하여 내적 의도(intention)와 앎(awareness), 주목(attention), 통제(control) 등의 요소들이 대부분의 인식과정 속에서 동시적인 변수로 작용하지는 않지만, 어떤 특정한 효과, 즉 특정한 판단에 이르는 인식과정 또는 심지어는 이른바 '생리적 시간'(somatische Zeit)의 순간을 포함하는 그 속의 한 부분들 속에서 필연적으로 작용될 수도 있고, 또는 적응과 선택의 경쟁과정 속에서 그렇지 않을 수도 있는 상이한 속성을 갖고 있다는 것이 해명된 이상, '자동적인 과정'과 기타 '통제되는 과정'을 상호 배타적이고 배제적인 정보처리과정으로 파악하는 종래의 이원론과 이를 토대로 하는 단절적 분류설은 상론을 약하고 이른바 '전제의 오류'로 평가할 수 있다.212)

앞에서 인용한 Searle의 말대로 결정론, 특히 이른바 '심리적 결정론'의 확인된 오류를 차치하더라도 경험적으로 부정하기 어려움에도 불구하고 '자유의지'가 과학적 사실인지 여부를 알 수 없다면,213) 하나의 인식유형으로서 '자동적인 과정'의 존재 여부도 마찬가지이다. 다만, 이제까지 논의에 따르면 적어도 인식과정에서 개인의 자율적인 통제가능성이 없다는 뜻의 '자동적인 과정'은 예외적이거나 조건부로만 상정된다. 오히려 인식과정에 관한 담론에서 통제가능성의 유무나 그 의미와 정도는 거의 대부분 가설적인 전제와 그에 따른 분석의 수준에 따라 결정된다. 이 글에서 비판적 분석과 통제의 관점에서 관심대상인 법관의 법감정의 문제도, 사회심리학자들이 심리적 현상을 분석대상으로 하는 수준에서 거의 대부분의 경우가 그러하듯이, '자동적인 과정'과 '비자동적인 과정', 즉 '통제되는 과정'이 혼합된 인식과정의 맥락에서, 그리고 가능한 한 인식(과정)의 개념, 즉 혼합의 단계나 상태를 다분화하여 접근해야 한다.』

....

212) J. A. Bargh(Fn. 210), 38면.
213) J. Searle, 강 인욱(역)(Fn. 180), 21-23, 57-68면.

6. 탈 '포섭도그마'의 법이론[214)]

(1) 법학적 해석학(juristische Hermeneutik)

『기술한 '포섭의 도그마', 즉 법을 폐쇄된 개념의 논리체계로 간주하는 전통적인 개념법학을 극복한 것이 현대 법학방법론이 가장 자랑스러워하는 전리품이라고 한다면,[215)] 그 전공은 우선 이른바 '법학적 해석학'의 몫이다. Kaufmann이 단언하는 바와 같이, 실정법률의 법문과 초법률적인 자연법 중 하나만을 집착하는 법실증주의와 자연법론 간의 오랜 싸움이 종언을 고한지 오래되었거니와, 현대의 법철학에서 존재와 당위의 단절적 이원주의를 극복하고 법에 대한 새로운 정당화의 수단과 방법을 제시한 수많은 이론적 시도들은, 상이한 철학적인 토대에 따라 적잖은 차이가 있었지만, 한 가지 공통된 전제가 있었다. "법이 더 이상은 절대적이고 보편타당한 당위규범들의 체계로 규정되지는 아니하고 또한 실정법률과 법이 동일시되지는 않는다"고 보는 입장이 그것이다.[216)] 후자의 전제는 바로 전통적인 개념법학과 교조적인 법실증주의의 이론적 토대, 즉 실증성에 의해 보증되는 법률의 '옳음'(Richtkeit), 말하자면 실정법률의 효력과 정당성을 필연적인 것으로 전제하고 체계초월적인 비판을 금지하는 '합법성=정당성'의 논리형식에 대한 파기선언에 다름이 아니다. 파기선언의 이유와 그 후 대안

---

214) 이 부분과 다음 7('도그마틱 이론' 구성의 가능성과 한계)의 내용도 필자가 이전에 발표한 논문의 일부이다. 법도그마틱에 대한 논의를 마무리하는 맥락에서, 특히 '탈 포섭도그마'의 명제를 상론 및 재확인하고, 법이론적 대안을 모색하는 맥락에서 무리 없이 삽입될 수 있는 내용으로 생각되어 일부 중복되는 내용이 없지 않으나 연결성을 고려하여 편제와 주석만 조정하여 그대로 전재한다. 이 덕연, "법철학 및 법이론으로 본 '법적 문제'로서 사법적극주의", 법학연구, 제27권 제1호(2017), 연세대 법학연구원, 62-85면; 헌법규범과 현실, 2019, 76-104면.
215) Ch. Becker, Was bleibt? Recht und Postmoderne, 2006, 74면.
216) A. Kaufmann(Fn. 5), 79-80면.

의 모색에서 많은 차이가 있음에도 불구하고, 공통된 법이론적 출발점은 가변적이고 역사적인 사태와 규범, 존재와 당위의 교차적인 관계 속에서 법의 '옳음'은 법규범 속에만 자리 잡고 있는 것은 아니고, 현실 속의 생활 사태들에도 내재되어 있다는 것에 대한 존재론적 인식이다.[217]

합헌적인 절차에 따라, 즉 실증적 과정을 통해 법률을 제정하는 입법자와 헌법과 법률에 의거한 사법적 결정의 주체인 법관을 연계시키는 헌법실증주의체제, 즉 U. Neumann을 빌려 말하자면, '합헌의 법률=유효한 현행법의 규범'에 대한 묵시적 확인을 토대로 하는[218] 법운용체제에서 법규범 확정의 준거와 사법적 결정을 위한 출발점의 선택을 법관의 임의에 맡겨놓는 것에 동의하지 않는 점에 국한해서 보면, 오늘날 거의 모든 법학자와 법관은 법실증주의자라고 할 수도 있을 것이다.[219] 하지만 '포섭의 도그마'를 고수하는 실증주의적 법이론과 그것을 극복한 법이론들 간의 결정적인 차이는 그 출발점인 법문의 본질과 법문을 다루는 법관의 법인식작업의 기능과 구조에 대한 이해이다. 법원론(法源論) 및 법효력론의 차원에서 입법자에 의해 확정된 의미가 저장되어 있는 법문의 '바깥' 또는 법률의 '뒤'나 '위'에 있는 도덕률이나 자연법 등의 모든 상위법과 그것을 명분이나 매개로 하는 법관의 도덕적 확신과 주관적인 가치판단을 철저하게 배척하는 입

....

217) A. Kaufmann(Fn. 5), 81면.

218) U. Neumann, Recht als Struktur und Argumentation(2007), 윤 재왕(역), 구조와 논증으로서의 법, 2013, 313면.

219) F. Müller/R. Christensen/M. Sokolowski, Rechtstext und Textarbeit(1997), 이 덕연(역)(Fn. 5), 22-24면. 독일 연방헌법재판소에 의해 반복 사용되는 '법관에 의한 규범제정금지'(Verbot richterlicher Normgebung)의 명제도 같은 맥락에서 그 취지가 이해된다. 입법자의 과중한 부담을 피하기 위해서는 구체적인 사건에 대하여 효력 있는 법의 의미로 이해되는 법규범은 필연적으로 법관이 결정할 수밖에 없지만, 그럼에도 불구하고 권력분립의 핵심인 법제정에서 입법자의 주도적인 영향력행사와 법관의 법률기속의 헌법적 요청이 폐기되지 않으려면 법관의 법형성과정의 출발점인 규범텍스트는 외부에서 주어져야만 한다는 논리이다.

장이 전자이고, "어떠한 전제조건 아래서 실정법에 대하여 효력을 갖는 법
규범이라는 지위를 부여해야 하는가?"라는 법효력의 문제와 함께 그 배후
에 있는 더 근원적인 물음, 즉 "어떠한 경우에 '법규범의 효력'이라고 말하
는 것이 '의미'를 지닐 수 있는가?"[220]라는 질문을 제기하고, 실천적인 형
성작업으로서 법인식작업의 본질과 법관의 법창조적 역할의 가능성과 필
수성을 주목하여 '포섭의 도그마'를 극복한 법학방법론이 '법학적 해석학'
으로 대표되는 후자의 입장이다.

현대 언어학의 시조라고 할 수 있는 F. D. Saussure를 비롯하여 언어기호
의 불확정성을 밝힌 R. Wittgenstein이나 철학적 개념의 우연성을 해명한 R.
Rorty, 모든 언어적 표현을 해석행위로 파악하는 '해석주의'(interpretationism)
에 따라 언어의 '상호주관성'을 주장한 D. Davidson, 의미론적 '추론주의'
(Inferentialismus)와 '총체주의'(Holismus)를 토대로 하는 '규범적 실용주의'
에 따라 언어적 이해를 개별 화자와 해석자 상호간의 '규범적 게임'으로 형
식화한 R. B. Brandom 등의 (언어)철학자들은 차치하고,[221] 이념(개념)과
기호(언어), 그리고 이념(개념) 및 기호(언어)와 경험적인 현실(사태) 간의
'존재론적 불일치'(ontologische Inkompatabilität)를 해명하여 개념법학 및
교조적인 법실증주의의 근본적인 언어학적 오류를 확인시켜 준 점에서 보건
대, G. Herder, F. Schleiermacher, W. Dilthey, M. Heidegger, H.-G. Gadamer,
P. Ricoeur 등으로 대표되는 '철학적 해석학'이 원용된 것이기는 하되 '법학
적 해석학'은 바로 이러한 '포섭의 도그마'의 극복이라는 법이론적 선회에
합류한 법학방법론들의 총칭으로 보아도 무리가 아니다. "법률텍스트는 그
자체를 준거로 해서는 결코 이해될 수 없고, 그것이 이해될 수 있기 위해서

....

220) U. Neumann, 윤 재왕(역)(Fn. 218), 313-314면.
221) 이른바 '언어적 전회'에 초점을 맞춘 언어철학사 개론서로 주목되기도 하지만, 이에
     관한 상론과 생략된 개별적인 문헌인용을 대신하여 G. W. Bertram, Sprach-
     philosophie zur Einführung(2011), 정 대성(역), 언어, 의미 그리고 철학, 2015.

는 항상 '선이해' 또는 '선판단'을 필요로 한다"는 이른바 '해석학적 순환' (hermeneutischer Zirkel)[222])에 대한 인식과, 개념을 형성하고 그것을 타인에게 전달하는 과정 자체가 경험적 현실과 언어의 filter를 거쳐야하고, 그렇기 때문에 수신자와 환경 및 전달의 맥락 등의 영향을 받을 수밖에 없다고 보는 인식론적 전환이 그 핵심이다.[223])

'법학적 해석학'이 주목하는 '해석학적 순환' 속에서 법률의 해석과 적용은 법률텍스트를 읽는 것이 아니라 '이해'하는 작업이다. 단순히 소극적으로 확정된 메시지를 전달받고 수용하기만 하는 정보수신이 아니고, '의도'(Intention)와 연관되는 하나의 의미론적 구성의 작업이다. 실천적이고 형성적인 '행위'(action), 이른바 '화행'(話行: speechact)이다. 법률은 법해석적업의 '출발자료'(Ausgangsdatum)일 뿐이고, 당위의 의미덩어리인 '규범'은 법률의 해석에 앞서 존재하는 것이 아니라 해석의 결과로 주어지는 것이라고 하는 F. Müller[224])의 확언도 같은 맥락에서 이해된다.[225]) '법률텍스트'(Gesetzestext)를 법과 정치 간의 '월경안내자'(Grenzgänger)[226])라고 비유하는 표현이 시사하듯이, 법률은 정치의 산물로 주어진 '법률텍스트'를 유효한 자료로 하는 이른바 '구성적 실천행위'인 텍스트작업(Textarbeit)을 통해서 비로소 구체적이고 역사적인 법으로 형성된다. 사실에 대한 인식과

....

222) A. Kaufmann(Fn. 5), 86면.

223) J. M. Adeodato, "Antworten der Juristischen Dogmatik auf zwei wichtige Probleme der Rechtsphilosophie", in: Rechtstheorie, Bd. 41(2010), 289면.

224) F. Müller/R. Christensen/M. Sokolowski, 이 덕연(역)(Fn. 5), 17-24면.

225) 이와 관련해서는, 법관을 이른바 '제2단계의 입법자'(Gesetzgeber zweiter Stufe)로 이해하는 관점에서 법적 문제로서 '법관의 법률기속'에 내포된 언어학적 문제를 천착한 R. Christensen, Was heißt Gesetzesbindung?, 1989, 특히 13-22면 참조. 법학방법론과 연계하여 '언어적 의미'(sprachliche Bedeutung)의 객관성에 초점을 맞추어 '법문의 한계' 및 그 이론화의 가능성과 한계를 정밀하게 분석한 연구는 M. Klatt, Theorie der Wortlautgrenze, 2003.

226) M. Nussbaumer, "Grenzgänger - Gesetzestexte zwischen Recht und Politik", in: U. Haß-Zumkehr(Hg.), Sprache und Recht, 2002, 181면.

가치판단 및 실천의 요소를 포함하는 법해석작업의 구조적 복합성과 함께 법관의 창조적인 법형성자로서 역할과 기능을 해명한 J. Esser의 탁견은 가감 없이 읽어봄직 하다.

『외견상 법적용은 사태와 적용규범의 이른바 포섭이라는 연역의 논리형식으로 진행되는 단일한 행위인 듯 보이지만, 결정적인 요소는 이 추론에 선행하는 판단, 즉 분쟁규율의 필요성여부와 그 크기, 그리고 규범의 부합성, 말하자면 인식된 필요성에 부응하는 규범의 적합성에 대한 판단이다. 이 두 가지 판단을 위해서는 사태에 대한 있는 그대로의 완전한 규명과 평가만으로는 부족하고, 이를 넘어서는 사전적인 숙고가 필요하다. 즉 어떤 관점에서 사태를 평가해야 하는지가 관건이고, 이는 준거규범에서 찾아진다. 이 준거규범을 찾는 것 자체도 (단순히 개념에 대한 논리적인 추론작업으로만 진행되는: 필자 부기) 체계적인 탐색행위가 아니라 주어진 사태의 상황에서 또한 법체계적 관계와 법정책적 결과와 관련하여 고려되어야 하는 다수 규범들의 효용에 대한 평가가 요구되는 복합적인 작업이다.』[227]

요컨대, Montesquieu의 '법률을 말하는 입'이 아니라 '법규범의 창조적 형성자'로서 법관이 하는 법해석작업은 개념상 필연적으로 형성자가 자신의 인격 중의 무엇인가를 그 형성의 작업에 인입하는 것을 의미한다는 점에서 '법학적 해석학'의 맥락에서 사법적극주의의 문제가 법학, 특히 법학방법론상 중요한 관심사로 부각되는 것은 당연하다. 오히려 '법학적 해석학'에서 강조하는 것은, 이 경우에 법관의 주관적인 태도가 자의적인 결정으로 귀착될 수 있는 위험성을 인정하는 전제 하에, 사법재량에 늘 작용되기는 하지만 대개는 은폐되는 주관적인 동기들이 현출되고 또한 방법론상

----

227) J. Esser(Fn. 1), 31면.

논증관계 속에 편입되어야 한다는 것이다. 다만, Kaufmann이 토로하는 바와 같이, 궁극적으로 '정당한 법'이 법관 자신의 성찰과 법학적 논증, 그리고 참여자들 간의 간주관성을 지향하는 합의를 통해서 창출될 수밖에 없다고 한다면,228) '법학적 해석학'은 적절하게 문제를 제기하고, 그 구조를 명확하게 해명하기는 하였지만, 법이론과 법실무상 관심사인 자의적(恣意的)인 사법적 결정을 피할 수 있는 방법, 즉 검증이 가능한 합리적인 기준에 따라 객관적 진술을 할 수 있는 법학방법론적 기법을 발전시키지는 못하였고, 법형성의 과정에서 구체적으로 법관에게 요구되는 적극 또는 소극적인 태도에 대해서도 각별한 관심을 갖지 않았던 것으로 생각된다.』

(2) '법학적 해석학' 이후의 분화된 '결정(체계)이론'

『'포섭의 도그마'의 법존재론적 토대라고 할 수 있는 법에 대한 이해, 즉 법을 완결된 개념들의 폐쇄적인 논리체계로 보는 인식을 극복한 것이 '법학적 해석학'의 법이론적 성과의 핵심이라고 한다면, '결정(체계)이론'은 '법학적 해석학'에 의해서 해명된 '법체계의 개방성과 역동성'이라는 추상적인 단서를 구체적인 법이론으로 수용하여 정치화하고, 그것을 법사회학적 관점들과 연계하여 문제 및 문제해결 중심의 실용적인 법학방법론으로 연결해낸 법이론들이라고 할 수 있다. 법을 폐쇄된 규율체계로 이해하되, 그것을 사법적 결정에 앞서 외부에서 완결된 상태로 주어지는 '정적 체계'가 아니라 자기반성적인 '역동적 체계'로 이해하고 또한 법의 총체적 체계의 형식성을 부인하면서, 독립된 전체로 이해되는 사회의 다른 '하부체계들'(sub-systems)과의 관계 속에서 합리화된 결정체계로서 법과 사법적 결정의 기능적 구조 및 그 실용적인 사회규율기능을 주목하는 N. Luhmann으

....

228) A. Kaufmann(Fn. 5), 88면.

로 대표되는 결정체계론적 법이론이다.229)

　이데올로기적 비판론을 제외한다면, 전술한 바 있듯이, 일면 합헌적인 실정법률을 출발의 준거로 하는 점에서 오늘날 거의 모든 법학자와 법실무가들을 법실증주의자이고, 타면 합헌적인 실정법률을 출발점으로 하되 법의 '체계적 총체성의 형식'과 함께 해체 또는 격하된 '순정한 연역적 추론'의 빈자리를 채우는 과제를 주목하는 오늘날의 거의 모든 법이론과 법학방법론은 '결정(체계)이론'으로 집합된다고 할 수 있다. 다만, 이른바 '체계사고'(Systemgedanken)를 토대로 하는 현대 법학방법론이 개가를 울리는 핵심이 개념법학의 극복인 점에서 일종의 아이러니이기는 하지만, Savigny로 대표되는 전통적인 개념법학 자체가 당시에는 '체계사고'의 정점에 있었던 법이론이었다는 점을 고려하면, 양자의 이론 및 법학방법론상 차이는 '체계사고'의 유무가 아니라 '체계사고'의 대상인 법의 존재와 법효력의 근거에 대한 근본적인 이해, 그리고 결정기제로서 법의 기능 및 법적 결정의 주체로서 법관에 대한 '역할기대'의 상위에서 찾아진다. 현대적인 '결정(체계)이론'은 단순히 다른 version의 '체계사고'가 아니라, 지나치게 단순화된 '체계사고'를 변증법적으로 극복한 새로운 차원의 '체계사고'를 수용한 법이론들이라고 할 수 있다. 말하자면 작위적으로 단원체로 상정되는 '이른바 내적 체계'(das sog. innere System)에 국한되었던 법체계의 범주를 다원적인 가치와 사실이 상호 의존 및 연계된 '복잡계'로 주어지는 사회현실을 향해 개방하여 그 지평을 전방위적으로 확장하고, 체계에 대한 인식의 차원을 격상시킨 법이론들이다.

　여기에서 따로 상론하지는 않지만, 개념법학의 형식주의를 비판하는 일련의 법이론들은 법학방법론의 관점에서 보면 사실상 이른바 '탈체계화'의 주장까지 포함하는 새로운 차원의 '체계사고'가 다양한 관점에서 수용되어

---

229) 대표적으로 N. Luhmann, "Funktionale Methode und juristische Entscheidung", in: AöR Bd. 94(1969), 1-31면.

표현된 '분화된 결정(체계)론'이라고 할 수 있다. 예컨대, 거슬러 올라가면 개념 또는 총체적인 개념체계와 함께 또는 그보다 앞서 '가치'를 주목한 R. Jhering의 '이익법학'에서부터 법정책적인 또는 현실적인 이유에서 초기에는 법실증주의의 입장을 취했었지만 결국 '법적 안정성'보다 '정의'의 법이념을 우선시킨 G. Radbruch, 권리보호에 초점을 맞추어 일반적인 법원리를 강조한 Dworkin의 이른바 '자연법 없는 자연법이론'이 그러하고, '법사회학'의 중요성을 해명 및 부각시킨 Ehrlich나, 이른바 '자유법운동'(free law movement)을 제창한 Kantorwicz나 Fuchs를 비롯하여 반형식주의의 선두에 있었다고 할 수 있는 미국의 법현실주의자들도 법의 형식성, 특히 논리적인 개념체계로서 법의 폐쇄성과 완결성을 근본적으로 부정하고, 사회적으로 구성되는 법의 개방성과 법적 결정의 근본적인 불확정성을 강조한 점에서 같은 계보에 포함할 수 있다.

다분히 기술적(記述的)인 법이론이기는 하되, 비판법학운동이나 Derridas류의 해체주의적 법이론과는 달리 법의 불확정성과 사법적 결정의 비객관성을 상대적인 것으로 이해하면서 최근의 인지과학적 연구성과를 토대로 하여 경험적인 인지모델에 따라 좀 더 '인간화된 재판학'을 모색하는 영미 법철학계의 최근 논의도230) '개방된 결정(체계)이론'의 일환으로 이해된다. '법학적 해석학'이 강조하는 사태와 규범간의 교차적인 관계와 함께, 법텍스트를 매개로 하여 자기반성을 계속하면서 이 양자에 대하여 눈길을 번갈아주는 법해석자의 법인식작업, 즉 복합적이고 입체적인 '법적 추론'의 역동성을 주목하면서 '논증적 인식대상으로서의 법문제'를 새롭게 접근하는 것도 궁극적으로는 사법적 결정에 이르는 법관의 법인식작업의 본질과 구조를 해명하기 위한 것이기 때문이다.231)

특히 기술적(記述的) 이론에 대한 것이기는 하지만, '법에 대한 비판을

....

230) 이에 관한 상론은 박 은정(Fn. 11), 310-311면.
231) 박 은정(Fn. 11), 310면.

촉진하고, 법적 판단과 사법적 결정의 효율성을 높이는데 기여할 수는 있을 것이나, 법관의 법적 결정을 정당화하는 필요충분조건을 제공하지는 못한다'[232]고 하는 총평은 기본적으로 위에서 개관한 '탈 포섭도그마' 및 '법학적 해석학' 이후의 법이론들 전체에도 해당된다. 하지만, 폐쇄된 개념체계로 법을 이해하는 법의 단순화와 헌법을 정점으로 하는 위계적인 실정법체계의 형식화, 그리고 순수한 연역논리적 작업으로만 전제하는 법해석방법론의 단원화와 같은 전통적인 법이론의 핵심을 부정한 '법학적 해석학'과 그 후의 현대 법이론들에서 사법적 결정의 정당화를 위한 필요충분의 조건을 제공받기를 기대하는 것은 무리이다. 개방된 이후 법체계의 지평과 공간은 너무 광활하고, 형식의 전후와 상하에 있는 실체, 즉 윤리와 도덕 등의 가치적 요소와 현실세계가 다차원의 입체적인 '복잡계'로 주어진 법환경 속에서 이상이 아닌 법실무 차원의 법해석방법론에서 다원적인 분화 외에 수렴과 통합[233]의 대안을 찾는 것이 사실상 불가능해진 점에서 그러하다.

Luhmann의 결정이론에 대해서도, 적확한 문제제기를 한 점은 인정하되 스스로 초점을 맞춘 실용적인 해결책을 제공하지는 못한 것으로 평가하는 것도 같은 맥락에서 이해된다. Luhmann 스스로 제시하는 바와 같이, 법체계의 통일성에 대한 성찰에서 '옳은 결정'을 위한 기능적 프로그램, 즉 '결정에 대한 결정'(Entscheiung über Entscheidung)[234]의 문제로 초점을 바꾼

....

232) 박 은정(Fn. 11), 310면.

233) 이른바 '통합법학'(Integrative Jurisprudence)에 대해서도 '이상적인 법학'의 차원에서라면 몰라도, 적어도 법학방법론적 수용의 가능성이나 법실무상 실용성에 대해서는 회의적일 수밖에 없는 것도 같은 맥락에서이다. H. Berman, "Toward an Integrative Jurisprudence: Politics, Morality, History", in: California Law Review, Vol. 79(1988), 793면; M. Klatt, "Integrative Rechtswissenschaft", in: Der Staat, Bd. 54(2015), 469-499면.

234) M. Klatt(Fn. 225), 21면.

법학방법론적 전환의 맥락에서 "수많은 결정들을 세부적으로 통제될 수 있는 관계 속에 자리를 잡게 만드는데 도움을 주는 다소간에 좋은 근거들을 제시"하는 것과 이를 통해 법적 결정의 복잡성을 감축시키는 것을 법적 논증의 핵심기능으로 본다면,235) 적어도 법적 결정의 목적 및 그 결과의 관점에서 법학적 논증에 유의미한 방법론으로서 그 가치와 효용이 인정되지만, 법적 결정, 특히 사법적 재량의 결정을 이론적으로 포착하여 법실무상 적용가능한 방법과 준거를 제시하는 데는 실패한 것으로 평가되고, 그 이유는 결정모델의 구체적인 적용을 위한 사례의 선별과 범주화의 한계, 그리고 결정복잡성의 감축을 위한 전제조건이 너무 많다는 점에서 찾아지기 때문이다.236)

A. Barak이 '법문을 종착점이 아니라 출발점으로 삼는 법관', '법지식만 갖고 재판하지 아니하는 법관', '사회와 사회의 문제 및 여망을 아는 법관', '법이 전부가 아니고, 법이 내재적으로 생명력을 갖는 폐쇄체계가 아니라는 것을 아는 법관' 등을 '좋은 법관상'으로 제시하면서 단언하는 바와 같이, 법과 법의 발전을 설명하고 법관의 사법적 결정에 대하여 '필요충분한 정당화의 조건'을 제공해줄 수 있는 하나의 법이론은 더 이상 존재하지 아니한다.237) '포섭도그마'의 파기와 함께 실종된 법적 사고의 확실성238)의 보완과 통합의 안정성을 더 이상 기대하기 어렵게 된 법학방법론의 파편화와 주변부화, 그리고 그에 따른 법학의 동요는 고스란히 법적 결정의 주체

....

235) N. Luhmann, Die soziologische Beobachtung des Rechts, 1986, 32면.

236) B. Schlink, "Inwieweit sind juristische Entscheidungen mit entscheidungstheoretischen Modellen theoretisch zu erfassen und praktisch zu bewältigen?", in: H. Albert u.a(Hg.), Rechtstheorie als Grundlagenwissenschaft der Rechtswissenschaft, Jahrbuch für Rechtssoziologie und Rechtstheorie, Bd. 2(1972), 344면.

237) A. Barak, The Judge in a Democracy, 2006, 307-309면.

238) 이에 관한 상론은, 특히 '법률학적 방법'(juristische Methode)의 정치적 기능을 주목하면서, 그 독자성에 대한 이데올로기적 비판의 가능성과 필요성 및 그 한계를 포괄적으로 해명한 G. Haverkate(Fn. 110).

인 법관의 당혹감으로 이어진다.[239] 더 이상 법문만 보고, 논리적인 분석과 연역적 추론의 작업을 통해 답을 '발견'만 해내면 되는 법관이 아니라, 사태와 규범을 오가며 법과 함께 법의 전후, 좌우, 상하에 있는 세상과 세상 속의 사람들의 의식과 그것들의 변화, 즉 역사도 주시해야 하고, 자기 자신까지도 늘 성찰하면서 '결정되어 있지 않은 문제' 또는 '결정될 수 없는 문제'에 대하여 사실상 전방위적인 정당화의 부담을 안고 구속력 있는 결정을 내려야 법관에게 어떤 능력과 태도를 주문할 수 있는가?

사법실무와 법철학의 경계를 넘어서는 이른바 '통합법학'(Integrative Jurisprudence)의 수행자로서 법관의 역할을 강조하기도 하지만,[240] 무너진 것은 법철학과의 경계만이 아니다. 법학과 다른 모든 학문들 간의 칸막이도 무너졌다. 위에서 개관한 바와 같이, 통합을 지향하되, 다원적 분화의 상태에 머물러 있는 상황에서, 적어도 개념에 대한 논리적인 세공작업의 차원을 넘어서 경험적이고 규범적인 차원 까지 포괄하여 사법적 결정의 정당화를 위한 필요충분한 조건을 제공할 수 있는 법이론과 법학방법론을 더이상 기대하기 어렵다. 또 한편 현실적으로 '널리 통달'하다는 의미의 '박사'법관도 상정할 수 없다. 그렇다면 '통합법학'의 수행자로서 법관의 역할에 대한 기대와 주문은 법관의 태도 자체보다는 '태도에 대한 태도'(attitude about attitude)의 문제에 초점을 맞추어서 '지적 겸손' 및 정의가치의 구현에 대한 '깊은 열정'의 덕목과 함께 '좋은 법관상'에 대한 적극적인 관심과 성찰의 필요성을 강조한 것으로 이해되어야 할 것이다.』

---

239) M. Klatt(Fn. 233), 469면.
240) 이에 관해서는 박 은정(Fn. 11), 305면.

(3) '논증이론'(argumentation theory)

1) 개요

『전술한 바와 같이 법학방법론의 독자성과 학문으로서 법학의 자기이해의 기반이 심각하게 흔들리고 있고, 이는 그대로 법관의 동요와 사법적 결정의 불안정성으로 나타나고 있는 바, 법이론의 차원에 국한해서 보면 이러한 현상의 근원은 법 및 법적 결정의 안정성을 담보해주던 폐쇄적인 법규범체계의 개방 또는 해체라고 할 수 있다.

실정법만을 법으로 전제하는 개념정의에 따르면, 실정법에 의거하여 결정을 내릴 수 없는 이른바 '불확실한 사안'에 대하여 법관은 법 바깥의 기준에 따라 판결을 내릴 수밖에 없다고 보거니와, 성문화된 법률의 전체와 동일한 것으로 보는 형식주의적 법개념이 극복되고, 법해석의 종착점이 아니라 출발점으로서 법텍스트의 자리가 극단적으로 전위되면서 사실상 법관이 법을 해석하여 적용하는 모든 사법적 결정은 재량적 판단이 아닌 것이 없게 되었다. 전통적인 개념정의에 따라 법관이 의존하는 사법적 재량의 기준을 '법외적인'(außerrechtlich) 또는 비법적인(nichtrechtlich) 기준으로 분류한다면,[241] 그것은 적어도 이론적으로는 법 및 법학의 파산선고로 귀결되고, 또한 이른바 '확정적 명령'으로 주어지는 규칙의 적용방식이라고 할 수 있는 '포섭'의 방식에 포함될 수 없는 법해석방법을 법학방법론의 범주에서 배제하는 방법론이라면 그 역시 마찬가지다.

A. Schmidt Glaeser가 예시하는 바와 같이, 법관이 법적 결정의 과정에서 어떤 시나 자신의 아이들과의 경험을 생각하여 반영한다면, 그 역시 이미 법학방법을 통해 인식의 요소로 선별 된 '법적인 어떤 것'을 생각한 것이

---

241) R. Alexy, Begriff und Geltung des Rechts(1992), 이준일(역), 법의 개념과 효력, 2007, 104면.

다.[242] 법전은 유력한 것이기는 하되, 유일한 결정준거 또는 '준거의 준거'는 아니다. 또한 분야와 사안에 따라 정도의 차이가 있을지언정, 입법단계에서 적용의 준비가 완결된 상태로 주어지는 '규칙'(Regel), 즉 구성요건이 충족되면 선확정된 법적 효과를 발생시키는 규범을 기계적으로 적용하는 것에 그치는 사법적 결정은 존재하지 아니한다. 실제 사법적 결정의 많은 부분이 법관이 '자동화된 포섭기계'(Subsumtionsautomat)같이 선확정된 '규칙'을 찾아내어 적용하기만 하는 단순명료한 작업으로 보일지라도, 그것은 상대적인 차이일 뿐이지 본질은 다르지 아니하다. 법적 문제로서 그 양적인 크기와는 관계없이 이론적으로든 법실무상으로든 관심의 대상이 아닌, 이른바 '제도적인 지식'으로 단순하게 처리될 수 있는 틀에 박힌 사안의 경우에도 사실판단과 법률판단에 있어서 '사법적 재량'의 여지가 없다고 보는 법관의 재량판단이 전제되는 것이기 때문이다.

아무튼 '포섭의 도그마'가 극복된 후에 사법적 결정의 주체인 법관은 우리가 갑자기 드넓은 광장에 나설 때 경험하는 현기증(眩氣症)과 비슷한 당혹감을 피할 수 없는 상황에 있다고 할 수 있다. 사법적 결정은 더 이상 중립성과 독립성으로 표상되는 법관의 제도적 권위와 형식 이라는 필요조건만으로 정당화될 수 없게 되었고, 궁극적으로는 Metaphysik으로의 회귀를 강요하는 바, 경험적 차원의 과학적 증명과 도덕 및 정치철학의 차원에서 모색될 수밖에 없는 규범적 정당화의 부담을 피할 수 없게 되었기 때문이다. 실제로 대다수 판결에서 명시적으로 '설시'(說示)되지 않는다고 하더라도, 그것은 후술하는 이른바 '번역불가능성' 때문이거나 또는 easy case의 경우 실무상 편의에 의해 생략된 것일 뿐이다. 사태를 어떻게 보았고, 법률을 어떻게 해석하였으며, 본질적으로 교호적 관계에 있는 사실판단과 법률판단을 어떻게 연결시켰는지 등등에 관해서 가치적 선판단의 관점과 적용

---

242) A. Schmitt Glaeser, Vorverständnis als Methode, 2004, 131면.

한 방법, 그리고 판단의 실체적인 준거를 분명하고 소상하게 제시하는 것은 명실상부 법관의 법적 책무이다. 박 은정 교수가 말하는 법의 '트릴레마'는 법관의 '트릴레마'이기도 하다. 특히 '정치의 사법화(司法化)'를 비롯하여 중요한 경제, 사회, 문화적 갈등들이 법적 문제로 비화되어 궁극적으로는 사법적 결정에 의해 정리되는 전방위적인 '사법화'와 이에 따른 '판례실증주의'의 경향 속에서 '법관법'의 의미와 역할이 급속하게 증대되는 시대상황에서는 더욱 그러하다.[243]

> 『법은 적나라한 '현실'이면서도 이 현실을 '이념'에 연관짓고, 종래는 이 인간사에 대해 돌이킬 수 없는 실존적 '결정'을 감행하는 '트릴레마'의 숙명을 안고 있다. 법은 결코 다른 식으로는 다룰 수 없는 갈등해결을 위해 이 '트릴레마' 속에서 불완전한 합의를 추구해가는 것이기에, 인간사에 관한 그 어떤 이론도 법의 그것만큼이나 불안정하지는 않을 것이다.』[244]

2) '법적 논증이론'(legal argumentation theory)의 가능성과 한계

『전통적인 법이론과 법학방법론이 외면해 온 사법적 결정의 정당화라는 논제를 법학의 핵심문제의 하나로 해명하고 부각시킨 것이 '법학적 해석학'의 성과라고 한다면, 앞에서 개관한 그 이후의 모든 법이론과 법학방법론들은 법적 결정에 대한 '실질적인 정당화', 즉 '합법성'과 '정당성'을 동일시하는 '형식적 정당화'를 대체 또는 보정하는 경험적 차원의 과학적 정당화 그리고 가치철학적인 차원의 규범적 정당화의 방법과 수단을 모색한

---

243) 국가권력구조상 법원판결의 의미가 급증하고 있는 점을 주목하면서 대상영역을 범주적으로 구분하여 '법관법'에 대한 체계적이고 통일적인 접근의 이론적 기반을 모색한 최근의 연구로는 이 계일, "법관법의 대상영역과 규범적 힘에 관한 연구", 법학연구, 연세대 법학연구원, 제26권 제3호(2016), 209-257면.

244) 박 은정(Fn. 11), 300면.

시도들이라고 할 수 있다. 전술한 Luhmann의 결정이론을 비롯한 체계이론들이 결정의 구조적, 기능적 조건과 그 구체적인 결과에 초점을 맞춘 합리화된 결정모델을 통해 법적 결정의 기능적 효율성과 객관적인 타당성을 포착하여 법적 결정의 정당화를 모색한 사회과학적 정당화론이었다고 한다면, Posner로 대표되는 이른바 '법과 경제'(Law and Economics)이론은 비용편익분석의 방법으로 구현되는 '효율성의 원칙'에 따라 모든 법적 결정에 대한 정당화의 가능성과 타당성을 주장한 법경제학적 정당화론이었다. '체계'와 이른바 '생활세계'(Lebenswelt)를 구별하면서, 결정의 실질적인 내용이 아니라 합리적인 토론과 대화의 규칙과 그에 따른 '소통'(Kommunikation)의 과정 자체를 정당성의 근거로 제시하는 Habermas의 '대화론'도 법적 결정의 정당화론으로 주목된다.

정태적인 법적 추론, 즉 형식주의적인 연역논리의 방법을 넘어서 '개념'이나 '체계'가 아니라 '문제'와 '결정과정'에 초점을 맞추어 기능적 프로그램을 모색한 이들 결정이론들은 일면 사실판단과 법률판단의 논증을 연결시키는 역동적인 법적 추론의 요청에 부응한 점에서 그 효용이 인정된다. 하지만, 타면 '개념'과 '형식' 대신 '문제'와 '실체'에 집중하면서 '법적 문제를 섬세하게 가공하고 (불가측의) 유추를 제한하는'245) 법개념의 특유한 기능과 법적 추론의 형식적 구조에 특유한 효용, 말하자면 사회평화와 질서의 유지라는 법과 법관에 대한 보수적인 역할기대를 충족시키는데 필요한 최소한의 법치국가적 요청, 즉 법적 결정의 안정성과 가측성, 객관성과 합리성을 담보하는 법 및 사법의 '안전판'(安全瓣)기능에는 상대적으로 큰 관심을 기울이지 못한 점에서 그 한계 또한 부인할 수 없다. 가장 주목해야 할 유력한 법학방법론으로 이른바 '법적 논증이론'을 제시하는 것도 이러한 맥락에서이다.246)

....

245) N. Luhmann, Das Recht der Gesellschaft, 1993, 396면.
246) 이에 관한 개관과 상론으로는 김 영환, "법적 논증이론의 전개과정과 그 실천적 의

일단 주목과 믿음을 요구하면서 어떤 명제를 진지하게 주장하거나 결정을 정당화하는 준거를 논리적으로 제시하여 설득하는 작업을 '논증'이라고 일단 정의한다면, 법명제와 법적 결정의 정당화는 가장 정형화된 '논증모델'의 하나라고 할 수 있을 것이다. 여기에서 상론은 약하되, 일반적인 '논증이론'이 관심을 갖는 핵심명제, 즉 어떤 주장이나 결정의 타당성의 근거로 제시되는 '근거의 토대'라고 할 수 있는 '근본적인 관점', 실증적인 자료, 사실, 증명수단, 비교형량, 범주화 및 그에 따른 주안점 등에 대한 우리의 지향과 판단이 조종되고 관리될 수 있다는 전제와, 이 전제 하에 모든 근거제시(Begründung)의 타당성은 그것을 위하여 제시되는 논증이 '표준화된 요청'을 충족시키는 경우에만 인정될 수 있다고 보는 인식을 그대로 수용한다면,247) 법적 결정, 특히 사법적 결정의 정당화와 설득을 위한 논증의 맥락에서 결국 관심은 다분히 '형식'으로 재귀되는 이 '표준의 체계'와 개별적인 표준들에 의거한 '증명과 논증'248)의 조건과 구조, 그리고 범주화와 판단 및 비판의 방식을 규정하는 인식 및 결정구조의 기능적 효용과 그 한계에 모아진다. 특히, 굳이 부연하자면 '논증이론'이 제시하는 '표준들'을 충족시키는 근거에 대한 숙고, 즉 전통적인 법학방법론에 따르면 입법의 단계에서 실증적으로 정리되어 종결된 것으로 보았던 경험적, 가치철학적,

....

의", 한국법철학회(편), 현대법철학의 흐름, 1996, 126-182면.

247) 이에 관한 상론은 S. Toulmin, Der Gebrauch von Argumenten, 2. Aufl., 1996, 특히 17-43면.

248) 자의적이고 불특정한 것으로 보이는 가치판단에 대하여 합리적인 기준을 모색하는 데 초점을 맞춘 이른바 '새로운 수사학'(Neue Rhetorik)를 제시한 Ch. Perelmann에 따르면, 사실판단의 영역에서 '증명'(Beweis)과 실천적인 이성의 영역에서 주도적인 역할을 하는 '논증'(Argumentation)은 구별된다. 전자의 경우 논리적 추론을 통해 대전제로부터 결론이 도출되지만, 후자에서는 나름 타당한 설득의 근거가 제시될 뿐이고 따라서 결론에 대한 승인 여부는 논거에 대한 승인과는 별개라고 한다. Das Reich der Rhetorik und Argumentation, 1980, 162면 이하. 김 영환(Fn. 246) 151면에서 재인용.

규범적 차원의 실체적인 정당화작업을 법관의 주관성이 개입될 수밖에 없는 사법적 재량의 단계에서 '논증'의 '형식'으로 수행하는 것이 얼마나 타당성과 효율성을 담보할 수 있을 것인가, 달리 말하자면 형식주의와 함께 파기된 '포섭'의 형식적 구조로 확보되던 합리화의 기능과 효용의 빈자리를 얼마나 채울 수 있는가에 대한 관심이다.[249]

O. M. Fiss의 말대로, 일견 가장 기술적인(descriptive) 주장을 하는 것으로 보이지만, '효율성의 원칙'을 제시하는 '법과 경제'(Law and Economy)의 주장도 그 본질은 규범적인 것이거니와,[250] 법적 결정의 정당화의 방법과 조건을 제시하는 모든 정당화론은 법의 당위적인 목적과 기능에 대한 규범적 관점을 전제로 하는 것이기 때문에 그 주장이 사회현실이나 사법실무, 특히 법관의 자기이해와 거리가 멀다고 하는 단순한 비판으로 반증될 수는 없다.[251] 예컨대, '법과 경제'에 대하여 '모든 가치의 상대화'라고 하는 기본전제를 공박하는 것과 같이, 모든 정당화론은 법의 목적에 대한 기본적인 관점과 그 전제를 반박함으로써만 그 주장의 타당성이 부정될 수 있다. '형식'과 '실질'을 연계한 점에서 일종의 '통합결정이론'이라고 할 수 있는 '논증이론'은 특정한 관점을 전제하지 않는 점에서, 적어도 이론적으로는 유효한 공박을 원천적으로 피하고 있다고 할 수 있다. 하지만, Fiss가

---

249) 법적 논증에 대한 상론으로는 특히 이 계일(Fn. 118), 187-236면"; 하 재홍, "법적 논증의 기초 - 대법원 판결과 페렐만의 신수사학", 김 도균(엮음)(Fn. 10), 237-274면.

250) 위헌법률심판상 헌법해석에 초점을 맞춘 주장이기는 하지만, Posner(Fn. 145, 287-288, 323면)는 적어도 헌법사건을 판결하는 Supreme Court는 정치적 법원일 수밖에 없다는 전제 하에 조심스럽게 사법적 결정권에 대한 일정한 제약이 바람직한 것으로 보되, 입법부나 행정부에 대한 제약을 대가로 하여 법원의 결정권을 강화하는 의미의 사법적극주의를 배척하는 것으로 이해되는 사법소극주의를 문리해석의 방법을 중시하는 '보수적인 법해석방법론의 관점에서 제시되는 의견'(legalist opinion)이라기보다는 실용적인(pragmatic) 주장으로 파악한다. 이러한 입장 역시 실용성에 대한 규범적 이해를 전제로 하고, '효율성'을 준거로 한 적정한 결정권배분의 결론을 취하는 것이다.

251) O. M. Fiss, "The Death of the Law?", in: Cornell Law Review, Vol. 72(1986). 8면.

법규범과 법관 역할의 독자성을 근본적으로 부정하는 '비판법학'과 '법과 경제'이론에 대하여 제시하는 '가치는 가치다'(Values are values)[252]라는 비판명제는 '논증이론'에 대해서도 유효하다. 법의 근본목적은 최대한의 법 가치실현이고, 법관의 책무는 합의의 광장에서 특정한 관점과 선호(pre-ference)를 둘러싸고 토론을 하는 것이 아니라 소송법규범을 통한 절차와 특수한 논증형식의 제약 속에서 법에 의해 권위가 인정되는 정의와 '공동선'의 추상적인 가치들을 구체적으로 정의하는 것이기 때문이다.

논증의 구조와 형식적인 표준들이 그 영역과 층위에 따라 다를 수밖에 없거니와, 여기에서 관심은 '법적 추론'이라는 특수한 논증형식의 기능적 효용과 그 한계에 모아진다. 법적 추론 역시 분야와 대상의 범주에 따라 다르다는 점만을 전제하면서, R. Alexy의 논증이론에 대한 비판적인 검토로 상론을 대신한다. 주로 헌법재판에서 사법적극주의를 뒷받침하는 논거로 제시되지만, 규범통제도 그 본질은 사법작용이고 또한 '비례성심사'와 관련된 이른바 '실제적 조화'(praktische Konkordanz)의 맥락에서 수행되는 '이익형량'(Gütersabwägung)은 일반적인 사법적 재량에서도 판단의 핵심이라고 할 수 있다. Alexy는 이른바 '논증적 대의'(argumentative Repräsentation)와 일종의 '메타원칙'(Metaprinzip)으로서 '기본권보호의 원칙'을 연계하여 위헌법률심판에서 사법적극주의를 주장하는 바,[253] 그 핵심은 논증형식의 기능적 장점과 규범적 효용에 대한 긍정적인 인식이다. 말하자면 적어도 위헌법률심판에서 사법소극주의적 입장을 취하는 Habermas의 합리적인 토론과 대화의 절차에 비해서 기능적 장단점이 엇갈리는 것이되, 법관의 법적 추론의 형식을 통한 '논증적 대의'가 '기본권보호'라는 법가치의 실현에 더 유용하다고 보는 절차적 논거이다.[254] 제도론적 논의를 차치한다면, 궁

----

252) O. M. Fiss(Fn. 251), 9면.
253) R. Alexy, "Grundrechte, Demokratie und Repräsentation", in: Der Staat, Bd. 54 (2015), 209면.

극적으로 '연산규칙'(rule of arithmetic)에 따른 법익형량의 논증형식, 즉 '법익의 무게를 계량하여 균형을 맞추는 형식'(formular of weighing and balancing)으로 비례성심사를 하는 사법적 결정의 방법과 절차가 '정치적 합의'보다 더 합리적인 절차로 운용될 수 있는 효용과 당위적인 필요성이 있다는 인식이다.255) 조건과 표준이 다르기는 하지만, '논리의 규칙'(rules of logic)에 따른 '포섭의 형식'(subsumption formular)과 논증의 형식을 취하는 점에서 유사한, 일면 형식적 구조가 제공하는 효율성과 객관성의 과실을 취하면서, 타면 '포섭의 형식'이 포착할 수 없는 실체적인 가치적 정당화의 요청에도 부응하는 법적 결정의 방법이 바로 논증의 형식에 의한 법익형량이라는 것이다.

Posner와는 달리 '모든 가치의 상대화'를 전제로 하지는 않지만, 공리주의적 관점과 '모든 가치의 계량화'의 가능성을 전제로 하는 점에서, 특히 가치를 측량할 수 있는 보편적인 비중의 척도가 없고, 또한 언어 또는 개념의 불확실성에 따른 언어를 매개로 하는 논증의 근본적인 불확정성을 차치하더라도, 형식적인 구조를 유지하는 경우에도 본질적으로 형이상학적인 가치의 문제는 논리적 언어와 문법에 의거하는 법적 추론의 논증에서 다분

....

254) 이에 대한 비판으로는, 대표적으로 법도그마틱과 법학방법론의 관점에서 법원칙으로서 이익형량의 형식에서 법적 결정에 활용될 수 있는 지침들을 기대할 수 없다고 보는 N. Luhmann(Fn. 245, 397-398면)을 비롯하여 T. Vesting, "Gegenstandsadäquate Rechtsgewinnungstheorie - Eine Alternative zum Abwägungspragmatismus der Bundesdeutschen Verfassungsrechts?", in: Der Staat, Bd. 41(2002), 73-90면; K.-H. Ladeur, Kritik der Abwägung in der Grundrechtsdogmatik, 2004, 12-18면; "Der Wandel der Rechtssemantik in der postmodernen Gesellschaft - Von der Subsumtion zur Abwägung und zu einer Semantik der Netzwerke", in: Rechtstheorie Bd. 45(2014), 467-486면. Alexy를 변호하는 입장의 재반론으로는 M. Schladebach, "Praktische Konkordanz als verfassungsrechtliches Kollisionsprinzip", in: Der Staat, Bd. 53(2014), 263-283면.

255) R. Alexy, "On Balancing and Subsumption. A Structural Comparison", in: Ratio Juris Vol. 16(2003), 433-449면.

히 이질적인 것이 아닐 수 없을 뿐만 아니라, 궁극적으로 가치형량은 법관의 가치선호가 반영되는 주관적인 결정일 수밖에 없다는 등등의 비판들에 대하여 어떻게 응답할 것인지가 논증이론의 숙제로 남아 있다. Alexy는 이른바 '진정한(wahre) 논증적 대의'의 구현을 위한 두 가지 근본적인 조건을 제시하는 것으로 즉답을 피하고 있다. '좋은(옳은) 논증', 그리고 '충분히 많은 합리적인 시민', 말하자면 '좋은(옳은) 논증을 수용할 수 있는 능력과 의지를 갖춘 시민'의 존재가 그것이다.256) 후자의 조건이 대의민주주의의 성패를 결정하는 핵심요소라고 한다면, 전자의 조건의 충족은 결국 '옳은 논증'의 능력을 갖춘 법관의 존재에 달려 있다.

재판을 논증형식으로 진행되는 특수한 대화라고 한다면, Fiss가 토로하듯이, 이 대화를 주관하고 그 결론에 따라 최종결정을 내려야 하는 법관의 책무는 거의 인간의 한계를 넘어서는 힘든 일이거니와,257) '기본권보호원칙'과 유사한 내용의 '권리보호의 원칙'을 근본적인 법원리로 강조하면서 이 원리의 구현에 최적화된 '이상적인 법관상'으로 Dworkin이 제시하는 'Hercules법관'258)을 실제 법정에서 만날 수 있는 가능성 또는 그에 대한 기대의 크기가 관건이다. 'Hercules법관상'이 비단 헌법재판을 하는 대법관이나 헌법재판관에만 국한되는 것이 아니라고 한다면, Hercules법관이 사법소극주의자가 아닌 것은 물론이되, 적극주의자도 아니라고 하는 Dworkin의 인식도259) 일반 법관에 그대로 적용될 수 있는 것인가? 논증이론이 제시하고 기대하는 법관상으로 답해질 수 있을 것으로 생각되는 바, 말하자면 독자적인 사법적 결정에 대한 적극 또는 소극의 태도 자체가 아니라 사실판단과 법률판단을 연결시키는 역동적인 법적 추론에 요구되는 정당화, 즉

....

256) R. Alexy(Fn. 253), 212면.
257) O. M. Fiss(Fn. 251), 8면.
258) R. Dworkin, Law's Empire(1986), 장 영민(역), 법의 제국, 2004, 특히 497-570면.
259) R. Dworkin, 장 영민(역)(Fn. 258), 554면.

논증책임에 대한 진지하고 적극적인 태도를 기준으로 정의되는 적극주의자, 즉 Alexy의 용어를 빌려 말하자면, '논증적 대의자''(argumentativer Repräsentant)의 역할에 충실한 법관이 그것이다.』

3) 소결 – 입법자와 법관의 '공생체'(symbiose)관계

『우리 법원의 '논증적 대의자'로서 역할과 자기이해에 대해서는 획일적으로 단정하기 어렵지만, 적어도 사법적극 또는 소극주의의 관점에서는 양면적으로 평가할 수밖에 없는 듯하다. 일면 기본적으로 법창조자가 아니고 법집행자로서 법원의 역할에 대한 기대가 일반적이고, 법원 스스로도 이를 공식적으로 부정하지 않는 듯하지만,260) 타면, "우리 법원은 결코 법적 안정성을 위하여 개별적 정의(형평)를 희생시키지 않으려 한다"261)는 표현이 적확한지, 적어도 일반적으로 그러한지는 의문이되, 재판실무에서 구체적 타당성, 사법판단의 정책성 등을 명분으로 하여 다분히 사법적극주의적인 입장에서 법원의 법형성권을 행사하여 사실상 '대의적 입법자'로서 법창조적 기능을 수행하는 경우를 찾아보기 어렵지 않은 것도 사실이다. 하지만, 법창조적 법형성과, 법의 흠결을 보정하거나 (입)법의 명백한 실수나 모순을 교정하고 해소하는 법형성을 분명하게 구별하는 문제는 법학방법론상 의미가 없지는 않지만, 급변하는 사회·경제적 상황과 과학기술의 발전 등에 즉응(卽應)할 수도 없고 또한 그래서도 아니되는 오늘날 입법여건 속에서 보면, 더 이상 경직된 경계선을 긋는 '구획'의 관점에서 접근될 문제는 아니다. 국가운영체계에 대한 근본적인 견해 차이를 감안하더라도, 적어도 입법자와 법관의 지위를 일종의 '주종관계'로 보는 방법론의 틀 속에서 이른바 '법관국가'(Richterstaat)를 경계하는 관점에서만 문제를 제기하고 답을

---

260) 오 세혁, "한국에서의 법령해석 - 우리나라 법원의 해석방법론에 대한 비판적 분석", 김 도균(엮음)(Fn. 10), 7면.
261) 오 세혁(Fn. 260), 8면.

구하는 것은 비현실적이다. 법관과 입법자가 법치국가의 제도적 보장을 위한 일종의 '공생체'(symbiose)로서 유연한 역할분담과 공조작업을 통해 급변하는 상황에 적응해나가야만 하는 현실,[262] 분야에 따라 차이는 있되 다분히 사법적극주의를 불가피하게 만드는 오늘날의 법환경을 주목하는 관점에서 보면, 관건은 법적 안정성과 정의 또는 합목적성이라는 근본적인 법이념적 가치들을 어떤 관점에서 어떻게 선택하고 절충하였는지 그 준거와 방법을 논증하여 정당화하고 설득하는 것이다. 말하자면 사법적극주의와 소극주의 중에 선택과 그에 대한 획일적인 긍부정의 평가가 아니라, 영역과 층위 및 사안에 따라 차별화하여 접근되어야 하는 그 적정한 적극 또는 소극의 정도와 그에 대한 논리적 해명이 관건이다.

김 영환 교수가 "논거의 내용적 수준보다는 제도적 사실의 권위가 지배적인 우리의 법이론과 법실무", 특히 거의 대부분 개념법학적인 '포섭의 도그마'로 판결을 정당화하지만, 법률의 흠결이나 법개념의 불확정성 등으로 그것이 어려운 경우 "거침없이 법외적 사회규범으로 치닫는" 우리의 사법실무상 논증이론의 수용가능성과 역할에 대한 회의적인 의견을 피력하면서,[263] 그럼에도 불구하고 또는 그렇기 때문에 법적 논증이론이 우리에게 시사하는 바를 찾아서 정리한 것이 주목되는 것도 같은 맥락에서이다.

> 『법적 결정이 '논증'이라는 점에서 판결의 근거를 단지 경직된 법률의 개념 안에서만 모색하는 현재의 지배적인 경향은 결코 정당화될 수 없으며, 다른 한편 판결은 동시에 '법'에 관한 논증이므로 법체계와의 논리적 연관성을 밝힘이 없이 무작정 개괄적인 사회규범을 원용하는 것도 마찬가지로 설득력이 없다. 바로 이러한 이유에서 법적 논증이론을 향한 우리의 행보는 한편으로는 법해석학적 개념의 논증구조를 밝

....

262) G. Hirsch, "Auf dem Weg zum Richterstaat?", in: JZ, 2007, 856면.
263) 김 영환(Fn. 246), 181면.

혀 그 타당성을 검토하는 동시에, 다른 한편 법적 논거의 사회윤리적인
바탕을 체계적으로 이론화하는 데에 있을 것이다.』264)

(4) '도그마틱 이론'(dogmatische Theorie) 구성의 가능성과 한계

1) '논증적 대의자'로서 법관과 '도그마틱 이론'

『'논증적 대의자'로서 법관의 고유한 책무는 법에 의해 권위가 인정되는
정의가치들에 대하여 구체적인 의미를 부여하는 사법적 결정, 즉 확정적
해석과 명령을 통해 그 가치 또는 법화된 가치인 권리들을 보호하는 것이
다. 일종의 '통합적인 법학방법론'으로 이해되는 전술한 논증이론에서 결국
난문으로 남는 것은 다양한 관점들과 다분히 형이상학적인 규범적 전제들
의 상위(相違)를 전방위적으로 포착하는 것인데, 그 핵심은 결국 단순한 선
호의 차이가 아니라 다양한 정치 및 도덕철학의 판단기준들의 상충에 기인
하는 보편타당한 가치척도 부존재의 문제, 즉 비교형량의 대상인 권리 또
는 법원리에 담긴 법가치들에 대한 측량과 그 측량의 결과를 논증의 형식
으로 수렴하는 것의 어려움이다.

전술한 바와 같이, 정의에 대한 법철학의 질문에 대하여 확정적인 답을
제공할 수는 없지만, 정의를 구체적으로 정의(定義)하는 법실무상 문제의
구조를 관통해서 볼 수 있게 하고, 개별적인 정의문제에 대한 '토론의 규
준'을 제공하는 것이 법이론의 역할이라고 한다면, 논증의 형식적 구조에
포함된 기능적 장점과 실용적 효용의 크기는 결국 법적 논증이론과 법도그
마틱을 연결시키는 법학방법론, 말하자면 '법도그마틱 이론'의 가능성과 법
실무상 효용에 달려 있다. '법도그마틱 이론'은 논증형식의 '표준'과 관련
하여 '이중의 부정', 즉 '순정한 논리적 추론방법의 경험적, 규범적 부정합

----

264) 김 영환(Fn. 246), 182면.

성'과 '순정한 가치판단작업의 객관성'에 대한 부정을 출발점으로 하여 법적 추론의 형식적 구조의 효용과 함께 가치판단의 객관성과 타당성을 동시에 확보하고자 하는 법이론적 시도이다.265) 그 핵심내용은 분석적 차원에서 그 고유한 효용이 부정되지 않는 형식적인 논리작용과 함께 법익형량에 필수불가결한 주관적인 가치판단 및 그 자체가 '역동적인 학제간 토론' (dynamische interdisziplinäre Diskussion)으로 이해되는 '구성'(Konstruktion) 의 대상이고 결과인 '사실' 또는 '현실'266)에 대한 인식을 '도그마틱 이론' 을 매개로 하여 법적 추론의 논증형식에 편입시켜서 법적 결정을 '도그마틱 이론'의 체계 속에서 검증이 가능하고 합리적인 기준에 따라 통제하는 것이다.267)

이러한 '도그마틱 이론'이 가능하고 필요한 결정적인 이유는 오롯이 법적 논증이론에 필수불가결한 형식적 구조에서 찾아진다. 법적 논증이 사실판단의 문제와 함께 실천적 문제도 다루는 법적 추론의 형식이라고 하더라도, 그것은 사실과 실천의 문제를 그 자체로 다루는 것이 아니고, 항상 이론적으로 체계화된 법적 개념의 형식을 빌려서 또는 그 속에서 논의하는 것이기 때문이다. 말하자면 사실 및 가치의 판단과 실천의 문제들이 법이론적 개념으로 치환되어 논의된다는 것이다. 다만, 그렇다고 해서 법이 다른 사회체계들을 지배하는 식의 치환은 아니다. 법이 도덕, 경제 또는 종교의 독점적 득세를 제어하는 것이기는 하되, 그 방법은 논의의 독점이 아니라 상충되는 사회체계들 간의 대화와 토론을 강제하여 그 결론을 '성찰' (Reflexion)의 여과과정을 거쳐서 법적 추론의 형식으로 정리해내는 것이다.268)

....

265) A. Podlech, "Rechtstheoretische Bedingungen einer Methodenlehre juristischer Dogmatik, in: Rechtstheorie als Grundlagenwissenschaft der Rechtswissenschaft", H. Abert u.a.(Hg.), Jahrbuch für Rechtssoziologie und Rechtstheorie, 1972, 500면.
266) H.-J. Strauch(Fn. 120), 1020면. 이에 관한 심층연구로는 P. Watzlawick(Fn. 120).
267) A. Podlech(Fn. 265), 501면.
268) R. Christensen/K. D. Lerch, "Dass das Ganze das Wahre ist, ist nicht ganz unwahr",

법적 논증이론의 관점에서 볼 때, '법도그마틱 이론'은 "우리가 오류에 빠지지 않도록 보호해주기는 하지만, 우리가 말해야 하는 것을 말해주지는 않는"[269] 법텍스트와 해석방법론적 공준이 아니라 이론적 결정의 문제에 초점을 맞추어 바로 이 성찰과 정리의 과정에서 중요한 관점과 요소들을 선별하여 법적 판단에 반영할 수 있는 합리적인 조건과 방법을 설정하려는 이론적 시도의 일환이라고 할 수 있다. 결국 관건은 형식, 즉 '도그마틱으로의 회귀'이되, 다만 '포섭도그마'를 극복한 '성찰의 도그마틱', 현실 및 실천의 문제와의 교섭창구가 개방된 '열린 도그마틱', 그리고 사실증명과 가치판단의 내용을 포함하는 '정보담지자(Infrormationsträger)로서 도그마틱'의 구성을 모색하는 것이다.

하지만 "하나의 질서체계 속에서 수행되는 체계내적인 판단기호들에 대한 세밀한 가공작업"[270]으로서 도그마틱을 의심의 대상이 될 수 없는 전제된 진리들을 토대로 하는 순정한 체계내적인 과정으로 보는 전통적인 이해에 따르면, 이러한 구상과 기획은 개념부터 이른바 '형용의 모순'이라는 비판을 면할 수 없다. 법률텍스트이든, 그에 대한 당대의 이해이든 또는 독자적인 권위의 준거들로 정립된 법원칙과 기본적인 법개념 및 결정의 규칙들을 단일한 총체적 구조로 체계화하여 이를 통해 법에 대한 예측과 검증이 가능한 이해와 구체적인 사례에 대한 효율적인 적용의 가능성을 확보해 주는 것이 법도그마틱의 핵심과제라고 한다면,[271] 법도그마틱의 탈도그마화,

....

in: JZ, 2007, 443면.

269) '사료'(史料: Quelle)와 사료해석 및 역사이론의 관계를 해명하면서 R. Koselleck(Fn. 92, 206면)이 "완전히 틀리거나 신빙성이 없는 해석을 감행하거나 받아들이는 것을 막아주는" 이른바 '사료의 거부권(Vetorecht)'을 강조하면서 한 표현이다.

270) J. Esser(Fn. 1), 91면.

271) 이에 관한 상론으로는 W. Brohm(Fn. 7), 246면 이하.; M. Klatt(Fn. 233), 488-492면. 임 웅 교수가(Fn. 24, 10면) 형법 도그마틱의 기능으로 제시하는 바, 즉 '예견이 가능하고 통제가능한 형법적용', '확실하고 공평한 형법적용', '형법해석에 있어서 합리화와 자의배제' 등은 법도그마틱에 일반적인 것으로 보아도 무리가 없다.

개방화, 실질화의 구상은 한편으로는 법의 무모순성과 안정성을 담보해주는 법체계의 통일성, 다른 한편으로는 '법학적 방법'(juristische Methode)의 핵심요소인 법적 결정의 '예측가능성'(Vorhersehbarkeit)과 '추수(追隨)가능성'(Nachvollziehbarkeit)[272]을 위한 필수조건인 법의 형식성의 요청과 조화되기 어렵다. 법도그마틱은 통시적 차원과 공시적 차원이 교차되는 사실판단의 경험과 규범에 대한 이해를 위해 프로그램화된 수단이고, 그 핵심은 오롯이 형식적 구조이기 때문이다. 이러한 점에서, 전통적인 '이성법'의 맥락 속에서 "언어의 과학적 의미론으로 조탁된 합리적인 논증"의 한계와 아울러 '은유와 환유의 사용이 불가피한 수사학적 논증의 필요성'을 강조하면서 "법과 춤의 엮음"이라는 낯설지만 흥미로운 화두를 던진 이 상돈 교수의 시도가 주목되기는 하지만,[273] 동서양의 문화권을 넘어서는 의미에서라면 몰라도, 고전발레에서 장르의 구조적 형식성을 넘나드는 의미의 보편성 또는 보편화의 가능성을 기대[274]하는 것은 무리가 아닐까? '형식의 논리'와 '의미의 논리'[275] 사이의 깊고 넓은 간극을 고려하건대, 난해한 현대무용의 메시지를 고전발레의 형식으로 담아내는 것이 얼마나 가능하고, 필요한 것인지 의문이다. 형식을 공(空)으로 비유한다면, 적어도 법학방법론의 범주에서 '공즉시색'(空卽是色)의 명제는 공이 공으로서의 본질과 구조가 유지되는 조건 하에서만 그러하다. 형식은 말 그대로 형태와 방식일 뿐이기 때문이다.

법의 해석이 W. Dilthey가 말하는 역사(철)학 차원에서의 '이해와 해석'

....

272) A. Schmitt Glaeser(Fn. 242), 128면.

273) 이 상돈, 법의 춤, 2012, iv-v.

274) 이에 관해서는 이 상돈(Fn. 273), 125-130면.

275) Bergson에 의해 열린 20세기 형이상학의 완성자라고 칭해지는 G. Deleuze의 의미론, 특히 개념과 사건, 의미와 사건, 의미와 존재를 동일시하는 새로운 구조주의적 관점을 시사하는 대표적인 저작의 제목이다. 이 정우(역), 의미의 논리(Logique Du Sens: 1969), 1999, 해제("들뢰즈와 사건의 존재론"), 23-38면.

(Verstehen und Deuten),[276] 즉 모든 기능들이 통합되고, 모든 정신과학적 진리들이 수렴되는 정신과학적 방법의 범주에 속하는 것으로 볼 수 있는지 여부를 떠나서, '진실한 진술'(wahre Aussagen)과 '진술의 상대성의 인정과 고려'라는 역사학에 대한 두 가지의 상반되는 요구는[277] 법학에도 해당한다. 판단의 주체에게 '옳은 것으로 보이는 것'(what seems right)을 기준으로 하여 객관성을 주장하는 이른바 '주관주의'(subjectivism)가 법학자의 논변일 수는 있겠지만, 법관이 '주관적 객관성'에 기댈 수 있는지는 의문이다. 전체 공동체에게 옳은 것으로 보이는 것을 준거로 하여 진리를 판단하는 '최소 객관주의'(minimal objectivism)나, 이상적인 조건 하에서 옳은 것으로 여겨지는 것을 기준으로 제시하는 '순화된 객관주의'(modest objectivism)도 마찬가지이다.[278] 적어도 상징적인 의미에서 생사를 가르는 치열한 대결, 즉 대화가 아니라 서로 상대방에 대하여 '삶과 죽음의 주재자'(Herr über Leben und Tod)의 자리를 차지하기 위한 소송에서 패배하는 개인과 집단에 대하여 결과의 객관적 타당성을 설득해야만 하는 맥락에서는 그러하다.[279] 그렇다면 '상충의 무리(無理)'에 대한 지적만으로 반박될 수 없는 모순의 요구와 질문에 대해서는 논리를 넘어서는 '수사학'으로 응답할 수밖에 없는 것 아닌가? 하지만, 객관적인 논리적 정합성을 담보하는 형식적 구조가 핵심인 법도그마틱에 이러한 '수사학'을 담아내려는 이론적 추론 자체가 이미 모순 아닌가? 잇달아 연상되는 법철학, 법이론적 난문과 함께, 궁극적

---

276) W. Dilthey, Gesammelte Schriften, Bd. 7, 2. Aufl., 1958, 205면. R. Koselleck(Fn. 92), 177면에서 재인용.

277) R. Koselleck(Fn. 92), 176면.

278) B. Leiter, "Objectivity and the Problems of Jurisprudence", in: Texas Law Review Vol. 72(1993), 192면. 법 및 법해석의 객관성에 대한 심층연구서는 이 서평논문의 대상인 K. Greenawalt, Law and Objectivity, 1992. 와 함께 M. H. Kramer, Objectivity and the Rule of Law, 2007.

279) F. Müller, 이 덕연(역)(Fn. 5), 36-37면.

으로는 판결의 형식으로 '진실한 진술'을 해야 하는 법관이 봉착하게 되는 이러한 딜렘마의 요구에 대하여 '법도그마틱 이론'이 유효한 반박 또는 대응의 수단을 제공할 수 있는 가능성과 그 한계에 대해서는 해명과 판단을 유보한다.

아무튼 법도그마틱의 효용, 특히 분석적 차원에서의 그 의미에 대해서는 한편에서는 '법학의 전범', 다른 한편에서는 '논리학의 한계'를 지적하면서 법률학을 '법의 수학'으로 전락시켰다고 할 정도로 극단적인 긍부정의 평가가 엇갈리고 있지만,[280] 적어도 오로지 분석의 차원에만 집착하고 다른 모든 것들은 관심권 밖에 두는 법학과 동일시하는 전제 하에 법도그마틱의 한계만을 주목하는 것은 타당하지 않다. 법학과 법관이 근본적인 가치문제를 늘 반복하여 고민해야 하는 부담을 덜어주고, 수범자에 대하여 법적 안정성과 예측가능성을 확보해주는 법 도그마틱의 특유한 기능을 차치하더라도, 사회과학은 물론이고 자연과학과도 연계되는 사실의 경험적 차원과 함께 불가불 철학, 윤리학 등 형이상학으로 귀착되는 규범적 차원도 포괄하는 법도그마틱 구성의 가능성을 원천적으로 배제하는 것은 성급한 예단이다. '결정여지'(Entscheidungsspielraum)의 크기 외에 입법과 사법작용을 법이론적으로 달리 볼 차이는 없다고 보는 인식에는 동의할 수 없지만,[281] '도그마틱 이론'의 구성을 일종의 '창조적인 성과'(kreative Leistung)로 평가하면서, '유효한 실정법에 배치되지 않는 조건 하에서 부정의를 피할 수 있는 가능성'을 최적화하는 '법도그마틱 이론'을 주목하는 Podlech의 기대는 여전히 유효하다.[282]

---

280) M. Klatt(Fn. 233), 488-489면.
281) A. Podlech(Fn. 265), 501면.
282) A. Podlech(Fn. 265), 특히 498-502면.

2) 도그마틱적 구성 - '구성적 해석'

'도그마틱 이론'의 핵심내용인 이른바 '도그마틱적 구성'(dogmatische Konstruktion)의 법학방법론적 함의는 Dworkin이 시나 회화 등 예술작품에 대한 '창조적 해석'에 비유하여 설명하는 '구성적 해석'(constructive interpretation),283) 즉 "대상이나 관행을 그것이 속하는 형식이나 장르에서 가능한 최선의 예로 만들기 위해 목적을 부여하는 해석"284)과 다르지 아니하다. 또한 전술한 '통합법학'의 구상과도 그 출발점과 지향목표가 다르지 아니한 바, 사법적극주의와 관련된 논의도 달리 더할 것이 없다. 다만, 앞에서 인용한 김 영환 교수의 비판 중에, 판결의 근거를 단지 경직된 법률의 개념 안에서만 모색하는 "결코 정당화될 수 없는" 경향과 법도그마틱이 궁해지는 순간 바로 무작정 개괄적인 사회규범을 원용하는 관행에 대한 반성과 개선이 '법도그마틱 이론'과 법관의 적극적인 생산적 역할의 효용을 확대해 나가기 위한 선행조건이라는 점만을 밝혀둔다.』

---

283) 이에 관한 상론으로는 김 도균(Fn. 10), 276-279면.
284) R. Dworkin, 장 영민(역)(Fn. 258), 83면.

III. 헌법해석론과 헌법이론 및 헌법도그마틱

1. 개요

법도그마틱의 개념과 그 기능 및 특성, 그리고 '포섭도그마'의 오류와 한계에 대한 일반적인 논의는 기본적으로 헌법 및 헌법해석방법에도 그대로 해당된다. 오히려 헌법도그마틱에 초점을 맞추는 경우 논의의 기조와 논점들이 더더욱 분명하게 드러난다. 좀 더 구체적으로 말하면, 그 개념의 불확정성이나, 법개념 또는 개념관계의 체계화를 요소로 하는 표준화된 법해석 또는 법적용의 모델로서 법도그마틱의 기능적 효용과 그 한계에 대한 검토의 맥락에서 그러하다. 특히 '좀 더 좋은 법도그마틱'(bessere Rechtsdogmatik), 또는 '계몽된 법도그마틱'을 위한 갱신의 요청과 그에 부응하는 적확한 '어답음'에 대한 주문은 학문적 차원에서든 실무의 차원에서든 기본적인 문제인식과 함께 문제해결의 대안과 단서를 탐색하는 관점에서 헌법도그마틱, 특히 기본권해석론에서 그 필요성과 함의가 더욱 부각된다.

전술한 바 있듯이, 1973년 U. Meyer-Cording의 법도그마틱에 대한 사망진단은 이미 오진으로 판명되었거니와, 30년이 더 지난 2007년에 B. Schlink는 다시금 '헌법도그마틱의 해체'를 단언하였다. B. Schlink는 '헌법해석'을 넘어서 '헌법형성'의 범주로 무분별하게 진입한 것으로 본 독일 연방헌법헌법재판소의 결정들에 대한 검토를 통해 연방헌재가 자신이 스스로 형성한 도그마틱의 규범적 효력, 즉 헌법도그마틱의 '자기기속'을 부정하였다고 비판하였다.[285] Schlink의 비판은 일반법원, 특히 상급법원의 경

....

285) B. Schlink, "Abscheid von der Dogmatik. Verfassungsrechtsprechung und Verfassungs-

우에 종종 목격되고 있지만, 연방헌재의 경우 더욱 심각한 '과도한 자기수권'의 문제에 초점을 맞춘다. 요컨대, 기본법이 '헌법해석' 또는 '헌법발전'(Verfassungsfortentwicklung)에 대하여 '포괄적인 권한'(pauschale Kompetenz)을 부여하지 않았음에도 불구하고, 연방헌법재판소는 너무 멀리 나갔고, 기회가 주어지는 대로 자신의 관할권에 대한 제약들을 무시하여 왔다는 것이다.286)

Schlink의 이러한 비판은 이미 반세기 전인 1959년에 내려진 E. Forsthoff의 진단, 말하자면 헌법해석에서 점점 더 법학적 해석의 확립된 규칙들이 외면되면서 '법치국가헌법의 해체', 즉 '법치국가'(Rechtsstaat)로부터 '법관국가'(Richterstaat)로의 변화가 초래되고 있다고 하는 견해와 기조를 같이 한다.287) 또한 이러한 문제의 해결을 위한 처방으로 제시된 "법학적 방법으로의 회귀!"(Zurück zur juristischen Methode!)도 다르지 않다. 주지하는 바와 같이, 법학적 방법과 정신과학적인 가치형량의 방법을 도식적으로 구별하여 대립시킨 것 때문에 이 촉구는 별로 큰 반향을 불러일으키지는 못하였지만, 적어도 법해석론의 관점에서 '법적 결정'을 법학적으로 통제할 수 없게 되는 것을 헌법해석과 법률해석의 공통된 문제로 제시하고, 법관의 자의(恣意)에 대한 합리적인 통제의 가능성과 필요성에 대한 확인과 함께 사법적 판단에 대하여 결정권한의 한계를 설정해주는 공준의 확보를 법

....

rechtswissenschaft im Wandel", in: JZ, 2007, 157-162면.

286) 이와 관련하여 다음과 같은 예들을 제시하고 있다: 일반법의 합헌적 해석, 오로지 법원에 의해서만 관장될 수 있는 규범적인 중간범주로서 척도형성, 예컨대 청구인의 사망과 같이 권리보호이익이 없게 된 경우에 본안판단, 헌법개정법률에 대한 합헌적 해석을 통한 헌법개정제도에 대한 자기수권, 기본법 제79조 제3항에 의거한 통제를 수단으로 하는 국민의 헌법제정권력으로서 동질성의 통제 또는 수호. O. Lepsius(Fn. 17) 43-44면. 주석 10-15번 참조.

287) E. Forsthoff, "Die Umbildung des Verfassungsgesetzes", in: Festschrift für C. Schmitt, 1959, 35-62면: "Rechtsstaat im Wandel", in: Verfassungsrechtliche Abhandlungen 1950-1964, 1964, 147-175면; Der Rechtsstaat der Industriegesellschaft, 1971, 116면 이하.

학방법론의 핵심과제로 제시한 것은 여전히 적확한 것으로 평가된다.

이 문제와 관련하여 주목되는 바, 즉 권력분립적 법치국가에서 매우 중요한 헌법적 의미를 갖는 법관의 '법률기속원칙'은 헌법률의 해석에서도 근본적으로 다르지 않다. K. Hesse의 말대로, 헌법해석의 과제를 "합리적이고 통제될 수 있는 해석절차에 따라 올바른 결과를 찾아내고, 그 결과에 대하여 합리적이고 통제될 수 있는 논거를 제시함으로써 '법적 확실성'과 '예측가능성'을 확보하는 것"이라고 한다면,[288] 여기에서 '합리적이고 통제가능한 해석절차'는 '헌법률기속'을 전제로 하기 때문이다.

다만, 법률에 대하여 유효한 해석방법으로서 법도그마틱의 공준과 규칙들이 헌법해석에도 적용되어야만 한다면, 헌법과 전통적인 법해석방법론에 의해 확립된 규칙들의 관계에 대한 차별화된 접근이 필요하다. 일반 법원도 그러하거니와, 특히 헌법재판소는 이 규칙들을 곧이곧대로 적용하지 않기 때문이다. Schlink가 특히 헌법해석의 '자의성'(恣意性)에 대한 경계와 함께 '가측성' 또는 '예측가능성'을 담보하는 도그마틱의 기능을 강조하면서 제시하는 '새로운 헌법학'(neue Verfassungsrechtswissenschaft)이나,[289] Forsthoff가 제시한 '법학적 방법'의 헌법(학) 차원에서의 타당성과 실무적 효용이 관건이다. Forsthoff가 회귀의 원점으로 제시한 '법학적 방법들'이 어디에 존재하는지 또한 '법학적 방법들'이 법적 결정에 대한 합리성통제의 기능을 수행할 수 있는지 여부의 문제에 대한 답은 여전히 제시되지 못하였거니와, 특히 헌법해석의 경우에는 더더욱 그러하다. 다만, Forsthoff가 단순히 법실증주의적인 개념법학으로의 회귀나, Savigny가 제시한 해석방법들(문리적, 논리적, 역사적, 체계적 해석)로의 선회를 요구하는 것은 아니고, 그가 강조하여 경계한 것은 법학적 방법, 즉 헌법도그마틱의 폐기가 '법학의 퇴위'

....

288) K. Hesse, Grundüge des Verfassungsrechts der Bundesrepublik Deutschland, 18. Aufl., 1991, Rn. 51.

289) B. Schlink(Fn. 285), 161-162면.

(Depossedierung der Rechtswissenschaft), 말하자면 철학, 정치학 및 사회학 등에게 역할을 떠맡기고, 결과적으로 법관의 '결정발견'에 대한 법학의 통제가 상실되는 결과였다. 이러한 우려와 경계는 결국 개념법학이나 Savigny가 제시한 해석방법들과는 다른 헌법해석방법론과 이를 뒷받침하는 헌법이론의 대안을 모색해야 하는 과제로 귀결된다.

법률해석의 방법과 규칙이 헌법에도 적용되어야 한다는 Forsthoff의 주장이 여전히 적확하다면, 이 우려와 '법학방법론으로의 회귀'의 촉구에 동의하는 입장에서 제시되는 방법론들의 설득력은 우선 '유효한 해석규칙에 대한 공술', 즉 법도그마틱의 기능적 한계를 제시하는 법해석(방법)론들에 대한 반론의 가능성과 타당성, 그리고 이 반론이 헌법 및 헌법해석의 경우에도 적확한 것인지 또는 얼마나 적확한지에 달려 있다. 전자의 논점은 법도그마틱의 기능적 효용과 한계에 초점을 맞추어 앞에서 상술하였거니와, 여기에서 주목의 대상은 후자의 논제, 즉 '헌법도그마틱'이다.

2. '헌법도그마틱'의 현황 - 용어사용과 논의의 맥락

법이론 또는 법해석론의 차원에서 법도그마틱이 법학의 연구영역을 독점하는 것에 대한 비판에 관해서는 전술한 바 있거니와, 적어도 지나친 법도그마틱의 편향성은 바람직한 것으로 볼 수 없다. 이러한 맥락에서 보면 헌법의 경우에 '도그마틱의 해체' 또는 헌법재판의 '법도그마틱과의 결별'을 우려하는 입장이 제시되고 있는 것은 이채롭다. 우리 공법학의 경우에도 다르지 않지만, O. Lepsius의 말대로 독일에서도 행정법은 물론이고 헌법학의 경우에 최근에 그러했던 만큼 도그마틱적 논제에 집착했던 시대는 없었기 때문이다.[290]

사실 도그마틱이라는 용어는 사법(私法)에서 사용되었을 뿐, 오랜 동안 공법에서는 통용되지 않았다. 독일의 공법학분야에서 도그마틱이라는 용어는 1971년 국법학자대회가 "행정의 현재과제를 당면한 행정법 도그마틱" (Die Dogmatik des Verwaltungsrechts vor den Gegenwartsaufgaben der Verwaltung)을 주제로 채택하면서 본격적으로 사용되기 시작하였다. 헌법의 경우에도 상황은 크게 다르지 않았다. Weimar 국법학에서도 그러했지만, 기본법체제 하에서도 상당 기간 오늘날 회자되는 '헌법도그마틱'이라는 용어는 상정될 수 없는 것이었다. 헌법해석론의 영역에서도 도그마틱은 거의 언급되지 않았다. "헌법해석의 원칙들"을 주제로 하였던 1962년 독일 국법학자대회에서 선도적인 연구성과로 평가되는 H. Ehmke의 발제논문에서도 도그마틱은 언급조차 되지 않았다. 오히려 법실증주의를 토대로 하는 Larenz류의 '개념법학'과 개념분석과 체계를 핵심수단으로 하는 법해석방법은 헌법에 적용되기 어려운 것으로 보는 입장에서 '헌법도그마틱'이나 '체계사고' 등의 용어는 전혀 사용되지 않았다.[291] 말하자면 도그마틱으로 포착될 수 없는 헌법해석의 관점이나, 선이해, 해석권한 및 규범의 특성에 따른 차별화된 헌법해석의 가능성과 한계, 말하자면 한참 후에 주목되기는 하였지만, 이른바 헌법해석 또는 헌법재판의 '기능적-법적 한계'에 초점을 맞춘 논의가 지배적이었다.[292] Ehmke도 헌법재판실무와의 연관성을 강조하기는 하였지만, 그것은 '헌법도그마틱'이 아니라 도그마틱과는 결이 다른

....

290) O. Lepsius(Fn. 17), 49면.

291) H. Ehmke, "Prinzipien der Verfassungsinterpretation", in: VVDStRL 20(1963), 54면 이하.

292) 1972년에 발표된 F. Müller의 "헌법의 작업방법들"(Arbeitsmethoden des Verfassungs-rechts)에서도 '도그마틱'이라는 용어는 전혀 언급되지 않았다. 민법에서 여전히 지배적이었던 법실증주의를 토대로 한 개념법학과, 헌법규범의 특성과 규범프로그램을 주목하는 규범구체화의 '기능론'(Funktionenlehre)을 분별하는 것이 관건이었다. 말하자면 주목되었던 논제는 '체계'가 아니라 '체계를 구조화하는 방법론'이었다. Enzyklopädie der geisteswissenschaftlichen Arbeitsmethoden, 11. Lfg.: Methoden der Rechtswissenschaft Teil. 1, 1972, 136면 이하, 143면 이하, 165면 이하.

'관점론적 헌법해석'과 관련된 것이었다. 도그마틱은 '헌법의 구체화'에 초점을 맞춘 헌법해석에서 고려되는 다양한 요소들 중의 하나로서 사안관련성, 규범영역, 문제해결기술, 이론 및 규범구체화 등과 경쟁관계에 있는 것으로 이해되었다.

아무튼 법학방법론의 새로운 지향성, 특히 실증적인 사회과학에 대한 개방의 필요성이 주목되기 시작한 1970면대 이후의 상황에서 보면, 그 본질상 '법적인 것'과 '법외적인 것'을 분별하는 전제 하에 법의 '비정치성' 또는 '정치적 중립성'을 강조하고 또한 인접학문들로부터 주어지는 이론적인 숙고들이나 영향에 대하여 차폐하는 경향의 법도그마틱은 적어도 헌법해석론의 범주에서는 적실한 해석방법으로 수용되기 어려웠다. 이러한 맥락에서 보면 헌법해석론과 헌법재판이 도그마틱과 결별한 것이 아니라, 오히려 원천적으로 결별의 전제인 연결 자체가 없었거나 느슨했던 것으로 보아야 할 것으로 생각된다. 이러한 점에서 오늘날 헌법해석론의 차원에서 오히려 주목되어야 하는 것은 Forsthoff가 제시한 '법학적 방법으로의 회귀'의 맥락에서 법도그마틱의 유효성에 대한 논의가 활성화되고 있는 상황변화의 조짐이다.

실제로 2-30년 전만 해도 주로 기능적, 정치적인 관점에서 헌법해석의 요소로서 '선이해' 또는 '관점'과 연관하여 논의되었었던 논제들이 오늘날에는 종종 도그마틱적 논의의 소재로 다루어지고 있다. 헌법해석론상 도그마틱이 과거에는 헌법해석의 결과를 정당화하는 일종의 "논증양식"(Argumentationsfigur)의 관점에서 주로 논의되었다면, 오늘날에는 본질적인 헌법해석문제들이 도그마틱과 연결되어 논의되고 있다. 심지어 '인간의 존엄성-도그마틱'(Menschenwürde-Dogmatik),[293] '가치질서-도그마틱'(Wertordnung-

---

293) 인간의 존엄성의 '불가촉성'(Unantastbarkeit)을 규정하고 있는 기본법 제1조 제1항도 실정법 이상도, 이하도 아니라고 보는 입장에서 도그마틱적 접근을 한 대표적인 예로는 M. Herdegen, "Die Idee der Menschenwürde: absolute und doch differenziert?",

Dogmatik)을 언급한다. 이전에는 일종의 집합개념으로 '기본권해석론', '기본권론' 또는 '기본권이론'이라는 용어가 통용되었는데, 오늘날에는 '기본권 도그마틱'(Grundrechtsdogmatik)이라는 용어가 종종 사용되고 있다.[294)]

이러한 맥락에서 보면 오늘날 헌법이론과 '헌법도그마틱'은 논의 내용의 관점에서 그 범주가 확연하게 구별되기 어렵다. 방법론상으로도 그러하다. 양자를 상호보완의 관계에 있는 것으로 파악하는 유력한 관점에서는 헌법학의 분업체계 속에서 헌법이론을 '관찰자분과'(Beobachterdiszplin)로, 헌법도그마틱을 '참여자분과'(Teilnehmerdisziplin)로 이해한다. 말하자면, 도그마틱과 달리 헌법이론에서 실정법의 정당성과 구속성은 '소여'(所與)가 아니라 '검증의 문제'로 전제되는 바, 헌법이론은 일종의 '헌법도그마틱의 기초학분과'(Grundlagendisziplin der Verfassungsdogmatik)로서 구체적인 헌법문제에 대한 헌법적용에 초점을 맞추는 이른바 '효력 있는 법의 사용학'(geltendrechtliche Gebrauchswissenschaft), 즉 '헌법도그마틱'의 한계를 보완해주는 것으로 본다.[295)] 이론을 '최고급의 도그마틱'(Premium-Dogmatik)이

....

in: R. Gröschner/O. W. Lembecke(Hg.), Das Dogma der Unantastbarkeit, 2009, 100면 이하. R. Alexy는 '인간의 존엄성'이 '원칙'인 동시에 '규칙'(Regel)이기는 하지만, '인간의 존엄성'과 관련하여 '형량'(Abwägung) 대신에 전통적인 법해석의 공준을 적용하려는 시도는 실패할 수밖에 없다고 단언하면서, 인간의 존엄성과 관련된 비례성 심사에서 '합리적인 법적 논증의 한 형식'으로서 '형량'의 방법이 적용되어야 한다고 주장하였다. "Menschenwürde und Verhältnismäßigkeit", in: AöR, Bd. 140(2015), 513면. '인간존엄성'의 초실증성의 난점을 극복하기 위한 시도들에 대해서는 J. Isensee, "Würde des Menschen", in: D. Merten/H. J. Papier(Hg.), Handbuch der Grundrechte in Deutschland und Europa, Bd. IV, Grundrechte in Deutschalnd: Einzelgrundrechte I, 2011, 3면 이하. 이 덕연/강 태수(편역), 언어와 헌법 그리고 국가, 2013, 170-180면.

294) 예컨대, E.-W. Böckenförede는 1974년에 '기본권이론'으로 표현하였던 것을 1990년에는 '기본권 도그마틱'이라는 용어로 대체하고 있다. "Grundrechtstheorie und Grundrechtsinterpretation", in: NJW, 1974, 1529-1438면; Zur Lage der Grundrechtsdogmatik nach 40 Jahren Grundgesetz, 1990.

295) M. Jestaedt, "Verfassungstheorie als Disziplin", in: O. Depenheuer/Ch. Grabenwarter

아니라 '일종의 관찰양식'(eine Weise des Beobachtens)으로 보는 견해도 같은 맥락에서 이해된다.296) 요컨대, '헌법도그마틱'이라는 용어의 빈번한 사용 자체가 헌법해석론의 전통적인 개념법학으로의 회귀를 증명하는 것으로 볼 수 없음은 물론이고, 전술한 바와 같이 확연하게 구별되기 어렵다고 하더라도 '헌법도그마틱'과 헌법이론을 같은 것으로 볼 수는 없고 또한 '헌법도그마틱'의 부상이 헌법이론의 몰락을 의미하는 것일 수도 없다.

이는 영미권의 헌법이론 또는 헌법해석론의 맥락에서 보면 더욱 분명하게 드러난다. 전술한 바와 같이, 'Dogmatik'의 적절한 번역어를 찾기 어려운 점 때문에 'Verfassungsdogmatik'에 상응하는 번역어로 'constitutional doctrine'이 통용되지 않고, 일반적으로 'constitutional reasoning'이라는 용어가 사용되는 것으로 생각되지만, 이는 단순히 용어사용의 차원에 국한된 번역의 문제만은 아니다. '헌법도그마틱'을 헌법해석방법론상 '개념분석적 접근', 말하자면 헌법텍스트의 '기본작용틀'(basic framework)을 대상으로 하는 '협의의 헌법해석'에 해당하는 것으로 본다면, '헌법도그마틱'은 'constitutional reasoning'의 여러 연구분과들 중의 하나일 뿐이기 때문이다. 즉 해석의 출발점인 텍스트 자체가 많은 정치·경제·사회·문화적 전제조건들과 연계되어서 구성되고, 따라서 다원적이고 복합적인 접근이 불가피한 헌법해석 또는 헌법문제들에 대한 결정 및 이와 관련된 학문적 연구를 포괄하는 'constitutional reasoning'에는 '분석적-개념적 접근'(analytical-conceptual approach)뿐만 아니라, 사법적 판단을 일종의 '공적 정책결정'으로 보는 관점에서 부각되는 '결정에 초점을 맞춘 접근'(decision-making approach), 민주적인 정치적 담론과 연계된 '정치적 소통에 초점을 맞춘 접근'(political communication approach), 가치판단과 정당화의 준거를 토대로 하는 '규범

....

(Hg.), Verfassungstheorie, 2010, § 1, 12-19면
296) G. Roellecke, "Beobachting der Verfassungstheorie", in: O. Depenheuer/Ch. Grabenwarter(Hg.), Verfassungstheorie, 2010, 60면.

적 접근'(normative approach) 등도 포함된다.297)

J. M. Balkin이 말하는 바와 같이 미국헌법에 특유한 것인지는 의문이지만, 아무튼 그가 제시하는 '수사학적인 창안'(rhetorical invention)의 헌법해석도 마찬가지다. 말하자면 법적 문제의 분석과 법적 논증의 수단으로서, 특히 대부분의 헌법문제들이 해당되는 바, 수학적으로 확실하게 증명될 수 없고, '당해 공동체 내에서 가장 합당한 것이 무엇인가'(what is most plausible and reasonable in a given community)에 초점을 맞추어야 하는 특정한 종류의 문제들의 해결책을 탐색하는 수단으로 '관점'(topoi; topics)을 활용하는 '헌법의 구성'(constitutional construction)298)도 물론 포함된다.299)

또한 헌법해석론의 맥락에서 'constitutional reasoning'은 이러한 다양한

....

297) A. Dyevre/A. Jakab, "Foreword: Understanding Constitutional Reasoning", in: German Law Journal, Vol. 14(2013), 986-1015면.

298) R. E. Barnett은 '헌법의 구성'을 "원의미가 소진된 경우 무엇을 해야만 할 것인지를 결정하는 것"(deciding what to do when original meaning runs out)이라고 기술하여, '헌법의 구성'을 결정자, 특히 법관에게 '완전한 자유'(complete freedom) 또는 '완전한 재량'(complete discretion)이 주어지는 결정의 양식 또는 그 영역으로 보고 있다. "Interpretation and Construction", in: Harvard Journal of Law and Public Policy, Vol. 34(2011), 70면. 하지만 헌법해석론상 '헌법의 구성'을 일종의 '관점론적 헌법해석'으로서 '문언중심주의'와 '해석주의'의 도그마, 즉 '헌법도그마틱'의 범주를 벗어난 형성적인 또는 창조적인 헌법해석작업이라고 본다면, '헌법의 구성'에서 고려되는 재량도 행정법에서 논의되는 일종의 '기속재량'으로 재량의 '인부'(認否)가 아니라 상대적인 '기속' 또는 '자유'의 크기가 관건이다. 이러한 점에서 헌법해석에 대한 '헌법의 침묵'에도 불구하고 이른바 '협의의 헌법해석'(constitutional interpretation in narrower sense)과 분별되는 '헌법의 구성'에서도 자의적(恣意的)인 헌법해석에 대한 헌법해석방법론의 무장해제로 귀착되는 '완전한 자유재량'은 인정될 수 없다. '헌법 자체는 헌법의 해석과 적용에 대하여 어떤 규칙들이나 원칙들도 지시하는 것이 없다'는 헌법해석론의 유력한 전제에 대한 비판으로는 특히 M. S. Paulsen, "Does The Constitution Prescribe Rules for Its Own Interpretation?", in: Northwestern University Law Review, Vol. 103(2009), 857-921면.

299) J. M. Balkin, "Arguing about the Constitution: The Topics in Constitutional Interpretation", in: Constitutional Commentary, Vol. 33(2018), 146-151면.

접근방법들이 각각 격리되어서 적용되어야만 하는 것이 아니라 상호 연결 및 조합되어서 활용될 수 있는 가능성과 필요성이 강조되기도 하고, 법텍스트분석의 새로운 실증적인 기법들과 보다 포괄적이고 비교법적인 이론들 간의 결합도 주문한다.300) 이러한 관점에서 보면, 영미법권의 헌법이론적 논제로서 'constitutional reasoning'에는 '헌법도그마틱'의 헌법이론 및 헌법해석방법론적 한계와 그 보완 및 극복에 대한 문제인식이 원천적으로 전제 또는 내포되어 있는 것으로 생각된다.

다음에서 논의하는 바와 같이, 앞에서 상술한 도그마틱의 기능적 효용과 함께 그 한계가 '헌법도그마틱'에도 그대로, 또는 좀 더 정확하게 표현하면, 헌법해석방법론적 한계의 측면이 더욱 부각되어 해당된다고 한다면, 이른바 '계몽된 법도그마틱'이 도그마틱의 경직성과 반개혁적인 기조의 폐쇄성을 극복한 상태로 '헌법도그마틱'에 원용되어 안정적이며 동시에 역동적인 헌법해석방법으로서 그 적실성을 보완하여 나갈 수 있는 가능성과 한계를 검토해보는 작업이 헌법해석론의 당면 과제로 주어진다.

3. '헌법도그마틱'의 기능적 효용과 한계

(1) '헌법도그마틱' 문제의 맥락 - 규범성의 한계

법도그마틱의 법관의 법적 결정에 대한 통제의 가능성 또는 그 밀도와 관련해서는 의견이 엇갈리고 있지만, 민주적 법치국가에서 채택한 법운용 모델에서 '법관의 자의적(恣意的)인 법해석이 용인될 수 없다'는 법이론 및 국가론적 명제에 대해서는 이견이 있을 수 없다. 다만, 전술한 바와 같이,

----

300) A. Dyevre/A. Jakab(Fn. 297), 986-987면.

법관의 법해석에 대한 법도그마틱의 통제의 가능성을 담보하는 '법인식원'
으로서 법도그마틱의 규범성은 법관의 '실정법구속성'과 법관의 '자기기속'
사이에서 차별화될 수밖에 없고, 그 자체가 고착된 공준으로 주어지기보다
는 법의 영역과 층위, 법적 판단의 대상으로 주어지는 사태의 본질과 구조
등에 따라 속도가 다른 상시적인 변화의 과정 속에 있다.

일반법원, 특히 종종 '체계사용'의 범주를 벗어나서 적극적으로 이른바
'체계형성'을 통해 법도그마틱을 생산하는 상급법원의 경우에도 그러하지
만, 특히 헌법재판의 경우 법도그마틱의 규칙들은 구속력을 갖지 못하는
것이 실무의 현실이다. 심지어는 법적 결정의 근거로서보다는 오히려 적확
한 것으로 여기는 선확정된 결정에 대하여 사후적으로 적절한 근거를 제시
하는 맥락에서 선별적으로 사용된다. 미국의 연방대법원장이었던 Ch. E.
Hughes의 응축된 표현을 이용하여 말하자면, 헌법재판관은 헌법에 기속되
지만, 헌법은 "재판관이 헌법이라고 말하는 바로 그것"인데,[301] 재판관이
헌법이라고 말하는 것, 즉 헌법해석에 대한 방법론상의 규칙이 구속력을
갖는 공준으로 확립되어 적용되지 못하고 있는 것이다.

이러한 맥락에서 보면, 일반 법률의 해석을 대상으로 하여 "학문적 방법
론은 법관에게 도움의 의미도, 통제의 의미도 갖지 못한다"고 확인한 Esser
의 단언은[302] 헌법해석의 경우 더욱 적확하다.[303] 법관의 '법도그마틱 기

....

301) C. E. Hughes, Adress, 1980, 139면: "We are under a constitution, but the constitution
is what the judges say it is."

302) J. Esser(Fn. 1), 7면.

303) 이 점과 관련하여 독일 연방행정재판소장을 역임한 H. Sendler의 솔직한 고백은 되
새겨봄직 하다. "Die Methoden der Verfassungsinterpretation", in: B. Ziemske u.a.
(Hg.), Staatsphilosophie und Rechtspolitik, Fs. f. M. Kriele zum 65. GT, 1997, 481
면: 『방법론과 법이론 문헌에서 배운 것은 '모든 법관은 자신의 의존성, 특히 환경과
성향의존성과 함께 무의식적인 선이해를 자각하여 그것들을 합리적인 차원으로 격
상시키고 다른 이해들과 형량할 수 있도록 하기 위해서 노력해야만 한다'는 사정이
다. 이는 실로 법관에게 가장 어려운 일이다. 그것은 완전하게 실현될 수는 없거니

속성'에 대하여 근본적으로 회의적인 입장에서 법의 '발견'(Findung) 또는
법의 '해석'(Interpretation; Auslegung) 대신에 법의 획득'(Gewinnung)이라는
용어를 사용하는 M. Kriele도 헌법해석방법론의 특유한 문제를 주목하여
다음과 같이 간명하게 정리하였다:

『하나의 방법상의 규칙이 어떤 경우에는 준수되고, 또 다른 어떤 경
우에는 준수되지 않는다면 그것은 유효하지 않다는 것을 의미한다.』[304]

Kriele의 주장이 규범적-실천적 차원에서 제시된 것은 아니고, 기술(記述)
적인 것이라고 하더라도, 이러한 문제인식이 적어도 헌법해석의 경우에 더
더욱 설득력이 있다고 본다면, 결국 헌법해석방법론의 관점에서 우선 주목
되어야 문제는 헌법과 전통적인 법해석방법론의 공준들의 관계를 어떻게
설정할 것인가 하는 것이다. 즉 근본적으로 헌법해석자의 '임의성'(자의성)
을 수인할 수밖에 없는 것은 아닌지, 그렇다고 한다면 헌법적 결정의 타당
성의 근거는 어디에서 찾아질 수 있는지, 그렇지 않다고 본다면 '헌법의 획
득' 또는 '헌법의 구성'(constitutional construction)과 헌법텍스트는 무엇을
매개로 하여 연결되는지[305] 또한 그 '임의성'을 제약 또는 통제할 수 있는
유효한 방법과 수단, 그리고 그 준거는 무엇인가 하는 등등의 헌법도그마
틱 이론의 논제들이다. 이러한 점에서 G. F. Schuppert와 Ch. Bumke가 '법
질서의 헌법화'(Konstitutionalisierung der Rechtsordnung)라는 명제와 관련

....

와, 어쨌든 이 일을 할 수 없는 경우에는 실제로 - 대부분 무의식적으로 - 무늬만
합리적인 교량으로 결단을 은폐하거나 또는 심지어는 의도적으로 결단을 위장하게
될 위험이 초래된다. 요컨대 자신의 수많은 의존성을 자각하여 그것에 맞설 수 있고,
그것에 굴복하지 않는 사람만이 진정 독립될 수 있다. 그런 사람만이 편견에 얽매이
지 않고 평의실에서 그에 대해 말을 할 수 있다.』

304) M. Kriele, Theorie der Rechtsgewinnung–entwickelt am Problem der Verfassungs-
interpretation, 1967, 25면.
305) J. M. Balkin(Fn. 299), 154면.

하여 급변하는 법실무를 도그마틱의 차원에서 정리해나가야 하는 법학의
과제를 주목하여 강조한 것은 '헌법도그마틱'에도 그대로 해당된다:

> 『법질서의 헌법화와 연관되는 가변적인 법실무를 반영하고, 그것을
> 도그마틱의 차원에서 정리해나가는 과제를 법학이 회피할 수는 없다.
> 헌법화의 과정 속에서 도그마틱 체계의 변화가 필연적인 것인지, 변화
> 되어야만 한다면 그 범위와 그에 따른 결과는 어떤 것인지 등등의 문
> 제들은 법학연구의 핵심논제들이다.』[306]

(2) '헌법인식원'으로서 '헌법도그마틱'? - 헌법해석론상 '가치다원주의' 및 '방법다원주의'의 필수성

1) 헌법해석의 특성 - 헌법언어의 이데올로기 감염성

법해석론의 관점에서, 특히 '헌법인식원'(Verfassungsrechtserkenntnis-quelle)
으로서 '헌법도그마틱'의 독자성은 당연히 헌법(텍스트)의 본질과 특성 및
기능과 연관된다. 법원론(法源論)상 정언명제인 최고규범성을 비롯하여 일
반 법률의 경우에 비해서 두드러진 정치규범, 가치규범으로서 헌법의 특성
은 물론이고, 권력통제 및 이를 통한 기본권보장의 기능, '조화적 통합'을
지향하는 이익 또는 가치조정의 기능 등은 헌법해석에 특유한 방법의 모색
을 요구한다.

P. Kirchhof가 적확하게 기술한 바와 같이, 그 자체가 본질적으로 '동사'
(動詞)인 문화 속의 '과정'인 동시에 그 과정의 '결과'이기도 한 헌법을 "당
대의 문화수준과 이 문화수준과 교섭하는 법사상에 따라 형성되는, 법에
대한 지금 여기에서의 기초적인 질문에 대한 답"[307]이라고 본다면, 헌법텍

---

306) F. Schuppert/Ch. Bumke, Die Konstitutionalisierung der Rechtsordnung, 2000, 58면.
307) P. Krichhof, Das Gesetz der Hydra Gebt den Bürgern ihren Staat zurück!, 2006, 116면.

스트를 매개 또는 출발점으로 하여 그 답을 탐색하는 헌법해석도 당연히 당대의 문화 및 법사상과 교섭하는 가치판단 또는 가치형성의 작업일 수밖에 없다. 또한 헌법이 헌법제정자의 정치적 결단과 타협의 산물이고, 존재와 당위의 교차적인 상호관계 속에서 상시적으로 변화되는 '규범'(norm)인 동시에 '현실'(reality)이라는 점에서 이 가치판단의 작업은 과거에 대한 반성과 미래지향의 투사 간의 교집합으로 주어지는 현실인식과 가치판단의 '선이해'와 연계될 수밖에 없다.

이러한 점들을 고려하건대, '실정법 기속성'을 전제로 하는 일종의 '법텍스트작업'이라는 공통점에도 불구하고 헌법해석과 일반 법률해석의 속성은 근본적으로 다른 것으로 이해된다. 헌법해석의 경우 텍스트해석의 코드로 약속된 부분이나 규범적 소여로 주어지는 해석방법의 규칙들 및 이 규칙들의 적용에 대한 확립된 공준의 내용은 다소간의 상대적인 차이가 아니라 구조를 다르게 볼 수밖에 없을 정도로 적다. 다만, 개념에 대한 분석을 주된 수단으로 하는 일반적인 법도그마틱이 헌법해석에 동일하게 적용될 수 없는 결정적인 이유로 흔히 제시되는 바, 즉 헌법규정, 특히 기본권규정의 경우에 특유한 개념의 고도의 추상성과 다의성 자체는 법도그마틱 이론의 관점에서 보면 상대적인 차이에 불과하다. 정도의 차이는 있지만, 법률상의 '일반조항'의 경우에 그 개념의 추상성과 다의성은 헌법상 기본권이나 국가목표조항 등과 다를 것이 없고, 경제행정법이나 환경행정법 등 행정법에서 적잖이 활용되고 있는 '목적프로그램'의 형식은 적어도 해석의 가능한 범위나 법해석의 법형성적 기능의 관점에서 보면 크게 다르지 않다.308)

하지만, 개인의 행태나 구체적이고 개별적인 행정작용을 규율하는 일반법에서 발견되는 '일반성'(generality)과 국가권력의 수권과 통제에 초점을 맞추는 헌법의 '일반성'은 그 본질과 효용이 다르다. 입법론의 관점에서 보

....

308) 양 천수, "헌법변천 재검토 - 헌법문언에 반하는 헌법형성의 가능성", 헌법재판연구, 제7권 제1호(2020), 396-397면.

면, 전자의 경우에 '일반규정'의 형식은 이른바 '원칙과 예외의 형식'의 맥락에서 예외적이고 보충적인데, 반면에 후자의 경우에는 일반적이고 필수적이다. 장기적으로 국가권력을 통제하는 정치규범으로서 특성을 갖는 헌법은 일반적, 추상적으로 규정되고, 광의의 '규범적 원칙'의 형식을 취할수밖에 없다. 또한 특히 이러한 '일반원칙'들은 근본적인 정치문제 및 특정한 정책결정과 연관되는 점에서 그 구체적인 적용에 앞서 요구되는 해석에서 원칙들의 배후에 있는 목적에 대한 규범적 판단과 함께 정치적 결단이나 정책결정에 대한 가치판단의 개입이 불가피하기 때문에 해석론의 관점에서도 일반법과는 그 범주가 다르다. 말하자면 다소간의 '정치의 사법화' 및 '(헌)법의 정치화'가 불가피한 맥락에서 근본적으로 '법과 정치 간의 불확실한 경계영역'(uncertain boundary territory between law and politics)[309]에 있다고 할 수 있는 헌법원칙들의 적확한 해석에 대한 논쟁들은 대부분 정당 간의 정책경쟁 및 정치적인 이견들과 연관되기 때문에 다분히 '당파적인 이데올로기 투쟁'(partisan ideological warfare)[310]의 양태로 진행된다.

이러한 점에서 설령 헌법해석의 준거 또는 정당한 방법과 규칙들 전체에 대해서는 일반적으로 의견이 일치한다고 하더라도, 특정한 사안들에 대하여 개별적인 헌법해석의 방법과 규칙들이 상이한 결론으로 귀착되는 경우에 어떤 방법이 우선 적용되어야 하는지에 대하여 의견이 대립되는 상황에서 부각되는 헌법이론적 이견들은 법도그마틱 차원의 단순한 어의학적 이견과는 그 맥락과 본질이 판이하다. 법도그마틱과 마찬가지로 '헌법인식원'으로서 '헌법도그마틱'의 고유한 효용이 완전히 부정될 수는 없다고 하더라도, 적어도 헌법해석방법론상 그 독점적인 위상이 더 이상 유지될 수 없

309) S. M. Griffin, "Pluralism in Constitutional Interpretation", in: Texas Law Review, Vol. 72(1994), 1759면.

310) G. A. Phelps/J. B. Gates, "The Myth of Jurisprudence: Interpretive Theory in the Constitutional Opinions of Justice Rehnquist and Brennan", in: Santa Clara Law Review, Vol. 31(1991), 568면.

는 것은 바로 이 때문이다. 헌법텍스트의 의미, 즉 헌법규범은 물론이고 헌
법텍스트의 의미를 탐색하는 방법들의 적용규칙 자체에 대해서조차 합의
된 것이 없고, 더 나아가서 의견이 일치될 수 없다는 헌법이론적 명제, 말
하자면 가치다원주의적인 헌법존재론 및 방법다원주의의 헌법해석론의 전
제 하에 헌법에 특유한 해석방법들을 모색하는 것은 불가피하다.

또한 일반법의 해석과 다른 접근이 필수적이라는 전제 하에 '관점론적
해석방법', '현실기준적 해석방법', '가치형량의 방법', '실제적 조화의 방
법' 등 헌법해석의 특유한 방법들이 제시되는 결정적인 이유는 이러한 특
수한 '일반성'과 함께, 법도그마틱의 차원을 넘어서지 않고는 다룰 수 없는
헌법언어의 본질적인 특성, 즉 '이데올로기 감염성'에서 찾아진다. 이데올
로기의 개념정의는 여기에서 일단 유보하고, 좀 더 구체적으로 말하자면,
해석주체의 근본적인 인간관이나 세계관, 기본적인 '도덕관념' 또는 '정의
관념' 등의 가치적 선판단과 현실에 대한 인식이 직접적으로, 전면적으로
영향을 미치는 헌법텍스트작업의 구조적인 속성이 그것이다. 미국 연방대
법관을 역임한 D. H. Souter가 헌법을 '가치들의 만신전(萬神殿)'(pantheon
of values)으로 비유하면서 헌법해석방법으로서 '문언중심주의'(textualism)[311]

....

[311] '문언중심주의'에 대한 개관으로는 C. Nelson, "What is textualism?", in: Virginia
Law Review, Vol. 91(2005), 347-418면. 헌법해석론의 차원에서 '문언중심주의'에
대한 명쾌한 비판으로는 D. B. Ayer, "The 2019 Higgins Distinguished Lecture: The
Subversive Side of Textualism and Original Intent", in: Lewis & Clark Law Review,
Vol. 24(2020), 1049-1062면. M. Greenberg, "Legal Interpretation and Natural Law",
in: Fordham Law Review, Vol. 89(2020), 109-144면. '문언중심주의'가 초기에 주목
한 현실주의와 형식주의 간의 균형을 깨뜨려서 결과적으로 헌법의 권력분립구조 속
에서 오히려 법원의 역할을 지나치게 확장시킨 이른바 '극단적인 문언중심주의'
(textualist extremism) 또는 '공격적인 문언중심주의'(aggressive textualism)를 비판하
면서 '문언중심주의'의 공적과 그 효용의 한계에 대한 적확한 인식을 주문하고, '문
언중심주의'와 '목적중심주의'(purposivism) 간의 협소해진 차이에 초점을 맞춘 보다
생산적인 대화의 가능성과 필요성을 제시하는 견해는 법률해석의 차원을 넘어서 헌
법해석의 경우에도 타당하다. J. T. Molot, "The Rise and Fall of Textualism", in:

에 따른 이른바 '규칙에 맞는 독서'(fair reading) 또는 '통상적인 의미에 초
점을 맞춘 접근'(plain, ordinary meaning approach)의 한계를 지적하고, 특히
상충되는 원칙들 및 그 배후에 있는 가치들 간의 형량과 조정이 요구되는
어려운 헌법사건들에 대한 판단에 법관의 '경험'(experience)이 근본적인 요
소로 인입될 수밖에 없다는 점을 강조하는 것도 같은 맥락에서 이해된다.[312]

2) 해석주의와 중립성의 원칙

'헌법도그마틱'과 그 대강이 다르지 않은 것으로 이해되는 바, 즉 "현대
헌법이론을 선도하는 두 가지 도그마"(two leading dogmas of modern
constitutional theory)로서 이른바 '해석주의'(interpretivism)[313]와 '중립성의
원칙'(neutral principle)[314]을 자유주의적 세계관, 즉 사회형성의 주체로서

Columbia Law Review, Vol. 106(2006), 53-59면.

312) D. H. Souter, Harvard Commencement Remarks, Harvard Gazette(May 27, 2010),
https://news.harvard.edu/gazette/story/2010/05/text-of-justice-david-souters-speech/.
Souter는 헌법해석에서 '역사적 경험'(historical experience)의 중요성을 강조하면서
그 대표적인 실례로 'Plessy vs. Ferguson판결'(1896)과 이를 파기한 'Brown vs.
Board of Education판결'(1954)을 제시하였다. 말하자면 전자의 판결을 내린 당시 대
법관들은 노예제도를 실제로 체험하였던 입장에서 'separate but equal', 즉 '형식적
인 평등'(formal equality)을 상당히 진보적인 것으로 생각하였지만, 반면에 반세기
후의 대법관들은 이전의 대법관들이 주목할 수 없었던 바, 즉 차별취급 자체만으로
도 소수인종들에게 '근본적인 열등감'(inherent inferiority)을 안겨준다는 것을 인식
하는 관점에서 문언이 변경되지 않은 동일한 '평등조항'(equal protection clause)을
준거로 하여 '형식적인 평등'을 위헌으로 판단하였고, 그 결정적인 요인은 달라진
세상에 대한 '역사적 경험'의 차이였다는 것이다.

313) 결과적으로 극단적인 '사법자제'로 귀착되는 헌법해석론, 즉 '문언중심주의'에 따른
'해석적인 사법심사'(interpretive judicial review)만을 정당한 것으로 보는 대표적인
논의로는 M. J. Perry, "Interpretivism, Freedom of Expression, and Equal Protection",
in: Ohio State Law Journal, Vol. 42(1981), 261-317면.

314) '중립성의 원칙'에 대한 헌법해석론적 개관으로는 H. Wechsler, "Toward Neutral
Principles of Constitutional Law", in: Harvard Law Review, Vol. 73(1959), 1-35면;
R. H. Bork, "Neutral Principles and Some First Amendment Problems", Indiana Law

독자적인 개인과 개인의 자유(선택)권만을 주목하는 보수적인 정치경제적 이데올로기와 사회이론을 토대로 하는 헌법해석론의 지침으로 보는 M. V. Tushnet의 견해는 적확하다.[315] 하지만 이 두 가지 도그마는 법해석론상 '명확하고'(clear) 또한 '지속적으로 안정된 의미'(stable meaning over extended periods)를 갖는 것으로 전제되는 '헌법문언' 또는 헌법제정자의 '원의' (original intent)에 사법권을 기속시키고, '일관성'(consistency)의 요청에 따라 법관의 법해석을 방법론적으로 제약함으로써 '정치적 행위자'(political actor) 로서 법원 또는 법관의 자의적인 법해석에 대한 통제, 즉 '입법독재'나 '행정독재' 보다는 '사법재량'을 통한 '사법독재'(judicial tyranny)의 방지에 초점을 맞춘 정치이론 및 이에 부응하는 헌법이론적 구상의 산물일 뿐이다.

Tushnet이 단언하는 바와 같이, '동맹관계'의 틀 속에서 '자유주의와 보수주의 간의 양자 대화'는 가능할지언정 하나의 '통합된 사회이론'(unified social theory)의 정립은 불가능하고, '다자간 대화'로 진행될 수밖에 없는 사회이론적 담론들을 포괄하기에 충분한 헌법이론은 불가능하거나 불필요한 것 둘 중의 하나일 수밖에 없다.[316] 또한 어떤 특정한 원칙들도, 선재하는 '규칙의 준수'(following rules) 또는 '원칙들의 중립적인 적용'(neutral application of the principles)을 요구하는 어떤 유형의 법이론이나 법도그마틱도 적어도 자유주의가 요구하는 의미에서 중립적일 수 없다. '사실인지적인 유추적 추론'(fact-specific analogical reasoning)과 '규칙과 유사한 법도

....

Journal, Vol. 47(1971), 1-35면. 인식론의 관점에서 헌법해석방법론의 지침으로서 '중립성의 원칙'의 한계를 헌법이론적으로 분석하고 비판한 선도적인 논문으로는 D. M. Kahan, "The Supreme Court 2010 Term Forword: Neutral Principles, Motivated Cognition, and Some Problems for Constitutional Law", in: Harvard Law Review, Vol. 125(2011), 1-77면.

315) M. V. Tushnet, "Following The Rules Laid Down: A Critique of Interpretivism and Neutral Principles", in: Harvard Law Review, Vol. 96(1983), 784-785면. 이데올로기와 헌법 및 헌법해석의 관계에 대해서는 다음(3), 2)에서 상론함.

316) M. V. Tushnet(Fn. 315), 786면.

그마틱의 공식들'(rule-like formulations of judicial doctrines), 그리고 '법적 표준들'(legal standards) 등을 혼합하여 활용하는 선례기반의 영미법상 이른바 '보통법모델'(common law model)이 그러한 것과 마찬가지로, 법해석 및 적용의 방법으로서 그 구조가 다르지 않은 이른바 '보통법 헌법론'(common law constitutionalism)이라고 할 수 있는 헌법도그마틱도 '규칙준수'의 지침만을 제시할 뿐, 공동체가 지향해야 하는 가치들에 대한 심층적인 선택의 문제에 대하여 별로 말해주는 것이 없고, 더욱이 해석규칙의 근본적인 선택의 불일치 속에서 그 자체가 해석과 선택의 대상인 '규칙준수'의 명령은 다분히 이데올로기적 담론으로 진행되는 국가적 차원의 깊은 '도덕적 대화들'(moral dialogues)의 실질적인 내용에 대해서는 어떤 것도 말해줄 수 없기 때문이다.[317]

　이러한 관점에서 보면 굳이 '가치다원주의'(value pluralism)[318]나 '방법

....

317) L. H. Tribe, "America's Constitutional Narrative", in: Daedalus, The Journal of the American Academy of Arts & Sciences, Vol. 141(2012), 24면. M. V. Tushnet(Fn. 315), 823면. Tushnet은 미국헌법의 핵심명제로 또한 헌법해석의 지향점으로 '정의의 확보와 구현'을 제시한 Tribe의 저서(American Constitutional Law, 1978)에 대한 서평에서 '법적 논증의 표준 기술들'(standard techniques of legal argument)을 사용하는 경우에도 선례로부터 심지어 미국헌법이 '사회주의'(socialism)를 요구한다는 결론도 도출될 수 있다고 하면서, 다만 미국의 어떤 법관도 가까운 장래에 이러한 해석론을 취하지 않을 것이지만, 이는 헌법해석상 '규칙의 준수'나 '원칙의 중립적인 적용'의 법관에 대한 제약 때문이 아니라 그러한 논증들이 타당하다고 생각하지 않는 방식으로 법관이 교육되고, 이러한 소양이 고려되어 임용되는 것에 따른 결과일 뿐이라고 주장한다. 이에 관해서는 Book Review: "Dia-Tribe", Michigan Law Review, Vol. 78(1980), 696-698면.

318) '입헌주의'(constitutionalism)의 토대로서 '가치다원주의'에 대해서는 W. A. Galston, "Pluralist Constitutionalism", in: Social Philosophy & Policy Foundation, Vol. 28(2011), 233-240면. 일종의 'meta-해석'으로서 '제도적 선택들'(institutional choices)을 헌법해석의 과정 속에 편입시키고, 해석과정의 객관화에 초점을 맞추는 이른바 '대화적 해석'(discursive interpretation)의 모델을 제시하면서 다원주의 시대에 부응하는 '사법심사'(judicial review)와 헌법의 기능을 상론한 연구로는 M. P. Maduro, "In Search of a Meaning and Not in Search of the Meaning: Judicial Review and

다원주의', 진리와 의미, 지식, 도덕, 현실 또는 이들에 대한 인식의 '객관성'과 '확정성'에 대한 근본적인 회의를 전제로 하는 '탈현대주의'(postmodernism)[319] 를 거론하지 않더라도, '절망적인 불확정성'(hopeless indeterminacy)[320]까지 는 몰라도 적어도 판단준거의 '저확정성'(underdeterminacy)[321]은 인정할 수밖에 없는 개방된 헌법적 담론에서 '자유주의'와 경쟁관계에 있는 '평등주

....

the Constitution in Times of Pluralism", in: Wisconsin Law Review, Vol. 2013, No. 2, 541-564면.

319) '탈현대주의'가 헌법이론과 헌법해석에 미친 영향에 대한 상론으로는 C. Massey, "The Constitution in a Postmodern Age", in: Washington & Lee Law Review, Vol. 64(2007), 165-231면. 탈현대의 언어철학 및 언어이론과 법 및 법해석의 관계에 대한 심층적인 논의로는 Ch. Becker(Fn. 215), 특히 헌법해석과 관련해서는 149-151면.

320) C. Massey(Fn. 319, 210-211면)에 따르면, 탈현대주의적 사고의 핵심전제인 '절망적인 불확정성'의 '사실상 승인'(de facto recognition)은 헌법해석론에서도 불가피하고, 법원이 명시적으로 제시하지 않고 도그마틱이나 실용적인 또는 역사적인 이유 등의 다양한 논거로 포장하는 이른바 '총체적인 접근'(totality approach), 말하자면 헌법문언과 일반원칙 또는 가치와 현실 간의 '요동'(搖動; oscillation)이 수반될 수밖에 없기 때문에 '예측가능성'과 '일관성' 등의 도그마틱의 요청들에 부응하기 어려운 '사정의 총체성'(totality of circumstances)을 준거로 하는 헌법해석방법도 그에 따른 필연적인 결과일 뿐이다.

321) 다만, '저확정성'은 가능한 한 단정적인 절대명제를 피하기 위한 절제된 표현일 뿐이고, 인식론의 관점에서 보면 '확정성'과 '불확정성' 간의 불명확한 경계에 있는 것이 아니라 '확정성'과 분명하게 구별되는 '불확정성'의 하부범주에 속한다. 말하자면 K. Kress(Fn. 105, 283,면)가 비판법학자들이 제시하는 '극단적인 불확정성'(radical indeterminacy)과 구별하여 제시하는 바, 법의 심각한 흠결, 즉 법의 정당성에 대한 부정의 논거가 아니라 법의 본원적인 일반적 속성으로 제시하는 '중간 정도의 불확정성' (moderate indeterminacy) 또는 '형이상학적인 불확실성'(metaphysical indeterminacy)이나 '존재론적 불확실성'(ontological indeterminacy)과 구별되는 '인식론적 불확실성' (epistemic indeterminacy)과 같은 의미로 이해하면 무리가 없을 것이다. K. Kress, "Legal Theory: A Preface to Epistemological Indeterminacy", in: Northwestern University Law Review, Vol. 85(1990), 138면. 법이론의 차원에서 사용되는 '논증적 불확실성'(argumentative indeterminacy)이라는 용어도 같은 맥락에서 이해된다. 이에 대해서는 Ch. L. Kutz, "Just Disagreement: Indeterminacy and Rationality in the Rule of Law", in: Yale Law Journal, Vol. 103(1994), 1017-1020면.

의'(egalitarianism)[322]나 '공동체주의'(communitarianism)[323]등을 외면할 수 없고 또한 '법문언'의 '확정성' 및 법에 대한 인식 또는 이해의 '객관성'의 전제들이 근본적으로 부정된 오늘날의 현실 및 규범적 상황에서 이 두 가지 '도그마'는 더 이상 '도그마'로 인정될 수 없다.

또한 '해석주의'와 '중립성의 원칙'은 이론적, 방법론적 딜레마도 피할 수 없다. '해석주의'는 자신이 전제로 하는 '원의도에 대한 충실'(fidelity to original intent), 즉 헌법제정 당시의 역사에 대한 '객관적인 이해'를 토대로 하여 헌법제정자의 '원의도'를 '주어진 그대로 파악'(real grasp)해야 한다는 '원의주의'(originalism)[324]의 헌법해석론적 요청에 부응하기 위해서는 필연

....

322) '평등주의'에 대한 정치철학적 개관으로는 S. Scheffler, "What is Egalitarianism?", in: Philosophy & Public Affairs, Vol. 31(2003), 5-39면. '자유주의적 입헌주의모델'(liberal constitutionalism model)의 안정성과 정당성에 대한 위협으로서 경제적 불평등 또는 빈곤의 문제를 주목하면서 평등과 재분배의 명제에 보다 충실한 헌법해석 및 헌법정책론적 대응의 필요성을 강조한 연구로는 R. Dixon/J. Suk, "Liberal Constitutionalism and Economic Inequality", in: The University of Chicago Law Review, Vol. 85(2018), 369-401면. J. Rawls의 '배분적 평등주의'(distributive egalitarianism)와는 달리 규범적 명제로서 '사회적 관계'의 평등성을 주목하는 이른바 '관계적 평등주의(relational egalitarianism)에 대해서는 R. Nath, "Relational egalitarianism", in: Philosophy Compass, Vol. 15(2020), 1-12면.

323) '공동체주의'의 철학 및 사상사적 궤적과 함께 '공공선'(common good), '개인적 권리와 사회적 책임 간의 적정한 균형', '문화적 상대주의' 등 그 핵심이념에 대한 개관으로는 A. Etzioni, "Communitarianism revisited", in: Journal of Political Ideologies, Vol. 19(2014), 241-260면. 헌법이론 및 헌법해석론상 주목되어야 하는 논제, 특히 독일의 기본법의 배후에 있는 사회 및 법이론으로서 '공동체주의'를 3가지 유형, 즉 '실질적인 보수주의적 공동체주의'(substantive, conservative communi- tarianism), '자유주의적 공동체주의'(liberal communitarianism) 및 '평등주의-보편주의적 공동체주의'(egalitarian-universalistic communitarianism)로 구별하고, 각각의 모델에 따라 다른 전제 및 결론으로 귀착되는 기본적인 법이론 및 헌법규범적 판단에 대한 해명으로는 W. Brugger, "Communitarianism as the social and legal theory behind the German Constitution", in: International Journal of Constitutional Law, Vol. 2(2004), 431-460면.

324) 궁한 경우에는 '소심한 원의주의자'(faint-hearted originalist)일 수밖에 없다고 자인하

....

면서도 민주주의와 권력분립의 틀 속에서 사법의 본질을 소극적인 법해석작업으로 보는 입장에서, 헌법텍스트를 준거로 하여 당대의 가치 또는 헌법의 진화된 내용을 찾는 '원의주의'가 일종의 '타협의 산물'(something of compromise)로 귀결된다는 점을 강조하면서 헌법해석방법론으로서 '원의주의'의 타당성을 주장한 대표적인 견해는 A. Scalia, "Originalism: The Lesser Evil", in: University of Cincinnati Law Review, Vol. 57(1989), 849-866면. '원의주의'와 다양한 해석규칙들을 통해 불확정성의 문제가 대부분 해결될 수 있고, '헌법구성의 지대'(contitutional construction zone)가 최소화될 수 있다고 보는 견해는 J. O. McGinnis/M. B. Rappaport, "The Power of Interpretation: Minimizing the Construction Zone", in: Notre Dame Law Review, Vol. 96(2021), 919-972면.헌법해석의 과도한 역사의존을 경계하는 관점에서 '원의주의'를 비판하는 대표적인 '비원의주의'(nonoriginalism)의 입장은 W. J. Brennan, Jr., "The constitution of the United States: Contemporary Ratification", in: South Texas Law Review, Vol. 27(1986), 433-446면. 다만, '원의도'(original intent)를 준거로 하는 논증양식을 '역사적인 논증'(historical argument)의 범주로 분류한 Ph. Bobbitt을 비판하면서 J. M. Balkin(Fn. 299, 147, 152면)이 지적하는 바와 같이, 오늘날 대부분의 원의주의자들의 논증들은 '원의'보다는 '공적인 원의미'(original public meaning)를 주목하고, 또한 헌법적 논증 속에서 역사를 활용하는 경우에도 '원의도'나 이른바 '공적으로 채택된 역사'(adoption history)를 논거로 제시하는 것은 찾아보기 어렵다. 이러한 점에서 '원의주의'의 이론에서도 관건은 헌법해석의 기준으로 '원의도' 또는 '원의미'를 따라야 하는지 여부가 아니라, '공적인 원의미'를 얼마나 두껍게 또는 얇게 고려하는가 하는 것이다. 이에 관해서는 Ph. Bobbitt, Constitutional Interpretation, 1991, 9, 13면. 헌법텍스트의 '원의미'가 '헌법의 규칙'(constitutional rule)을 다루는 '헌법적 행위자들'(constitutional actors)을 제약해야만 한다고 보는 입장에서 '헌법구성'의 한계를 강조하면서도, 동시에 '헌법의 저확정성의 영역'(domain of constitutional underdeterminacy), 즉 헌법텍스트의 '어의'(linguistic meaning)를 식별하는(discern) 단순한 '헌법해석'의 방법으로 접근될 수 없는 이른바 '구성지대'(construction zone)가 적어도 완전히 배제될 수는 없다고 보는 대표적인 견해는 L. B. Solum, "Originalism and Constitutional Construction", in: Fordham Law Review, Vol. 82(2013), 453-537면. 최근에 주목되고 있는 '기업의 기본권'과 관련하여 이른바 '기업 존재론'(corporate ontology)보다는 개인의 경제적 자유와 관련된 헌법규정들과 헌법텍스트로부터 도출되는 일반원칙들을 준거로 하는 '원의주의적 접근'이 더 유용한 것으로 보는 견해도 '헌법해석'과 분별되는 '헌법구성'의 불가피성을 부정하는 것은 아니다. O. Alderson, "Abandoning Corporate Ontology: Original Economic Principles and the Constitutional Corporation", in: Journal of Constitutional Law, Vol. 22(2020), 561-588면. 이러한 맥락에서 여기에서

적으로 '해석학'(hermeneutics) 또는 '해석학적 해석주의'(hermeneutic interpre-
tivism)의 방법을 취하는 것이 불가피하기 때문이다. 앞에서 상론한 바와
같이, 해석자의 '선이해'가 필연적으로 인입되는 '상상'(imagination), 즉 선
재하는 유일한 정답을 전제로 그것을 확인하는 차원의 '재구성'(reconstruc-
tion)이나 헌법제정자의 '원의도'나 헌법문언의 '원의미'(original meaning)
를 '발견'(discovering)325)하는 작업이 아니라 '해석주체와 객체 간의 역동
적인 상호작용'을 통해 의미를 '재창조'(re-creation)하는 '해석학적 접근'을

....

논의는 '원의도' 자체보다는 적어도 암묵적으로 '원의도'를 직간접적인 준거 또는 매
개로 하여 접근될 수밖에 없는 '원의미'의 발견을 지향하는 '원의주의', 그리고 이와
연계된 헌법해석방법으로서 '해석주의'의 인식론적 오류에 대한 비판에 초점을 맞춘
것임을 밝혀 둔다. '원의주의의 약속'(originalism's promise)을 미국 헌법의 자연법적
근거인 동시에 미국의 헌법실무를 타당한 것으로 만드는 토대로 보는 입장에서 역사
적이고 현명한 논증을 제공하는 일종의 '소통의 모델'로서 또한 '조정의 모델'로서
'원의주의'의 규범적 효용을 긍정적으로 본 최근의 연구서와 이에 대한 비판적인 서
평 및 이에 대한 반론으로는 L. J. Strang, Originalism's Promise: A Natural Law
Account of the American Constitution, 2019; D. A. J. Telman, "The Structure if
Interpretive Revolution", in: Constitutional Commentary, Vol. 35(2020), 109-139면;
L. J. Strang, "Originalism is a Successful Theory (in part) Because of Its
Complexity: A Response to Professor Telman", in: Constitutional Commentary, Vol.
35(2020), 141-171면. 헌법규정의 '원의미'를 헌법해석의 기준으로 제시하여 헌법해
석의 자의성과 유동성을 배제함으로써 헌법해석의 객관성과 정치적 중립성을 확보
하고, 헌법의 현실통제기능을 중시하는 점에서 '원의주의'의 상당한 설득력을 인정
하면서도 헌법해석의 요소로서 헌법텍스트에 담겨진 '구체적 의미'의 가변성과 함께
헌법현실과 가치의식이라는 외적 요소와 헌법해석자의 관점을 외면하는 교조적인
'원의주의'의 한계를 지적하는 견해로는 김 문헌, "헌법해석방법으로서 원의주의에
대한 검토", 헌법재판연구, 제3권 제2호(2016), 131-176면. 미국의 헌법학계에서도
전통적인 '원의주의'를 벗어나서 헌법제정자의 의도에 집착하지 않고 헌법텍스트의
의미를 중시하면서 시대의 변화에 대응할 수 있는 '새로운 원의주의론'(new
originalism)이 전개되고 있는 상황을 주목하면서 원의주의적 헌법해석을 성급하게
시대착오적인 낡은 헌법해석방법으로 평가하는 것을 경계하는 논의도 주목된다. 김
민배, "헌법해석과 원의주의의 쟁점", 헌법논총, 제2집(2016), 63-140면.

325) T. Sandalow, "Constitutional Interpretation", in: Michigan Law Review, Vol.
79(1981), 1035면.

하는 경우에 '해석주의자들'(interpretivists)이 전제로 하는 헌법제정 당시의
'과거세계'(the world of the past), 즉 역사의 '소여성'(所與性)과 '계속성',
그리고 헌법제정자가 상정한 헌법문언의 '원의미'(original meaning)의 '확
정성'(determinacy)은 원천적으로 부정될 수밖에 없다.326) F. Frankfurter가
법률에 내포된 입법자의 정치적 구상들이 명백하지 않고 '잠복되어 있는'
경우에 법률의 해석에 수반되는 어려움과 관련하여 제기한 '기저(基底)의
문제'(bottom problem)는 헌법의 해석에서 더더욱 적확하다: "법문들의 표
면 밑에 있는, 그러나 오롯이 그 일부인 것이 무엇인가?"(What is below the
surface of the words and yet fairly a part of them?).327)

  '법문언중심주의' 또는 '해석주의'와 마찬가지로 '자유주의'의 사회이론
과 연계된 법이론의 일단이라고 할 수 있는 '중립성의 원칙'도 마찬가지다.
'해석주의'의 구상, 즉 '중립성의 원칙'과 '일관성'의 요청에 따라 법관의
자의적인 법해석을 효과적으로 방지하여 '법의 지배'의 정당성을 확보할
수 있다고 하는 이론구성의 맥락에서 강조되는 바, 즉 법관에 대한 '실질적
인 제약들'(substantive bounds)은 '공허한 것'(empty)이거나 또는 특정한 도
덕철학 및 이를 토대로 하는 '다른 실체적인 헌법이론들에 기생하는 것'
(parasitic on other substantive theories of constitutional law)일 뿐이다. '중립
성' 자체를 종종 해명하기 난처한 수수께끼 같은 '일종의 복합적인 관념'(a
complex notion)으로 보고, 오늘날 자유주의적 평등주의의 이념으로서 '중
립성'과 정치적 대의의 이념으로서 '중립성' 간의 상충을 주목하는 정치철
학 및 정치이론의 문제인식은328) 헌법해석론에서도 적확하다. '중립성의

....

326) M. V. Tushnet(Fn. 315), 799-800면.
327) F. Franfurter, "Some Reflections on the Reading of Statutes", in: Colombia Law
    Review, Vol. 47(1947), 533면.
328) M. E. J. Nielsen, "A Conflict Between Representation and Neutrality", in:
    Philosophical Papers, Vol. 39(2010), 69-96면.

원칙'에 따른 방법론적인 제약도 역시 실무상 '공허한 것'이거나, 헌법원칙
들의 '내용의 중립성'(neutrality in content)을 전제로 '중립적인 적용'(neutral
application)[329]을 요구하는 점에서 이론적으로 자가당착에 빠질 수밖에 없
다. 말하자면 법관에 요구되는 '불편부당성'(impartiality)이 편파성의 배제
를 의미하는 '공평무사'의 지침이지 법 및 법적 문제에 대하여 어떤 '선입
견'(preconception)도 갖지 않아야 한다는 요청일 수 없다. 원리의 선택과 정
당화 및 적용의 '공적 용인'(public acceptance)을 주목하여 헌법해석 또는
헌법적 결정이 이른바 '공적 생활'(public life)속에서 확립된 '사회적 관례'
(social practice)에 합치되는 경우에만 정당화되는 것으로 보는 입장에 보
면, 헌법의 해석과 적용에서 기계적인 규칙적용자로서 법관의 중립성을 요
구하는 것은 현실적으로 불가능하고 또한 규범적으로도 타당하지 않은 요
구, 즉 도덕적·정치적 가치들에 대한 법관의 '관점의 중립'을 요구하는 점
에서 그러하다.[330]

 헌법해석론상 법관의 '무색무취'를 요구하는 의미의 가치적 중립의 요청
은 근본적으로 R. Dworkin이 제시하는 '헌법에 대한 도덕적인 독해'(moral
reading of the constitution)[331]에 대한 반명제, 즉 '비도덕적인(amoral) 헌법
해석'의 지침과 다르지 않고, 이는 결국 도덕적인 가치판단과 무관할 수 없
는 기본권을 비롯한 헌법적 원칙들의 논거들이 개별 헌법규정의 해석에서

....

329) 이에 관해서는 R. H. Bork(Fn. 314), 6-7면.
330) M. R. Dimino(Fn. 62), 403면. M. V. Tushnet(Fn. 315), 805-808면. 이러한 점에서
   실증적인 연구를 통해 법관의 (정치적) 이데올로기가 실제로 재판에 미치는 영향이
   없거나 미미하다는 점을 예증함으로써 법관이 '법복을 입은 정치인'(politician in
   robes)이라는 예단의 오류를 해명한 연구결과는, 그 일반적인 타당성에 대한 의문은
   별론의 대상으로 하더라도, 적어도 헌법재판의 경우에는 그대로 적용될 수 없다. J.
   J. Rachlinski/A. J. Wistrich/Ch. Guthrie, "Judicial Politics and Decisionmaking: A
   New Approach", in: Vanderbilt Law Review, Vol. 70(2017), 2051-2103면.
331) R. Dworkin, Freedom's Law: The Moral Reading of the American Constitution,
   1996, 특히 7-15면.

중요한 역할을 수행하지 않는 경우, 말하자면 오늘날 가치다원주의적 사회에
서 현실적으로든 이론적으로든 상정하기 어려운, 'meta해석론적 이견'(meta-
interpretative disagreement)이 없는 경우에만 적용될 수 있는 '법형식주의'
(legal formalism)[332]를 헌법해석의 공준으로 강변하는 방법론적 예단일 뿐
이다. 헌법해석에서 항상 유념해야 하는 헌법의 핵심기능이 정의의 이념을
지향하는 가치상향의 '사회통합'(social integration)이라고 한다면, 헌법의
통합력은 헌법텍스트 자체에 의해서 확보될 수 없다. D. Grimm이 적확하
게 기술하듯이, '현실 세계'(real world)에서 수행되는 '사회통합'은 헌법에
의해서 촉진될 수는 있지만, 통제되지는 않는 일종의 '사회적 과정'(social
process)이다: "법은 통합의 과정에 영향을 미칠 수는 있지만, 결정을 할 수
는 없다."[333]

3) 통합규범으로서 헌법의 표준문법 ― 의미와 공적 이성의 문법

헌법의 '통합기능'은 궁극적으로 헌법의 특수한 역사적 기원이나, 헌법
이 특정한 사회의 현실과 근본적인 가치들을 얼마나 적확하게 반영하고 있
는가 하는 등의 다양한 요소들에 의해 결정되는 헌법의 '표상력'(表象力;

....

332) T. Bustamante, "Comment on Győrfi–Dworkin, Vermeule and Győrfi on Constitu-
tional Interpretation: Remarks on a Meta-interpretative Disagreement", in: German
Law Journal, Vol. 14(2013), 1145면. '법형식주의'에 대한 개관과 상론으로는 S. J.
Shapiro, Legality, 2011, 240-258면. 특히 헌법해석론방법론상 정치경제학적 이데올
로기와 밀접하게 연관되는 경제문제와 관련하여 공적 영역과 사적 영역의 분별을
전제로 '정부규제의 중립성'(neutrality of governmental regulation)에 관심을 집중하
고, 사유재산과 계약자유의 보호, 이른바 '분식이론'(the affectation doctrine) 및 실체
적인 적법절차 등과 같은 헌법도그마틱에 초점을 맞춘 '법형식주의'에 대해서는 S.
R. Olken, "The Decline of Legal Classicalism and the Evolution of New Deal
Constitutionalism", in: Notre Dam Law Review, Vol. 89(2014), 2053-2055면.
333) D. Grimm, "Integration by Constitution", in: International Journal of Constitutional
Law, Vol. 3(2005), 194면.

symbolic power), 즉 헌법이 어떻게 지각되는가에 달려 있기 있다. '통합'은 헌법텍스트 속에 선확정된 상태로 전제되는 것이 아니라, 헌법정치공동체 구성원들이 '공유하는 정신'(communal spirit)과 '집합적 정체성'(collective identity)을 발전시켜 나가는 현실적인 과정이다. 또한 '통합'의 명제는 공동체 내에 존재하는 다양한 의견들과 가치들의 다원성을 강압적으로 제거하려고 하지 않는 '자유공동체' 속에서 타협과 절충을 모색하는 '통일과 집합적 행위의 조건'(condition for both unity and collective action)이다.334) 헌법이론상 이견이 없는 바, 즉 법적 구속력을 갖는 헌법텍스트의 '형식'이 아니라 이견이 없을 수 없는 헌법의 가치적 동인(動因), 즉 실질적인 '내용'을 주목하고 또한 '사회통합'의 핵심기제인 헌법해석작업의 본질을 현실사회에 존재하는 상충되는 이익들과 이견들의 조정 또는 절충의 준거로서 헌법의 '의미', 즉 헌법규범을 탐색하고 가치상향적으로 발전시켜나가는 '개방된 담론'으로 이해하는 관점에서 보면, '법형식주의'와 이를 토대로 하는 법도그마틱은 헌법해석의 출발점에서만 타당할 뿐이고, 그 이후의 과정에 대해서는 아무 것도 말해줄 수 없다.

Grimm이 단언하는 바와 같이, 우리가 헌법의 '통합기능'을 논의하는 것은 '법적 대상'(legal object), 즉 그 규율의 대상과 법적 지위의 관점에서 분별되는 '특수한 법규범들의 세트'(a special set of legal norms)인 헌법의 '법 외적 효과들'(extralegal effects)을 주목하는 것이다.335) 사회통합을 지향하는 생활규범으로서 헌법의 성공에 필수적인 사회적, 정치적 지지와 연관되는 이 '법 외적 효과'는 정치와 경제, 도덕, 역사, 종교, 문화적 환경을 비롯하여 입법윤리, 결과론적인 공공복리극대화 등의 다양한 요소들을 포함하는 일종의 '정책적 효과'인 점에서 '법형식주의'와 법도그마틱이 요구하는 바, 즉 법적 개념에 대한 비도덕적인 어의학적 분석의 방법으로는 적확하

....

334) D. Grimm(Fn. 333), 193, 194면.
335) D. Grimm(Fn. 333), 193면.

게 포착될 수 없다. 과학의 영역에 속하는 단순한 기술적인(descriptive) '어문법'(grammar of words)이 아니라, 이른바 '화행론'(話行論; speechact theory)의 맥락에서 사회적 관습과 규범성 및 도덕철학적 문제들과 연관되는 규범적인 '의미의 문법'(grammar of meaning)[336) 또는 정치적 이견을 경쟁적인 헌법해석상의 이견으로 취급하는데 익숙해지는 과정을 통해 '구성적 해석'(constructive interpretation)이 그 일부가 되어야 하는 '공적 이성'(public reason) 및 '공적 이성의 문법'(grammar of public reason)[337)이 헌법해석의 '표준문법'으로 채택되어야 하는 것도 이 때문이다.

또한 '중립성의 원칙'은 기계적인, 그렇기 때문에 중립적인 것으로 전제되는 '사법적 추론'(judicial reasoning)의 고유한 기능과 역할에 대한 인정을 요구하지만, 그 자체만으로 '객관적 타당성'과 '확정성'을 담보할 수 없는 경우 법관의 선택, 즉 '사법재량'의 판단에 대하여 그 정당화의 근거로 일종의 '사회학적 해명'(sociological explanation)을 요구하는 점에서도 이론적 자가당착이라는 비판을 피할 수 없다. 이 '사회학적 해명'이 '기술적인 (descriptive) 효력'뿐만 아니라 '규범적 효력'도 갖는다고 한다면, 이러한 요구는 결국 개인의 경험이나 개인 및 집단 간의 관계와 무관하게 선재하는

....

336) 이에 대해서는 M. N. Lance/J. O'Leary-Hawthorne, The Grammar of meaning: Normativity and semantic discourse, 1997, 특히 2-4면.

337) A. Schwartz, "Patriotism or Integrity? Constitutional Community in Divided Societies", in: Oxford Journal of Legal Studies, Vol. 31(2011), 519면. 허 영 교수(Fn. 24, 102면)는 "해결을 기다리고 있는 구체적 사안의 구조와 성격에 따라서 가장 문제의 해결에 적합한 헌법해석방법이 정해져야 한다"고 보는 입장에서 '어학적 해석방법'이나 헌법제정자의 주관적 의지를 찾아내려는 '주관적 이론'보다 헌법해석 당시의 현실적 시점에서 "헌법규범의 객관적인 의미와 내용'의 탐색에 초점을 맞추는 '객관적 이론'을 헌법해석의 기준으로 제시한다. 여기에서 '헌법규범의 객관적인 의미와 내용'은 '헌법=헌법텍스트'의 전제 하에 좀 더 정확하게 표현한다면 '헌법규범=헌법의 객관적인 의미'가 되어야 할 것으로 생각되고, 이러한 맥락에서 보면 이는 바로 헌법해석론상 '공적 이성'(public reason) 또는 '공적 이성의 문법'을 적용하여 독해되는 헌법규범의 다른 표현으로 여겨진다.

'이해의 공동체'(community of understanding) 또는 '당연한 것으로 여겨지는 세상에 대한 이해'(taken-for-granted understandings of the world)를 전제로 하고 또한 개인의 가변적인 도덕적·정치적 구상들이 '사회 전체의 관점'(societal perspective)에서 도출되고 그에 종속되는 것으로 보는 보수적인 사회이론으로 귀착될 수밖에 없는 바, 궁극적으로 자신이 전제하는 사회에 대한 '자유주의'의 가정들, 특히 개인주의적 사회관을 근본적으로 부정하는 법사회학에 의존하기 때문이다.338)

4) 소결

요컨대, 법도그마틱의 핵심명제인 법 또는 법적용의 '정치적 중립화'와 '탈이데올로기화'(Entideologisierung)의 명제는 특히 헌법이론 및 헌법해석의 경우에 완전한 수준은 물론이거니와 불완전한 수준에서도 규범적으로 타당하지 않고, 현실적으로 불가능하기도 하다. 이러한 점에서 헌법해석과 법률해석을 질적·구조적으로 분별하지 않고, 양자의 차이를 단지 상대적인 양적 차이에 불과한 것으로 보는 견해는 이른바 '범주의 오류'(fallacy of category)로서 타당하지 않다. 헌법철학 및 헌법이론과 구별되는 독자적인 범주로 획정되기 어려운 헌법해석론에서 해석의 주체와 대상, 구조와 사건이 단선적, 일방적이기보다는 복합적이고 교차적인 관계로 연계되는 구조적 특성과 함께 헌법의 본질적인 '일반성' 및 '이데올로기 감염성' 등은 헌법해석과 법률해석의 본질적인 차이로 부각된다.

바로 이러한 점에서 법률해석과 연관되는 전통적인 법도그마틱상의 해석요소들도 결정의 논증을 위한 하나의 '관점' 또는 '단서'에 불과한 것으로 보는 기조 속에서 '헌법도그마틱'의 차원을 넘어서는 새로운 헌법학방법론들의 모색되어 왔다. 예컨대 Th. Vieweg의 '문제변증론'339)이나 W. Gast의

----

338) M. V. Tushnet(Fn. 315), 805, 825-827면.

'법학적 수사학',340) 그리고 이 글에서 주목하는 '전형상 준거해석방법'도
포함되는 것으로 상정되는 광의의 '관점론적 해석방법' 등을 포괄하는 이
른바 '정신과학적인 방법들'(geisteswissenschaftliche Methode)의 공통된 기
본명제, 즉 '헌법의 구체화' 또는 '헌법의 실현' 등은 이러한 관계구조가 반영
된 것이라고 할 수 있다. 영미법상의 'legal reasoning'이나 Perelman의 '논증
학'(Traité de l'argumentation) 또는 '신수사학'(La Nouvelle Rhétorique)을 비
롯하여, Hare, Toulmin, Lorenzen/Schwemmer의 '논증이론'(argument theory)
및 Habermas의 '대화이론'(Diskurstheorie) 등도 '실천이성' 또는 '합리적인
도덕적 논증'이라는 '법외적', 즉 전통적인 법도그마틱을 넘어서는 법 및
정치철학적 구상들과 연계되는 점에서 같은 기조의 변환의 시도들이라고
할 수 있다.341)

(3) '헌법도그마틱'의 효용과 한계

1) '계몽된 법도그마틱'과 '헌법도그마틱'

일반 법률과 단순한 양적 차이로 볼 수 없는 헌법의 특유한 '일반성' 및
'이데올로기 감염성'의 속성을 부인할 수 없고 또한 이에 따른 당연한 결론
으로 헌법해석에서 '정치적 중립성'과 '탈이데올로기화'를 기대할 수 없다
고 본다면, 일종의 '도그마'로서 제시되는 한에서 '헌법도그마틱'은 일견

---

339) Th. Vieweg, Topik und Jurisprudenz, 5. Aufl., 1974, 31-45면. 계 희열 교수는 이
　　책 중의 3장, 'Analyse der Topik'의 부분을 '문제변증론'으로 번역하여 편역서에 부
　　록으로 추가하였다. 헌법의 해석(편역), 1993, 367-383면. 이와 관련하여 주목되는
　　후속 연구성과로는 G. Struck, Topische Jurisprudenz, 1971. 특히 이 글에서 주요 명
　　제로 논의되는 J. Esser의 '선이해'와 관련해서는 104-118면.
340) W. Gast, Juristische Rhetorik, 5. Aufl., 2015. 특히 법률의 해석과 관련해서는 257-
　　337면.
341) R. Dreier(Fn. 55), 117면.

이른바 '형용모순'(oxymoron)의 논제로 여겨진다. '법인식원'으로서 도그마
틱의 속성, 즉 개념의 분석을 수단으로 하는 순수한 논리학적 작업으로서
본질과, '법적인 것'과 '비법적인 것'을 철저하게 구별하고 후자를 철저하
게 법인식작업에서 배제하는 전제하에 하나의 단어의 단위에서든, 문장의
단위에서든, 개별실정법을 넘어서는 전체 법질서의 차원에서든 '폐쇄체계'
속에서만 수행되는 정형화된 법발견작업으로서 구조적 특성과 그에 따른
기능적 한계는 도그마틱 이론의 범주에서 논의되는 것인 한 '헌법도그마
틱'에서도 부인될 수 없기 때문이다.

　어떤 층위와 영역, 또는 어떤 단위에서든 체계성은 형식성과 폐쇄성을
속성으로 한다는 점을 차치하더라도, 전술한 바 있는 '계몽된 도그마틱'의
의미에서 '개방된 도그마틱'을 상정하는 경우에도 '폐쇄체계' 자체를 사실
상 포기하는 정도로 '개방된 도그마틱'은 더 이상 도그마틱이 아니다. 말하
자면 해석주체의 주관적인 가치적 선판단과 현실 또는 현실인식에 대하여
'개방된 도그마틱'은 일종의 표준화된 법인식방법으로서 합리화 및 결정부
담경감의 기능과 함께 중립성의 요청에 더 이상 부응할 수 없게 된다는 점
에서 일정한 임계점을 넘는 수준의 '개방된 헌법도그마틱'은 이미 법도그
마틱의 범주에 속하는 것으로 보기 어렵다.

　법해석론과 법이론과의 관계에서 법률해석의 목적과 대상에 관한 이견,
즉 '입법자의 주관적인 의사'에 초점을 맞추는 주관적인 법해석론과 '법률
의 객관적인 의사'를 주목하는 객관적인 법해석론이 엇갈리고 있거니
와,342) '폐쇄체계'를 고수하는 경우에는 전자의 해석론이, '폐쇄체계'를 개
방하는 경우에는 후자의 해석론이 유지될 수 없다. 이는 헌법의 경우 더욱
극명하게 주어지는 바, 즉 법률의 제정과 법률의 해석 또는 적용 간의 시차
를 고려하는 통시적 차원의 경우에는 더더욱 복합적인 한계로 주어진다.

....

342) 이에 관한 상론으로는 특히 계 희열(Fn. 339), 9-19면.

법률과는 다른 차원에서 주목되어야 하는 '안정성과 역동성 간의 조화'의 요청 및 이 요청과 연관되는 헌법의 특별한 '경성'(硬性)'과 함께, 이론적으로 구성된 '집합적인 의사'(Kollektivewille)이지만 법적으로 보면 일종의 '허구의 의제'(Fiktion)로 여겨지는 '헌법제정자의 의지'(Wille des Verfassungsgebers)의 본질343)과 헌법 및 헌법언어 자체의 '이데올로기 감염성'을 고려하면 이 한계는 차원이 다른 문제로 부각된다. 즉 시대상황의 변화에 따라 가변적인 어떤 정치철학과 가치관을 갖고 있는가에 따라 해석의 방법과 관점이 선택되고, 그에 따라 헌법해석의 결론이 다를 수밖에 없기 때문이다.

근본적으로 '이데올로기 감염성'을 벗어날 수 없는 가치판단의 '선이해'와 그에 따른 해석이론과 방법의 선택, 말하자면 어떤 관점에서 어떤 요소들을 우선하여 결정하였는지를 논증하게 되는 헌법해석의 '순환구조의 형식'은 본질적으로 가치중립적이지 않고, 해석주체와 해석대상, 그리고 현실과 규범 간의 교섭에 대하여 상시적으로 온전히 개방되어 있는 점에서 도그마틱의 '폐쇄체계'와는 그 구조가 근본적으로 다르다. 헌법이론이 헌법에 대한 이해, 즉 헌법해석을 선결하지는 않으면서 선도하는 맥락에서 그에 앞서는 '선이해'에 대한 성찰의 계기와 단서들을 제공하기는 하지만, 오늘날의 '가치다원주의'와 '방법다원주의'의 상황에서 이른바 '절충주의'(eclecticisim)가 불가피한 헌법해석에 대하여, 특히 특정한 사안에 대한 헌법적 결정에 대하여 규범적으로 유효한 준거와 규칙을 제시할 수 없는 것은 바로 이 때문이다.

'헌법도그마틱'이 헌법이론 또는 헌법해석론의 차원에서 독자적인 방법으로 유효한 것인지에 대한 논의와는 다른 맥락에서, 말하자면 적어도 예컨대, Savigny가 제시한 해석방법론을 내용으로 하는 표준화된 법도그마틱, 즉 법해석론의 공준들이 법발견에 이르는 인식과정의 근본적인 차이에도

----

343) Ch. Hillgruber, "Verfassungsinterpretation", in: O. Depenheuer/Ch. Graberwarter(Hg.), Verfassungstheorie, 2010, § 15, 511면.

불구하고 일종의 '텍스트작업'이고 '논증형식'인 점에서는 다르지 않은 헌법해석에도 적용될 수 있고 또한 그래야 한다면, 관건은 '헌법도그마틱'의 헌법해석에 대한 통제의 가능성과 그 정도이다. 재삼 확인하건대, "법학의 학문적 방법론은 법관에게 도움이 되지도 못하고, 법관을 통제하지도 못한다"는 Esser의 단언은 헌법해석론의 경우에 더더욱 적확하다. 이 기술 중에 전단의 부분에 대해서는 법학방법론을 법적으로 유효한 논거의 생산을 위한 일종의 '병기창고'(Arsenal)로 보는 입장에서 방법론이 법관에게 도움이 된다는 것은 자명하다고 주장하는 반론이 제시되고 있지만,[344] 이는 전단과 후단의 부분을 분리하여 파악한 오해로 여겨진다. Esser가 강조하여 해명하는 바와 같이, 방법론의 '논증형식' 자체를 부정하지는 않는 입장을 취하면서도 '방법론이 법관에게 도움이 되지 않는다'고 한 것은 법학방법론이 구체적인 방법의 선택과 방법론의 공준들 또는 고려대상인 법해석의 요소들 간의 우선순위에 대하여 구속력이 있는 판단의 기준을 제공하지 못한다는 점, 즉 일종의 'meta방법론'이 존재하지 않는다는 점을 지적한 것이고, 바로 이 점이 결국 규범적 효력이 미흡하기 때문에 법도그마틱이 법관을 통제하지 못한다고 보는 결론의 근거로 이해되기 때문이다.

또한 Esser가 극복의 단서로 '선이해'를 제시하면서 해명하는 바, 즉 '법관을 돕지도, 통제하지도 못하는 법학방법'의 한계, 즉 'meta방법론의 부재'는 '정의담보자'로서 법 및 법관의 고유한 역할을 확인하고 강조하는 논거로 이해된다. 일견 '법의 해체'(deconstruction of the law)와 다르지 않은 '병기창고의 부재', 말하자면 '정의의 해체'(deconstruction of justice)로 귀결되는 법 및 법관의 '무장해제'(disarmament)로 오해되기 쉽지만, 'meta법학방법의 부재'는 '법의 바깥 또는 뒤에 있는 정의 자체'(justice in itself outside or beyond law)는 해체될 수 없다는 전제 하에 '정의의 불가능성'(impossibility

----

344) R. Dreier(Fn. 17), 115면.

of justice)이 아니라 '정의의 가능성'(possibility of justice)을 담보하는 조건
으로서 '법의 해체가능성'을 주목하면서 J. Derrida가 강조하는 '해체의 명
제'와 마찬가지로 '오만과 독선'에 대한 절대적인 부정의 공준과 그 근거로
제시되는 것이기 때문이다. 말하자면 '해체의 가능성으로서 정의'(justice as
the possibility of deconstruction)의 관념을 토대로 하여 Derrida가 제시하는
'해체가 정의다'(Deconstruction is justice)라는 명제와 같은 맥락이다:

> 『법과 합법성 및 정당성의 해체가능성은 해체를 가능하게 만든다.
> 정의의 해체불가능성 또한 해체를 가능하게 만든다, 즉 정의의 해체불
> 가능성은 해체와 분리될 수 없다. 결론적으로 해체는 정의의 해체불가
> 능성과 법(권위, 정당성 등등)의 해체가능성의 사이에서 발생된다.』[345]

이러한 관점에서 보면, '헌법해체'는 사전에 계획된 해결책이 존재하지
않는 일종의 '난문'(難問: aporia)으로 주어지는 '정의의 문제'를 '오만과 독
선'으로 왜곡하거나 덮어버리지 않고, 절제하고 겸손하되 적극적으로 대면
하는 긍정적인 관점에서 인정하고 주목해야 하는 헌법해석론의 핵심명제
이다. '헌법해체'의 명제와 연결해서 보면, 법이론적 논제로서 '헌법도그마
틱'은 해체를 통한 '부정'과 '대체'가 아니라 해체를 통한 '지양'(止揚)과
'보정'의 대상이다. '헌법도그마틱'의 독자적인 기능과 한계는 결국 헌법의
경우에 특히 부각되는 '해체'의 경향들, 말하자면 이론의 다원성 및 개방성
과 해석방법론의 불안정성 등과 함께 법실증주의를 토대로 하는 개념법학
의 틀 속에서 헌법해석을 하는 경우 그에 수반되는 필연적인 흠결성 및 정
치적 편향의 위험성에 대한 해명을 통해 탐색된다. '방법론의 흠결'과
'meta방법론 부재'을 전제로 하여 해석방법의 선택과 결과의 임의성 및 불

---

345) J. Derrida, M. Quaintance(Tr.), "Force of Law: The "Mystical Foundation of
    Authority"", in: Cardozo Law Review, Vol. 11(1990), 945면.

확실성과 그 근원을 해명하고, 전통적인 법학방법론, 즉 법도그마틱의 차원
에서 그 흠결이 적어도 완전히 보정될 수 없다는 점과 함께 새로운 접근방
법의 필요성을 확인하는 것이 관건이다.

　전자의 경우는 앞에서 충분히 논의된 것으로 생각되는 바, 상론은 다음
에 제시되는 보론으로 대체하되, 후자에 초점을 맞추어 문제의 핵심만을
적시한다. 이른바 '헌법법실증주의' 또는 '헌법재판실증주의', 말하자면 '정
언명제'로서 헌법의 최고규범성과 함께 헌법을 모든 실정법들의 위헌성을
판단할 기준을 이미 갖고 있는 자기완결적인 규범으로 보는 전제 하에 헌
법을 해석 및 적용하는 경우에는 두 가지 위험성이 수반된다. 이른바 '자폐
화'와346) 지나친 '정치화'의 위험이 그것이다. 전술한 바와 같이, 근본적으
로 '법 외적인 것'을 법해석에서 배제하는 법실증주의는 정치경제적·도덕
적·사회적 원칙이나 근본적인 '도덕관념', '정의관념' 및 역사인식의 변화
등을 수용하여 법의 내용을 확장하고 수정해 나가는 변화와 적응의 가능성
을 원천적으로 배제한다. 이에 따른 헌법해석의 '자폐성'은 헌법재판에 내
재된 근본적인 모순, 즉 '권한과 기능의 내적 모순'을 심화시킨다고 지적되
고 있거니와, 말하자면 법률을 무효화시킬 수 있는 권한은 갖지만 의회입

....

346) 헌법해석의 '자폐화'는 헌법학과 헌법현실의 괴리의 원인인 동시에 결과라고도 할
　　수 있는 바, 이는 행정법학에도 그대로 해당된다. 이 원우 교수(Fn. 64, 98-99면)는
　　행정법학방법론을 행정법 도그마틱의 형성에 국한시킴으로써 행정법학이 행정의 현
　　실과 유리되는 위기, 즉 이른바 '집행실패'의 문제가 초래되었다고 보는 관점에서,
　　우리 행정법학의 경우에도 그대로 적용되는 것으로 여겨지는, '법실증주의적 개념법
　　학방법론'을 토대로 하는 'Otto Mayer 행정법'의 효용과 한계를 간명하게 정리하고
　　있다.『오토 마이어 행정법학방법론의 형식주의적 특징은 19세기를 지배한 법실증
　　주의와 개념법학의 영향 아래 형성된 것이었다. … 오토 마이어가 민법학에서 발전
　　된 법학방법론을 공법학방법론으로 계수한 것은 행정제도의 주요 구성요소들을 개
　　념화하고 논리적인 규범체계로 정립하는데 결정적인 기여를 하였다. 그러나 이는 행
　　정제도와 행정현실을 고권적인 법률행위로써 행정행위, 즉 처분중심으로 분해하고
　　개념논리로 해석함으로써, 동태적인 급부행정의 현실을 행정법학의 대상으로 포섭
　　하는데 한계에 부딪히게 되었다.』

법자에 비해 상대적으로 민주적 정당성이 취약하고, 따라서 민주적인 법형
성의 조건과 기제를 갖고 있지 못한 헌법재판소가 "법체계 바깥에 있는 원
리나 확립된 공론들을 수용하여 제정한 법률을 법체계 내부의 논리로 무효
화 시키는 것"347)은 헌법재판을 통한 사법심사, 특히 규범통제제도의 정당
성의 토대를 와해시키는 위험요인이 될 수 있다는 것이다.348)

또 한편 '법의 중립화' 또는 '법의 비정치화'를 핵심명제로 전제하는 점
에서 일견 모순적인 것으로 보이지만, 다소간에 이완되기는 하였으되 법실
증주의와 이를 토대로 하는 법도그마틱이 보수적인 '자유주의'의 이데올로
기와 일종의 '동맹관계'에 있다는 점에 대해서는 전술한 바 있거니와, 법실
증주의적 사고가 헌법재판실무와 연결되는 경우 이 '동맹관계'는 헌법재판
의 '정치적 편향성'으로 귀착될 위험도 내포한다.349) 이러한 위험성은 특히

....

347) G. Teubner, 이 상돈(역), "법제화 – 개념, 특징, 한계, 대안", 법제화이론, 2004, 44면.
348) 이 상돈, "헌법재판의 법이론적 전망", 김 도균(엮음)(Fn. 10), 672면.
349) 다만, 여기에서 헌법해석론의 맥락에서 거론하는 '정치적 편향성'의 문제는 보수주
    의와 진보주의 간의 정치적, 이데올로기적 대립구도의 관점에서는 중립적인 논제라
    는 점을 밝혀 둔다. '법도그마틱과 보수적인 자유주의 간의 동맹관계'의 정치적인
    핵심동인은 법해석론상 사법재량의 최소화로 귀결되는 '문언중심주의' 또는 해석주
    의'의 근거인 '사법권에 대한 불신'(distrust of judicial power)이라고 할 수 있는데,
    역사적으로 보면 이는 보수주의 진영이 아니라 오히려 자유주의를 토대로 하는 진보
    적인 정치운동에서 발원된 것이고, 이러한 맥락에서 보면 사법 자체가 전형적으로
    보수적인 또는 진보적인 제도라고 획일적으로 단정할 수는 없기 때문이다. 말하자면
    법률을 '가능한 문언 그대로'(as literally as possible) 해석하여 기계적으로 적용하라
    는 '문언중심주의'의 지침, 즉 그 대강이 '법도그마틱'과 연관되는 '해석주의' 자체가
    필연적으로 보수주의의 정치적 구상과만 연관되는 것으로 예단될 수는 없다. 예컨
    대, 보수적인 정파와 진보적인 정파 중에 어떤 세력이 입법권을 장악하는가에 따라
    바람직한 사법재량의 크기나, 특히 헌법해석론의 차원에서 부각되는 법률에 대한 사
    법심사의 범위와 그 강도에 대한 입장이 법이론적 입장과 배치되는 방향으로 엇갈려
    서 나타날 수 있기 때문이다. 입법자의 정치적 성향과 비교되는 상대적인 구별이기
    는 하지만, 진보 성향의 자유주의적 법원인가 아니면 보수적인 법원인가에 따라 사
    법심사를 하는 법원 또는 헌법재판소의 입장, 말하자면 사법소극주의 또는 사법적극
    주의의 태도도 마찬가지로 가변적이고, 유동적이다. 이러한 점에서 '문언중심주의'

비례성원칙을 입법자의 가치형량에 너무 많이 맡겨놓는 과잉금지심사에서
부각된다. 이와 관련하여 '헌법(재판)실증주의'의 '정치적 풍향성'을 경계하
면서, "그 성격에 있어, 경험적 판단의 성격을 띨 수 있고, 또한 그래야 마
땅한 '적합성'과 '필요성'(최소침해성)에 대한 판단마저 입법자의 '재량적
인 가치결단'에 속한다며 한 발짝 물러서는 근거로서 법실증주의를 끌어오
는 것"의 위험성을 지적하는 견해는,350) 획일적인 잣대로 평가할 수 있는
지 또한 일반적으로 그러한지는 의문이지만, 적어도 적잖은 경우에 타당한
것으로 생각된다.

  하지만, 전술한 바와 같이, 헌법텍스트와 헌법의 의미, 즉 헌법규범을 동
일시하는 법실증주의적 사고와, '자기완결적 체계'로 주어지는 헌법텍스트
속에 헌법적 결정의 '옳은 답'이 선재되어 있는 것으로 보는 일종의 '법률
학의 신화'(myth of jurisprudence)351)의 전제, 그리고 이 전제 하에 헌법적
결정을 헌법텍스트에 담긴 의미를 어의학적으로 분석하여 적용하는 것으
로만 보는 '헌법도그마틱'이 더 이상 설득력을 갖지 못한다고 한다면,352)

....

  의 특유한 법해석방법론적 효용을 부정하지 않으면서도 이데올로기적 관점에서 '문
  언중심주의'를 근본적으로 기만적(deceptive)이고 비도덕적(immoral)이며 또한 일관
  성을 유지하면서 적용될 수 없는 이른바 '좌충우돌의 이론'(flip-flop theory)으로 평
  가하면서, 그 근본적인 동인을 민주주의나 권력분립의 원칙에 대한 관심보다는 '신
  자유주의'(neo-liberalism)와 엇물려서 1980년대 미국에서 득세하였던 이른바 '신보
  수주의'(neo-conservatism)의 정치적 이데올로기, 즉 '큰 정부'(big government)에 대
  한 뿌리 깊은 불신과 이를 토대로 하여 '극소국가'(minimal state)를 지향하는 '자유
  지상주의적 이념'(libertarian ideal)에서 찾는 견해는 되새겨봄직 하다. 이에 관해서는
  A. Marmor, "The Immorality of Textualism", in: Loyola of Los Angeles Law
  Review, Vol, 38(2005), 2064-2065면.

350) 이 상돈(Fn. 348), 673면.

351) G. A. Phelps/J. B. Gates(Fn. 310), 568면. '법률학의 신화'에 따르면 '인지될 수 있고,
  보편적이고 일관되며, 중립적인'(knowable, universal, consistent, and neutral) 일종의
  '원칙들의 원칙들'(principles-principles), 즉 'meta원칙들'이 존재하는 것으로 전제되
  고, 법관은 이에 구속되어야만 하는 것으로 상정된다.

352) "법학계를 제외하면 '일련의 기호'(eine Kette von Zeichen)가 자체에 대한 해석을

헌법규범과 헌법해석 또는 헌법재판에서 헌법텍스트는 도대체 어떤 규범
적 의미를 가질 수 있는 것인가? 어떤 해석규칙의 제약도 없는 백지상태에
서 오로지 해석자의 '선이해'에 따라 그 의미가 창조되고 형성되는 것일 뿐
인가? 심지어 사실상 규범적 효력을 갖지 못하는 정치적, 문화적 프로그램
이나 '개방된 정치적 담론'의 단순한 소재에 불과한 것인가? 적어도 헌법을
최고규범으로 하는 문화체계로서 거시적인 법질서와 이 질서의 윤곽 속에
서 운용되는 민주적 법치국가의 통치모델을 통째로 파기하지 않는 한, 헌
법텍스트가 각별한 의미, 즉 규범적 효력을 갖는 특수한 텍스트라는 것 자
체에 대해서는 이견이 있을 수 없을 것이다. L. H. Tribe가 지적하는 바와
같이, '헌법이 말하는 것과 의미하는 것'(what the Constitution says and
means)에 대한 이견들이 이론과 학설의 통합건물을 세우는데 필요한 '공유
토대'(common ground)를 거의 제공하지 못한다고 하더라도, 이것이 '헌법
이 행하는 것'(what the Constitution does), 즉 헌법의 역할에 대한 공감대를
부정하는 근거가 되지는 못한다.[353] 모두를 연결해주는 하나의 텍스트와
하나의 구조를 토대로 하는 '서사의 틀'(narrative cast) 속에서 각계각층의
모든 정부 공직자들을 비롯하여 일반 시민들 모두가 기존의 법 및 정치질
서를 수호하거나 또는 이 질서를 비판하는 근거를 찾는 출발점인 동시에
대화와 토론의 '공용어'를 제공하는 대화촉매자의 역할은 오롯이 헌법의
몫이다.

또한 J. Godlsworthy가 의미를 '해명하는 해석'(clarifying interpretation)과
함께 '불가피한 필요'(compelling need)라는 엄격한 조건 하에서 법해석작

....

제약할 수 있는 것으로 진지하게 받아들이는 사람은 단연코 더 이상 없다"고 하는
B. Lahusen의 단언은 헌법텍스트작업의 경우에 특히 주목된다. "Norm und
Entscheidung", http://www.mpier.uni-frankfurt.de/forschungsgebiete/mitarbeiterfors-
chung/lahusen_normentscheidung.html(2009.12.15), Ch. Hillgruber(Fn. 343), 509면,
주석 11번에서 재인용.

353) L. H. Tribe(Fn. 317), 332-33면.

업상 '창조적인 구성'(creative construction), 즉 '의미를 창조하는 해석' (creative interpretation)의 필수불가결성을 인정하면서도 "모든 법은 필수적으로 '어떤 의미'(some meaning)를 가지며, 어떤 의미도 갖지 못하는 것은 법일 수 없는 바, '의미'는 법의 핵심(essence)이다"354)라고 단언하면서 강조하는 바와 같이, 법의 의미는 일종의 '선재하는 사법적 해석'(preexisting judicial interpretation)이어야만 한다. 적어도 토론의 공용어로서 (헌)법언어에 담긴 일종의 '규제적 이념'(regu-lative ideal)의 차원에서는 그러하다. 그렇지 않다면 (헌)법은 법관이 해석할 때까지는 수신인의 행동을 전혀 안내할 수 없고, 법관 자신도 안내할 수 없다:

　　『법이 법텍스트에 대한 법관의 해석 후에만 또는 그 결과로서만 특정한 의미를 가질 수 있다면 법관만이 '유일한 진정한 입법자'(the only real law-maker)가 된다.』355)

'생활규범' 및 '정치규범'으로서 헌법의 규범적 효력은 차치하더라도, 법제정자로서 정치적인 입법자와 법에 구속되는 비정치적인 법해석자 또는 법적용자로서 법원 간의 분명한 역할분담을 고수하는 전통적인 권력분립 체계의 관점에서 제기되는 이러한 복합적인 법이론적 의문은 본질적으로 '정치법'인 헌법의 경우에도 그대로 해당된다. 이는 상대적으로 더 큰 '해석의 자유' 또는 '사법재량'을 갖는 '정치적 사법작용'으로서 헌법재판, 궁극적으로 '실용적인 접근'(pragmatic approach)의 타당성을 강조하면서 R. A. Posner가 제시하는 표현을 원용하면, 적잖은 경우 '겸손한 법관'(modest judge)의 소극적인 접근보다는 '공격적인 법관'(aggressive judge)356)의 적극

---

354) J. Goldsworthy, "Originalism in Constitutional Interpretation", in: Federal Law Review, Vol. 25(1997), 10면.
355) J. Goldsworthy(Fn. 98), 1280면.

적인 태도가 요구되는 이른바 '정치적 법원'(political court)에 의한 헌법해석의 경우에 더더욱 난제로 주어진다. 그렇다면 결국 헌법이론 및 헌법해석론의 핵심과제는, 헌법텍스트에 일종의 '의미덩어리'인 규범이 담겨져 있다고 할 때 언어학의 차원에서 가장 근본적인 논제라고 할 수 있는 '의미의 의미'(the meaning of meaning)[357]와, '의미가 내포되어 있다는 것' 자체의 의미는 무엇인지 또한 '보이지 않는 헌법'과 연계되어서 해독되어야 하는 '보이는 헌법', 즉 헌법텍스트에 함축된 의미와 가치가 규범과 현실의

....

356) R. A. Posner, "The Supreme Court 2004 Term Foreword: A Political Court", in: Harvard Law Review, Vol. 119(2005), 54-57, 90-102면. 여기에서 '실용적인 접근'의 맥락에서, 특히 '정치경제규범'인 헌법의 해석에서 법관에게 '공격적인 태도'를 주문하는 것은 현실을 그대로 받아들이라는 것은 아니되, 규범과 교차관계에 있는 현실에 대하여 보다 적극적인 관심을 갖고 주목하라는 요청과 함께, 어떤 방식으로든 경제학, 정치학, 사회학 등의 인접 사회과학의 실증적인 연구성과들을 전향적으로 수용 또는 반영하라는 취지로 이해된다. 같은 관점에서 미국을 전범으로 제시하면서 헌법(해석)에서 사회과학과의 학제 간 협업의 필요성과 그 효용을 강조한 입장은 대표적으로 O. Lepsius(Fn. 116).

357) 이에 대한 언어학 및 철학적 차원에서의 포괄적이고 심층적인 연구로는 C. K. Ogden/I. A. Richards, The Meaning of Meaning: A Study of the Influence of the Language upon the Thought and of the Science of Symbolism, 1923. 정치적 타협의 산물인 동시에 정치를 일차적인 규율대상으로 하는 점에서 헌법을 정치법이라고 하는 맥락에서 보면, 헌법의 언어는 '정치의 언어'(language of politics)이고, '권력의 언어'(language of power)이고 또한 정치 및 사회경제적 권력관계가 반영되는 결정을 '기록'(register)하고 '한정'(modify)하는 '결정의 언어'(language of decision)이다. 따라서 헌법언어에 담겨져 있는 '의미의 의미'는 '정치의 언어'와 마찬가지로 단순한 어의학적 방법만으로는 온전히 포착될 수 없는 '언어와 기능 간의 양방향 관계'(two-way relation between language and function), 말하자면 정치와 권력 및 법적으로 강제되는 결정이 언어에 미치는 영향과 그 반대방향의 효과에 대한 탐문 속에서 접근될 수 있다. 고대로부터 오늘날에 이르기까지 줄곧 '주해'(註解)와 체계적인 탐구에서 주목되어 온 논제였던 '권력의 언어'로서 '정치의 언어' 및 이와 연관된 '언어와 기능 간의 양방향관계'에 대한 상론은 H. D. Lasswell, "The Language of Power", in: H. D. Lasswell/N. Leites/ et al, Language of Politics(1949), First Paperback Ed., 1968, Ch. 1, 3-19면.

교차관계 속에서 구체적으로 어떤 역할분담의 체제 속에서, 어떤 이해와
사유 또는 소통의 방법을 통해 발현되고 형성되어 나가야 하는지, 그 지향
점과 방법 및 지침을 탐색하는 것이다.

　이러한 점에서 헌법해석론상 일면 '문언중심주의'와 '해석주의'를 비판
하면서도, 타면 '허무주의'(nihilism)를 경계하는 O. M. Fiss의 절제된 주장
은 시사하는 바가 적잖다. 객관성을 확보하기 어려운 헌법해석의 한계를
인정하면서도, 헌법텍스트에 '공적 도덕성'(public morality), 즉 '사회의 근
본적인 공적 가치'(fundamental public value of society)가 함축되어 있는 것
으로 보고, 이 가치를 좀 더 풍성하게 만드는 '공적 담론'(public discourse)으
로서 헌법해석의 고유한 효용을 주목하는 관점에서 '헌법은 모든 것을 의
미한다'(Constitution means everything)라거나 또는 '헌법은 어떤 의미도 갖
지 못한다'(Constitution has no meaning)고 보는 냉소적인 '허무주의'의 태
도를 배척하는 Fiss의 견해는 바람직한 헌법해석론의 방향을 제시한 것으
로 여겨진다.358)

....

358) O. M. Fiss, "Objectivity and Interpretation", in: Stanford Law Review, Vol. 34(1982),
　　763면. 이러한 견해는 '통합성'(integrity)의 법관념을 토대로 하여 법명제들의 진위
　　성이 공동체의 법실무에 대하여 최선의 '구성적 해석'을 제공하는 정의, 공정성 및
　　적정절차의 원칙 속에 수렴되거나 이들로부터 도출되는지 여부로 판정될 수 있다고
　　보는 Dworkin의 법해석론과 결이 같다. 특히 '법은 법이다'라고 주장하는 비교적 오
　　래된 '기계론적 해석론'과 비교적 새로운 현실주의적인 '냉소주의'를 공히 '법을 발
　　견하는 것'과 '법을 만드는 것'을 분별하는 이분법의 오류에 빠져 있는 것으로 보아
　　배척하는 관점에서 제시되는 명제들, 예컨대 단순한 법해석방법론을 넘어서 '원칙의
　　공동체'(community of principle)로서 구성되는 '정치적 결사의 조건들에 대한 특정
　　한 태도'(a certain attitude about the terms of political association)를 포함하는 '통합
　　성'의 의미와 기능, 법해석에서 '정치적 도덕성'(political morality)의 중요성, 상상력
　　이 발휘되는 '창조적 해석'(creative interpretation)의 필수성과 가능성 등은 헌법해석
　　의 경우에 더욱 적확하다. R. Dworkin(Fn. 42), 212, 225-226면. 이른바 '해석의 정치
　　학'(politics of interpretation)이 아니라 '해석 속의 정치학'(politics in interpretation)
　　의 맥락에서 법해석과 정치이론 및 미학이론, 정치적 도덕성의 원리들 간의 관계에
　　대해서는 R. Dworkin(Fn. 113), 527-550면, 특히 549-550면.

이와 관련된 보론으로서 다음 2)와 3)의 내용은 이전에 발표된 논문의 일부이다. 이데올로기와 힘 및 언어의 요소와 관련하여 헌법해석의 본질과 특성 및 그 기능적 한계를 논의한 내용으로서 다소간에 전술한 내용과 중복되는 부분이 있지만, 논의의 연결성을 유지하기 위하여 가감 없이 전재한다.359)

2) 헌법해석과 힘·이데올로기

『(헌법해석방법론에서) 우선 전제되는 출발점은 모든 헌법텍스트와 헌법해석은 이데올로기적 조건에서 벗어날 수는 없다는 점이다. 그 내용이나 방향을 불문하고 공동체 속에서의 '좋은 삶'을 메타코드로 하는 헌법은 가치판단과 연계된 이데올로기적 술화일 수밖에 없다. 또한 언어기호로 매개된 헌법텍스트에서 그 의미, 즉 헌법규범을 세워나가는 헌법해석작업도 사회구조를 반영하는 이데올로기적 형성조건에서 벗어날 수 없다. 이데올로기의 어떤 변동도 언어체계의 변화를 가져온다는 인식을 바탕으로 모든 기호의 이데올로기적 속성을 강조하는 M. Yaguello360)의 말을 빌릴 필요도 없이, 특히 헌법텍스트를 구성하는 기호는 집단 또는 계층의 가치관념과 관심의 산물인 '사회어'(Sozialekt), 말하자면 '이데올로기 언어'이고, 이 '사회어'를 해석하는 텍스트작업의 주체와 환경 및 방법론 역시 사회적 콘텍스트를 벗어날 수 없기 때문이다. 사실과 규범, 현실과 당위의 단절을 전제로 법학에서 이데올로기나 힘의 요소를 철저하게 배척하고, 자율적인 언어체계로서의 법규범의 구조와 형식을 전제로 법학을 폐쇄적인 언어기호학

---

359) 이 덕연, "텍스트학의 관점에서 본 헌법해석의 이해", 헌법판례연구, 제4집(2002), 94-99면. 다만, 주석의 연번과 일부 내용은 이 글에 맞추어서 보정하였다.

360) M. Yaguello/M. Baktine, Le Marxisme et la philosopjie du langage. Essai d'application de la méthode sociologique en linguistique, 1977, 서문. P. Zima, Textsoziologie(1980), 허 창운/김 태환(역), 텍스트사회학이란 무엇인가, 2000, 101면에서 재인용. 원문상 잘못된 인용을 교정하였다.

으로 까지 축소시킨 순수법학이론도 현실적으로는 과학성을 앞세운 실증성의 이데올로기의 포장 속에서 자유주의와 개인주의 또는 자본주의 등의 정치·경제적 이데올로기를 충실하게 대변한 논리였다.

그러나 헌법과 헌법해석의 이데올로기적 속성이 객관적이고 과학적인 헌법해석을 지향하는 헌법이론의 당위성과 가능성을 부정하는 논거가 될 수는 없다. 헌법을 단순히 법으로 포장된 힘의 현상으로만 이해하고 또한 헌법의 해석이 적나라한 힘의 투쟁이나 이데올로기의 대립에만 맡겨져 있는 것으로 보는 것은 이데올로기 차원의 주장으로는 제기·논의 될 수 있다. 그러나 실정헌법국가 속에서 대화의 가능성을 전제하고 또한 그것을 열어나가야 하는 이론으로서는 설득력을 갖기 어렵다. 적어도 헌법국가, 즉 실정 헌법텍스트를 출발점과 귀착점으로 하는 헌법실증주의 법체계 속에서 문제제기의 초점은 단순한 헌법과 힘의 이원적 대립구조가 아니라, 힘 또는 이데올로기와 언어와의 내재적인 교차관계 속에 자리잡고 있는 헌법의 복합적인 구조에 맞추어지기 때문이다.

헌법해석은 언어기호로 구성된 헌법텍스트에 대한, 언어를 수단으로 하는 텍스트작업이고, 이 작업은 일정한 '규칙'에 따라 진행되는 특수한 '언어게임'(Sprachspiel)이다.[361] 이는 그 자체가 본질적으로 국가권력을 포함하는 모든 힘의 행사의 예측 및 통제가능성을 담보하고, 이데올로기의 갈등현상을 순화 또는 극복하는 의미를 가진다. 비록 궁극적으로 주관성을 갖는 개인이 헌법을 해석한다고 하여도 그것은 개인 또는 헌법재판소의 자

---

361) '언어게임'은 언어를 말하는 것 자체가 행위이고, 하나의 삶의 형식이라는 점을 강조하기 위해서 도출된 개념이다. L. Wittgenstein, Philosophische Untersuchungen, in: ders., Schriften, Bd. 1, 1969, 279면 이하, Nr. 23; 뉴튼 가버/이승종, 이승종/조성우 (역), 데리다와 비트겐슈타인, 160면 참조 특히 헌법해석과 관련해서는 B. Jeand'Heur, "Gemeinsame Probleme der Sprachund Rechtswissenschaft aus der Sicht der Strukturierenden Rechtslehre", in: F, Müller(Hg.), Untersuchungen zur Rechtslinguistik, 1989, 17면 이하.

유, 말하자면 자신의 '건전한 상식'이나 선입견에만 충실한 자의(恣意)적인 '결단'에 맡겨져 있는 것이 아니라 헌법텍스트에 귀착되어야만 한다. 텍스트에 귀착되어야 한다는 것은 궁극적으로 그 결정이 언어를 통해서 정당화되어야만 하고, 동시에 언어를 통한 비판의 가능성이 열려 있어야만 한다는 의미이다.

이러한 텍스트작업으로서 헌법해석은 적어도 반가치를 배제시키는 '부정의 논리' 또는 '윤곽의 논리'에 의해 가치의 분류와 정의를 가능하게 하는 '정당성'의 메타코드 아래에서 의미의 공유와 재생산, 즉 '소통'(communication)[362]을 가능하게 하는 '게임의 규칙'과 이론적으로 정돈된 방법론의 틀 안에서 진행된다. 이 규칙과 틀은 헌법해석의 개방성과 논리적 체계성을 유지시키는 기능을 수행하며, 대화의 가능성과 통로를 열어 놓는 이 기능은 민주적 법치국가의 원리와 그것을 구체화시킨 제도 및 절차를 통해 담보된다. 제도화된 절차를 거친 최종적인 해석의 결론 역시 하나의 텍스트로 주어진다. 즉 그 자체가 이론적인 대화의 소재로 제시된다. 유권적인 헌법해석일지라도 그것이 '언어게임'의 종결이 아니라 새로운 '언어게임'의 시발점이 되는 것은 하나의 텍스트구조로 이해되는 법치국가의 핵심이다.[363]

요컨대, 헌법해석은 공통의 메타코드 하에서 헌법텍스트에 귀착되어야만 하는 텍스트작업이고, 이 작업은 주체의 다원성과 방법론의 규율성 및 다

....

362) communication의 개념을 '의사소통'이라는 말로 번역하는 경우에 의사를 기의(記意) 또는 의미의 뜻으로 쓴 것이라면 기호학의 원리상 틀린 말이라고 지적된다. 즉 기호학적인 관점에서 의미작용의 구조에 비추어 볼 때 기표(記標) 또는 메시지의 전달을 통해 수신자에 의해 의미가 재생산 또는 공유되는 것이지 의미 자체가 전달되는 것이 아니라는 설명이다. 김 경용, 기호학이란 무엇인가, 1994, 20-24면. 이러한 '소통'의 개념에 대한 정확한 이해는 헌법해석을 '언어게임'의 구조를 가지는 텍스트작업으로 접근하는 관점에서 매우 중요한 의미를 가진다.

363) F. Müller/R. Christensen/M. Sokolowski, Rechtstext und Textarbeit, 1997, 116면 이하.

양성을 전제하는 이론의 대상이고 산물인 점에서 독단성과 절대성 및 폐쇄성 등의 특성을 가지는 이데올로기나 힘의 현상 또는 그에 따른 '결단'과는 근본적으로 다른 개방적이고 상대적인 대화의 구조를 가진다.364) "이론은 자신을 낳은 이데올로기에 대한 변증법적 부정이다"라는 P. Zima365)의 말은 헌법해석론에도 그대로 적확하다.』

3) 헌법해석과 언어

『또 한편 헌법과 헌법해석의 이데올로기성을 부인할 수 없는 것과 마찬가지로 헌법규범의 내재적인 언어관련성 또한 부인될 수 없다. 헌법텍스트는 관습과 절차 및 법이론 등에 의해서 형성된 엄격한 형식과 구조를 가지는 언어기호의 체계이며, 이 기호체계는 헌법원리와 제도 속에 수렴된 법이념, 특히 법적 안정성의 바탕으로서 독자적인 술화구조를 가진다. 헌법텍스트는 이 술화구조 속에 진입을 허용하는 유일한 창구이다. 헌법텍스트와 유리된, 헌법텍스트에 귀착되지 않는 헌법해석은 있을 수 없다. 헌법해석은 언어 속에서, 언어를 대상으로 하여 진행되는 언어작업이다.

그러나 법규범과 언어기호의 연쇄인 법텍스트가 동일하고, 법텍스트 속에 이미 확정되어 고착된 '의미'가 담겨져 있는 것으로 전제하고 법해석을 '보물찾기' 하듯이 언어기호학적 해석을 통해서 법규범을 찾아내는 작업에 불과한 것으로 보는 법실증주의는 특히 헌법과 헌법해석의 경우에 설득력을 가질 수 없다. 법해석을 이른바 '실증적'인 (자연)과학적 분석방법에 의해 선재하는 의미를 객관적으로 인식하는 작업으로 이해하는 법실증주의적 언어이론은 근본적으로 언어기호의 본질을 곡해한 것일 뿐만 아니라, 특히 가치성과 이데올로기성이 강한 헌법과 헌법해석의 특성에 부합되지

....

364) E. Fechner(Fn. 134), 97면 이하.
365) P. Zima, 허 창운/김 태환(역), 이데올로기와 이론, 1996, 554면.

아니한다. 법기술적인 전문용어가 아니라 자유, 평등, 정의 등 이념적인 낱말이나 행복추구권, 인간의 존엄성, 양심의 자유 등과 같이 가치철학 또는 정치적인 수사에서 도출되는 서사적이고 환상적인 낱말들로 구성되는 헌법텍스트는 기술적인 언어분석의 방법으로 해석될 수 있는 텍스트가 아니다.

언어기호와 텍스트를 떠난 헌법해석은 있을 수 없지만, '사회어'로 구성된 헌법텍스트는 순수언어학 또는 구조주의 언어학의 지평을 넘어서 독자적인 술화구조를 가지는 '사회적 사실'이다. '낱말'이 아니라 '기호의 체계' 안에 언어가 존재하는 것으로 보고, 언어체계의 가치중립성과 임의성을 전제하는 Saussure366)의 구조언어학적 인식은 그 대상과 접근방법론이 구별되는 텍스트작업과 관련해서는 오늘날 더 이상 적어도 일반적인 설득력은 갖지 못한다. 또한 특히 '사회어'는 기술한 바와 같이 집단 또는 계층의 관심과 힘이 개입되는 적극적이고 형성적인 언어활동의 산물이기 때문에 사회의 정치·경제적 환경조건 및 그 역사와 변화와는 무관한 어떤 불변의 보편적인 구조와 일의적인 내용으로 환원되지 아니한다. 그것은 지배적인 말 또는 그 의미를 장악 또는 관철하기 위한 경쟁의 마당이다. 단순히 이미 결정된 유일한 내용의 메시지를 전달하는 수단이 아니다. 이 규범적 메시지는 '최종적인' 해독이나 독해, 즉 법실증주의자들이 주장하는 '옳은 해석' (richtige Interpretation)의 대상이 될 수 없다. 그 내용은 헌법텍스트와 헌법해석자 사이에 언어로 중개되는 상호관계 속에서 해석의 실천행위를 통해서 콘텍스트가 구성되고 그 행위 자체도 새롭게 구조화되는, 즉 헌법의 술화구조 속에서 사건과 구조가 교차·중첩되면서 만들어지고, 관철되어 나갈 뿐이다. 결국 헌법규범은 근본적으로 재구성이 가능하고 또한 요구되는 '언어게임', 즉 헌법텍스트작업의 산물일 뿐이다.

따라서 그 의미를 매개하는 기호의 연쇄인 헌법텍스트는 해석의 한계로

----

366) F. de Saussure, 최 승언(역), 일반언어학강의, 1990, 19, 83, 134면.

주어지지 아니한다. 그 자체가 해석의 대상인 헌법텍스트를 헌법해석의 한계로 이해하는 것은 논리적 모순이다. J. Isensee[367]는 이러한 형식논리가 '해석이 해석을 제한'하는 순환논법에 지나지 않으며, 그것은 해석론적인 포기와 규범론적인 완고함의 중간에서 바람직하지 못한 타협을 한 것에 지나지 않는 것이라고 비판한다. 말하자면 법해석에서 구성과 논증의 부분을 배제하고, 법텍스트 안에서 실증적인 방법으로 객관적 진리를 발견해내는 것으로 보는 논리는 한편으로는 법해석자의 주관성에 정당화될 수 없는 면장(免狀)을 내주고, 또 한편으로 규범성에 대해서는 보험혜택이 전혀 주어지지 않는 보험증서를 교부해 준 꼴이라는 것이다.

요컨대, 헌법규범은 헌법해석의 끝에 그 결과로 주어질 뿐이다. 헌법해석은 단순히 의미를 찾아내는 기호분석론적 차원의 인식작업이 아니라, 전체 사회의 콘텍스트 속에서 진행되는 '언어게임'을 통해서 의미를 구성하고 논증하는, 즉 그 자체가 행위인 '말함'을 통해서 의미를 만들어 나가는 실천작업이다. 문제는 어떤 작업프로그램을 통해서 '규칙'과 '규칙위반'[368]의 적절한 조화가 제도화되고, 의미가 공유되면서 자의성(恣意性)과 무정형성이 극복되고 실제 적용될 수 있는 내용으로 구성·논증될 수 있겠는가 하는 것이다.[369]』

....

367) J. Isensee, "Staat im Wort", Sonderausdruck aus Verfassungsrecht im Wandel, Zum 180 Jährigen Bestehens der Carl Heymanns Verlag KG, J. Ipsen u.a.,(Hg.) 1995, 18면.
368) 여기에서 '규칙'과 '규칙위반'은 언어기호의 다원성과 애매성에 따른 의미작용의 특성, 특히 재구성의 가능성과 필연성과 관련되어 사용되는 미학 내지는 기호학적 개념이다. 이에 관해서는 T. Hawkes, Structuralism and Semiotics(1977), 정 병훈(역), 구조주의와 기호학, 1984, 199면 이하.
369) J. Isensee(Fn. 367), 19면.

IV. 전형상을 준거로 하는 헌법해석방법*

1. 논제의 맥락

일반 법률의 경우에도 해당되기는 하지만, 전술한 바와 같이 특히 헌법의 경우에 더욱 분명하게 드러나는 합의된 표준해석방법의 결여는 헌법적 결정의 연역모델, 즉 '헌법도그마틱'의 독자적인 효용과 기능을 부정하고, 도그마틱의 틀을 벗어난 새로운 헌법해석방법론의 모색이 불가피한 것으로 보는 주장들의 핵심논거이다. 헌법(해석)의 '이데올로기 감염성'이나 언어학의 관점에서 본 헌법텍스트작업의 한계, 즉 하나의 '옳은 해석'을 전제 또는 담보할 수 없는 '논리적 실증성'의 한계에 대한 논의도 그 핵심은 '헌법도그마틱'에 의한 정합성의 통제가 헌법해석 및 헌법적 결정의 실체적 타당성을 담보할 수 없다는 점을 재확인한 것인 동시에 헌법해석방법론상 새로운 접근의 단서를 제시한 것이다. 이러한 맥락에서 다양한 관점에서 적잖은 연구들이 진행되었지만,371) 일치된 지향점은 이른바 '포섭도그마'의 극복이었고, 법해석론상 공통된 인식의 핵심은 고전적인 법도그마틱이 제시하는 해석의 방법과 규칙들이 법해석자의 임의적인 선택의 대상일 뿐이고, 법해석에서 고려되어야 하는 요소들로 제시된 것들도 선행된 법적 결정에 대한 사후적인 논증을 위한 일단의 '관점들'(topoi)들에 불과한 것으로 본 것이었다.

이러한 관점에서 보면, 재확인하건데 오늘날 헌법에 특유한 해석방법으로 제시되고 있는 '관점론적 해석'은 물론이고, 여기에서 상론하고자 하는

....

371) 이에 관한 개관으로는 R. Dreier(Fn. 17), 116-123면.

'전형상 준거 해석방법'을 포함하여 '현실기준적 해석', '결과고려의 헌법해석', '실제적 조화의 해석', '이익형량의 해석' 등의 헌법해석방법들은 광의의 '관점론적 해석방법'의 범주에 속한다고 할 수 있다. 이러한 일단의 헌법해석방법들은 Esser가 제시하는 '선이해', 즉 해석자의 전인격이 반영되는 가치판단과 현실인식의 관점들을 헌법해석의 전제 또는 핵심준거로 보는 관점을 공유하고 있고, 'meta방법론'의 부재를 'meta관점론'으로 대체하는 일종의 헌법해석론상 '패러다임 전환'의 기조 속에서 발현된 것으로 볼 수 있기 때문이다.

2. 관점론적 헌법해석방법과 전형상 준거 해석방법

헌법해석론상 불가피한 'meta해석론의 부재', 즉 '해석방법론적 이견'의 여건 속에서 'meta방법론'의 부재를 'meta관점론'으로 극복하려는 시도는 그 출발점에서부터 피할 수 없는 난관, 즉 '가치의 이데올로기화'(Ideologisierung der Werte)[372]와 'meta윤리학' 또는 'meta가치론' 부재의 문제에 봉착하게 된다. 이 문제는 '관점론'과 철학적 토대 및 인식론적 문제를 공유하는 것으로 이해되는 '법학적 해석학'의 핵심문제, 즉 '해석학적 순환'(hermeneutischer Zirkel)의 모순과 연관된다. 특히 전술한 바와 같이 Gadamer가 주목한 바, '이해과정에 대한 선이해'의 구성적인 함의를 비롯하여 텍스트의 해석과 적용 및 의미의 해석과 '구성'(Konstitution; Konstrukion)의 난해한 관계에 대한 깊은 성찰은 바로 이 '해석학적 순환'의 불가피성과 그에 따른 객관적인 인식의 한계를 확인하고, 이러한 전제 하에 출구를 탐색하기 위한 필수적인 과제이다. 헌법해석을 '의미의 문법' 또는 '공적 이성의 문법'을 갖고

---

372) 이에 대한 상론으로는 N. Luhmann, "Wahrheit und Ideologie", in: Soziologische Aufklärung: Aufsätze zur Theorie sozialer Systeme, 3. Aufl., 1972, 54-65면.

하는 헌법텍스트를 해석하는 일종의 '정신과학적 작업'으로 보면, 이 모순의 문제와 그에 따른 과제는 헌법해석방법론의 경우에도 그대로 해당된다.

이러한 점에서 Esser가 제시한 '선이해에 대한 비판적인 성찰'의 요청은 헌법해석론에서 더욱 첨예한 명제로 부각된다. 그 핵심취지는 선판단형성의 메카니즘을 심리학, 사회학 등 실증적인 학문으로 탐구하고 또한 그에 따라 얻은 지식을 법해석방법론의 선택에 대한 선이해의 불합리한 영향과 부정적인 의미, 즉 여과되지 않은 이데올로기의 영향을 차단시킬 수 있는 규칙으로 전환시키라는 것이다. P. Zima의 "이론은 자신을 낳은 이데올로기에 대한 변증법적 부정이다"라는 표현을 다시 원용하여 말하면, 이 규칙으로 전환하는 작업은 '이데올로기에 대한 변증법적 지양'과 다르지 않고, 기대되는 작업의 성과는 궁극적으로 실증적이고 분석적인 학문이론을 통한 '이데올로기의 여과' 및 이를 토대로 한 헌법해석자의 구체적인 '이데올로기 비판'의 가능성과 그 효과에 달려 있다.

이러한 '이데올로기 비판'의 과제는 도그마틱의 차원을 넘어서는 가치판단의 문제에 대한 탐구를 요구하는 것이고, 이 과제는 결국 헌법해석론상 가치인식 또는 가치평가의 관점과 척도의 문제로 귀착된다. '가치의 이데올로기화'와 이른바 '헌법(재판)실증주의'의 기조 속에서, 예컨대 평등원칙이나 사회국가원리의 해석을 통해 헌법재판소가 일종의 '이성법원'(Vernunftshof) 또는 '정의법원'(Gerechtigkeitshof)[373]으로서 역할을 수행하는 현실을 주목하건대, 오늘날 다원주의 사회에서 보편적인 표준화된 가치평가 척도가 주어질 수 없지만, 그럼에도 불구하고 또는 바로 그렇기 때문에 헌법해석, 특히 기본권해석의 핵심요소인 '가치형량'에 대한 합리적인 규율과 통제의 요청은 회피할 수 없는 당위명제이다. 관건은 'meta윤리학' 및 'meta가치론' 부재의 상황에서 '가치형량' 또는 '가치조정'에 대하여 이론

....

373) R. Dreier(Fn. 17), 124면.

적으로 확립된, 합리적으로 적용 및 통제될 수 있는 방법론적 기본지침을 확보하는 것이다. 다만 이 기본지침의 구체화에 대하여 헌법해석론 또는 헌법이론이 제공하는 방책은, 일찌감치 L. H. Tribe가 후생경제학이나 도덕철학과 마찬가지로 법학도 포함하는 이른바 '정책과학'(policy science)의 관점에서 목적에 대한 합의를 전제로 효율적인 수단에만 초점을 맞추는 '분석'(analysis)의 접근이나 타협을 거부하는 이데올로기 중의 선택이 아니라 이익과 가치의 상충에 대한 깊은 성찰과 함께 '계속 발전해나가는 통합적이고 문제지향적인 법적 사유의 양식들'(developing coherent and problem-oriented styles of legal thought)을 제시한 것과 같은 맥락에서, 탈실증주의의 규범이론을 토대로 한 고전적인 법도그마틱의 극복, '법학적 해석학'과 윤리학 및 실증적인 개별학문들과의 학제적 접근, 그리고 '결정이론'들과의 협업이 전부이다.374) 다음에 논의될 내용은 바로 이러한 방법론상의 기본지침과 관련하여 일견 일종의 '관점론적 헌법해석방법'으로 볼 수 있지만 범주가 다른 독자적인 헌법해석방법으로 주목되어야 하는 '전형상 준거해석방법'의 내용과 특성을 정리하고, 그 기능적 효용 및 한계를 검토한 것이다.

....

374) L. H. Tribe, "Policy Science: Analysis or Ideology?", in: Philosophy & Public Affairs, Vol. 2(1972), 66, 109-110면. 같은 맥락에서 기본권이론들을 수단으로 하여 기본권해석의 합리화를 모색하는 시도의 성과에 대하여 회의적인 평가를 하는 견해는 '비용-편익분석'과 같은 정책분석적 접근이나 '도구적 합리성'(instrumental rationality)의 차원을 넘어서는 일반적인 헌법이론에도 그대로 해당된다. 예컨대, F. Ossenbühl, "Grundsätze der Grundrechtsinterpretation", in: D. Merken/H.-J. Papier (Hg.), Handbuch der Grundrechte in Deutschland und Europa, Bd. 1(Einleitung und Grundlagen), § 15, 617-619면.

3. 전형상 준거 헌법해석방법의 독자성과 본질

(1) 개요

헌법재판의 실무에서 적잖이 활용되고 있음에도 불구하고, 여전히 독자적인 논제로 '전형상 준거 헌법해석방법'을 다룬 논의들은 많지 않다. 이는 독일의 경우에도 그러하거니와, 우리나라의 경우도 다르지 않다.

추측건대, 이는 대체로 다음 세 가지 이유에 때문인 생각된다. 우선, 전술한 바와 같이, '전형상 준거헌법해석'을 광의의 관점론적 해석방법에 포섭되는 것으로 보는 관점에서 독자적인 헌법해석방법론으로 주목해야 할 필요성을 인식하지 못하였던 것에 기인되는 것으로 여겨진다. 둘째로는 '전형상 준거 헌법해석방법'이 대부분의 경우 명시적으로 직접 적용되기보다는 간접적으로 또는 암묵적으로 활용되고, 특히 헌법의 해석과 적용의 결과, 즉 헌법적 결정에 대한 논증에서 – 실제로 '전형상'이라는 용어가 사용되는 경우조차도 – '전형상'은 헌법규정상의 개념들과 헌법의 기본명제 및 원칙들로부터 도출되는 것으로 기술되고, 따라서 그 배후에 있는 직관적인 기본관념들을 독자적인 결정요소로 명시적으로 거론하지 않는 경향 속에서, 말하자면 헌법해석의 과정에서 중요한 요소로 고려된 '전형상'은 결정의 이유를 설시하는 단계에서는 도그마틱의 논증형식 속에 혼입되거나 고려된 하나의 '관점'으로 대체되어 그 독자적인 의미와 영향이 주목되기 어려웠다. 마지막으로는 '전형상'과, 일견 유사한 것으로 여겨지는 Esser가 제시한 '선이해'나, 거의 보편적인 헌법해석의 방법으로 활용되는 '실제적 조화의 해석방법'의 핵심수단, 즉 '가치형량의 관점' 간의 차이점을 분명하게 인식하지 못한 점도 이유로 들 수 있다.

이러한 문제인식을 토대로 하여, 다음에서는 우선 '전형상'이 고려된 구체적인 결정례들을 선별하여 그 현황을 살펴보고, 독자적인 헌법해석의 요소로서 '전형상'의 본질과 특성을 해명하고, 이어서 그 기능적 효용과 한계를 검토한다. 전술한 바와 같이, '전형상 준거 헌법해석방법'을 광의의 관점론적 헌법해석방법의 일종으로 볼 수 있다면, 헌법해석론상 그 독자성과 특성 및 구체적인 적용방식은 '관점론적 해석방법'을 포섭한 법해석론이라고 할 수 있는 '법학적 해석학'과의 비교를 통해, 특히 '전형상'과 '선이해'의 차이를 해명하는 방법으로 효과적으로 파악될 수 있다. 이러한 접근방법을 통해서 '전형상 준거 헌법해석방법'이 전통적인 법도그마틱과 어떤 관계에 있는지, 특히 '전형상'이 법도그마틱적 수단의 도움을 받아서 파악될 수 있는지 여부 또한 '법인식원'으로서 법도그마틱이 제시하는 법해석의 핵심요소, 즉 '개념' 또는 '개념체계'와 동일한 범주에 속하는 것으로 볼 수 있는지, 아니면 법도그마틱에 포섭될 수 없는 독자적인 해석의 준거로 파악되어야 하는가 하는 문제도 함께 검토될 것이다.

(2) 구체적인 적용례들

1) 유형의 구별

독자적인 헌법해석의 요소서 '전형상'이 구체적으로 고려되는 헌법적 판단과 결정의 예들은 다양한 관점에서 유형화될 수 있다. 여기에서는 세 가지 유형화의 범주만을 제시한다.

우선 해석대상에 따라, 민주주의, 법치국가, 사회국가원리, 기타 공화국원리나 연방국가원리 등과 같은 헌법상의 기본원리의 범주와, 고도의 추상적인 가치관계적 개념으로 구성되어 있는 점에서 고전적인 법도그마틱과는 근본적으로 다른 '가치형량'의 방법이 거의 표준화된 해석방법으로 적용되는 기본권규정들을 비롯한 국가목표규정의 범주, 그리고 통치기관의 조직과 권한 및 권한행사의 절차 등을 대상으로 하여 다소간에 명확한 개념으로 규정되어 있고, 따라서 상대적으로 도그마틱의 방법, 특히 문언 중심의 논리적이고 체계적인 해석방법의 효용이 크다고 할 수 있는 통치구조에 관한 규정 등의 세 가지 범주로 대별할 수 있다. 이 각각의 개별 범주 내에서도 구체적인 결정의 대상과 맥락에 따라 보다 상세한 유형화가 가능하고 필요한 것은 물론이다.

둘째로는 '전형상'의 형성 또는 확보의 근거를 기준으로 하여 세 가지 범주로 구별될 수 있다. 법적-규범적 요소들, 즉 헌법상 개별 규정들 또는 개별 규정들의 연계와 조합을 준거로 하는 유형과, 헌법의 가치질서 속에서 탐색되는 근본적인 윤리적-도덕적 요소들을 준거로 하여 '전형상'이 도출되는 유형, 그리고 구체적인 사안 또는 사안의 맥락과 관련하여 '소여성'을 갖는 현실과, 이 현실 속에서 인식되는 사안의 맥락과 구조들에 대한 실증적인 인식에 따라 '전형상'이 확보되는 유형이 그것이다.

셋째로 헌법해석의 요소로서 '전형상'이 직접 헌법적 결정에 적용되고, 그것이 설시문상 분명하게 제시되는 명시적인 유형과, 적용과정상 '변환'의 과정을 통해 확보되는 공술들을 매개로 하여 간접적으로 또는 암묵적으로 적용되는 유형으로 구별된다. 대체로 헌법재판 실무상 '전형상 준거 헌법해석방법'이 적용된 대부분의 경우는 후자의 유형에 해당된다고 할 수 있다.

2) 대표적인 결정례들

헌법해석방법은 근본적인 '정의이념'을 지향하는 헌법과 국가 자체는 물론이고, 헌법상의 기본원리와 제도 및 이들 속에 함축되어 있는 가치들, 그리고 현실에 대한 거시적인, 미시적인 '관점들'을 토대로 하는 점에서 일종의 통합적인 형식의 '목적론적 인식방법'으로 이해될 수 있다. 이러한 전제하에 '전형상'이 헌법해석의 준거로 간접적으로, 암묵적으로 적용되는 유형을 대폭 확장해서 보면, 다소간의 차이는 있을지언정, 실무상 대부분의 헌법적 결정들이 '전형상 준거 헌법해석방법'이 적용된 예들이라고 해도 무리한 과언이 아닐 것으로 생각된다. 더구나 유권헌법해석기관으로서 헌법재판소와 재판관의 '전형상', 즉 자신의 제도적 기능과 역할에 대한 '자기 이해'가 중요한 헌법해석의 요소라는 점을 고려하면, 적어도 '전형상'의 해석요소와 전혀 무관한 경우는 실제로 거의 없다고 할 수 있을 것이다.

다만, 이러한 일반화는 가능하기는 하지만, 사실상 무용하고 적확한 이해에 장해가 될 뿐이다. 지나친 일반화에는 통상적으로 악마가 존재하는 세밀한 부분을 간과하게 되고 또한 인식대상의 독자성과 특수성을 주목하지 못하게 될 위험이 수반되기 때문이다. 다음에서 '전형상 준거 헌법해석 방법'이 적용된 예로 제시되는 것들은 완결성이나 체계성, 또한 전술한 유형화와 그에 따른 차별화된 접근의 필요성 등은 고려하지 않고, 본래 의미에서 결정에 대한 논증의 맥락에서 '전형상'의 요소가 특히 부각되는 예들을 선별한 것이다. 말하자면 명시적으로 '전형상'이 해석요소로 직접 고려되었거나, 간접적으로 고려되었다고 하더라도 '전형상' 외에 다른 요소들, 말하자면 헌법 규정 차제나, 고전적인 법도그마틱의 공준, 그리고 '헌법의 통일성'을 비롯하여 '실제적 조화의 원칙', '통합효과', '규범적 효력 강화의 원칙' 등의 '관점'이나 '지침'이 아니라, '전형상'이 결정적인 준거로 적용되었음이 분명하게 드러나는 결정들이다. 달리 말하면, 선취된 헌법해석의 결론에 대한 사후의 논증이나, 결론에 이르는 과정에서 부분적으로 도움을 주는 보조적 원용의 논거가 아니라, 헌법적 결정과 직접 연관되는 구체적인 헌법해석의 선구조화에 지배적인 영향을 미친 준거로 '전형상'의 요소가 분명하게 부각되는 예들이다.

독일에서 독자적인 헌법해석방법으로서 '전형상 준거 헌법해석방법'에 대한 논의를 선도하고 있다고 할 수 있는 U. Volkmann은, 무작위로 선별하였다는 전제 하에, 독일 연방헌법재판소의 결정 중에 정당과 관련된 결정 및 이와 직결되는 민주주의원리 또는 '좋은 결정'의 명제와 관련되는 일련의 결정들을 비롯하여, 국회의원의 부업(副業)문제에 대한 결정, 컴퓨터로 개표작업을 하는 것의 허용 여부와 관련된 이른바 '선거컴퓨터'에 대한 결정, 혼인계약에 대한 법원의 내용통제와 관련된 결정 등을 선별하여 상론하였다.375) 우선 그 구체적인 내용과 함께 독자적인 헌법해석의 준거로서 '전형상'과의 연관관계를 해명한 Volkmann의 논의를 요약, 정리하여 소개한다.

① 독일 연방헌법재판소 제2재판부는 2007년 7월 4일에 연방의회 의원의 부업이 기본적으로 허용될 수 없다는 결정을 하였다. 다만, 이 결정에서 의원의 겸직 허용 자체보다는 오히려 다른 두 가지 논점이 주목된다. 첫째는 의원의 직무수행이 연방의회 구성원의 주업이어야만 하는 것을 입법자가 정할 수 있는지 여부의 문제이고, 둘째는 의원의 직무수행에 따른 수입들이 - 어떤 형태이든 불문하고 항상 - 공개되어야 하는지 여부의 문제가 그것이다. 특히 첫 번째 문제와 관련하여 재판관들 간의 이견이 주목되는 바, 우선 법정의견은 다음과 같이 설시하였다: "고도로 복잡화된 경제 및 산업사회에서 의회민주주의는 의원들에 대하여 단순한 명예직의 부업활동 이상의 것을 요구한다. 오히려 상황이 허락하는 한에서만 자신의 의원활동과 병행하여 자신의 직업활동을 부수적으로 할 수 있는 '총체적인 인간'(ganze Menschen)을 요구한다."

법정의견이 제시한 '총체적인 인간'은 바로 의원으로서 직무전념성의 요청에 부응하는 '국회의원'의 '전형상'이었고, 이는 결론에 대한 핵심근거였다. 법정의견은 오롯이 이를 근거로 하여 청구인측이 제시한 '의원상'(議員像), 즉 '현실 생활 속에서 의원직무 외의 활동을 자유롭게 하고, 또한 효과적으로 수행함으로써 지속적인 수입을 확보할 수 있고, 이에 따라 독립성,

....

375) 대표적인 논문으로는 U. Volkmann, "Leitbildorientierte Verfassungsanwendung", in: AöR, Bd. 134(2009), 157-196면; "Rechtsgewinnung aus Bildern - Beobachtungen über den Einfluß dirigierender Hintergrundvorstellungen auf die Auslegung des heutigen Verfassungsrechts", in: J. Krüper/H. Merten/M. Morlok(Hg.), An den Grenzen der Rechtsdogmatik, 2010, 77-90면.

즉 세비의존으로부터 벗어남으로써 정당 및 교섭단체로부터 독립성을 확보하는 의원'이 헌법이 요구하고 기대하는 의원의 바람직한 모습이라는 주장과, 의원의 포괄적인 독립성을 보장하는 자유위임의 의미를 주목하는 입장에서 독립성보장의 필수조건으로 임기 중에 의원직 외에 직업활동이 허용되어야 한다고 본 소수반대의견과 다른 판단을 하였다.

② 2001년 3월 24일에 연방헌법재판소(소부)는 당사자 일방이 현저하게 불리한 내용의 혼인계약을 파기하는 결정을 내렸다. 핵심쟁점은 혼인 이전의 관계에서 이미 중장애의 자녀를 부양해야만 하고, 그렇기 때문에 소득활동에 나설 수 없었던 부인과 배우자 간의 혼인계약의 내용통제와 관련된 것이었다. 계약내용을 간단히 요약하면, 혼인 후 추가소득을 포함하여 포괄적인 재산별산에 합의하였고, 이에 따르면 이혼 시 자녀 양육비와 배우자 생활비도 지급할 의무가 없었다. 혼인 당시에 부인은 남편이 경영학 학사 학위를 갖고 있고, 월 소득이 7000마르크라는 것을 알고 있었다. 부인은 혼인 중에 새로 임신을 하여 자녀를 출산한 후 얼마 지나지 않아 이혼을 하였다. 이혼 후 부인은 자녀양육비와 생활비를 청구하고, 혼인 후 추가소득에 대한 분배를 요구하는 소송을 제기하였는데, 가정법원은 당해 혼인계약을 근거로 하여 청구를 기각하였다. 동 사건은 가정법원의 이 판결의 취소를 구하는 재판소원사건이었다.

연방헌법재판소는 이 판결을 다음과 같은 논증을 통해 파기하였다:

『계약이 당사자 일방에게 계약에 따른 부담이 너무 일방적이고 현저하게 불평등한 교섭지위에 기인하는 경우에 계약에 대한 내용통제, 즉 일정한 경우 민법상의 일반조항에 따른 교정을 통하여 계약의 내용이 자기결정이 아니라 타율적인 결정으로 전도되는 것을 방지하는 것이 기본법 제2조 제1항에서 도출되는 쌍방 계약당사자들의 기본권지위의 보장을 위한 법원의 과제인 것은 혼인계약의 경우에도 유효하다. 혼

인계약은 동등한 자격의 '생활동반자'라는 표현이나 그에 따른 결과가
결여된 경우가 아니라, 불평등한 협상지위에 따라 혼인당사자의 일방
적인 지배가 계약내용에서 드러나는 경우에 한계가 설정된다. 혼인계약
체결의 자유는 혼인계약상 일방적인 부담분배를 정당화하지 않는다.』

이 결정의 경우에도 핵심논거는, 이미 '보증계약사건'에서 확인된 바, 즉
'사적 자치' 또는 '계약'의 헌법적 '전형상'과 그에 따른 민법의 계약평등조
정기능의 필수성에 대한 헌법적 확인이었다. "민사거래상 형식적으로 평등
한 참여자"에 초점을 맞춘 계약의 모델이 아니라, "사회적 책임의 실체적
인 윤리"(eine materiale Ethik sozialer Verantwortung)가 함축된 계약의 '전
형상'에 따르면 계약평등의 조정은 오늘날 일반적으로 민법의 핵심과제로
여겨진다는 입장이다. 이러한 논증은 특히 혼인계약과 관련하여 '혼인'에
대한 기본관념, 즉 과거의 가부장제적 관념들과 완전히 결별하고, 혼인을
근본적으로 동등한 자격을 갖는 두 동반자의 생활공동체로 이해하여 편파
적인 부담배분이 정당화될 수 없는 것으로 보는 관념에 의해 보완된다. 말
하자면 기본법 제2조 제1항에서 보장하고 있는 '사적 자치'의 '전형상'과
기본법 제6조 제1항에 의해 각별하게 보호되는 '혼인'의 '전형상'을 준거로
하는 경우, 혼인계약 당사자 간의 불평등한 지위가 확인되는 경우에 '정당
한 부담 및 이익의 조정자', 즉 계약내용에 대한 '교정자'로서 법원의 적극
적인 개입이 헌법적으로 요구된다는 것이다.

③ 이른바 '선거컴퓨터 사건'에 대한 결정도 '전형상'이 적용된 예로 볼
수 있다. 동 결정상 쟁점은 은 제16대 연방의회선거에서 활용된 '선거콤퓨
터', 말하자면 콤퓨터를 이용한 개표작업의 허용 여부였다. 위헌이지만 선
거컴퓨터로 인한 선거결함이 그 중대성의 관점에서 볼 때 연방의회선거를
무효로 선언할 정도에 이르는 흠은 아닌 것으로 본 결론 자체도 중요한 의

미를 갖기는 하지만, 헌법해석론의 관점에서 주목되는 점은 일반적으로 상
정될 수 있는 기본법 제38조 제1항 제1문에 규정된 선거원칙들, 즉 '비밀선
거의 원칙'이나, '직접선거의 원칙'이 아니라, 동 결정 이전에 많이 논의된
바 없었던 제5의 선거원칙, 말하자면 '선거공개성'(Öffentlichkeit der Wahl)
의 원칙을 근거로 제시한 점이었다.

연방헌재는 다음과 같은 설시를 통해 이 원칙이 기본법 제20조 제1항 및
제2항과 연관되어서 기본법 제38조, 부연하자면 민주주의, 법치국가 및 공
화국에 대한 헌법적 근본결단으로부터 도출되는 것으로 보았다:

『선거의 공개성은 민주적인 정치적 의사형성을 위한 근본적인 전제
조건이다. 이는 선거과정들의 질서적합성과 추수가능성을 보장하고,
그에 따라 엄정한 선거진행에 대한 시민들의 확고한 신뢰에 대하여 근
본적인 전제조건을 제공한다. 선거를 통해 국민의 통치가 매개되는, 즉
지속적으로 직접 통치권이 행사되지 않는 의회민주주의의 국가형태는
국가의 책임을 의회에 맡기는 행위가 특별한 공개적인 통제 하에 있을
것을 요구한다. 선거절차상 요구되는 근본적인 공개성은 후보자의 추
천절차를 비롯하여 선거행위(투표와 관련해서는 비밀선거를 통해 차단
된다) 및 개표 등의 절차들을 포괄한다.』

설시문상 핵심논지는 '선거공개성의 원칙'을 민주주의의 '전형상' 및 이
와 연관되는 선거의 '전형상'의 핵심요소로 본 것이었다. 말하자면 '대의민
주주의', 즉 선거를 통한 통치권의 자유위임을 핵심으로 하는 통치체제에
서 대표자와 피대표자 간의 신뢰는 필수적인 전제조건이고, 따라서 통치권
의 위임과 관련된 선거의 전 과정은 완벽하게 공개되고 통제되어야만 한다
는 것이다.

여기에서 상론은 생략하지만, 이 경우 정치하게 해명되지 않은 헌법규정
들에 대한 포괄적인 헌법해석을 통해 확보된 민주주의에 대한 "전체조망"

(Gesamtschau)과 이를 토대로 하여 민주주의의 '전형상'을 자명한 것으로 보는 직관적인 입장, 특히 종래 휴면상태에 있었던 '공화국'의 헌법원리와 관련하여 "(공화국에서) 선거는 전체국민의 일이고, 모든 시민의 공동체적 문제이다"라고 단정하면서 새로운 선거의 '전형상'을 구성하는 논증에 대하여 지나친 논리비약을 지적하는 비판론이 제기되고 있다. 민주주의와 선거의 '전형상'을 구성하는 준거로 원용하기에는 '공화국'의 개념이 너무나도 다양하게 정의되고 있다는 것이다.376)

우리 헌법재판소의 결정 중에서도 '전형상 준거 헌법해석방법'을 적용한 것으로 볼 수 있는 예들이 적잖다. 다음에서 제시되는 결정례들은, 완결성이나 체계성을 고려하지 않고, 설시문의 맥락상 '전형상'이 결정적인 해석요소로서 고려된 점이 각별하게 부각되는 예들을 선별한 것이다.

① 우선 주목되는 예로는 '인간상'을 핵심논거로 하여 기부금품모집을 원칙적으로 금지하였던 '기부금품모집금지법'을 위헌으로 판단한 결정을 들 수 있다.377) 헌법재판소는 우리 헌법상의 '인간상'을 준거로 하여 기부행위에 대한 과도한 규제를 국민을 "마치 다 자라지 않은 어린이처럼 다루는 것"378)으로 보았다. 특히 헌재는 최소침해성을 판단하면서 변화된 사회현실을 고려하여 우리 헌법이 전제하는 '인간상'이 과거의 그것과는 근본적으로 다른 것으로 파악되어야 한다는 입장을 제시하였다:

『1951년 법이 제정된 이래 우리 사회는 정치·경제·문화 모든 분야에서 엄청난 변화를 겪었고, 입법당시의 상황과는 비교할 수 없을 만큼

....

376) U. Volkmann(Fn. 375), "Rechtsgewinnung aus Bildern – Beobachtungen über den Einfluß dirigierender Hintergrundvorstellungen auf die Auslegung des heutigen Verfassungsrechts", 87-88면.
377) 헌재결 1998.5.28. 96헌가5, 판례집 10-1, 541면.
378) 헌재결 1998.5.28. 96헌가5, 판례집 10-1, 554면.

오늘날 국민의 생활수준이 향상되었으며 국민의 의식 또한 크게 성숙
하였다. 이제 우리 국민은 자신이 스스로 선택한 인생관·사회관을 바
탕으로 사회공동체 안에서 각자의 생활을 자신의 책임 하에서 스스로
결정하고 형성하는 성숙한 민주시민으로 발전하였다. 국가재정 또한
그 사이 국가경제의 성장으로 인하여 크게 향상되었고, 이에 따라 국가
가 주도하는 사업을 더 이상 국민의 성금에 의존하지 않고도 시행할
수 있게 되었다. 그럼에도 불구하고 법 제3조의 모집목적의 제한을 통
한 모집행위의 원칙적인 금지는 바로 우리 헌법의 인간상인 자기결정
권을 지닌 창의적이고 성숙한 개체로서의 국민을 마치 다 자라지 아니
한 어린이처럼 다룸으로써, 오히려 국민이 기부행위를 통하여 사회형
성에 적극적으로 참여하는 자아실현의 기회를 가로 막고 있다.』379)

우리 헌법이 상정하고 기대하는 인간의 '전형상'으로 헌법재판소가 제시
한 '자주적 인간', 즉 '자기결정권을 지닌 창의적이고 성숙한 개체로서의
민주시민'은 인간의 존엄성을 정점으로 하는 우리 헌법질서에서 최고의 가
치적 공감이 응축되어 반영된 인간상으로서 이해된다. 이러한 맥락에서 암
묵적이고 간접적인 적용의 경우를 포함해서 보면, '자주적 인간'의 '전형
상'은 기본권보장의 이념적 출발점인 동시에 그 기초로서380) 또한 자유민
주주의 정치체제의 핵심요소로서 적잖은 헌법해석에서 적용되는 근본적인
가치판단의 준거, 말하자면 헌법해석방법론상 일종의 'meta관점'의 규범적
의미를 갖는 보편적인 해석요소라고 할 수 있다.

최근에 낙태죄와 관련된 헌법불합치결정에서도 인간의 존엄성을 실현하
기 위한 수단으로서 '자기결정권'의 의미를 "자신의 생활영역에서 인격의
발현과 삶의 방식에 관한 근본적인 결정을 자율적으로 내릴 수 있는 권리"
로 정리하면서 명시적으로 인용한 바 있거니와,381) 실제로 '자신의 책임 하

....

379) 헌재결 1998.5.28. 96헌가5, 판례집 10-1, 541(554-555면).
380) 허 영(Fn. 9) 154면.

에 스스로 결정하고 형성하는 민주시민'의 '전형상'이 헌법해석의 요소로
직접 적용된 결정례들이 적지 않다.382)

② '전형상'이 헌법해석의 요소로 고려된 가장 대표적인 예로는 정당의
개념적 징표를 제시한 2004년의 결정이 주목된다.383) 동 사건의 핵심은
2004년에 개정된 정당법(법률 제7190호)에서 '5 이상의 시·도당'(제25조) 및
'각 시·도당의 1천인 이상의 당원 확보'(제27조)를 정당등록의 요건으로 정
하였는데, 군소정당이 이 요건들을 충족하는 것은 사실상 불가능하기 때문
에 동 규정들이 정당설립의 자유, 평등권을 침해하는 것이 아닌지 여부가
문제였다.

헌법재판소는 선례를 인용하여 '정치적 도관(導管)'의 기능을 수행하는
정당이 "오늘날 대중민주주의에 있어서 국민의 정치의사형성의 담당자이
며 매개자이자 민주주의에 있어서 필수불가결한 요소이기 때문에, 정당의
자유로운 설립과 활동은 민주주의 실현의 전제조건이라고 할 수 있다"고
재확인 하면서도,384) '지역정당'과 '군소정당'을 배제하려는 정당법의 기본
취지를 정당한 것으로 보는 입장에서 관련 규정들의 위헌성을 부인하였다.
'지역정당'의 배제가 정당한 목적으로 인정될 수 있는가에 대해서는 이론
이 제기될 수 있다고 전제하면서도, "지역적 연고에 지나치게 의존하는 정

....

381) 헌재결 2019.4.11. 2017헌바127, 판례집 31-1, 404(428면); "임신한 여성의 자결정권
의 보장은 자신의 존엄성과 자율성에 터 잡아 형성한 인생관, 사회관을 바탕으로 자
신이 처한 상황에 대하여 숙고한 뒤 임신의 유지 여부를 스스로 결정할 수 있다는
것을 의미한다."

382) 헌재결 2016.11.24. 2014헌바66, 2016; 2011.12.29. 2010헌바385; 2010.2.25. 2008헌
바83; 2007.6.28. 2007헌가3; 2007.3.29. 2005헌마1144; 2007.3.29. 2005헌바33;
2006. 6.29. 2005헌마1167; 2006.2.23. 2004헌바80; 2002.8.29. 2001헌마788; 2002.
4.25. 2001헌마614; 2002.2.28. 2001헌바73; 1998.10.15. 98헌마168.

383) 헌재결 2006.3.30. 2004헌마246, 판례집 18-1상, 402면.

384) 헌재결 2004.3.25. 2001헌마710, 판례집 16-1, 422(434면).

당정치풍토가 우리의 정치현실에서 자주 문제시되고 있다는 점”385)을 들어 ‘지역정당’과 ‘군소정당’을 배제하는 정당법의 입법목적을 정당한 것으로 판단하였다. 하지만, 정당설립의 자유에 대한 침해여부를 판단한 과잉금지심사의 맥락에서 동 결정의 핵심논거는 헌법재판소가 상정하는 우리 헌법상 정당의 ‘전형상’이었다. 이는 헌법재판소가 정당의 개념적 징표를 정리하여 제시한 다음 설시문에서 분명하게 드러난다:

> 『헌법 제8조 제2항과 “정당이라 함은 국민의 이익을 위하여 책임 있는 정치적 주장이나 정책을 추진하고 공직선거의 후보자를 추천 또는 지지함으로써 국민의 정치적 의사형성에 참여함을 목적으로 하는 국민의 자발적 조직을 말한다”고 규정하고 있는 정당법 제2조에 따르면 우리 헌법 및 정당법상 정당의 개념적 징표로서 ①국가와 자유민주주의 또는 헌법질서를 긍정할 것, ②공익의 실현에 노력할 것, ③선거에 참여할 것, ④정강이나 정책을 가질 것, ⑤국민의 정치적 의사형성에 참여할 것, ⑥계속적이고 공고한 조직을 구비할 것, ⑦구성원들이 당원이 될 수 있는 자격을 구비할 것 등을 들 수 있다.』386)

심지어 독일의 정당법 제2조가 규정하고 있는 “상당한 기간 또는 계속해서” “상당한 지역에서” 국민의 정치적 의사형성에 참여해야 한다는 개념표지도 우리 헌법상 정당의 ‘전형상’을 구성하는데 고려되어야 할 요소로 추가하여 적시하고 있다. 헌법재판소가 제시하는 이러한 정당의 개념적 징표가 정당설립의 자유와 복수정당제를 보장하는 전제하에 ‘정당의 목적과 조직 및 활동의 민주성’과 ‘정치적 의사형상에 참여하는데 필요한 조직’만을 규정하고 있는 헌법규정(제8조)에서 도출되는 정당의 개념에 부합되는가에

---

385) 헌재결 2006.3.30. 2004헌마246, 판례집 18-1상, 402(413면).
386) 헌재결 2006.3.30. 2004헌마246, 판례집 18-1상, 402(411-412면).

대해서는 유력한 비판론이 제기되고 있거니와,387) 세부적인 내용, 특히 정당특권의 관점에서 헌법재판소에 의해서만 판단되어야 하는 '공익실현의무'나 '자유민주주의에 대한 긍정' 등이 정당등록의 단계에서 요건으로 요구될 수 있는지 등등의 해석론상 쟁점들을 차치하더라도, 우선 주목되는 것은 설시문에서 분명하게 드러나는 논증의 오류이다. 말하자면 '합헌적 법률해석'이 아니라 '합법률적 헌법해석'의 맥락에서 위헌판단의 대상 자체인 당해 규정을 비롯하여 정당법상의 정당의 개념정의를 토대로 하여 헌법상 정당의 '전형상'을 구성하고, 이 '전형상'을 준거로 하여 헌법규정을 해석한 것이 그것이다. 아무튼 헌법재판소가 정당의 '정치적 도관기능'을 주목하면서 제시하는 국민과 국가 간의 '중개자'(Vermittler)로서든, 독일 연방헌법재판소가 제시하는 '연결고리'(Zwischenglieder)나 '연동축'(Transmissions-riemen) 또는 '확성기'(Sprachrohr)로서 정당의 '전형상'과 정당의 '공익실현의무'는 합치되기 어렵다.

또한 헌법재판소는 지역정당 및 군소정당을 배제하려는 당해 규정의 요건을 합헌으로 판단하면서 그 근거로 "선거단체 및 소규모 지역정치단체들이 무분별하게 정당에 편입되는 것을 억제하기에 적합한 수단"이라는 점을 제시하는데, 이러한 현실인식에 따라 구성된 정당의 '전형상'이 과연 헌법해석의 요소로서 고려되는 현실, 즉 Hegel이 제시하는 이른바 '이성적인 현실'(vernüftige Wirklichkeit)에 부응하는 정당의 '전형상'에 합치되는지, 또 다른 한편 헌법규정에 내장된 '현실적인 이성'(wirkliche Vernünftigkeit)의 부분을 간과하고 오랜 기간 양당제로 고착되어 왔던 우리나라 정당구도의 현실을 무비판적으로 수용한 것은 아닌지 의문이 아닐 수 없다.

이러한 비판론의 맥락에서 정당등록취소사건에서 "임기만료에 의한 국회의원선거에서 의석을 확보하지 못하고 유효투표총수의 100분의 2 이상

---

387) 대표적으로 한 수웅, 헌법학, 2020, 201-205면.

264 법도그마틱과 은유 - 전형상 준거 헌법해석

을 득표하지 못한 때"에는 정당등록을 취소하는 것으로 규정하였던 정당법 제44조 제1항 제3호에 대한 헌법재판소의 위헌결정이 주목된다.[388] 비록 헌법상 정당의 개념을 준거로 하여 위헌성을 논증하지 않고, 선거결과에 따른 등록취소제도 자체를 정당한 것으로 보는 전제 하에 '정당의 국민의 정치적 의사형성에 참여할 의사나 능력을 가지는지 여부'를 기준으로 하여 동 규정의 기준이 과도하기 때문에 위헌이라고 판단한 것이기는 하지만,[389] 결과적으로는 군소정당배제의 입법취지를 정당한 것으로 본 선례의 근거, 즉 '합법률적 헌법해석'에 따른 정당의 '전형상'과는 다소간에 다른 '전형상'이 고려된 것으로 생각된다.

③ 전술한 정당의 '전형상' 및 이와 연관되는 바, 즉 정당과 교섭단체가 정치생활을 주도하는 정당민주주의에서 국회의 '전형상' 또는 국회의원의 '전형상'이 헌법해석의 핵심요소로 고려된 결정례도 주목된다.[390] 교섭단체가 국회의원의 상임위원회 사보임에 대한 구속력 있는 결정을 할 수 있는지 여부가 쟁점이었던 동 사건에서 헌법재판소는 정당의 '공공의 지위'와 함께 민주적 내부질서를 확보하기 위한 법적 규제의 불가피성을 확인하면서도 정당의 내부질서에 대한 규제는 필요한 최소한의 범위에 그쳐야 하는 것으로 보는 입장에서, 정당 또는 교섭단체 내부에서 국회의원에 대한 규율과 지시·통제는 허용되는 것으로 보았다. 요컨대, 국회의원의 '정당기속'과 '교섭단체기속'을 전제로 하는 정당국가적 민주주의에서 국회의원의 독립적인 지위는 더 이상 고전적인 대의민주주의에서 자유위임의 관계에 따른 국회의원의 '전형상'과 부합될 수 없다는 것이다:

....

388) 헌재결 2014.1.28. 2012헌마431, 판례집 26-1상, 155면.
389) 이 점에 대한 비판으로는 한 수웅(Fn. 387), 209면, 주석 1번.
390) 헌재결 2003.10.30. 2002헌라1, 판례집 15-2하, 17면.

『정당은 국민과 국가의 중개자로서 정치적 도관(導管)의 기능을 수행하여 주체적·능동적으로 국민의 다원적 정치의사를 유도·통합함으로써 국가정책의 결정에 직접 영향을 미칠 수 있는 규모의 정치적 의사를 형성하고 있다. 구체적으로는 각종 선거에서의 입후보자 추천과 선거활동, 의회에서의 입법활동, 정부의 정치적 중요결정에의 영향력 행사, 대중운동의 지도 등의 과정에 실질적 주도권을 행사한다. 이와 같은 정당의 기능을 수행하기 위해서는 무엇보다도 먼저 정당의 자유로운 지위가 전제되지 않으면 안 된다. … 정당은 그 자유로운 지위와 함께 '공공의 지위'를 함께 가지므로 이 점에서 정당은 일정한 법적 의무를 지게 된다. 현대정치의 실질적 담당자로서 정당은 그 목적이나 활동이 헌법적 기본질서를 존중하지 않으면 안되며, 따라서 정당의 활동은 헌법의 테두리 안에서 보장되는 것이다. 또한 정당은 정치적 조직체인 탓에 그 내부조직에서 형성되는 과두적(寡頭的)·권위주의적(權威主義的) 지배경향을 배제하여 민주적 내부질서를 확보하기 위한 법적 규제가 불가피하게 요구된다.

그러나 정당에 대한 법적 규제는 위와 같은 한정된 목적에 필요한 범위 안에서 행해져야 하며, 그것이 국민의 정치활동의 자유나 정당의 단체자치에 부당한 간섭으로 작용해서는 안 된다. 특히 정당의 내부질서에 대한 규제는 그것이 지나칠 때에는 정당의 자유에 대한 침해의 위험성이 있으므로 민주적 내부질서에 필요한 최소한도의 규제로 그쳐야 한다』.391)

권 성 재판관은 일반적인 정당국가적 경향을 인정하면서도 그에 따른 역기능을 주목하는 관점에서 국회의원의 국민전체대표성과 자유위임의 관계 및 그에 따른 국회의원의 독립적인 지위는 대의민주제를 채택한 우리 헌법의 통치체계의 핵심요소로서 그대로 유지되어야 한다는 반대의견을 제시

391) 헌재결 2003.10.30. 2002헌라1, 판례집 15-2하, 17(31면).

하였다. 정당국가적 민주주의의 순기능과 역기능에 대한 상론의 결론, 특히
적잖은 긍정적인 측면을 인정한다 하더라도 적어도 '정당의 기능과 활동의
민주성 확보', '정당의 소속의원에 대한 구속의 합리적 제한' 등을 통하여
정당국가의 부정적 효과를 상쇄할 필요성이 있다고 보는 관점에서 국회의
원의 표결권은 '불가침, 불가양의 권한'이라는 것이 핵심논지이다:

『오늘날 대의제 민주주의에 있어서 국회의원의 국민대표성이 정당
국가적 현실에 의하여 사실상 변질되고 의원의 정당에의 예속이 일반
적인 경향이라고 하더라도, 이러한 현상이 헌법규범상의 대의제 민주
주의를 보충하는 현실의 한 모습에 그치는 정도를 넘어서서, 대의제 민
주주의 원리를 부정하고 그 틀을 뛰어 넘는 원칙의 변화를 의미한다면
이것은 결단코 용납될 수 없는 일이다. 근대 민주주의의 역사를 살펴보
더라도 민주주의는 국회의원을 "국민의 대표"로 간주하는 대의제 민주
주의를 그 핵심적 기본원리로 삼아 출발한 것이었고 다만, 투표권의 확
대로 민주주의가 대중적 민주주의로 변모하면서 민주주의의 효율성을
높이는 하나의 유용한 장치로서의 정당의 역할이 긍정되어 정당국가적
민주주의가 받아들여지게 된 것일 뿐, 민주주의 핵심적 기본원리로서
의 대의제 민주주의 자체가 폐기된 것은 결코 아니기 때문이다.

　그러므로, 대표적으로 이 사건과 같이 양자의 이념이 충돌하는 경우
에는 자유위임을 근본으로 하는 대의제 민주주의 원리를 우선시켜야만
한다. 특히 국회 본래의 사명인 입법을 위한 심의·표결에 관한 한, 본
회의에 있어서든 상임위원회에 있어서든, 국회의원이 양심에 따라 독
립하여 표결하는 권한은 불가침, 불가양의 권한이라 할 것인데 이러한
불가침의 권한을 보장하는 것이 바로 대의제 민주주의에 따른 자유위
임의 원리라고 할 것이다.

　특히 정당내 의사결정과정의 민주화가 일천한 우리나라의 경우, "의
원에 대한 정당적 통제"의 관대한 허용은 '정당국가'라는 부차적 명분
을 내세워 "자유위임에 따른 국민대표성의 구현"이라는 대의제 민주주

의의 시원적(始原的) 헌법규범을 침해할 수 있게 될 것이고, 자칫 우정
있는 설복을 쉽게 포기하는 정당의 자제력 약화를 초래할 우려가 있다
고 할 것이다.』

또한 자유위임관계에 우선적 효력을 인정하는 이러한 '관점'은 우리 헌
법 제40조(입법권), 제41조 제1항(국회의원의 보통·평등·직접·비밀선거),
제66조 제4항(행정권), 제67조 제1항(대통령의 보통·평등·직접·비밀선거),
제101조 제1항(사법권), 공무원은 국민전체에 대한 봉사자라고 규정한 제7
조 제1항, 국회의원에 대한 특권 및 의무를 규정한 제44조(불체포특권), 제
45조(면책특권), 제46조 제2항(국가이익을 우선하고 양심에 따른 직무수행
의무) 등의 규정들에 대한 종합적인 해석에 따른 것 이라는 점도 분명하게
제시하고 있다.

요컨대, 이러한 결론에 대한 핵심논거는 오늘날 정당민주주의에서 나타
나고 있는 '집단적 대의현상'에도 불구하고 유권자와 의원 개인 간의 인적
인 신뢰관계를 토대로 하는 대의적 요소가 완전히 소멸된 것으로 볼 수는
없다는 인식에 따라[392] '교섭단체기속'보다 '자유위임원칙'의 규범적 효력

....

392) 이에 관해서는 허 영(Fn. 9), 744면; 대의제의 핵심요소로서 자유위임관계의 본질과
헌법적 함의에 비추어 본 바람직한 국회의원상에 대한 상론으로는 이 덕연, "정당국
가적 대의민주제에서의 선거와 정당에 대한 헌법재판소의 결정평석", 담론과 해석:
헌법평론집, 2007, 150-152면;『통일성과 계속성을 갖춘 '집단적 대의'의 단위로서
정당 및 교섭단체를 특별하게 보호하는 것은 무엇보다도 그 조직과 활동의 민주성에
대한 기본적인 신뢰를 전제로 하고, 이 신뢰의 바탕에는 교섭단체의 구성원인 동시
에 핵심리더격의 당원의 입장에 있는 국회의원 개개인의 대의공직자로서의 인격과
양심에 대한 인간적인 신임이 자리 잡고 있다. 말하자면 과두화와 집단적 오류의 잠
재적인 위험성을 내포하고 있는 '전체'와 '조직'에 대하여 국민 전체를 대표하는 '부
분'으로서의 '개인'과 양심에 따라 결정하는 자유의지의 '사람'이 견제요소로 대응되
어 있고, 또한 이러한 대응요소가 자유롭게 작동될 수 있는 법제도와 합리적인 담론
의 규칙이 마련되어 있기 때문에 헌법상의 이른바 '정당특권'이 인정되는 것이다.
국회의원의 '자유위임관계'가 그 핵심임은 물론이다. … 이러한 관점에서 볼 때 정당

이 우선되는 것으로 보는 '관점'이고, 이 '관점'이 결국 우리 헌법상 국회의원의 '전형상'을 구성하는데 결정적인 헌법해석의 준거로 적용된 것으로 이해된다.

④ 대통령에 대한 두 번의 탄핵심판결정도 '전형상'이 결정적인 헌법해석요소로 고려된 예로 여겨진다. 헌법 제7조에서 모든 공무원을 대상으로 하여 규정하고 있는 '국민전체에 대한 봉사자'로서 책무와 '정치적 중립성'의 의무가 행정부의 수반, 국가원수로서 '가장 강력한 공무원'인 대통령에게는 특별하게 엄중하게 요구되는 것으로 보는 입장에서 대통령의 '전형상'을 제시하고 있다. 다음 설시를 보면, 다소 무리한 비유로 생각되기는 하지만, 헌재가 상정하는 대통령의 '전형상'은 Platon이 동굴의 비유에서 말하는 '철인왕'(king of philosophy)이나 또는 K. Mannheim의 '자유부동적 지식인'(freischwebende Intellectual)을 원용하여 말하자면 일종의 '자유부동적 정치인'에 근접하는 것으로 생각된다. 정당의 추천과 지원을 통해서, 그

....

『국가적 대의제에서 바람직한 국회의원상의 설정이나, 국회의원 개인이 국가의사 및 정책결정의 과정에서 당론과 다른 의견을 고집하는 것이 일반적으로 바람직한 것인지에 관한 판단은 유보하되, 다만 적어도 국가 전체의 차원에서 집단과 계층 간에 이해가 첨예하게 대립되는 '건강재정보험의 통합'문제와 같은 중요한 국가정책의 경우라면 의원이 정당의 대표가 아닌 국민의 대표로서 '국가이익을 우선하여 양심에 따라' 직무를 행할 수 있는 헌법적 교두보, 즉 '자유위임관계'와 그것을 뒷받침해주는 법제도의 필요성과 당위성이 인정되었어야 할 것으로 생각된다. 또한 공평무사하고 용감한 국회의원 개인의 양심을 지켜주어야 할 당위성은 비단 극단적인 독재화의 한계상황에서만 인정되는 것은 아니다. 그것은 일상적인 정당국가적 민주정치 및 정책결정과정의 건강한 민주적 정당성을 담보하는 교두보이기도 하다. 정당국가경향이 심화된 오늘날의 대의민주제에서도 국회의원의 '자유위임관계'는 용도폐기된 구시대의 유물이나 또는 한계선을 넘는 위기상황에서의 비상수단으로만 그 효용이 인정되는 것으로 이해되어서는 아니 된다. 인간적 신임을 바탕으로 한 최소한의 대의적 요소와 그것을 뒷받침하는 '자유위임관계'는 개방된 정치과정 속에서의 양심의 결단과 지성의 대화에 희망을 걸고 있는 대의제 민주주의원리의 기본 틀이고, 국회의원의 양심에 따른 표결권은 그 핵심이다.』

리고 현실적으로 다소간에 특정될 수 있는 계층과 집단의 지지를 기반으로 하여 선출되는 정무직공무원이지만, 일종의 '초월적인 통합자'로서 정당정치적 중립의무와 국민 전체를 위하여 공정하고 균형 있게 업무를 수행할 책무가 각별하게 요구된다는 것이다:

『대통령은 여당의 정책을 집행하는 기관이 아니라, 행정권을 총괄하는 행정부의 수반으로서 공익실현의 의무가 있는 헌법기관이다. 대통령은 지난 선거에서 자신을 지지한 국민 일부나 정치적 세력의 대통령이 아니라, 국가로서 조직된 공동체의 대통령이고 국민 모두의 대통령이다. 대통령은 자신을 지지하는 국민의 범위를 초월하여 국민 전체에 대하여 봉사함으로써 사회공동체를 통합시켜야 할 책무를 지고 있는 것이다. 국민 전체에 대한 봉사자로서의 대통령의 지위는 선거와 관련하여 공정한 선거관리의 총책임자로서의 지위로 구체화되고, 이에 따라 공선법은 대통령의 선거운동을 허용하고 있지 않다(공선법 제60조 제1항 제4호). 따라서 대통령이 정당의 추천과 지원을 통하여 선거에 의하여 선출되는 정무직 공무원이라는 사실, 대통령에게 정치활동과 정당활동이 허용되어 있다는 사실도 선거에서의 대통령의 정당정치적 중립의무를 부인하는 논거가 될 수 없는 것이다.』[393]

『대통령은 행정부의 수반이자 국가 원수로서 가장 강력한 권한을 가지고 있는 공무원이므로 누구보다도 '국민 전체'를 위하여 국정을 운영해야 한다. 헌법 제69조는 대통령이 취임에 즈음하여 '헌법을 준수'하고 '국민의 복리 증진'에 노력하여 '대통령으로서의 직책을 성실히 수행'할 것을 선서하도록 함으로써 대통령의 공익실현의무를 다시 한 번 강조하고 있다. 대통령은 '국민 전체'에 대한 봉사자이므로 특정 정당, 자신이 속한 계급·종교·지역·사회단체, 자신과 친분 있는 세력

....
[393] 헌재결 2004.5.14. 2004헌나1, 판례집 16-1, 609(636면).

의 특수한 이익 등으로부터 독립하여 국민 전체를 위하여 공정하고 균형 있게 업무를 수행할 의무가 있다.』[394]

‘중립적인 조정자’ 또는 ‘사회통합의 선도자’로서 역할을 강조하는 이러한 ‘초월적인 통합자’로서 대통령의 ‘전형상’은 선거중립의무와 관련하여 노 무현 대통령이 청구한 헌법소원심판사건에 대한 헌재의 결정에서도 그 구체적인 윤곽이 그려진 바 있다. 소수반대의견은 부인하였지만, 법정의견은 대통령이 소속 정당을 위하여 정당활동을 할 수 있는 ‘사인으로서의 지위’와 국민 모두에 대한 봉사자로서 공익실현의 의무가 있는 ‘헌법기관으로서의 지위’를 동시에 갖는다는 전제 하에 최소한 전자의 지위와 관련해서는 기본권의 주체가 될 수 있는 것으로 보아 대통령의 청구인적격을 인정하였다. 또한 정당국가적 민주주의에서 대통령후보자는 정당의 당원으로서 정당의 공천을 받아 선거운동을 거쳐 대통령으로 선출되고, 대통령으로 선출된 이후에도 정당의 당원으로 남아 정치활동을 할 수 있는 점에서(국가공무원법 제3조 제3항, 제65조, ‘국가공무원법 제3조 제3항의 공무원의 범위에 관한 규정’ 제2조 제1호, 정당법 제22조 제1항 제1호 단서) ‘정치적 헌법기관’ 또는 ‘정치인’의 지위를 갖고 특정 정파의 정책이나 이익과 밀접하게 관련될 수밖에 없다는 점을 인정하면서도 대통령의 ‘정치활동의 자유’보다는 ‘선거중립의무’의 효력이 우선되어야 한다고 판단하여 정당 간의 선거경쟁에서 중립의무를 지는 일종의 ‘자유부동적 정치인’으로 대통령의 ‘전형상’을 제시하였다:

『오늘날의 대의민주주의 하에서 선거는 국민이 통치기관을 결정·구성하는 방법이고 선출된 대표자에게 민주적 정당성을 부여함으로써 국민주권주의 원리를 실현하는 핵심적인 역할을 하고 있으므로 선거에서

....

394) 헌재결 2017.3.10. 2016헌나1, 판례집 29-1, 1(36면).

의 공정성 요청은 매우 중요하고 필연적인바, 공명선거의 책무는 우선
적으로 국정의 책임자인 대통령에게 있다. … 선거에 관한 사무는 행
정부와는 독립된 헌법기관인 선거관리위원회가 주관하게 되어 있지만
(헌법 제114조 제1항), 선거를 구체적으로 실행하는 데 있어서 행정부
공무원의 지원과 협조 없이는 현실적으로 불가능하므로 행정부 수반인
대통령의 선거중립이 매우 긴요하다. 나아가 공무원들이 직업공무원제
에 의하여 신분을 보장받고 있다 하여도, 최종적인 인사권과 지휘감독
권을 갖고 있는 대통령의 정치적 성향을 의식하지 않을 수 없으므로
대통령의 선거개입은 선거의 공정을 해할 우려가 무척 높다. 결국 선거
활동에 관하여 대통령의 정치활동의 자유와 선거중립의무가 충돌하는
경우에는 후자가 강조되고 우선되어야 한다.』395)

   헌재가 재삼 확인하고 있는 바와 같이, '사회통합의 선도자'로서 대통령
의 역할과 선거관리의 측면에서 대통령의 중립의무를 강조하는 것 자체에
대해서는 이견이 있을 수 없을 것이다. 하지만, 오늘날 정당민주주의에서
대통령은 선거를 비롯하여 상시적으로 진행되는 정당 간의 경쟁의 마당에
서 벗어나 있을 수 없고, 오히려 주도자로서 정치적 경쟁의 중심에 있는 정
치인으로서 여당과 일종의 '공생체'로서 국정을 수행하고 정치적 책임을
진다. 이러한 현실을 외면하지 않는 한, 선거에서 대통령의 정당정치적 중
립의무를 우리 헌법해석론상 거의 자명한 요청으로 보는 견해와 그에 따른
'중립적인 정치인'으로서 대통령의 '전형상'을 설정하는 것에 대하여 선뜻
동의할 수 없다. 정당의 정강에 포함되어 있는 종교적·도덕적·철학적 이념
또는 정치경제학적 이데올로기와 무관할 수 없는 공공정책을 포괄적으로
관장하는 대통령에게 상이한 가치관과 세계관들이 경쟁하는 공적 담론의
장, 즉 선거에서 자신의 정치철학과 '공공선'에 대한 신념의 표명을 포기하

----

395) 헌재결 2008.1.17. 2007헌마700, 판례집 20-1상, 139(165면)

고 '정치적 중립성'을 유지하라는 요구가 현실적으로 가능한지 또한 바람직한 것인지는 그 자체가 첨예한 정치철학의 쟁점이지만,[396] 적어도 '선거관리'가 아닌 '선거경쟁'의 맥락에서 대통령의 중립의무를 헌법의 요청으로 볼 수는 없다. 요컨대, 헌법해석을 통해 해결되어야 할 문제는 대통령의 선거개입의 허용 여부가 아니라, 허용을 전제로 하여 개입의 구체적인 헌법적 한계를 획정하는 것이다.

또 한편, 헌법재판소 스스로 설시하고 있듯이, 이러한 헌법해석에서 전제된 '관점'은 인사권과 지휘감독권을 갖는 대통령이 선거에 개입하는 경우 선거관리에 관여하는 행정부 공무원들이 대통령의 정치적 성향을 의식하지 않을 수 없는 점에서 선거의 공정성이 훼손될 위험이 크다고 보는 현실인식이 반영된 것으로 여겨지는데, 이러한 인식이 오늘날 국민, 특히 공무원의 정치적 소양과 의식수준에 부합되는 것인지는 의문이다. 과거의 권위주의체제에서 경험하였던 불공정선거와 다분히 그것을 주도하고 방조하였던 대통령과 공무원들의 편파적인 선거개입에 대한 '역사적 기억'이 여과되지 않은 상태로 헌법해석의 요소로 고려된 것은 아닌지, 이러한 과거의 기억에 의존하여 오늘날의 선거를 비롯한 민주정치제도를 구성하는 것이 '의제된 현실'만을 주목하고 현재의 '실재'를 외면하는 '퇴영적'(退嬰的)인 헌법해석이 아닌지 되새겨볼 일이다.

대통령의 정당정치활동의 자유와 선거관리자로서 중립의무는 현실적으로는 상충의 잠재적인 가능성이 없지는 않지만, 헌법은 '정당정치인'으로서 대통령과 '중립적인 선거관리자'로서 대통령의 역할과 지위를 분명하게 구별하고 있고, 유권자들과 공무원들은 이러한 헌법규범상 분별의 의미와 취지를 충분히 이해하고 있을 것으로 생각된다. 정당국가적 민주주의체제에서 부정할 수 없는 바, 즉 정당을 중심으로 하는 정치적 권력관계의 구조와

---

396) 이와 관련해서는 M. Sandel, Justice,(2009), 김 명철(역), 정의란 무엇인가, 2014, 359-367면.

여당과 야당 간의 게임으로 진행되는 선거의 현실을 그대로 인정하는 전제 하에 '중립적인 관리자' 또는 '심판'이 아니라 '여당의 대표선수'로서 대통령의 역할이 반영되는 '전형상'이 구성될 수 있고, 이를 준거로 하는 헌법해석이 충분히 가능하고 또한 요구된다. 이러한 점에서 대통령의 선거운동을 금지하고 있는 현행 공직선거법 제60조 제1항 제4호는 위헌으로 판단된다.

　⑤ '의회유보원칙'을 핵심논거로 한 결정이었지만 방송수신료의 결정을 의회에 유보되어야 하는 '본질적인 사항'으로 본 중요한 근거로 공영방송의 '중대한 공적 영향력과 책임'을 제시한 점에서, 텔레비전 방송수신료와 관련된 헌법재판소의 결정도 '전형상'을 고려한 헌법해석례로 주목된다. 주지하는 바와 같이, 가용주파수가 한정된 기술적 여건 때문에 종래 공영방송체제 또는 소수의 독과점체제로 출발하였으나, 정보통신기술의 획기적인 발전에 따라 방송서비스시장은 이제 거의 완전히 개방된 경쟁체제로 전환되었다. 방송매체에 대한 독과점의 요인은 거의 사라졌다고 할 수 있는 이러한 변화에 따라서 방송체제도 근본적으로 재편되고 있거니와, 특히 이른바 '자유언론제도'의 관점에서 주목되는 객관적인 제도로서 '방송의 자유'의 내용에 대한 이해도 근본적으로 변화되고 있다.397)

....

397) 민영방송과 관련하여, 방송의 자유의 객관적 규범질서로서 제도적 보장의 성격을 강조하면서 '자유로운 의견형성과 여론형성을 위해 필수적인 기능'을 제시한 핵심논지를 고려하건대, 방송의 '전형상'을 준거로 한 결정으로 볼 수 있는 예로는 헌재결 2003.12.18. 2002헌바49, 판례집 15-2하, 502(516-517면);『방송의 자유는 주관적 권리로서의 성격과 함께 신문의 자유와 마찬가지로 자유로운 의견형성이나 여론형성을 위해 필수적인 기능을 행하는 객관적 규범질서로서 제도적 보장의 성격을 함께 가진다. … 방송의 자유의 보호영역에는, 단지 국가의 간섭을 배제함으로써 성취될 수 있는 방송프로그램에 의한 의견 및 정보를 표현, 전파하는 주관적인 자유권 영역 외에 그 자체만으로 실현될 수 없고 그 실현과 행사를 위해 실체적, 조직적, 절차적 형성 및 구체화를 필요로 하는 객관적 규범질서의 영역이 존재한다. 이에 관하여 헌법 제21조 제3항은 "통신·방송의 시설기준과 신문의 기능을 보장하기 위하여 필요한 사항은 법률로 정한다"고 규정하고 있다. 방송은 신문과 마찬가지로 여론형성에

하지만, 이러한 변화 속에서도 공영방송의 역할에 대한 헌법규범적 이해
의 기조와 그 대강, 즉 국가로부터 자유로워야 한다는 독립성과 자율성, 정
치적 중립성, 그리고 방송프로그램 내용의 균형성 및 다양성에 대한 요청
은 오롯이 유지되고 있다. 동 결정에서 헌법재판소는 국가기간방송으로서
공영방송의 '전형상'을 국가의 정치적·사회적·문화적 정체성의 형성과 유
지에 중요한 역할을 수행하는 일종의 "국민 문화방송"398)으로 보는 입장에
서 개략적으로나마 고유한 공적 기능을 해명하고 있다:

『오늘날 텔레비전방송은 언론자유와 민주주의의 실현에 있어 불가
결의 요소이고 여론의 형성에 결정적인 영향력을 행사하며, 정치적·사
회적 민주주의의 발전에도 중요한 영향을 미친다. 공영방송사인 공사
가 실시하는 텔레비전방송의 경우 특히 그 공적 영향력과 책임이 더욱
중하다 하지 아니할 수 없다. 이러한 공사가 공영방송사로서의 공적 기
능을 제대로 수행하면서도 아울러 언론자유의 주체로서 방송의 자유를
제대로 향유하기 위하여서는 그 재원조달의 문제가 결정적으로 중요한

....

참여하는 언론매체로서 그 기능이 같지만, 아직까지 그 기술적, 경제적 한계가 있어
서 소수의 기업이 매체를 독점하고 정보의 유통을 제어하는 정보유통 통로의 유한성
이 완전히 극복되었다고 할 수 없다. 또한, 누구나 쉽게 접근할 수 있는 방송매체는
음성과 영상을 통하여 동시에 직접적으로 전파되기 때문에 강한 호소력이 있고, 경
우에 따라서는 대중조작이 가능하며, 방송매체에 대한 사회적 의존성이 증가하여 방
송이 사회적으로 강한 영향력을 발휘하는 추세이므로 이러한 방송매체의 특수성을
고려하면 방송의 기능을 보장하기 위한 규율의 필요성은 신문 등 인쇄매체보다 높
다. 그러므로 입법자는 자유민주주의를 기본원리로 하는 헌법의 요청에 따라 국민의
다양한 의견을 반영하고 국가권력이나 사회세력으로부터 독립된 방송을 실현할 수
있도록 광범위한 입법형성재량을 갖고 방송체제의 선택을 비롯하여, 방송의 설립 및
운영에 관한 조직적, 절차적 규율과 방송운영주체의 지위에 관하여 실체적인 규율을
행할 수 있다. 입법자가 방송법제의 형성을 통하여 민영방송을 허용하는 경우 민영
방송사업자는 그 방송법제에서 기대되는 방송의 기능을 보장받으며 형성된 법률에
의해 주어진 범위 내에서 주관적 권리를 가지고 헌법적 보호를 받는다.』
398) 한 수웅(Fn. 387), 772면.

의미를 지닌다. 공사가 그 방송프로그램에 관한 자유를 누리고 국가나 정치적 영향력, 특정 사회세력으로부터 자유롭기 위하여는 적정한 재정적 토대를 확립하지 아니하면 아니되는 것이다. 이 법은 수신료를 공사의 원칙적인 재원으로 삼고 있으므로 수신료에 관한 사항은 공사가 방송의 자유를 실현함에 있어서 본질적이고도 중요한 사항이라고 할 것이므로 의회 자신에게 그 규율이 유보된 사항이라 할 것이다.

이와 같이 수신료는 국민의 재산권보장의 측면에서나 공사에게 보장된 방송자유의 측면에서나 국민의 기본권실현에 관련된 영역에 속하는 것이고, 수신료금액의 결정은 납부의무자의 범위, 징수절차 등과 함께 수신료에 관한 본질적이고도 중요한 사항이므로, 수신료금액의 결정은 입법자인 국회가 스스로 행하여야 할 것이다. 물론 여기서 입법자의 전적인 자의가 허용되는 것은 아니어서, 입법자는 공사의 기능이 제대로 수행될 수 있으며 방송프로그램에 관한 자율성이 보장될 수 있도록 적정한 규모의 수신료를 책정하여야 하고, 공사에게 보장된 방송의 자유를 위축시킬 정도의 금액으로 결정하여서는 아니된다.』399)

헌법재판소는 전혀 문제가 되는 것으로 보고 있지 않지만,400) 공영방송

....

399) 헌재결 1998.5.27. 98헌바70, 판례집 11-1, 633(645면).
400) 헌재결 1998.5.27. 98헌바70 판례집 11-1, 633(641면):『수신료는 '텔레비전방송의 수신을 위하여 수상기를 소지하는 자'라고 하는 특정집단에 대하여 부과·징수하는 금전부담이고, 이 경우의 텔레비전방송에는 공사가 실시하는 텔레비전방송도 포함될 뿐만 아니라, 수상기 소지자는 방송시설의 설치·운영, 방송문화활동, 방송에 관한 조사·연구 등 공사가 수행하는 각종 사업의 직·간접적인 수혜자라고 볼 수 있으므로 공사가 수행하는 공영방송사업과 수신료 납부의무자인 수상기소지자 집단 사이에는 수신료라는 금전부담을 지울만한 특별하고 긴밀한 관계가 성립된다고 할 것이며, 징수된 수신료는 국가의 일반적 과제를 수행하는데 사용되는 것이 아니라 공사가 수행하는 텔레비전방송 등의 특정 공익사업의 재정에 충당되며 독립채산방식에 의하여 별도로 관리된다는 점에서 특별부담금으로서의 요건을 갖추고 있다고 할 것이다.』이는 2008.2.28. 2006헌바70 결정에서 재확인된 바 있다:『수신료는 국가의 일반적 재정수입을 목적으로 하는 것이 아니라 공영방송사업이라는 특정사업의 재정조달을

의 운영경비를 '특별부담금' 형식의 수신료로 충당하는 것 자체가 헌법적
으로 정당화되는지, 특히 '집단적 동질성'이나 '집단적 책임성'의 요건을
충족하는지에 대해서는 의문이 없지 않다. 적어도 무료로 제공되는 민영방
송서비스를 고려하는 경우 강제로 부과되는 수신료는 정당화되기 어렵다.
다만, 공영방송과 민영방송의 이원적인 방송체제에서도 광범위한 정신적
토론을 기반으로 하는 대중민주주의의 과정에서 공영방송의 고유한 기능
의 보장이 필연적으로 요구되는 점에서 보면,[401] '개방된 담론의 forum' 또
는 '중립적인 input-output의 창구'로서 공영방송의 '전형상'이 과정으로서
민주주의체제에 내장된 것으로 볼 수 있고, 바로 이 '전형상'이 수신료의

....

> 목적으로 하는 것으로 국가의 일반적 과제와는 구별되며, 부담금의 형식을 남용한
> 것으로 볼 수 없다. 또한 공영방송이 국가로부터 예산의 형태로 그 운영자금을 지원
> 받거나 재원마련을 광고수입에 전적으로 의존한다면 방송의 중립성과 독립성을 지
> 키는 것은 사실상 요원해 질 것이다. 수상기 소지자로부터 징수되는 수신료는 공영
> 방송이 국가나 각종 이익단체에 재정적으로 종속되는 것을 방지할 뿐만 아니라 공영
> 방송 스스로 국민을 위한 다양한 프로그램을 자기책임하에 형성할 수 있는 계기를
> 제공해 준다. 이러한 의미에서 공영방송의 직·간접적 수혜자인 수상기 소지자에게
> 수신료를 부과하는 것은 공영방송사업의 재원마련이라는 입법목적을 달성하기 위한
> 효과적이고 적절한 수단으로 볼 수 있다. 한편 부담금이 헌법적으로 정당화되기 위
> 해서는 부담금 납부의무자가 부담금을 통해 추구하고자 하는 공적과제에 대하여 일
> 반 국민에 비해 '특별히 밀접한 관련성'을 가져야 한다. 수신료의 납부의무자는 텔레
> 비전 방송을 수신하기 위하여 수상기를 소지하고 있는 자들로서 일반인들과 구별되
> 는 집단적 동질성을 가지고 있으며, 공영방송의 시청, 방송문화활동의 직·간접적인
> 수혜자라는 점에서 객관적으로 밀접한 관련성을 가지고, 또한 이러한 공적과제 실현
> 에 있어 조세외적 부담을 져야할 집단적 책임이 인정되고, 수신료 수입이 결국 수신
> 료 납부의무자들의 집단적 이익을 위하여 사용된다 할 것이므로 수신료 납부의무자
> 들과 수신료를 통해 달성하려는 특별한 공적 과제 사이에는 '특별히 밀접한 관련성'
> 이 인정된다.』, 판례집 20-1상, 250(263-264면).

401) 이와 관련하여 주목되는 독일 연방헌법재판소의 결정으로는 BVerfGE 119, 181(214ff.).
　　'전형상'의 정당화기능에 초점을 맞춘 상론으로는 H. Rossen-Stadtfeld, "Ver-
　　fassungsgericht und gesellschaftliche Integration", in: G. F. Schuppert/C. Bumke
　　(Hg.), Bundesverfassungsgericht und gesellschaftliche Grundkonsens, 2000, 193면
　　이하.

헌법적 정당성에 대한 준거로 제시될 수 있을 것이다.

U. Volkmann이 적확하게 표현하는 바와 같이, 헌법해석의 준거 또는 요소로서 '전형상'을 구체적인 헌법적 결정을 선구조화하는 일종의 '배후기본관념'(Hintergrundvorstellung) 또는 '배후기본전제'(Hintergrundannahme)라고 한다면,[402] 다소간에 차이는 있겠지만, 앞에서 살펴 본 결정들 외에도 '전형상'이 전통적인 법도그마틱의 공준들이나 '관점들'보다 더 분명하고도 지배적인 영향력을 갖는 헌법해석의 요소로 고려된 결정들은 헤아리기 어려울 정도로 많을 것이다. 다만, 여기에서 상론은 생략하고, 그 중에서도 특히 주목되는 헌법재판소의 결정례들을 선별하여 제시하는 것에 그친다:

-. 혼인과 가족의 '전형상'과 연관되는 호주제에 대한 헌법불합치결정; "여호주가 사망하거나 출가하여 호주상속이 없이 절가된 경우, 유산은 그 절가된 가(家)의 가족이 승계하고 가족이 없을 때는 출가녀(出家女)가 승계한다."는 구 관습법에 대한 합헌결정[403]

-. 퇴직 후의 사유로 인한 공무원연금법상 급여 제한에 대한 한정위헌결정[404]

-. 공무원 또는 공무원이었던 자가 재직 중의 사유로 금고 이상의 형을 받은 때에는 대통령령이 정하는 바에 의하여 퇴직급여 및 퇴직수당의 일부를 감액하여 지급하도록 한 공무원연 금법 제64조 제1항 제1호에 대한 헌법불합치결정[405]

-. 공무원의 집단적인 정치적 의사표현을 금지하는 국가공무원법에 대한

---

402) U. Volkmann(Fn. 376), 80면.
403) 2005.2.3. 2001헌가9, 판례집 17-1, 1면; 2016.4.28. 2013헌바396, 판례집 28-1상, 603면.
404) 2002.7.18. 2000헌바57, 판례집 14-2, 1면.
405) 2007.3.29. 2005헌바33, 판례집 19-1, 211면; 이 결정에 의해서 의견변경이 되기 전에 내려졌던 선판례는 1995.7.21. 94헌바27, 판례집 7-2, 82면.

합헌결정406)

-. 초·중등학교의 교육공무원이 정당의 발기인 및 당원이 될 수 없도록 규정한 정당법 및 교육공무원법 규정에 대한 합헌결정407)

-. 직업행사의 자격요건과 직업활동의 내용을 규율하는 입법권의 행사, 특히 자격제도의 위헌심사와 관련하여 광범위한 입법형성권을 인정하면서 직간접적으로 준거로 입법자가 설정한 '직업상'(職業像)을 고려한 결정례들408)

-. 변호인의 조력할 권리(변호권)의 기본권성을 인정한 결정409)

-. 사용자가 노동조합의 운영비를 원조하는 행위를 부당노동행위로 금지하는 '노동조합 및 노동관계조정법' 규정에 대한 헌법불합치결정410)

-. 대학의 자율권을 확인한 결정례들411)

-. 대학교수의 (헌)법적 지위와 관련된 결정례들412)

....

406) 2020.4.23. 2018헌마550, 공보 제283호, 673면.

407) 2004.3.25. 2001헌마710, 판례집 16-1, 422면; 2014.3.27. 2011헌바42, 판례집 26-1상, 375면; 2020.4.23. 2018헌마551, 공보 제283호, 679면.

408) 예컨대, 1997.4.24. 95헌마273(행정사 업무범위), 판례집 9-1, 487면; 2000.4.27. 97헌바88(세무사 자격제한), 판례집 12-1, 495면; 2001.9.27. 2000헌마152(세무사자격 자동취득제도 폐지), 판례집 13-2, 338면; 2002.4.25. 2001헌마614(경비업 겸영금지), 판례집 14-1, 410면; 2003.9.25. 2002헌마519(학원강사 자격제한), 판례집 15-2상, 454면; 2006.4.27. 2005헌마997(변호사자격 결격사유), 판례집 18-1, 586면; 2008. 9.25. 2007헌마419(공인중개사 자격제한), 판례집 20-2상, 616면; 2021. 6.24. 2020헌마651(자동차대여업 운전기사알선 제한: 이른바 '타다금지사건'); 2021.6.24. 2017헌가31(안경사 아닌 자의 안경업소 개설제한); 2021.7.15. 2018헌마279(변호사에 대한 세무사 자격 자동부여 폐지) 등.

409) 2003.3.27. 2000헌마474, 판례집 15-1, 282면; 2017.11.30. 2016헌마503, 판례집 29-2하, 224면; 2019.2.28. 2015헌마1204, 판례집 31-1, 141면.

410) 2018.5.31. 2012헌바90, 판례집 30-1하, 66면.

411) 1992.10.1. 92헌마68, 판례집 4, 659면; 2006.4.27. 2005헌마1047, 판례집 18-1상, 601면; 2006. 4.27. 2005헌마1119, 판례집 18-1상, 631면.

412) 1998.7.16. 96헌바33, 판례집 10-2, 116면; 2006.4.27. 2005헌마1047, 판례집 18-1상, 601면; 2006.4.27. 2005헌마1119, 판례집 18-1상, 631면; 2018.8.30. 2015헌가38, 판

-. 고전적인 자본주의 경제질서의 관점에서 시장(市場; market)의 '전형상'를 고려한 것으로 생각되는 선도판례와 일련의 후속 판례들[413]

(3) 전형상 준거 헌법해석방법의 독자성 - 은유와 헌법

1) '전형상' 형성의 요소(준거)

'전형상'이 독자적인 헌법해석의 요소로 구체적으로 적용되는 방식과 그 기능적 효용을 검토하기 위해서는 우선 '전형상' 자체가 무엇을 준거로 하여 형성되는지 해명해야 한다. 앞에서 제시된 예들을 종합하여 보면 대체로 세 가지 요소로 정리될 수 있다.

첫째는 헌법상의 원리나 제도 및 이와 관련된 헌법규정들과, 이들에 포함되어 있는 헌법제정자의 의도이다. F. Schauer의 말대로, 헌법해석을 일종의 '의도적인 패러다임'(intentional paradigm), 즉 '기초자의 명시적인, 암묵적인, 그리고 재구성되거나 의제된 의도들과 합치되어야만 한다'는 전제하에 수행되는 헌법언어에 대한 해석작업이라고 본다면,[414] '전형상'의 구성에서도 이 전제는 유효하다.

앞에서 제시된 독일 연방헌법재판소의 결정례들의 경우 대개의 경우 설시문상 논증의 서두에 '전형상'의 확보와 연결되는 헌법상의 특정한 공술이나 제도들이 제시되었다. 예컨대, 혼인계약 사건의 경우 자유로운 인격발현권의 보장과 혼인계약의 내용통제를 위한 척도로서 사회국가원리, 국회의원 부업활동 사건의 경우 의원의 지위에 관한 규정, '선거콤퓨터' 사건의

례집 30-2, 206면.

413) 1989.12.22. 88헌가13, 판례집 1, 357면; 신문시장과 관련된 판례도 주목된다. 2002. 7.18. 2001헌마605, 판례집 14-2, 84면; 2006.6.29. 2005헌마165, 판례집 18-1하, 337면. '인터넷신문'시장과 관련해서는 2016.10.27. 2015헌마1206, 판례집 28-2하, 1면.

414) F. Schauer, "An Essay on Constitutional Language", in: UCLA Law Review, Vol. 29(1982), 804면.

경우 법치국가, 공화국 또는 기본법 제38조 제1항 제1문에 의해 보완된 민주주의원리와 같은 헌법원리들, 그리고 선거의 '공개성원칙' 및 공개성을 확보하기 위한 다양한 기본법규정들이 그것이다.

우리 헌법재판소의 결정례들의 경우에도 거의 대부분 헌법규정을 준거로 하였음을 명시적으로 밝히고 있다. 예컨대, 정당의 개념적 징표를 정리하면서 헌법 제8조를, 국회의원의 지위와 관련하여 헌법 제40조(입법권)를 비롯하여 제41조 제1항(국회의원의 보통·평등·직접·비밀선거), 제66조 제4항(행정권), 제67조 제1항(대통령의 보통·평등·직접·비밀선거), 제101조 제1항(사법권), 공무원은 국민전체에 대한 봉사자라고 규정한 제7조 제1항, 국회의원에 대한 특권 및 의무를 규정한 제44조(불체포특권), 제45조(면책특권), 제46조 제2항(국가이익을 우선하고 양심에 따른 직무수행의무) 등의 관련 규정, 대통령의 선거중립의무와 관련해서도 헌법 제69조(선서규정)을 비롯하여 국민전체에 대하여 책임을 지는 봉사자인 동시에 정치적 중립의무를 규정한 제7조를 준거로 제시하였다. 수신료 결정에서는 "언론자유와 민주주의의 실현에 있어 불가결의 요소이고 여론의 형성에 결정적인 영향력을 행사"하는 공영방송의 공적 영향력과 책임을 확인하는 맥락에서 헌법 제21조에서 보장되는 '방송의 자유'의 객관적인 제도의 측면을 주목하는 해석론을 개진하였다.

다만, 이들 헌법원리나 규정들이 일방적으로 '전형상' 형성의 근거로 고려되는 것은 아니다. 오히려 전제된 '전형상'을 준거로 하여 개별적인 규정들이 선별 및 조합되고, 이들에 대한 해석의 대강이 선규정된다는 측면이 간과해서는 아니된다. 이는 '전형상'이 헌법전과 무관하게 형성되는 것이 아니라 헌법텍스트와 직간접적으로 연관되는 상호작용의 관계 속에서 확보된다는 것을 의미한다. 구체적인 헌법해석 및 그 결과에 대한 논증의 단계에서 '전형상'과 법도그마틱작업을 통해 제시되는 법적-규범적 요소들 간의 기능적 관계에 대하여 보다 세밀한 해명이 필요한 것은 바로 이 때문이다. 이에 대해서는 후에 상론한다.

둘째로, 전통적인 법도그마틱 범주의 결정요소들을 단지 부수적인 것으로 볼 수 있을 정도로 '전형상' 형성에 결정적인 영향을 미치는 것은 윤리적-도덕적 요소들이다. 이는 '전형상' 속에서 고려되는 일반적인 '질서관념'과 '정의관념', 즉 헌법질서와 제도가 어떻게 이념에 부합되게 정당하게 확립되고 형성되어야 하는가에 대한 관념이 구체적인 헌법해석을 통해 현출된다는 것을 의미한다. 법과 정의이념 및 도덕 간의 관계는 정치철학 및 법철학 및 법이론의 해묵은 쟁점이기는 하지만, '정의관념'과 관련하여 도덕과 덕성의 요소를 주목하는 '공동체주의'는 물론이거니와, 공리주의를 비롯하여 국가와 법의 도덕적, 윤리적 중립성을 강조하는 자유주의의 입장에서도 적어도 헌법해석론의 차원에서 윤리적-도덕적 요소들이 배제되지는 않는다.415) 질적인 차이를 무시하고 선(善)가치를 통일된 척도로 획일화하여 정의의 문제를 정량적인 계산의 문제로 취급하는 공리주의도, 개인의 자기결정권을 근거로 하여 국가와 법의 중립성을 주장하는 자유주의도 '좋은 삶의 질서'에 대한 특정한 신념을 토대로 하는 정치철학적, 도덕적 관점들, 즉 일종의 이데올로기적인 'meta관점'들이기 때문이다. 헌법의 해석과 적용의 결과, 즉 헌법적 결정에 대한 논증의 단계에서 관점들이 은폐되거나 또는 의도적으로 단순히 부수적인 요소로만 고려된 것으로 표현되는 경우에도, 그것은 '개념'과 '체계'를 수단으로 하는 논리적인 추론, 즉 법도그마틱의 공술로 변환될 수 없는 선험적인 요소들을 원천적으로 배제하는 의제된 법해석론 또는 주관적인 관점의 '자기정당화'를 전제로 하는 경우, 말하자면 '탈이데올로기의 이데올로기'를 주장하는 경우에 불가피한 논증형식이 현출된 것일 뿐이다.

재삼 확인하건대, 헌법의 '이데올로기 감염성'은 헌법해석론상 외면되거

---

415) M. Sandel, Justice, 2009, 특히 244-269면.

나 피할 수 있는 '금기'가 아니다. 오히려 그 '소여성'을 인정하는 전제 하에 변증법적인 지양을 통한 정제과정을 거쳐서 가능한 한 객관적으로 타당한 절충에 근접해가는 것이 관건이다. 이러한 맥락에서 분명하게 정의될 수 없는 '정의의 개념'과 본질적으로 합의될 수 '정의관념'의 본질을 고려하면, '전형상' 형성의 준거로서 윤리적, 도덕적 요소들의 정당성은 근본관념 또는 관점들 간의 '개방된 경쟁'을 통해서만 다소간에 확보될 수 있다. P. Häberle가 말하는 '헌법해석의 개방된 사회'(offene Gesellschaft der Verfassungsinterpreten)416)는 헌법의 '전형상'을 바로 이러한 '개방된 경쟁의 platform'으로 이해하는 관점에서 제시한 명제로 이해된다.

앞에서 제시된 혼인계약과 관련된 독일 연방헌법재판소의 결정도 정당성의 결정을 계약 당사자들의 자유로운 의사합치에 맡겨져 있는 것으로 보는 '자유주의적 관점'과, '사적 자치'의 정당성을 당사자들의 엇비슷한 협상력의 조건 하에서만 가능한 것으로 보고, 이 조건이 충족되지 못한 계약의 내용은 수정되어야 하는 것으로 본 '사회국가적 관점' 간의 도덕적 담론이 진행되어 일종의 '변증법적 지양의 결과'로 '사적 자치'의 새로운 '전형상'이 구성된 것으로 이해된다. 다만, 이러한 사회국가적 '정의관념'을 토대로 한 '사적 자치' 또는 '계약'의 '전형상'도 당연히 불가변의 상태로 확정된 것은 아니고, 여전히 새로운 '도전과 응전'의 과정으로 반복될 '개방된 경쟁'에 맡겨져 있다. 결국 문제는 이 '개방된 경쟁'의 유효성, 즉 '옳은 답'을 찾아낼 수 있는 수단으로서 그 기능적 효용을 담보할 수 있는 조건과 규칙에 대하여 합의를 하는 것이고, 이는 궁극적으로는 H.-G. Gadamer가 '해석학의 인식론상 근본문제'로 제시하는 바, 즉 "무엇을 준거로 하여 합당한 선판단과 부당한 선판단을 구별할 것인가"의 문제로 귀착된다.417)

....

416) P. Häberle, "Die offene Gesellschaft der Verfassungsinterpreten"(1975), in: Verfassung als öffentlicher Prozeß, 1978, 155-181면.
417) H.-G. Gadamer, Wahrheit und Methode. Grundzüge einer philosophischen Hemeneutik,

일반적인 인식론의 범주가 아니라, 구체적인 헌법적 결정을 위한 헌법해석론의 영역에서 Gadamer가 제시하는 '교양'(Bildung)이 이 문제에 대한 해결책이 될 수 없는 것은 분명하다. 적어도 헌법텍스트를 준거로 하는 규범해석 및 적용의 결론을 논증하는 범주에서는 더더욱 그러하다. R. Dreier가 '교양'을 일종의 '정보처리작업'으로 보는 관점에서 적절하게 지적하는 바와 같이, 다양하고 무수한 변수들을 갖고 수행되는 헌법해석작업은 고려되어야 할 정보의 양과 정보처리능력 간의 불일치라는 구조적인 딜렘마의 상황을 벗어날 수 없고, 법학방법론의 한계 내에서 '이데올로기 감염성'을 피할 수 없는 점에서 헌법해석에서 '엄격한 의미의 객관적인 합리성'은 담보될 수 없다.[418] 생각건대, 그 자체가 고도로 불확정한 언어로 구성된 헌법텍스트를 출발점으로 하여 헌법 속의 그리고 헌법 외에 있는 수많은 요소들에 대한 숙고를 거쳐 확보하게 되는 헌법의 의미, 즉 헌법규범을 탐색하는 헌법해석에서 객관성은 M. Polanyi가 제시하는 이른바 '암묵적 차원'(tacit dimension) 이상을 기대할 수 없을 것이다.[419]

이러한 헌법해석의 딜렘마 상황은 도덕적, 윤리적 요소를 준거로 하여 형성되는 '전형상'의 경우에도 다르지 않다. 전술한 바와 같이, 근본적인 '정의관념'과 연관되는 도덕적, 윤리적 관점도 해석자의 국가론, 역사론 및 사회이론적인 선이해 등 다양하고 복합적인 관념적 정보들의 처리에 달려 있고, 또한 이 정보처리작업의 결과, 즉 관점들의 타당성은 거의 대부분의 경우 그 구체적인 논거를 갖고 증명될 수 없고, 직관의 결과로 제시될 수밖에 없기 때문이다. 오늘날의 고도로 다원화된 사회에서 이들 선이해와 관점들이 정치철학이나 정치이론의 담론을 통해 다소간에 '간주관성'이 인정되는 도덕적 공감대로 수렴될 수 있는 가능성은 극히 예외적으로만 기대될

----

3. Aufl., 1972, 7면 이하, 261면 이하.
418) R. Dreier(Fn. 17), 127면.
419) M. Polanyi, Tacit Dimension(1966), 김 정래(역), 암묵적 영역, 2015, 29-55면.

수 있다. Ch. Larmore가 적확하게 단언하는 바와 같이, "최고의 가치문제에 대해서는 대화를 하면 할수록 상호간에 견해차가 더 커질 뿐이다."[420]

요컨대, 도덕적, 윤리적 요소를 준거로 하는 '전형상 준거 헌법해석방법' 의 경우에도 해당되는 헌법해석의 선판단, 즉 도덕적, 윤리적 근본관념 기속성은 합의된 'meta관점' 또는 '표준척도'라는 그 실천의 전제조건을 갖출 수 없다. 해석의 대상 자체인 텍스트에 내재된 이론이나 개방된 담론으로 '간주관성'이 확보될 수 없기 때문이다. 결국 유일하게 남는 명제는 '개방된 경쟁' 뿐이다.

이러한 상황 속에서 헌법재판의 '기능적-법적 한계'를 준거로 하여 제시되는 이른바 '사법자제'(judicial self-restraint)의 지침이 제한적이지만 현재로서는 가장 유력한 대안이라고 할 수 있다. 다만, 이 지침도 헌법재판관에게 스스로, 즉 자율적으로 현명하게 절제하라는 '촉구' 이상의 의미를 갖지 못한다. 결국 이 '촉구'가 규범적 효력을 갖는 지침으로서 헌법재판실무에서 적용되기 위해서는 구체적으로 어떤 경우에, 어떤 조건 하에서 그리고 어떤 수준에서 '자제'할 것인지에 대하여 이론적으로 정리된 조건과 기준이 제시될 수 있는 가능성에 달려 있다.[421] 이 과제와 관련하여 '전형상 준거 헌법해석방법'이 유효한 접근의 방법과 단서를 탐색하는데 다소간에 도움이 될 수 있다는 점을 확인하고, 그 구체적인 기능적 효용과 한계를 검토하는 것이 다음 장의 논의내용이다.

마지막으로 '전형상'은 현실 또는 현실인식의 요소에 의해 형성된다. 당위성과 존재성이라는 법의 본질적인 양면성의 관점에서 주목되는 바, 즉 앞에서 해명한 헌법원리나 제도 등의 규범적 요소와 도덕적, 윤리적 관점

....

420) Ch. Larmore, The Morals of Modernity, 1996, 122면.
421) 이에 대한 상론으로는 K. Hesse, "Funktionelle Grenzen der Verfassungsgerichts-barkeit"(1981), in: P. Häberle/A. Hollerbach(Hg.), Ausgewählte Schriften, 1984, 311-322면.

의 요소들은 사실의 확인과 평가 및 가치적 선이해와 연관되는 정신적인 작업, 즉 사태에 대한 인식과 평가의 작업과 상호 교차적인 관계에서 영향을 주고받는 과정 속에서 '전형상' 형성에 반영된다. 이러한 맥락에서 '전형상'은 현실에 대한 경험과 사회과학적인 인식에 의해 보완되고 다듬어진다. 여과장치가 장착되기는 하지만, '전형상 준거 헌법해석방법'이 전통적인 도그마틱의 방법이나 '관점론적 헌법해석방법'에 비해 단순한 상대적인 차이가 아니라 근본적으로 차원이 다른 수준에서 실증적인 사회과학에 대하여 거의 전면적으로 개방된 구조의 헌법해석방법으로 차별화되는 것은 바로 이 때문이다.

이러한 점은 앞에서 제시된 의원의 부업활동과 관련된 독일 연방헌법재판소의 결정에서 의회업무의 실제에 대한 면밀한 조사를 통해 형성 및 확인된 국회의원 또는 국회의원직무의 '전형상'에서 분명하게 드러난다. 정당 또는 국회의원의 정당기속, 공무원 연금법과 관련된 우리 헌법재판소의 결정들도 정당국가적 대중민주주의의 현실이나, 사회상황에 따른 공무원의 공직윤리에 대한 기대치의 변화 등의 현실을 반영하여 '전형상'을 구성한 대표적인 예라고 할 수 있다. 대통령의 선거중립의무와 관련된 결정도 공무원들이 대통령의 정치적 성향에 의해 영향을 받을 수 있다는 현실적인 우려가 반영되어 대통령의 '초월적인 정당정치적 중립자'의 '전형상'이 형성된 예로 볼 수 있다. 다만 이들 경우에도 현실 그 자체가 그대로 '전형상'의 형성에 작용된 것은 아니라는 점을 유의해야 한다. 전술한 바와 같이, 무분별의 전체 현실이 일방적으로 '전형상'을 규정하는 것이 아니라, 다소간에 헌법규범 및 근본적인 '도덕관념' 또는 '정의관념'과의 교섭, 즉 선별과 여과의 과정을 거쳐 확보되는 '이성적인 현실'을 주목하는 인식이 반영되는 것이다.[422]

....

422) U. Volkmann(Fn. 376, 84면)은 이러한 현실인식을 Hegel이 '현실적인 이성'(wirkliche Vernünftigkeit)과 대비하여 제시하는 '이성적인 현실'(vernünftige Wirklichkeit)로 파

2) '전형상 준거 헌법해석방법'의 본질 –
이해 및 소통의 방법으로서 은유

헌법해석의 요소 또는 준거로서 '전형상'은 말 그대로 '안내자로서 기능을 수행하는 형상'(guide-image; guide-figure)이다. '형상'을 준거나 매개로 하는 '전형상 준거해석'은 일종의 '은유'(metaphor)[423]의 인식방법이다. 인식철학의 차원에서 하나의 '물체를 보는 것'(seeing thing)과 '사건을 보는 것'(seeing event)을 근본적으로 다른 인식 또는 경험의 범주로 볼 것인지 여부, 그리고 이 화두와 관련하여 '어떤 대상을 보는 것'(seeing object), 즉 '시각적인 경험'(visual experience)이 그 '대상'(object) 자체 보다는 '사물'(things)에 대한 '인상'(impression)이나 '생각'(thought)을 갖게 되는 것은 아닌지, '인상이나 생각을 갖는다'는 것의 본질과 내용은 무엇인지, 인식의 '대상'(object)과 '내용'(content) 간의 '인과선'(causal line)이나 인식의 '내용과 주체간의 관계'(content-subject relation)를 어떻게 파악할 것인지, 더 나아가서는 인식 또는 경험의 '내용'을 갖고 인식대상의 '특수한 대표성'(particular representativeness)이 온전히 설명될 수 있는지 등등의 인식론의 난제들에 대한 상론은 유보하되, 아무튼 헌법해석론의 맥락에서 '물체'가 아닌 '사건'(event) 또는 '사태'(Sachverhalt)에 대한 이해와 사유의 수단으로서 주목하는 은유의 본질은 "한 종류의 사물을 다른 종류의 사물의 관점에서 이해하고 경험하는 것"이고, 더 나아기서는 이해하고 경험한 내용을 설

악한다.

423) 어원으로 보면 'metaphor'는 그 자체가 일종의 '은유'의 표현으로서, 'meta'(across)와 'phor'(fer=carry)가 합성된 용어로서 인식의 대상 또는 주체를 넘어서 그 의미를 전달해준다는 의미로 이해된다. J. B. White, Justice as Translation, 1999, 235면. 이는 구조화의 양태는 다소 다르지만, '은유'(隱喩)라는 한자어의 의미, 즉 숨겨져 있어서 분명하게 드러나지 않는 사물의 의미를 깨닫게 해주는 것으로 풀이되는 점에서 함축된 의미를 보다 분명하게 표현하고 인식하는데 도움을 주는 수단이라는 점에서는 유사하다.

명하고 설득하는 '특수한 표현의 방식'이기도 하다.[424]

그, 내재적인 흠결성에 대해서는 앞에서 논의하였거니와, 법실증주의의 철학적 토대라고 할 수 있는 '논리적 실증주의'(logical positivism)는 인식 또는 논증의 수단으로서 은유를 별로 활용하지도 않았고, 은유 자체에 대하여 거의 관심을 갖지도 아니하였다. C. Geertz에 따르면 법실증주의가 전범으로 따른 (자연)과학에는 시에는 있는 '상징'(symbol), 말하자면 그 자체가 의미하는 어떤 것을 표현하는 것인 동시에 어떤 대상, 행위, 사건, 성질, 관계 등을 포착하는 개념의 매개물이기도 한 '상징'이 없으며 또한 이른바 '상징적 논리'는 논리적으로 상정될 수 없는 것이었기 때문이다.[425] 하지만 이러한 언어철학 및 인식론적 배경에서 이른바 '합리성의 모델'에 따라 인간의 이성적 사유의 '객관성', 특히 '어의학적 객관성'(semantic objectivity)과 '문언충실성' 및 '선형성'(線形性)을 강조하면서 은유를 '사유 또는 인식의 왜곡'(distortion of thought or cognition) 또는 '위험할 정도로 부정확한 수사'(dangerously imprecise rhetoric)로 폄하하였던 전통적인 이해는 실제 언어사용과 합치되지 않고, 효과적인 법적 추론의 엄정성에도 배치된다. 또한 이러한 곡해는 오늘날 언어학에서 일반적으로 확인된 언어의 본질적인 '은유성'(metaphoricity), 즉 언어의 은유성이 언어사용과 분리된 범주가 아니라 오롯이 언어사용의 한 부분이라는 점에서 다르지 않은 법언어의 영역에서 은유의 특유한 기능과 역할을 분석하는 중요한 과제를 원천적으로 회피하거나 배제하는 우를 범하게 된다.[426] 이러한 문제는 가치관계성과 추

....

424) 예컨대 나무와 같은 '물체'를 보는 '시각적 경험'을 출발점으로 하지만, '사건'을 보는 넓은 의미의 '인지'(awareness) 또는 '이해'(understanding)의 본질과 관련된 인식론의 문제를 개관하고 천착한 논의로는 대표적으로 T. Honderich, "Seeing Things", in: Synthese, Vol. 98(1994), 51-71면. G. Lakoff/M. Johnson, Metaphors We Live By(2003), 노 양진/나 익주(역), 삶으로서의 은유, 2006, 24면.

425) E. F. Kittay, METAPHOR, 1987, 6면. C. Geertz, The Interpretation of Cultures (1973), 문 옥표(역), 문화의 해석, 1998, 115면.

상성이 각별한 헌법언어의 사용과 헌법적 사유와 추론의 경우에 더더욱 분명하게 부각된다.

영어에서 'thing'과 마찬가지로 일반적으로 한 단어로 통용되고 또한 G. Radbruch가 제시한 유명한 자연법적 명제, 즉 '사물의 본성'(Natur der Sache)으로 포괄되기는 하지만, 전술한 바와 같은 인식론상의 깊은 논의는 유보하고 일단 은유의 매개물로서 '사물'(事物)을 '사'(事)와 '물'(物)을 나누어 보면, 예컨대, '나무를 보는 것'(seeing tree)과 '나무라는 단어를 보는 것'(seeing the word of tree), 즉 '읽는 것'(reading)도 다르거니와, 문자의 기호로 표현된 개념을 갖고 인식대상을 인지 또는 이해하는 경우에도, '물체'를 대상으로 하는 경우에 그 '특성', 즉 '물성'(物性)을 파악하는 것과 어떤 '일'(事) 또는 '사건'을 대상으로 하여 그 형태(pattern)와 '함의'(meaning), 즉 '사태'의 본질을 포착하는 것도 다른 하부범주로 구별될 수 있다. 그 본질적인 차이 또는 유사성에 대한 상론은 유보하되, 다만 후자의 경우는 어떤 대상을 '눈으로 보는 것'(seeing; 見)이 아니라, 주목(aboutness)하여 '관조'(觀照)하고 '통찰'(通察)하는 '관찰'(觀察)이다. 말하자면 마음 또는 머리로 읽고 갖게 된 '관념'(sense; concept; notion)을 '생각'(生覺)하는 것이다. 즉 '상념'(想念)이다.

바로 이러한 '관찰'와 '생각'을 요구하는 것으로 이해되는 바, O. W. Holmes 대법관이 '실재하는 것'(the real)와 '진실된 것'(the true)을 고수하기 위한 방침으로 "말이 아니라 사물을 생각하라"(think things, not words)는 지침과 함께, "적어도 말로 표현하고자 하는 사실들로 끊임없이 말을 번역하라"(constantly translate words into the facts for which they stand)[427]는 지침을

....

426) S. L. Winter, A CLEARING in the Forest, 2001, 43면. 언어의 본질적인 '은유성'에 대해서는 N. Lacey, "The Metaphor of Proportionality", in: Journal of Law and Society, Vol. 43(2016), 29면.

427) O. W. Holmes, "Law in Science and Science in Law", in: Harvard Law Review,

제시하거니와, 은유는 이 구별되는 두 가지 인식 또는 이해의 범주를 융합 또는 연결시키는 매개인 점에서 그 자체가 '말'이 아니라 '사물'을 생각하는 것인 동시에, '사'와 '물'의 실재와 참된 것을 생생하게 인식하고, 느끼고, 깨닫는다는 의미의 이러한 '생각'을 가능하게 하고 또한 담아내는 일종의 '번역의 수단'이라고도 할 수 있다.

유사한 맥락에서 은유의 수단으로서 '전형상'은 두 가지의 매개, 즉 물리적인 형태를 갖는 형상, 즉 일종의 '구상'(picture)과 관념적인 '형상'(figure) 또는 '추상의 image'를 기준으로 하여 두 가지 유형으로 대별될 수 있다. 전자의 경우와 달리, '협의의 전형상'에 해당되는 것으로 볼 수 있는 후자의 경우는 기호로 구성되는 것이 아닌 점에서 좁은 의미에서 대상을 '재현'(representation)하는 것에 그치지 않는다. 따라서 관념적인 image로서 구성되는 '상념'의 매개로서 '전형상'은 '개념'(Konzept)과는 근본적으로 다르다. 일종의 '전범'(Model)도, '전형'(Prototyp)도 아니다.428) 다만, 여기에서 헌법해석의 요소로서 논의되는 '전형상'은 두 가지 형식의 은유를 다 포함하는 '광의의 전형상'으로 사용된다. 아무튼 은유의 적용대상은 일종의 특수한 언어문제라고 할 수 있는 은유의 한계에 의해 결정된다. 예컨대, '인간의 존엄성'이나 '정의', '진리', '양심' 등과 같이 다른 종류의 사물을 매개로 하여 인식될 수 없는 근본적인 궁극의 가치개념들은 은유적으로 구조화될 수 없기 때문에 '전형상'을 수단으로 하여 기술될 수 없고, 해명될 수도, 이해될 수도 없다.429)

....

Vol. 12(1899), 460면.

428) 이에 관한 상론은 S. Baer, "Schlüsselbegriff, Typen und Leitbilder als Erkenntnismittel und ihr Verhältnis zur Rechtsdogmatik", in: E. Schmidt-Aßmann/W. Hoffmann-Riem(Hg.), Methoden der Verwaltungsrechtswissenschaft, 2004, 238면.

429) 종교적인 신념이나 양심 등과 같이 근본적인 신념을 내용으로 하는 개념들의 경우 은유의 방법이 적용되기 어려운 것도 같은 맥락에서이다. 예컨대 Kant의 역사철학에서 '신성'(神聖: holiness), '존엄'(dignity), '경외'(reverence), '열망'(admiration), 숭고

은유에 대한 기본이해를 토대로 하여 법적 사유의 세계에서 '생각'과 '상념'의 수단으로서 은유의 특유한 기능과 역할을 좀 더 세밀하게 살펴본다. '은유'를 통한 인식의 층위와 범주에 따라 상대적인 차이는 있지만, '전형상'은 대상 전체를 포착하는 일종의 총체적인 '통각적 인식'의 매개이고, 그 산물이다. '색성향미촉'(色聲香美觸)의 5감각을 활용하여 은유적으로 구조화된 언어를 통한 체험적 인식과, 그 결과로서 확보된 '형상'이 일종의 '형태'(Gestalt)로 조성되고 법해석의 요소로 적용되는 일련의 과정은 개념

....

성(sublimity), '경탄'(wonder), '찬양'(exaltation) 등의 종교적인 용어가 은유의 방식이 아니라 특정한 믿음의 형식과 연관될 수 없는 신앙이라는 보편적인 종교적 의식 또는 성향의 특유한 내용을 직접적으로 표현한 것으로 이해된다. 말하자면 특정한 내용으로 개념이 정의되거나 은유의 방식으로 구조화되는 경우 그 대상의 근본적인 속성이 상실되기 때문이다. 이에 관해서는 Y. Yovel, Kant and the Philosophy of History, 1980, 210면. Ch. V. Critique and History of Religion. J. Isensee(Fn. 293)가 근본적으로 '정의되기 어려운 헌법개념'인 '인간의 존엄성'이 헌법해석론에서 봉착하게 되는 난점들을 해명한 것은 은유의 방법으로도 표현 또는 이해될 수 없는 한계에 대한 해명으로도 이해될 수 있다. 7면:『-. 기본법 제1조 제1항 제1문의 간경체(簡勁體)의 규정은 자체만으로는 법적으로 적용될 수 없다. 이 규정이 실제 효력을 가지려면 법기술적인 언어로의 번역이 필요하다. … -. "인간의 존엄성"은 순정한 법개념이 아니다. 이는 종교, 윤리 및 철학의 언어에서 유래된 개념이다. 그 다의성, 다면성, 불명확성은 의미의 동일성의 법학적 요청에 부합되기 어렵다. -. "해석되지 않은 명제"로 기본법에 수용된 점에서 인간의 존엄성은 사후적인 해석을 통한 파악이 어려울 수밖에 없다; 적어도 해석을 통해 완전히 포착될 수 없다. 이로부터 비롯되는 문제는 법해석론이 접하게 되는 불확정 법개념들을 다루는 것과는 질적으로 다른 문제이다. … -. 인간존엄성의 보장은 기본법상 개별기본권의 해석론체계에 편입되지 아니한다. 즉 일반적인 기본권해석의 표준과는 거리를 두고, 독자적인 척도들을 설정하고 요구한다.』

눈가리개를 하고 칼과 저울을 들고 있는 이른바 '정의의 여신상'(icon of justice)은 정의이념의 은유적 표현이 아니라, 신화와 전설을 배경으로 하여 법관의 '태도'(posture) 또는 사법절차의 '불편부당성'(impartiality)이나 지식과 공정한 판단의 관계 또는 납득될 수 있는 판단을 가능하게 하는데 있어서 절차적 제약의 역할 등을 상징적으로 보여주는 일종의 '예증적 형상'(paradigmatic icon; gesture)이다. D. E. Curtis/J. Resnik, "Images of Justice", in: The Yale Law Journal, Vol. 96(1987), 1727-1729면.

또는 개념관계의 분석을 수단으로 하는 어의학적 접근과는 그 구조와 본질이 근본적으로 다른, 일종의 통합적이고 즉각적인 '체험적 은유'(experiential metaphor)의 방식으로 진행된다. 현장에서 생음으로 듣는 경우에는 말할 것도 없거니와, 아름다운 음악과 노래를 소리로 들으며 감상하는 것과 관념적으로 음률과 리듬의 기억을 되새기는 것, 그림을 직접 보는 것과 생각 속에 떠올리는 것, 예쁜 꽃을 눈으로 보거나 만져보고 향기를 맡는 것과 머릿속에서 상상하는 것, 그리고 활자화된 '시어'(詩語)를 직접 읽거나 낭독하는 것과 상념(想念)하는 것들이 근본적으로 다른 범주의 이해 또는 행위방법인 것과 마찬가지로 '어의'(語意)에 초점을 맞추어 추론의 방식으로 수행되는 개념분석의 작업과 '형상'의 매개, 즉 넓은 의미의 '봄'(seeing) 또는 '시각화'(visualizing)를 통한 감각적인 은유 방식의 인식과 이해는 작동의 틀과 메커니즘 자체가 다르다.

　법해석론상 '전형상'의 형성과정과, 적용의 중간단계에서 또한 논증형식 외의 대안이 있을 수 없는 법적 결정에 대한 사후적인 논증의 단계에서 언어기호를 매개로 하는 논리적인 사유와 텍스트작업이 원천적으로 배제될 수는 없다. 하지만 은유의 '형상'을 수단과 매개로 하는 인식과 이해의 방법에서 언어기호에 대한 어의학적 분석과 언어를 매개로 하는 논리학은 보조수단에 불과하다. 비록 이것이 불가피하게 언어 또는 개념의 관계를 통해 현출된다고 하더라도, 그 배후에 잠재되어 있는 사유의 핵심은 일종의 '시적 상상력'과 같은 영감의 도구로서 은유의 방법이고, 표현형식은 언어이되 그 작동의 요소는 오롯이 비언어적으로 체화된 상상의 '형상'이다. 은유의 '상상' 또는 '상념'에서 '형상'은 단순히 비교를 통해서 '차이 속에서 유사성'(resemblance in difference)을 포착하여 인식대상을 달리 명명하거나 다른 단어로 전환시키는 '매개'(medium)의 수단 이상의 의미를 갖는다. 말하자면 범주가 다른 논리와 비논리 또는 언어와 비언어, 개념과 비개념, 즉 image의 연계를 통해 포착된 비교대상 간의 '차이 속의 유사성'을 갖고 유사한 부분을 분명하게 드러내어 이해를 신선하게 만들고, 부각된 유사한 부분 또는 측면의 함의나 특성 등에 대하여 주목과 공감을 촉구하는 상상 기반의 비언어적 인식 및 소통의 수단인 점에서 '형상'의 매개에는 미학의 차원에서든, 이해의 방법 또는 표현 및 소통의 맥락에서든 비언어적 사유와 열망의 message가 함축되어 있기 때문이다.

사유와 표현 및 소통의 수단으로서 언어의 한계가 없다고 한다면 또는 언어의 한계를 인식하지 못했다면 비언어 또는 초언어의 텍스트를 매개로 사용하는 점에서 그 자체가 '은유의 예술'이라고 할 수 있는 음악이나 미술, 춤 등은 예술의 장르로 정형화되지 못했을 것이다. 은유가 없는 시를 거의 상상하기 어려운 점에서 일종의 '은유의 문학'이라고 할 수 있는 시도 산문이나 소설과 다른 독자적인 문학의 장르로 자리 잡을 수 없었을 것이다. 같은 맥락에서 언어의 한계라는 조건에서 전혀 다르지 않은 법의 세계에서도 '은유의 법학', '은유의 법해석'은 필수적이다. 적어도 부분적으로는 그러하다.

L. Wittgenstein의 제시하는 바와 같이, 인간의 인식과 사유를 '사유의 현상'이 아니라 '사유의 개념'을 분석하는 것, 즉 본질적으로 '언어사용의 해석'으로 보는 관점에서 '언어 없는 사유'(wordless thought)가 가능한지, 정확하게 언어로 번역될 수 있는지에 대하여 의문을 갖는 것은 당연한 것으로 여겨진다.430) 또한 철학에서는 물론이거니와, 법학 또는 법해석론에서도 다분히 그러하듯이 개념이 추상화 및 이론화되면 될수록 개념을 형성하는 사유, 즉 '상념'의 과정에서 또한 사유의 과정과 결과를 표현하는 데 있어서 언어가 더욱 결정적인 요소가 된다. 그러나 그렇다고 해서 실증된 논제로서 '언어 없는 사유'의 가능성과 유용성이 부정될 수는 없다. 언어와

....

430) L. Wiitgenstein, Philosophische Untersuchungen, 1953, § 383, 384. 이 의문과 관련하여 되새겨봄직한 논문으로는 R. Trigg, "Thoughts and Language", in: Proceedings of the Aristotelian Society, Vol. 79(1978-1979), 66-72면.

배척관계에 있지 않은 언어의 비언어적 측면을 도외시하고 언어를 지나치게 강조하거나, 언어의 형식적 측면과 '어의학적 객관성'만을 주목하는 경우에는 언어를 매개로 하는 법 및 법문의 '번역'이라고 할 수 있는 법해석에서도 효과적인 '구상적 시각화'(pictorial visualizing)의 방식을 비롯하여 언어 외의 감각을 동원하는 은유적 사유와 소통의 독자적인 기능과 효용이 간과될 수 있다. 앞에서 수차례 확인하였거니와, 은유를 합리적인 담론에 방해가 되는 것으로 보았던 Th. Hobbes나 J. Locke 등 일단의 철학자들과 마찬가지로, 은유를 단지 '수사학적인 목적들'(rhetorical purposes)을 위한 수단으로서만 유용한 것으로 보는 입장에서 은유가 하나의 표현의 양식에 불과한 것으로서 '어의적인 내용'(semantic content)은 전혀 갖지 못하고, 따라서 법적 사유와 논증에서 단지 해로운 것으로만 보는 법률가들과 법학자들의 견해는 이미 현대 언어학과 인식론을 비롯하여 인지과학(cognitive science)과 심리언어학(psycholinguistics) 등에 의해서 (언어)철학적, 인식론적 전제가 파기된 지 오래되었다.431)

....

431) 실증주의를 극복하고, 단순한 장식적인 보충의 표현방식이 아니라 세계 또는 사물에 대한 인식과 연관되는 근본적인 언어의 문제로서 또한 과학의 모델로서 은유의 중요한 의미와 기능적 효용을 다시금 주목하기에 이른 전체 노정에 대한 철학사적 개관으로는 E. F. Kittay(Fn. 425), 1-10면. 특수한 전문어라는 점에서 맥락은 다르지만 법언어의 경우에도 벗어날 수 없는 '언어의 한계'에 초점을 맞추어 '문언적 발화'(literal speech)와 은유를 '두 종류의 의미'(two sorts of meaning) 간의 또는 '두 종류의 해석'(two sorts of interpretation) 간의 차이가 아니라 '소리와 기호의 친숙한 사용과 친숙하지 않은 사용'(familiar and unfamiliar uses of noises and marks) 간의 차이로 구별하면서 독자적인 인식과 소통의 방식으로서 은유의 기능과 효용, 특히 일종의 '진화'의 맥락에서 발상의 전환과 '새로운 이론'(new theory)을 촉발시키는 기능을 해명한 대표적인 연구는 D. Davidson, "What Metaphors Mean", in: Critical Inquiry, Vol. 5(1978), 31-47면. 언어의 '우연성'(contingency)과 관련하여 Davidson의 언어철학과 은유관은 낭만주의적인 문화사의 맥락에서 중요한 의미를 갖는다. 특히 언어를 '매개'(medium), 즉 '실재'(reality)를 재현하는 '하나의 진지한 목적'(the one serious purpose)을 위한 수단으로만 보는 전제 하에 은유를 '알기 쉽게 바꾸어 말해질 수 있는 것'(paraphrasable)과 '무용한 것'(useless) 둘 중의 하나로만 보는

....

Platonist나 실증주의자들의 '환원주의적인 관점'(reductionist view)과 달리, Davidson
은 낭만주의의 관점에서 은유를 신비하고 놀라운 예술가적 '상상'(imagination)의 능
력, 말하자면 발화자의 바깥에 있는 '숨겨진 실재'(hidden reality)를 재현하는 것이
아니라 일종의 '예시'를 통해 발화자의 안에 있는 '숨겨진 실재'로 본다. 이러한 맥
락에서 은유는 단순한 '실재'의 재현 또는 표현을 넘어서 그 자체가 '실재'인 새로운
'실재'를 형성하는 과정인 동시에 그 산물이라고 할 수 있는 바, 즉 영감의 자극을
통해 발화자가 독창적으로 포착하고 부여한 의미의 공유와 새롭게 창출된 가치와
기대의 공감을 촉발시키는 수단으로 이해된다. R. Rorty, Contingency, irony, and
solidarity, 1989, 19면. 은유의 '실용주의'(pragmatics)와 '인식적 중요성'(cognitive
significance)에 관해서는 J. Stern, "Metaphor, Semantics, and Context", in: R. W.
Gibbs, Jr.(ed.), Metaphor and Thought, 2008, 267, 276면. 또한 '인지과학'과 '심리언
어학'의 연구들을 통해 해명된 바, 즉 '문언적 발화'(literal speech)와는 다른 과정으
로 수행되는 은유를 '사유 또는 언술의 한계적인 측면'(marginal aspect of thought
or talk)으로만 보는 전통적인 이해는 '복합적이고 미묘한 정신적 재현작업들'
(complex, nuanced mental representations)에 의존되는 은유의 특성과 기능, 특히 인
간의 상상 및 인식의 가장 창조적인 측면들과의 잠재적인 연관성을 제대로 포착하지
못하는 것으로 해명되었다. 이에 관해서는 E. Camp, "Metaphor in the Mind: The
Cognition of Metaphor", in: Philosophy Compass, Vol. 1(2006), 154-170면. '신경과
학'(neuroscience)과 현대 심리학의 연구성과를 원용하여 '인지의 영역'(cognitive
domain)에 속하는 법의 지식과 개념들의 학습에서 '규칙들'(rules)을 쉽게 이해하고,
잊지 않고 오래 기억하게 하고, 더 나아가서 새로운 상황에 응용하여 적용할 수 있게
하는 효과적인 법학교육의 수단으로 그래프나 도표, 도형 등과 같은 시각화된 교재
의 유용성을 실증적으로 해명한 연구도 같은 맥락에서 주목된다. H. Burgess,
"Depending the Discourse Using the Legal Mind's Eye: Lesson from Neuroscience
and Psychology that Optimize Law School Learning", in: Quinnipac Law Review,
Vol. 29(2011), 1-76면. 다만, 이 논문의 제목에서도 이미 'legal mind's eye'라는 은
유의 표현이 활용되었거니와, 다소 간에 은유의 인식방법과 연관되는 이러한 시각화
된 교재를 활용하기 위해서는 이미 법교육을 담당하는 법학자들의 법 또는 '규칙들'
에 대한 인지 또는 이해의 단계에서부터 먼저 '시각화된 관념'이 형성되어 있어야
할 것이다. 실제 이러한 방법의 구체적인 활용의 여부나 그 정도와는 무관하게 이미
이러한 '시각화된 관념'은 부지불식 간에 형성되어 있다고 여겨진다. 이른바 '법미
학'(legal aesthetics)의 관점에서 법과 권위의 추상적인 관념들을 효과적으로 담아내
고 표현하는 수단으로서 법정(courtroom)의 구조나 장식, 법복(法服) 등을 비롯하여
'icon'이나 'image'와 같은 '시각화'(visualizing)에 초점을 맞춘 학제 간 연구성과도
법 및 사법실무와 은유가 근원적으로 연관되어 있다는 점을 해명한 점에서 주목된

S. L. Winter가 적절하게 기술하듯이, 그가 제시하는 (법적) '제약의 숲' (forest of constraint)과 같은 평범한 은유의 표현조차도 놀라울 정도로 개념적 내용이 풍부하고, 의미가 자의적이지 않으며, 그 구조도 복합적이고, 그 작동 또한 체계적이다. 법이 '외적인 제약'(external constraint)으로 작동된다는 것을 법개념의 핵심으로 보는 전통적인 법이해에서도 이미 법이 '사람의 마음의 내적 영역'(internal realm of the human mind)이라고 할 수 있는 '은유와 상상의 범주'(domain of metaphor and imagination) 속에 있는 것으로 보는 내재적인 관념이 전제되어 있다. 전통적인 실증주의와 법해석론을 취하는 입장에서도 '해석의 객체로서 법 또는 법언어에서 은유적 접근을 배제하고서는 법에 대해 말할 수조차 없다'는 단언이 다소 과하기는 하지만 전혀 무리가 아닌 것은 바로 이 때문이다.432) 후술하는 바와 같이, 은유 속에 있다고 할 수 있을 정도로 은유와의 밀접한 관계가 두드러진 헌법의 경우에는 더더욱 그러하다.

같은 맥락에서 Kaufmann이 언어의 2차원성, 즉 언어의 형식논리적 일의성이 관건인 '이성적-확정적 차원'으로서 '수평적 차원'과, 언어의 형이상학적 의미가 관건이 되는 '의도적-은유적' 차원으로서 '수직적-초월적 차

....

다. L. Dahlberg(ed.), Visualizing Law and Authority: Essays on Legal Aesthetics, 2012.
432) S. L. Winter(Fn. 426), 2, 4면. 법적 추론에 대한 전통적인 환원주의적 접근틀 속에서 은유에 대해서 별로 주목하지 않는 법률가들과 주류 법이론가들을 비판하면서 Winter는 "법은 무슨 색(color)인가?"라는 은유적 질문에 대하여 "법은 흑백을 가리려고 노력하지만, 이를 위해 법은 인간이 상상할 수 있는 모든 색을 쓸 수밖에 없다"(Law strives to be black and white. Yet, for all its efforts, it cannot help but express itself in all the colors of human imagination)는 답을 제시하며 법문에 내포된 '개념적 은유'(conceptual metaphor)의 효용, 말하자면 '역사적, 어의학적 통찰의 매장물'(treasure trove of historical and semantic insight)의 개시(開示)를 통해 '사회적 실재'(social reality)의 중요한 측면들을 더 잘 드러내주는 은유의 인식론적 효용에 대한 관심을 촉구한다. "What is the "Color" of Law?", in: R. W. Gibbs, Jr.(ed.), Metaphor and Thought, 2008, 376면.

원'을 구별하고,[433] 일반적인 언어에서와 마찬가지로 전문적이고 기술적인
법언어의 경우에도 은유와 상징, 표상 및 비유가 필수불가결하다는 점을
제시하면서 은유의 특유한 효용을 강조한 것은 헌법 및 헌법해석론의 경우
에도 그대로 해당된다:

> 『은유를 통해 말하여지는 내용은 결코 자의적이지 않다. 은유 역시
> 추상적인 개념의 경우와 마찬가지로 단일한 의미를 갖지는 아니하지
> 만, 대개의 경우 은유는 추상적인 개념보다 더 명료하게 사물을 표현한
> 다. 더욱이 하나의 추상적인 개념은 은유, 즉 하나의 예를 통해서 비로
> 소 이해될 수 있는 경우가 적지 아니하다. 개념은 현실을 포착하려는
> 것이고, 따라서 개념은 현실을 제한·축약하고 또한 항상 다소간의 은
> 폐는 불가피하다. … 은유는 이해하려는 것도, 은폐하려는 것도 아니
> 고, 의미를 예시한다. 따라서 그것은 생생한 현실의 전체에 대해서 개
> 방되어 있다.』[434]

또한 관행적으로 사용되는 개념이나 정착된 범주화의 효용을 위축시키
는 사회적 급변의 여건 하에서, 특히 확정된 개념이나 이론이 정착되지 않
는 상태에서 은유의 역할, 즉 법적 사고에서 개념의 조작(操作) 또는 개념
체계의 수립에 기여하고, 지식의 일차적 형성을 가능하게 하는 역할을 강
조하는 견해도 하나의 사물과 다른 것과의 연관을 통해 세계를 파악하는
'상상적 능력'으로서 은유의 고유한 효용을 주목한 것으로 이해된다.[435] 이
러한 맥락에서 후술하게 될 '전형상'의 기능적 효용과 관련하여 의사소통

---

433) A. Kaufmann, "Die Geschichlichkeit des Rechts im Licht der Hermeneutik"(1969),
    in: Beiträge zur Juristischen Hermeneutik sowie weitere rechtsphilosophische
    Abhandlungen, 1984, 34면.
434) A. Kaufmann(Fn. 433), 35면.
435) 박 은정(Fn. 11), 316-317면.

과 상호이해의 기술로서 은유의 효용에 대한 G. Lakoff의 해명은 되새겨봄
직하다:

『동일한 문화와 지식, 가치, 가정을 공유하지 않으면 상호이해는 특
히 어려울 수 있다. 그러한 이해는 의미의 절충을 통해서 가능하다. 누
군가와 의미를 절충하기 위해서는 우리와 그들의 배경의 상호적 차이
가 무엇인가, 그리고 그 차이가 언제 중요하게 되는가를 깨닫고 존중해
야 한다. … 은유적 상상력은 공감대를 창조하고, 공유되지 않은 경험
의 본성을 전달하는 핵심기술이다. 이 기술은 주로 우리의 세계관을 변
화시키고 우리의 경험을 범주화하는 방식을 조정하는 능력으로 구성되
어 있다. 상호이해의 문제는 낯선 것이 아니다. 즉 그 문제는 이해가
중요한 것으로 드러나는 확장된 모든 대화에서 생겨난다.』[436]

이러한 인식은 일종의 텍스트작업을 통한 대화와 상호이해의 과정으로
이해되는 법해석작업과 연관해서 되새겨봄직 하다. 현대 언어학에서 확인
된 바, 즉 텍스트작업을 '텍스트에 대하여 그에 대응하는 의미를 가져다 놓
는 것'이 아니라, '좀 더 구체화된 내용의 텍스트로 전환하는 것'으로 파악
하는 관점에서 보면 법관이 하는 법률해석작업도 텍스트의 자리에 실제 의
미를 가져다 놓는 것이 아니라 법률텍스트를 여타의 많은 텍스트들과 연결

....

436) G. Lakoff/M. Johnson, 노 양진/나 익주(역)(Fn. 424), 364-365면. 이러한 점에서 '문
언를 수단으로 하는 사실적 술화'(literal, factual speech)와 '형상을 매개로 하는 상징
적 술화'(figurative, symbolic speech)를 분별하는 전제 하에, 은유방법의 사용이 불
가피하기는 하지만 '은유는 은유일 뿐'이고 그것이 '실제로 진실된 것'(factually true)
은 아니라고 하면서 오해를 야기할 수 있는 은유의 위험성을 지적하는 C. Turbayne
의 경계는 적어도 일반적으로 타당하지는 않다. The Myth of Metaphor, 1962. 은유
가 불가피하거나 또는 유용한 장점을 갖는 경우에도 은유의 방법을 다른 방법에 비
해 어떤 점에서든 열등한 방식으로 보는 입장을 전제로 하고 있기 때문이다. 이에
관해서는 J. H. Gill, Wittgenstein and Metaphor, 1996, xi, 13-15면.

시키는 것으로 이해된다. G. Lakoff가 적확하게 단언하는 바와 같이, 의사
소통과 이해 또는 설득에서 의미가 문제되는 상황에서 의미가 '도관(導管)
의 은유'(metaphor of conduit)에 따라 전달되는 경우, 말하자면 "한 사람이
공통의 언어표현을 해서 타인에게 고정되고 명료한 명제를 전달하는 경우"
에 양측이 모두 관련되는 모든 공통적 지식과 가정, 가치를 갖는 경우는 거
의 없다.437) 바로 이러한 맥락에서 이른바 '간텍스트성'(Intertextualität)이
강조되는 바, 즉 어의학의 범주에서 언어적 표현의 의미는 다른 텍스트들
의 초치(招致: Berufung)를 통해서만 해명될 수 있다는 것이다.438)

　요컨대, 은유의 인식론적 기능과 효용을 주목하여 일단 잠정적으로 정리
해보면, '전형상 준거 헌법해석'은 그 자체가 해석의 대상이고, 따라서 다
시금 의미파악의 방법과 규칙이 탐색되어야 하고, 그 규칙의 정확한 적용
에 대한 증명을 통한 정당화가 요구되는 '텍스트 초치'439)의 방법 대신에
직각(直覺)이 가능한 '형상'의 형식으로 범주를 변환하여 텍스트의 의미를
이해하고, 전달하는 방법이다.

3) 헌법 속의 은유 - 은유 속의 헌법

　'전형상 준거 헌법해석'을 독자적인 헌법해석방법으로서 보다 합리적으
로 활용할 수 있게 만드는 과제는 궁극적으로 '자의성'과 '불가측성'의 위
험을 줄여나갈 수 있는 규칙을 모색하는 것이다. 이러한 과제의 수행은 '헌
법과 은유의 관계'에 대한 보다 분명한 인식을 출발점으로 한다. 앞에서 상
론하였지만, 다른 맥락에서 논의를 더하는 것도 그 때문이다.

....

437) G. Lakoff/M. Johnson, 노 양진/나 익주(역)(Fn. 424), 365면.
438) R. Christensen, "Sprache und Normativität oder wie man eine Fiktion wirklich macht";
　　 in: J. Krüpper/H. Merten/M. Morlok(Hg.) An den Grenzen der Rechtsdogmatik, 2010,
　　 129-130면.
439) U. Volkmann(Fn. 375), "Leitbildorientierte Verfassungsanwendung", 129면.

이른바 '법의 형상적대성'(Bilderfeindlichkeit)을 언급하면서 "현대의 법이 형상들과 교섭할 수밖에 없지만, 더 이상 공격적으로 활용하지는 않고 있다"[440]는 진단은 성급하다. 민법, 형법 등 일반법의 경우라면 몰라도 적어도 헌법의 경우에는 오진이다. 인식론의 차원에서 은유의 필수불가결성과 함께 그 특유의 효용을 강조하는 Lakoff의 단언과 반문은 헌법텍스트 또는 헌법개념의 경우에 의문의 여지없이 그대로 타당하다:

『대부분의 정상적인 개념체계는 은유적으로 구조화된다. 대부분의 개념은 다른 개념의 관점에서 부분적으로 이해된다. 은유 없이 직접적으로 이해되는 개념이 하나라도 있는가? 만약 그렇지 않다면 도대체 우리는 어떻게 어떤 것을 이해하는가?"』[441]

실제로 '회의자'(會意字)로 구성된 '憲法'이라는 한자용어 자체는 물론이고,[442] '상형'(象形)의 은유적 방식으로 조성된 이른바 '네모난 글자', 즉 한자어로 표기된 점에서 거의 모든 헌법적 개념들은 은유화된 형상과 무관하지 않다. '구성하다', '기초하다' 또는 '조직하다' 등의 원의에서 유래된 'constitution'이나 'Verfassung(srecht)' 용어 자체도 그러하거니와, 헌법 및 헌법이론 차원의 기본적인 개념들도 대부분 번역을 통해 차용된 것이지만

....

440) S. Baer(Fn. 428), 238면.
441) G. Lakoff/M. Johnson, 노 양진/나 익주(역)(Fn. 424), 124면.
442) 번역용어인 '헌법'의 어원에 관해서는 정 종섭, 헌법학, 2016, 20-21면. '헌법'은 『한국을 포함하여 한자언어권인 중국, 일본, 대만 등에서 공통으로 사용되고 있다. 국가의 최고법이나 근본적인 통치조직규범의 의미로 '헌법'의 용어는 일본에서 1873년 箕作麟詳의 <불란서법률서 헌법>, 林正明의 <합중국헌법>, <영국헌법>이라는 번역서에서 처음 사용된 것으로 알려져 있다. 중국에서는 鄭觀應의 <盛世危言>이라는 책이 효시였고, 梁啓超의 <各國憲法異同論>(1899)과 <立憲法議>(1901) 이후 본격적으로 사용되어 왔다. 실정헌법의 형식으로 '헌법'의 용어가 사용된 것은 1889년 <대일본제국헌법>과 1908년 중국의 <欽定憲法大綱>에서였다. 우리나라에서는 1919년 9월 11일에 공포된 <대한민국입시헌법>이 처음이었다.』

부지불식간에 적잖이 은유의 방식으로 표현되고 있다.

우리 헌법전문의 첫머리에 헌법제정권력의 주체로 명시한 단수의 '우리 대한국민'(We, the people of Korea)이 주권의 주체임을 천명한 바, 즉 "대한민국의 주권은 '국민에게 있고'(reside in the people), 모든 권력은 '국민으로부터 나온다'(emanate from the people)"고 규정한 우리 헌법 제2조 1항은 이른바 '지향적 은유'(orientational metaphor)와 '존재론적 은유'(ontological metaphor)가 혼합된 방식의 표현이다. 말하자면 '국민에게', '국민으로부터'라는 실재하는 것으로 가정된 공간에 물리적 실체로 상정된 '주권'이 있다는 은유적 관념을 전제로 한 것이다. 원천적으로 '제한'이 허용되지 않는다는 의미, 즉 절대적 기본권성이 분명하게 표현된 것으로 이해되는 바, "인간의 존엄성은 불가촉(不可觸; unantastbar; untouchable)이다"라고 규정한 독일 기본법 제1조에서 '불가촉'도 말 그대로 촉각이라는 물리적 현상을 원용한 은유적 표현이다. 기본권 또는 인권의 초법성이나 선국가성을 함축하는 '천부인권'(God-given right), '태생적 권리'(native right; angeborene Rechte), '자연권'(natural right; inherent) 등의 명제와 함께 '기본권'(Grundrecht; fundamental right; basic right)이라는 용어 자체도 그러하거니와, 법제처의 공식적인 영역문에서는 'enjoy freedom'과 'have right'로 구별하고 있지만, 아무튼 '자유를 가진다', '권리를 가진다'라는 우리 헌법상 적잖은 표현도 '존재론적 은유'에 해당한다. '모든 국민은 법 '앞에'(before) 평등하다'고 규정한 헌법 제12조 제1항 1문도 마찬가지이다. 자유'와 '평등'의 한자어도 본질적으로 은유적으로 구성된 용어들이다.

이른바 '협의의 공용침해'를 규정하고 있는 우리 헌법 제23조 제3항에서 재산권의 '수용'(收用)도 일반적으로 '강제적인 소유권의 박탈 또는 이전'으로 해석되지만, 그 통용의 '원의', 즉 '특정한 물리적 대상을 강제로 취득하여 사용한다'는 의미를 고려하면 은유의 방식으로 구조화된 법적 개념으로 이해된다. 주지하는 바와 같이, 우리 헌법이 대강을 그대로 계수하였다고 할 수 있는 독일 기본법 제14조의 제3항에서 '공용침해'의 유형으로 '재산권의 박탈'을 의미하는 'Enteignung'만을 규정하고 있는데 반해서, 우리 헌법의 경우 '수용' 외에 '사용'과 '제한'을 규정하고 있는 것과 연관되는 바, 재산권 도그마틱의 차원에서, 특히 '분리이론' 또는 '경계이론'의 선택과 관련하여 '수용' 개념의 해석이 중요한 의미를 갖는 것과는 다른 맥락에서, 예컨대 미국에서 수정헌법 제5조의 '수용조항'(Takings Clause)의 해석론상 이른바 '규제적 수용'(regulatory taking)의 인부와 관련하여 'get into one's hands'나 'capture' 또는 'obtain or attack for use' 등 'taking'의 사전적인 통용의 의미에 초점을 맞춘 '원의주의'(originalism) 또는 이에 대한 반론의 화두로 주목되는 "No Touching No Taking"443)의 명제는 그 도그마틱의 결론과는 무관하게 '수용' 개념의 은유적 유래를 분명하게 보여준다.

'재산권체제'(property regime)의 핵심문제인 '소유권의 근원'(origin of ownership)과 관련하여 J. Locke의 '노동이론'(labor theory)에 대하여 "토마토 주스 한 통을 대양에 쏟아 부었다고 해서 바다를 소유하는가?"라고 되묻는 R. Nozick의 반박도 같은 흥미로운 논의로 주목된다.444) 또한 미국에서 '재산권'(property)의 개념정의와 관련하여 '법현실주의'(Legal Realism) 또는 19세기 말과 20세기 초에 득세하였던 '분석법학'(analytical jurisprudence)이 재산권을 '한 다발의 나뭇가지'(a bundle of sticks)의 그림에 비유하여 '한 다발의 권리들'(a bundle of rights)로 보는 관점이나, 거의 일종의 패러다임으로 정착된 이러한 관점에 대하여 '숲과 나무를 보지 못한다'는 논거로 비판하면서 일종의 '법적 구조물'로서 재산권 또는 '재산권 체제'의 전체를 주목하는 '보다 건축학적인 접근'(a more architectural approach)을 대

....

443) 이에 관해서는 특히 W. M. Treanor, "The Original Understanding of the Takings Clause and the Political Process", in: Columbia Law Review, Vol. 95(1995), 782-887 면. N. S. Garnett, "No Taking Without a Touching? Questions from an Armchair Originalist", in: San Diego Law Review, Vol. 45(2008), 761-776면.
444) R. Nozick, Anarchy, State and Utopia, 1974, 175면.

안으로 제시하는 반론도 재산권이론과 재산권관 및 재산권개념의 은유기
반성과 은유연관성을 잘 보여준다.445) 정치경제학적 이데올로기나, 탄소배
출권과 관련하여 '한 뙈기의 맑은 공기'(a piece of thin air)를 재산권보장의
대상으로 보는 관점에 대하여 재산(권)의 '실체성' 또는 '허구성'을 부각시
키는 점에서 그 맥락은 다르지만, 재산권을 '절도'(theft)라고 한 Proudhon의
은유와, 이러한 관념만큼 '터무니없거나 체계적인 기만'은 찾아보기 어렵다
고 비판하면서 재산권을 '사기'(fraud)에 비유한 예도 되새겨봄직 하다.446)

　기본권보장과 함께 법치국가의 핵심요소인 권력분립원리도 통치기관들
간의 '견제와 균형'(check and balance)을 담보하는 '힘의 대칭'(symmetry of
power)이라는 '역학'(力學)의 관념을 토대로 한 것이다.447) 최근에 제정된

....

445) 다발의 은유에 대한 상론으로는 H. E. Smith, "Property Is Not Just a Bundle of
　　 Rights", in: Econ Journal Watch Vol. 8(2011), 279-291면; A. di Rabilant, "Property:
　　 A Bundle of Sticks or a Tree?", in: Vanderbilt Law Review, Vol. 66(2013), 869-932
　　 면; J. E. Penner, "The "Bundle of Rights" Picture of Property", in: UCLA Law
　　 Review, Vol. 43(1995-1996), 711-820면; J. Wall, "Taking the Bundle of Rights
　　 Seriously", in: Wellington Law Review, Vol. 50(2019), 733-753면.
446) P.-J. Proudhon, WHAT IS PROPERTY? 10(Univ. Va. Library 1996)(1840). J. T.
　　 Jackson, "What is Property? Property is Theft: The Lack of Social Justice in U.S.
　　 Eminent Domain Law", in: St. John's Law Review, Vol. 84(2010), 63면에서 재인용.
　　 K. Gray, "Property in Thin Air", in: Cambridge Law Review, Vol. 50(1991), 252면.
　　 이 논의에 대해서는 이 덕연, "온실가스배출권의 재산권화 및 상품화에 대한 비판적
　　 고찰", 강원법학, 제54권(2018), 327면.
447) 최근에 비전통적인 전술과 무기를 사용하는 테러나 조직범죄 등에 대한 강력하고
　　 효과적인 대응, 특히 분리된 권력이 아니라 유기적으로 연결 및 통합된 공권력의 필
　　 요성이 증대됨에 따라 부각된 '비대칭 정치권력'의 비대화의 헌법문제와 관련하여
　　 이른바 '정치문제론'(political question doctrine)', '사법화가능성론'(justiciability
　　 doctrine), '사법자제론'(judicial self-restraint doctrine) 등에 대한 재검토의 맥락에서
　　 법의 지배와 기본권 및 헌법의 보호를 위한 법원의 보다 역동적이고 과감한 역할을
　　 요구하는 주장도 '현실의 세계'와 '권력의 세계'를 포괄하는 의미, 즉 은유적으로 구
　　 조화된 비대칭의 '불균형한 세계'(asymmetric world)나 변화된 '정치환경'(political
　　 climate)의 헌법현실을 주목하는 것이다. 이에 관해서는 C. L. Roberts, "Asymmetric
　　 World Jurisprudence", in: Seattle University Law Review, Vol. 32(2009), 569-573면.

'행정기본법' 제10조에서 '비례의 원칙'이라는 제목 하에 '행정의 법원칙'
의 하나로 명시적으로 규정되어 더 이상 공법이론 또는 법도그마틱 차원
의 명제가 아닌 것으로 되었지만, 아무튼 공법도그마틱의 산물이기는 하지
만 일종의 '근본적인 법규칙'(ultimate rule of law)으로서 거의 보편적인 위
헌심사의 척도로 적용되는 '과잉금지원칙'(Übermaßverbotsprinzip)에서 '과잉'
(Übermaß)도, '과소금지원칙'(Untermaßverbotsprinzip)에서 '과소(Untermaß)도,
그리고 '과잉'과 과소'를 판단하는 '척도'(Maß; meter), '균형'(Gleichgewicht;
balance) 또는 '비례성'(Verhältnismäßigkeit; proportionality)도 전형적인 물리
(학)적 개념이다.448) 더 나아가서 거의 정형화된 자유권심사의 틀로 정립된

....

여기에서 상론할 수 없는 별론의 논제이지만, 이러한 관점에 대립되는 보수적인 입
장으로 최근에 유행을 타고 있는, 특히 미국 연방대법원의 Ayotte v. Planned
Parenthood of Northern New England 결정(546 U.S. 320, 2006)에서 '위헌결정의 최
소화', '합헌적 법률해석의 자제' 및 '입법의도의 존중'의 세 가지 원칙으로 정리되어
제시된 이른바 '사법극소주의'(judicial minimalism)도 위헌심사의 강도, 즉 '통제밀
도' 완화의 맥락에서 '권리구제의 범위'(breadth in remedies)보다 '비례성'(propor-
tionality)을 우선 고려하라는 주문이 그 핵심이다. 이에 대한 상론은 D. W. Kmiec,
"Overview of the Term: The Rule of Law & Roberts's Revolution of Restraint", in:
Pepperdine Law Review, 34(2007), 495-521면. S. A. Moss, "Reluctant Judicial
Factfinding: When Minimalism and Judicial Modesty Go Too Far", in: Seattle
University Law Review, 32(2009), 549-568면.
448) 목적과 수단이라는 두 가지의 다른 현상 간의 도덕적인 또는 실제적인 '등가
성'(equivalence)이나 '대비성'(comparability)에 대한 주장 또는 그에 대한 판단과 연
관되는 점에서 '비례성'은 본질적으로는 '유추적인 개념'(analogical concept)이고, 따
라서 엄격한 의미에서 은유는 아니라고 할 수 있다. 하지만 '조화'(harmony)나 '유사
기하학적인'(quasi-geometric) 자연적 질서의 이념을 형상화하여 상이한 두 현상 간
의 관계를 일깨워주는 점에서 은유방식의 paradigm으로 이해될 수 있다. 이에 관해
서는 N. Lacey(Fn. 426), 30-31면. 같은 맥락에서 '비례성'을 본질적으로 '비례원칙'
에 따른 법적 판단의 핵심을 '가치형량', 즉 '공약될 수 없는(incommensurable) 가치
들 간의 선택'으로 보는 입장에서 그 근본적인 '비합리성'(irrationality) 또는 '초합리
성'(meta-rationality)을 비판하면서 '줄의 길이'와 '돌의 무게'를 비교하는 것으로 비
유하는 것도 은유적 구조의 '비례성심사'의 적실성을 은유의 방식으로 분석 및 비판
한 것으로 주목된다. N. Peterson, "How to Compare the Length of Lines to the

'보호영역'(Schutzbereich; realm of protection)도,[449) '보호영역'을 구획하는 '경계선'(Grenze, Schranke; limit, boundary)도, 더 나아가서 경계선을 넘어 은유화된 물리적 공간으로 진입한다는 의미를 갖는 것으로 상정되는 '제한'(Eingriff; infringe), 그리고 위헌심사의 강도와 관련된 중요한 개념인 '통제밀도'(Kontrolldichte; intensity of control)에서 '밀도'도 마찬가지이다. 헌

....

Weight of Stones: Balancing and Resolution of Value Conflicts in Constitutional Law", in German Law Journal, Vol. 14(2013), 1388-1408면. '줄의 길이'와 '바위의 무게'를 재는 것으로 비유한 예는 Bendix Autolite Corp. v. Midwesco Enter. Inc., 486 U.S. 888, 897(1988). '비례성'(proportionality)이 규범적 한계가 없는 것처럼 거의 보편적인 기본권심사의 척도로 활용되고 있는 점과 함께 그 법리적 한계를 지적하고 절제된 적용을 주문하는 S. Gardbaum을 인용하면서 헌법재판실무상 '비례원칙'을 모든 유형의 규범적 주장들에 대하여 분명하고 확정적인 답을 제시할 수 있는 'algorithm과 유사한 공식'으로 보는 경향에 대하여 비판적인 입장에서 '비례성추론'(proportionality reasoning)을 하나의 '빈 용기'(empty vessel)로 비유한 예는 I. Ponomarenko, "On the Limits of Proportionality", in: Review of Constitutional Studies, Vol. 24(2019), 242면. '비례성'과 '균형성심사'(balancing)를 구별하는 견해는 S. Gardbaum, "Positive and Horizontal Rights: Proportionality's Next Frontiers or a Bridge Too Far?", in: V. C. Jackson/M. Tushnet(ed.), Proportionality: New Frontirers, New Challenges, 2017, 228면.

449) 다만, 기본권 도그마틱에서 거의 일반화된 논제로 취급되고 있지만, 기본권의 '보호영역'을 상정하는 '공간은유'(Raummetaphorik)에 대해서는 설득력 있는 반론이 없지 아니하다. 기본권이 어떤 '공간들'(Räume)이나 '영역들'(Bereiche)을 열어 주는 것이 아니라 '주관적 공권'으로서 기본권의 구성요건에 포섭되는 개별적인 법익들을 보장하는 것이라는 점에서 공간적인 은유가 오해를 야기할 수 있다는 것이다. 또한 독일 기본법 제2조 제2항에서 도출되는 '일반적 행동의 자유권'이 보호의 강도가 다르지 않은 이른바 '보충적 기본권'으로서 헌법에 열거되지 않은 자유권적 법익을 포섭하게 된 것과 함께, 과잉금지원칙이 일반적인 위헌심사척도로 적용됨에 따라 기본권 도그마틱에서 관건은 기본권 제한의 '강도'(Intensität)이지 기본권들 상호간 경계의 획정이 아니라는 것도 '안'(innen)과 '바깥'(außen)을 구획하는 공간적인 함축의 용어인 '보호영역'이 적절하지 않게 된 이유로 제시된다. 이에 대해서는 J. Ipsen, Staatsrecht II, Grundrecht, 2003, Rn. 117-122; "Grundzüge einer Grundrechtsdogmatik: Zugleich Erwiderung auf Robert Alexy, Jörn Ipsens Konstruktion der Grundrechte", in: Der Staat, Bd. 52(2013), 279-281면.

법 차원의 형사증거법 원칙이라고 할 수 있는 '독수독과'(毒樹毒果: fruit of the poisonous tree)의 법리도 은유의 전형이다.

우리 헌법 제119조 제2항에서 국가의 경제에 관한 규제와 조정을 정당화하는 사유의 하나로 규정하고 있는 '시장의 지배와 경제력 남용의 방지'에서 '시장'(market)도 은유의 표현이라고 할 수 있다. 신고전학파나 신자유주의의 입장에서와 같이 '시장'을 A. Smith의 유명한 은유, '보이지 않는 손'(invisible hand)에 의해 작동되는 '자율 시스템'(self-regulating system)이나 '동시발생적 질서'(simultaneous order)로 보든, 제도주의 경제학자들이 주장하는 바와 같이 '시장'을 권리의무의 구조를 설정하는 법령과 제도 및 사회적 관행 등에 의해 만들어지는 인위적인 체제로 보든 그 '원의'(original meaning)가 일상적인 '자유거래'(free trade)의 마당, 즉 '시장'(marketplace)에서 유래되는 것은 다르지 않다. 다만, 신고전학파의 자유주의적 경제학적 구상에 따라 의도적으로 '시장'을 '실재'(reality)로 보는 입장에서 그것을 상상의 확장 또는 변형을 통해 법적 개념으로 재구성하는 것과, 처음부터 '시장'을 은유적으로 구조화된 개념으로 상정하는 방법은 논리구성의 전략에 따른 전술적인 선택의 대안들이다.

말하자면 헌법 또는 정치경제학의 차원에서 우리가 주목하는 시장이 R. H. Coase가 지적한 바와 같이 "숲속에서 호두와 딸기를 교환하는"[450] 소박한 물물교환시장이 아니고, K. Polanyi가 시장을 자연스럽거나 불가피하게 생겨난 것이 아니라 의도적인 정책결정의 결과로 구성되는 것으로 보는 입장에서 '악마의 맷돌'(the satanic mill)에 비유한 국가단위의 자본주의적 '자유시장'(free market)이나, Del Santo Padre Francesco 교황이 말하는 '새로운 우상으로 신격화된 시장" 또는 '비인간적인 경제독재'의 주재자 또는 신학자 H. Cox가 '신'(God)에 비유한 시장, 즉 수단이 아니라 목적이 되어 버렸

....

450) R. H. Coase, "The Institutional Structure of Production", in: American Economics Review, Vol. 82(1992), 718면.

고, 영혼의 구원이 필요하지만 스스로 구원하지는 못하는 'Wall Street에 의해 상징되는 시장'이라면, 정치경제학 및 법적 개념으로서 '시장'은 오롯이 은유의 방법으로만 표현되고 이해될 수 있다. 이러한 맥락에서 예컨대, '제1차 차별자'(the first discriminator)나, '사회적 선택'의 과정과 제도 또는 '가격기구'(price-mechanism)에 의해 작동되는 시스템 자체로 보는 것을 '초실재적 은유'의 관점이라고 한다면, 전자는 '실재 기반의 은유'라는 점에서 다른 차이가 있을 뿐이다.451)

이른바 1919년 Abrams v. United States(250 U.S. 616, 624) 판결에서 O. W. Holmes 대법관이 소수반대의견에서 제시한 이후, 수정헌법 제1조의 해석에서 의사표현의 자유에 대한 규제, 특히 '내용기반의 규제'(content-based regulation)에 대하여 '엄격심사'(strict scrutiny)척도를 적용하는 헌법적 근거로 널리 원용되어 온 '사상의 시장'(marketplace of ideas)이라는 은유도 헌법의 해석과 논증의 수단으로서 전형상의 기능적 효용을 잘 보여주는 예라고 할 수 있다. 자유주의 경제학의 관점에서 헌법해석과 민주주의의 관계를 해명하면서 '일관된 자유주의자'(consistent libertarian)에게는 '사상의 시장'이 '은유'가 아니라 '실재'(reality)라고 하는 R. A. Posner의 지적은 그 타당성과는 무관하게 헌법언어의 선택이나 헌법적 사유의 수단으로서 은유의 함의와 기능을 되새겨보게 하는 유용한 단서를 제공해주는 것으로 주목된다.452)

....

451) K. Polanyi, The Great Transformation(1944), Second Beacon ed., 2001, 35-44, 71-80, 144면. Del Santo Padre Francesco, EVANGEL II GRADIUM(2013), 한국천주교중앙협의회(역), 복음의 기쁨, 2014. 52-57면. H. Cox, The Market as God(2016), 유 강은 (역), 신이 된 시장, 2018. 특히 11-33, 296-320면.

452) 1927년 Whitney v. California판결(274 U. S. 357, 377)에서 L. D. Brandeis 대법관이 보충의견을 통해 제시한 '명백한 현재의 위험'(clear and present danger)의 법리, 즉 '충분한 토론의 기회'(opportunity for full discussion)를 줄 수 없을 정도로 해악의 위험이 절박한(imminent) 경우가 아닌 한 의사표현의 자유는 제한될 수 없다는 입장도 '자유방임의 이상'(laissez-faire ideal)에 따라 원칙적으로 규제되지 않는 '사상의

실정법을 "헌법을 정점으로 하는 하나의 피라밑(pyramid)과 같은 체계의 연결망을 형성하는 것"으로 보는 입장, 말하자면 법질서의 '전형상'을 피라 밑의 형태로 상정하여 명시적으로 은유의 관점을 헌법해석의 논거로 제시 한 결정례도 없지 않거니와, 은유의 사유와 방식이 실제 헌법재판실무에서 도 위헌판단의 준거 또는 논증의 수단으로 활용될 수 있음은 물론이다:

『헌법을 정점으로 하는 연결망에서 벗어나는 법률이나 시행령은 존 재할 수 없고 또한 존재하여서도 아니된다. … 이 연결망을 벗어나는 의회입법은 위법임과 동시에 위헌이 된다. … 헌법을 정점으로 하는 법(法)피라밑의 평면적(平面的) 사면(斜面)을 깨고 돌출하여 나온 일부 암석괴(岩石塊)와 같은 것이 위헌입법인 것이다.』[453]

이러한 관점에서 보면, 표현방식으로서 또한 인식과 이해, 소통과 설득 의 수단으로서 은유는 헌법해석론상 거의 일반적이라고 하여도 무리가 아 니다. 전술한 바와 같이, '자의성'에 대한 우려에도 불구하고 '전형상'이 이 른바 '개방된 헌법학'의 관점에서, 특히 '법윤리적인 법학'과 '고전적인 법 실증주의' 간의 일종의 '중용의 대안'을 모색하는 맥락에서 독자적인 헌법

시장'을 상정한 것이다. 이에 관해서는 특히 R. A. Smolla, "The Meaning of 'Marketplace of Ideas' in First Amendment Law", in: Communication Law and Policy, Vol. 24(2019), 437-445면; R. A. Posner(Fn. 61), 21면. 숙고민주주의이론에 대한 현실주의자들의 비판에 대하여 "이상적인 발화상황(ideal speech situation)이 완전하게 실현될 수 없다고 할지라도 적어도 그것을 지향하는 경우에 정치과정에서 좀 더 좋은 결과가 나올 수 있다"고 반박하면서 J. Elster가 그 핵심논거로 제시한 '숙고를 통한 사회적 선택의 마당 또는 그 과정'으로서 '시장과 대토론회장'은 '실 재'가 아니라 '은유' 또는 '실재'를 은유적으로 구조화한 표현으로 이해된다. "The market and the forum: Three varieties of political theory" in: J. Elster/A. Hylland (ed.), Foundations of Social Choice Theory, 1986, 115면.

453) 헌재결 2004.2.26., 2001헌마718, 판례집 제16권 제1집, 313(324면). 권성 재판관의 반대의견.

해석의 준거로 주목되어야 하는 것은 우선 헌법언어 또는 헌법적 개념의 은유기반성에서 그 근거가 찾아진다. 또한 추상화된 현실이 반영되는 '전형상'은 '관점'에 비해서 상대적으로 구체화된 '사물'(事物)을 매개로 하는 상호이해의 반복을 통해 체계로 정착될 수 있는 동시에, 포괄적인 지향점을 제공하고 다양한 '관점들'을 수용할 수 있는 '체적'(體積)을 갖는 역동적인 지각의 방식으로서 특유한 장점을 갖는다. 마치 '가시적인 실체들'(sichtbare Entitäten)인 것으로 상정하여 '인간상'(Menschenbild), '(복수의) 다원적 사회'(pluralistische Gesellschaft), '전투적 민주주의'(streitbare Demokratie) 등과 같이 '법형상들'(Rechtsfiguren)을 갖고 근본적인 헌법개념들을 논의하는 것도 다분히 추상적인 가치론 또는 의무론과 연관되는 헌법적 담론에서 상호 이해의 출발점 또는 유용한 단서로서 '전형상'을 매개로 하여 개념 또는 개념에 함축된 규범적 이념과 구상을 보다 구체화하여 선명하게 제시하고 공유하고자 하는 것이다.454)

같은 맥락에서 '보이는 헌법'(visible constitution)과 '보이지 않는 헌법'(invisible constitution)의 복합체로서 헌법의 존재론적 구조를 해명하고 또한 헌법해석작업을 '밤하늘의 별빛의 점들을 과거와 미래의 이야기들과 연결하는 서사적 작업'으로 보는 상상의 관점에서 논리적 실증성만을 주목하는 '형식주의'나 '문언중심주의'의 헌법해석방법의 한계를 분명하게 부각시킨 L. H. Tribe의 은유의 통찰도 헌법 및 헌법해석의 '전형상'을 적확하게 활용한 전형으로 그대로 되새겨봄직 하다:

....

454) 예컨대, E. Denninger는 헌법의 근본적인 문제들을 다룬 국가법 입문서에 "전형상: 공허한 형식? 거짓? 정당화?"(Leitbilder: Leerformeln? Lügen? Legitimationen?)라는 자극적인 부제를 붙였다. Staatsrecht: Einführung in die Grundprobleme des Verfassungsrechts der Bundesrepublik Deutschland, Bd. I, 1973. 다만, 헌법학 및 해석방법론상 '전형상'의 기능과 효용에 대한 긍정 또는 부정의 관점과는 무관하게 적어도 이러한 다양한 관점이 있을 수 있고 또한 상이한 관점들 간의 담론이 진행되는 것 자체가 은유로서 '전형상'의 고유한 효용이라고 할 수 있다.

『'보이는 헌법'은 본질적으로 보이지 않는 이념들, 전제들, 되새겨진 기억들, 그리고 우리들로 하여금 전체로서 헌법을 일별할 수 있게 하는 상상의 경험들의 광대하고 깊은 대양 속에서 부유(浮遊)하고 있다.』[455]

『"헌법의 성좌 속에 고정된 별들"(the fixed stars in our constitutional constellation) 이라는 R. Jackson 대법관의 은유[456]는, 그가 염두에 두지 않은 이유 때문이기는 하지만, 빼어나게 적절하다. 헌법텍스트의 '사려 깊은'(discrete provisions) 규정들과 같이, 밤하늘에 점을 찍은 빛의 점들(the points of light that punctuate the night sky)은 아마도 물리학자나 천문학자들보다 시인과 철학자들에게 더 많은 것을 말해주는 도형들을 형성한다. 이 '점들을 연결하는 과제'(the task of connecting the dots)는 필연적으로 인간의 통찰과 상상을 요구한다. 과학적인 연구보다 훨씬 더 많은 것이 필요하다.』[457]

"헌법은 '자살협약'(suicide pact)이 아니다"라는 R. A. Posner[458]의 유명

··········

455) L. H. Tribe, The Invisible Constitution, 2008, 9면: 『THE VISIBLE CONSTITUTION necessarily floats in a vast and deep － and, crucially, invisible － ocean of ideas, propo- sitions, recovered memories, and imagined experiences that the Constitution as a whole puts us in a position to glimpse.』 특히 은유를 활용한 헌법의 이해와 설명의 특출한 예로 여겨지는 바, 즉 헌법과 헌법이론 및 헌법해석 등을 '기하학적' (geometric), '측지학적'(geodesic), '전지구적'(global), '기하학적'(geological), '중력 적'(gravitational) 및 '천체회전적'(gyroscopic)인 구성체로 이해하여 입체화된 물리학 적 도형을 제시하면서 '보이지 않는 것을 보여주는'(visualizing the invisible) 방법으 로 설명하는 부분(155-209면)을 비롯하여 적잖은 부분이 그러하거니와, 앞에서 인용 한, '헌법적 서사'(constitutional narrative)로서 헌법 및 헌법해석의 본질과 특성을 해 명한 논문(Fn. 317)도 A4 용지 16면의 거의 대부분의 내용이 시종일관 은유의 방식 으로 기술되었다. 다분히 표현전술로서 선택한 것으로 여겨지지만, 그 의도와는 무 관하게 헌법 또는 헌법적 사유에서 필수적이고 유용한 이해 및 표현의 방법으로서 은유의 역할과 기능을 잘 보여주는 예증으로 생각된다.

456) West Virginia Board of Education v. Barnette, 319 U.S. 624, 642(1943).

457) L. H. Tribe(Fn. 455), 72면.

한 은유의 핵심, 즉 '필요는 법을 모른다'(Necessity knows no rule)는 관념을 토대로 하는 이른바 '비상헌법'(emergency constitution) 또는 '긴급헌법'(con stitution of necessity)을 명분으로 하여 제시되는 '헌법은 무시될 수 있고, 무시되어야만 한다'(The Constitution can and must be set aside)는 주장들에 대하여, 국가적 위기의 긴급사태의 상황에서도 마찬가지로 또는 오히려 비상의 경우일수록 더더욱 헌법의 중요성, 말하자면 긴급한 조치들을 취하는데 걸림돌이 되는 헌법의 '비상한 불편'(extraordinary inconvenience)이 예의주시(銳意注視)되어야만 한다고 주장하는 Tribe의 깊은 성찰의 반론도 헌법적 사유와 담론에서 은유가 갖는 의미와 효용을 재삼 확인하게 만드는 예로 눈여겨볼만 하다:

『헌법은 칠흑같이 어두운 밤에 화재경보가 울리는 때라고 해서 단순하게 임시의 개량이나 대체에 의해 교체될 수 없다. 헌법의 텍스트와 '보이지 않는 구조'(invisible structure)는 '국가의 박동하는 심장의 일부'(part of the nation's beating heart)이다. 즉 엄청나게 다양한 '미국의 서사들'(American narratives)이 필연적으로 수렴되는 '태양신경총'(太陽神經叢; the solar plexus)인 동시에 우리들을 과거와 미래세대와 계속 결속시켜 주는 대화이다. … 헌법의 가능성에 대한 믿음을 잃게 된다면, '시의성에 부응하는 일종의 도깨비불의 안내'(will-o'-the-wisp guide to modernity)에 따라 헌법을 제쳐 논다면 또는 단기적인 긴급한 필요에 따라 헌법을 잠정적으로 중단시킨다면 "우리"(we)는 다시는 동일성을 유지하면서 존재할 수 없게 될 것이다.』[459]

....

458) R. A. Posner, Not a Suicide Pact: The Constitution in a Time of National Emergency, 2006.
459) L. H. Tribe(Fn. 317), 33-34면. 엄격한 절차와 제약의 조건을 제시하되, 2001년의 9.11 테러와 같이 정부의 비상한 대응이 필수적으로 요구되는 비상사태의 경우 '통상의 헌법'(ordinary constitutional law)을 제쳐 놓자는 B. Ackerman의 제안에 대하여, '무법성'(enormity)에 대한 우려와 함께 실용적인 관점에서 세밀한 반론을 제시

'헌법과 은유의 관계', 특히 '은유 속의 헌법'의 관점에서 주목되는 바, "좋은 비유(은유: 필자 부기)는 이해를 신선하게 해준다"는 L. Wittgenstein 의 말은 헌법해석론에서도 타당하다. Wittgenstein이 자신의 철학하는 방식 으로 제시한 방법, 즉 '진리에 대한 물음으로부터 뜻에 대한 물음으로의 이 행'은 헌법해석의 경우에도 필연적이다.[460] 헌법실증주의를 집착하지 않는 한, 전술한 바와 같이 '절대적 타당성'을 의미하는 '객관적 합리성'을 추구 할 수 없는 헌법해석의 방법도 본질적으로 헌법의 '진리'가 아니라 헌법 (텍스트)에 함축되어 있는 '뜻'에 대한 물음에 초점을 맞추어야 한다. J. Habermas를 인용하여 말하자면, 이 '뜻'에 대한 탐문들은 헌법의 내용들과 헌법의 기본원칙과 제도들에 대한 관점들, 즉 의견들이 '상호이해 지향적 인 행위들'(verständigungsorientierte Handeln), 그리고 이 행위들과 관련된 특유한 구조의 '소통망'인 '공공의 담론'(Diskurs der Öffentlichkeit) 속에 인 입되어 여과 및 통합의 과정을 통해 결집된 공론으로 수렴되어야 한다.[461] 헌법의 언어 속에 내장된 규범의 세계에 대한 공유된 이해의 방법이라고 할 수 있는 헌법적 담론의 성과는 항상 특정한 가정의 전제들과 가치판단 들, 성향들, 그리고 논증 또는 설득의 능력들 간의 공정한 경쟁과 이를 통 해 만들어 내는 이야기의 윤곽과 줄거리에 달려 있다.[462]

....

하면서 Tribe는 Gudridge와 함께 쓴 공동논문에서 '비상헌법'의 논의가 '흥미로운 사 고실험을 넘어서는 어떤 것'(anything beyond an interesting thought experiment)이어 야 한다고 주장하면서 이를 유사한 논조의 은유로 표현한 바 있다: "위기 시에 헌법 을 제쳐 놓고 모두 다른 코드에 따라 살아가자고 유혹하는 '사이렌들'(sirens)을 따라 가지 않을 이유들에 대한 '유용한 상기(想起)'(useful reminder)". B. Ackerman, "The Emergency Constitution", in: Yale Law Journal, Vol. 113(2004), 1029-1091면. L. H. Tribe/P. O. Gudridge, "The Anti-Emergency Constitution", in: Yale Law Journal, Vol. 113(2004), 1804면.

460) L. Wittgenstein, 이 영철(역), 문화와 가치, 2006, 28면.
461) J. Habermas, Faktizität und Geltung: Beiträge zur Diskurstheorie des Rechts und des demokratischen Rechtsstaats, 1992, 436면.
462) J. S. Dryzek, "Legitimacy and Economy in Deliberative Democracy", in: Political

특히 오늘날의 파편화된 (극)다원사회에서 힘과 지식, 그리고 이데올로기를 기반으로 하는 정치경제학적, 사회문화적 담론들 간의 논쟁으로 점철되는 공적 토론의 과정, 말하자면 P. Bourdieu가 제시하는 '문화적 생산의 마당'(field of cultural production)463)인 '담론장'(discursive field)에서 간주관적인 가치적 공감과 상호이해의 토대를 형성하고 유지해나가야 하는 과제는 헌법해석의 가능성과 한계를 동시에 규정한다. 복수의 '너와 나'가 아니라 단수의 집합체로서 '우리'(we)의 이야기를 함께 만들어 나가야 한다는 명제의 공유와, 성찰적 선택과 타협의 가능성을 확보하는 것은 이른바 '담론적 정당성'(discursive legitimacy)을 토대로 하는 오늘날 숙고민주주의와 이를 뒷받침하는 헌법해석론의 성패를 가르는 제1의 필수조건이다. 이데올로기의 감염을 피할 수 없는 '사회어'(Sozialekt)로 구성된 헌법개념과 다분히 은유적으로 구조화된 헌법언어의 이해에 대하여 적어도 언어를 매개로 하는 접근과 소통의 방법을 다소간에 보완해주는 개방된 담론의 지침과 단서들을 제공해주는 헌법해석의 방법으로서 은유의 역할과 효용, 그리고 은유화된 헌법해석의 준거로서 '전형상'의 독자적인 기능을 주목하는 것은 바로 이러한 맥락에서 그 함의가 되새겨진다.

Theory, Vol. 29(2001), 658면. J. M. Balkin과 S. Levinson이 '열망과 진보의 서사들' narratives of aspiration and progress)과 '정복, 자기기만, 착취 및 부패'(conquest, self-deception, exploitation and decay)의 서사들이 '기술적인'(descriptive) 동시에 '지시적'(prescriptive)이기도 한 이른바 '공준적 서사들'(canonical narratives)로서 헌법해석에서 핵심적인 역할을 한다는 점을 제시하면서 미국헌법을 미국인과 미국에 관한 '한 무더기의 이야기들'(stock stories)에 비유한 것도 헌법 및 헌법해석과 은유의 관계를 잘 보여주는 예로 주목된다. "The Canons of Constitutional Law", in: Harvard Law Review, Vol. 111(1998), 987면.

463) P. Bourdieu, The Field of Cultural Production, 1993.

4) '전형상 준거 헌법해석방법'의 특성 – '전형상'의 기능과 효용

이러한 인식론 차원의 투박한 개념론만으로 헌법해석방법론상 '전형상'의 의미와 기능적 효용이 온전히 파악될 수 없는 것은 물론이다. 보론의 자리로 적당하다고 생각되는 바, 여기에서 우선 개략적으로라도 법해석론상의 결정요소로서 '전형상'과, '법학적 해석학'에서 제시되는 '질서관념'이나 '정의관념' 또는 이 관념들을 포섭하는 상위개념으로서 Esser가 제시하는 '선이해'의 차이점을 검토하는 것이 필요하다. 내용과 형식의 유사성 때문에 간과되기 쉽지만, 법해석론상 '전형상'과 '선이해' 간에는 간과할 수 없는 두 가지 차이점이 있다.

첫째는, 객관화 및 일반화의 잠재적인 가능성의 차이다. 달리 말하면 합리성통제의 가능성의 차이다. 환경과 성향에 의존될 수밖에 없는 법해석자 개인의 전인격과 연관되는 '선이해'는 다분히 주관적이다.[464] 반면에 '전형상'은 그 자체가 적용의 과정에서 해명과 객관화의 과정을 통해서 관철되는 것인 점에서 다소간에 객관적인 타당성이 부여된다.

이 객관화의 잠재적인 가능성의 차이는 상대적인 것이기는 하지만, 이 차이점과 관련하여 주목되어야 하는 것은 '전형상'이 그 적용의 과정 속에서 거치게 되는 변형에서 찾아진다. '관찰자'가 아니라 '참여자' 또는 '결정자'의 관점에서 보면 일종의 무의식적인 관념으로서 '선이해'는 법해석에

----

464) Esser가 재판의 정당성을 확보하기 위한 수단으로 제시하는 '문제변증론' 또는 '관점론'의 맥락에서 '선이해'가 Gadamer가 '철학적-존재론적 해석학'의 맥락에서 모든 이해의 조건으로 제시한 '선입견', 즉 해석자 개인의 심리적인 현상이 아니라 공동체 구성원의 합리적 승인에 바탕을 둔 권위와 전통에 의해 형성된 것을 원용한 것이라는 점과 함께 법관의 직업적 전통과 연관시키고 있는 점을 고려하면 단순히 주관적인 요소만으로 파악할 수는 없다. 이에 관해서는 양 천수(Fn .5), 154-155면. 다만, Esser가 강조하는 바와 같이, 법관이 속하는 직업공동체의 검증을 요하는 법발견의 가능조건으로서 '선이해'의 추상적인 객관성을 인정하더라도, 구체적인 법발견의 맥락에서 '선이해'는 '객관적인 선이해'에 대한 법관 개인의 선별과 수용을 통해 법해석의 준거가 되는 점에서 그 본질은 주관적이다.

암묵적으로 반영되고, 그 합리성의 통제는 궁극적으로는 개인의 주관적인 자기성찰에 의존될 수바께 없다. 따라서 본질적으로 축적과 응축이 불가능하다. 반면에 '전형상'은 직접적이든 간접적이든 간에 법해석과정에 그 차제로서 인입되고, 이 과정에서 가공작업을 거쳐 '표준형상'으로 정착되어 규범적 효력을 갖는 '법인식원'으로 변환될 수 있는 가능성을 갖는다. 말하자면 유사한 법적 결정들에서 원용이 반복되면서 그 형상의 윤곽이 보다 선명해지고, 밀도가 응축되면서 그 자체가 사실상 법 또는 법의 구성부분으로 발전되고, 법해석의 준거로서 확정될 수 있는 것이다.

둘째는 전술한 바와 같이 '전형상'을 법 또는 적어도 법해석의 요소로 법의 내부영역에 귀속시키는 경우에 '전형상'과, 헌법해석의 전형적인 방법인 '가치형량'의 요소인 '원칙' 또는 '가치' 간의 구별이 중요한 문제로 제기된다.

'전형상 준거 헌법해석방법'이 인식 또는 해석대상의 본질과 핵심목적에 대한 '선이해'를 전제로 하는 일종의 '목적론적 해석'이고, 따라서 '전형상'이 사안영역과 관련된 일반적인 '질서관념'과 정의관념'을 토대로 형성되는 것이라고 한다면, 해석의 대상 속에 내장되어 있는 또는 해석대상과 연관되는 도덕적인 근본관념들과 이 관념들이 체화된 '원칙들' 또는 '가치들'의 발현형식이라는 점에서 '전형상'과 '선이해'는 다르지 않다. 다만, 지각을 가능하게 하는 은유적으로 구조화된 '형상'의 존재형식인 점에서 '전형상'은 근본적으로 '개념'으로 구성되는 '원칙' 또는 '가치'와는 다를 뿐만 아니라, '원칙' 또는 '가치'와 상호 연관되지만 일종의 '전후방의 관계'에 있는 점에서 분별되는 '법인식원'이고 또한 법해석방법론상의 맥락에서도 근본적으로 다른 차원에서 상이한 방식으로 고려된다. 이러한 점에서, Volkmann이 제시하는 바와 같이, '전형상'은 '가치' 또는 '원칙'과 동일한 범주에 속하는 것이 아니고, 근본적으로 그 배후에 있다:

『전형상은 원칙 또는 가치가 내용을 갖게 만드는 준거이고, 원칙과
가치들에 대하여 색과 윤곽을 즉 '형상'(Bild) 매개해준다.』[465]

말하자면 '전형상'은 '원칙' 또는 '가치'가 내장된 추상적인 개념들을 구
체화하는 해석작업에 도움을 주는 요소로서 고유한 효용을 갖는다. 달리
표현하면, 가치형량의 맥락에서 '가치' 또는 '원칙'은 주관적인 가치적 선
판단에 따라 우선성이 결정될 수밖에 없는 점에서 공통된 척도로 비교할
수 없는, 즉 합의된 표준화된 척도가 없는 상태에서 제시되는 점에서 일종
의 허구의 '무게'(Gewicht)를 갖고 법적 결정의 요소로 고려되는데, 반면에
'전형상'은 '내용'(Inhalt)을 갖고 적용된다. 요컨대, 가치판단의 실체적인
내용을 갖고 고려되는 법해석요소로서 '전형상'은 형량의 결과에 영향을
미치는 보다 구체화된 실체적인 지침과 척도를 제공한다.

마지막으로, 전술한 분별에도 불구하고, '전형상 준거 헌법해석방법'과
거의 일반화된 헌법해석방법으로 적용되고 있는 '가치형량'이나 '관점론적
해석방법' 간의 차이가 '헌법의 구체화'라는 명제로 제시되는 개별 사안과
관련된 헌법의 해석과 적용의 과정에서 어떻게 얼마나 다른 결과에 이르게
되는지는 여전히 분명하지 않기 때문에 보다 세밀한 논의가 필요하다. '전
형상'이 궁극적으로 윤리적도덕적 요소들로 구성되는 일반적인 '질서관념'
과 '정의관념', 즉 헌법이나 기타 법생활의 특정한 제도가 어떻게 정의이념
에 부합되게 정당하게 확립되어야 하는가에 대한 관념이 형상화되어 구성
되는 것이라고 한다면, 결국 '전형상 준거 헌법해석'도 '가치형량'의 방법
이나 '관점론적 해석방법'의 일종에 불과한 것이 아닌지, 즉 독자적인 헌법
해석방법으로서 특유한 기능적 효용이 무엇인지에 대한 의문은 여전히 남

---

465) U. Volkmann(Fn. 376), 85면; 『Es(Das Leitbild) ist das, woaus das Prinzip oder der
Wert erst ihren Inhalt gewinnen, was ihnen Frabe und Kontur eben ein "Bild"
vermittelt.』

는다.

헌법해석의 요소로서 '가치' 및 '원칙들'에 비해서 보다 유효한 지향점과 지침을 제공하는 점에서 '전형상'이 '가치'와 '원칙들', 그리고 이들에 대한 '관점'과 구별되는 다른 어떤 것이라는 것만은 분명하다. 다만, 어떤 원리와 규칙에 따라 '전형상'이 형성되는지, '전형상'이 '무게'가 아니라 '내용'을 갖고 적용된다고 하더라도 결국은 '무게'로 전환되어 적용될 수밖에 없다고 한다면 어떤 객관적으로 측량이 가능한 '무게'를 갖는지, 그 환산의 척도와 방법은 무엇인지 등등은 극도로 불분명하다. 헌법적 결정에 대하여 그 '준거를 탐색하고, 제시하는'(asking for reason, reason-giving) '헌법적 추론'(constitutional reasoning)의 작업인 헌법해석의 중간과정 속에서 그 차이는 다소간에 가늠될 수 있지만, 그 결론에 대한 논증단계에서의 차이점은 잠복되어 있어서 더더욱 분명하게 드러나지 않는다.

이러한 점에서 적어도 논증의 구조와 형식의 관점에서 보면, '전형상 준거해석방법'이나 '가치형량' 또는 '실제적 조화'의 해석방법 등은 모두 '광의의 관점론적 해석방법'의 범주에 속하는 것으로 볼 수 있다. 전술한 바 있듯이, '관점론적 해석방법'이 헌법해석론상 전통적인 법실증주의와 이를 토대로 하는 법도그마틱의 기능부전, 특히 '형식성' 및 '체계성'과 연관되는 '폐쇄성'과 '경직성'의 한계를 극복하기 위한 대안으로 모색되어 활용되고 있는 것이라고 할 수 있다. 그렇다고 한다면, '전형상 준거 헌법해석방법'의 독자성은 궁극적으로 일면 이러한 한계의 극복의 측면에서 고유한 기능적 장점과, 타면 확립된 전통적인 도그마틱 방법과 결별한 헌법해석방법들에 대한 비판의 핵심, 즉 '법적 안정성'을 기대할 수 없는 '불가측성'과 '자의성'을 극복할 수 있는 차별화된 합리화의 가능성과 이를 담보할 수 있는 조건과 규칙들에 대한 해명을 통해서 확인되어야 한다.

'관점' 자체가 대안을 제시할 수 없는 작업, 즉 '가치형량'에 대한 기본 지침을 구체화하는 작업은 '법학적 해석학'과 철학 또는 윤리학 및 실증적

인 개별학문들이 제공하는 '법 외의 논증'이나 '결정이론', '대화이론' 등과
의 협업을 통해서만 가능하다. 일종의 '특수한 형식의 관점'이라고 할 수
있는 '전형상'도 바로 이러한 협업의 산물로 확보될 수밖에 없다. 하지만,
이러한 협업을 통해서도 '전형상'의 헌법해석에 대한 '준거제공가능성'
(Maßgeblichkeit), 즉 누구의 어떤 '전형상'이 헌법 및 헌법재판에 인입되어
야 하는지는 답해질 수 없다. 전술한 바와 같이, P. Häberle가 제시하는 "헌
법해석의 개방된 사회"(offene Gesellschaft von Verfassungsinterpreten)나, J.
Habermas가 민주적 법치국가의 '숙고민주주의'(discursive democracy)의
정치에서 가장 중요한 요소로 강조하는 '소통망'(Netzwerk für die
Kommunikation), 즉 '정치적 공론'(politiche Öffentlichkeit)과 같은 맥락에
서466) '전형상'의 형성과정을 일종의 '사회적 담론'(gesellschaftlicher Diskurs)
으로 이해하더라도 문제의 상황은 달라지지 않는다. 사실 및 가치들에 대
한 다양한 의견들이 경쟁하고 조정되어 나가는 공론장으로서 헌법의 해석
에서 더욱 주목되어야 하는 '조화적 통합규범'으로서 헌법규범은 일종의
'대중영합주의'(populism)에 따라 일방적으로 현실을 수용하는 것이 아니
라, 압도적인 다수의 의지와 이익이 반영된 현실과 배치되는 경우에도 효
력이 관철될 수 있어야만 하기 때문이다.467)

또한 민주주의는 단순히 '개인적 선호들과 관점들의 총합'(aggregation of
individual preferences and views)이나 '경쟁하는 이익들 간의 협상'(bargain-
ing between competing interests)에 대한 절차적 제약들에 국한되는 것이 아
닌 바,468) 숙고민주주의의 이념형에서 권력통제의 핵심요소는 '실제로 다

---

466) P. Häberle(Fn. 416), 155면 이하. J. Habermas(Fn. 459), 435-436면.

467) U. J. Schröder, "Vom Topos der Verfassungsauslegung bis zur Utopie der
Objektivität", in: Rechtstheorie Bd. 42(2011), 131면.

468) A. Sharon, "Populism and Democracy: The challenge for deliberative democracy",
in: European Journal of Philosophy, Vol. 27(2019), 360면.

함께 하는 추론'(actually reasoning together)이다.[469] 그 현실적인 구현의 가능성에 대한 의문은 별론의 대상이다. 이 의문과는 무관하게 생활규범으로서 헌법에 내장된 가치적 공감은 사회적 엘리트나 정치전문가 등의 소수의 '숙고자'(deliberator)에 의한 독과점이 아니라 직간접적으로 모든 시민들이 참여하는 개방적이고 역동적인 '공적 토론'(public discussion)을 통해서 형성되고 보완되어 나가야만 한다. 이 가치적 공감이 함축되어 있는 헌법텍스트는 상시적인 진화의 과정 속에서만 공동체 유지의 토대와 진보의 동인으로 작동될 수 있다.

숙고민주주의이론에 대한 비판의 근거로 제시되는 '대중의 교정될 수 없는 정치적 부적격'(public's irredeemable political inaptitude)을 적어도 예외적인 현상으로만 볼 수는 없다고 한다면,[470] 한 세기 전 W. Lippmann의 "민주주의의 '원본 도그마'(original dogma)를 믿는 것은 더 이상 가능하지 않다"는 단언은[471] 오늘날 더더욱 설득력을 갖는다. 공적 문제의 논의에 참여하는 평균적 시민이 '나쁜 주장(bad argument)'과 '좋은 주장'(good argument)을 가려낼 수 있는 판별력과 자신의 이익에 배치되는 경우라도 '보다 나은 또는 합리적인 해결책'(the better or more reasonable solution)[472]을 지지할 수 있는 '시민적 덕성'을 갖지 못한다면 광대하고 촘촘한 사회적 연결망도 건강한 집단적 지성을 기대할 수 있는 민주적인 정보소통과 개방된 '공적 토론'의 마당이 아니라 오히려 정보의 차폐와 왜곡, 여론조작에 최적화된 매개가 될 뿐이다.

하지만 그렇다고 해서 논리의 방법과 형식에 공동체의 운명을 결정하는

....

469) J. Cohen, Philosophy, Politics, Democracy: Selected essays, 2009, 334면.

470) A. Sharon(Fn. 468), 361면.

471) W. Lippmann, Public Opinion, 1922, 81면.

472) H. Landemore, Democratic reason: Politics, collective intelligence, and the rule of the many, 2012, 97면.

모든 정치적 판단을 맡기는 '헌법도그마틱', 말하자면 유권헌법해석자인 최고법원이나 헌법재판소의 재판관들이 '헌법이라고 말하는 것'이 헌법이 되는 '헌법재판실증주의'의 도그마나, 소수의 정치 및 사회 엘리트들에 의해 주도되는 대의민주주의와 개방된 대화와 토론의 사전작업이 생략된 기계적인 '다수결 민주주의'의 '원본 도그마'에 대한 신뢰가 대안이 될 수는 없다. 관건은 이념과 현실이 교차되고, 객관적으로 타당한 판단과 완전한 동의가 상정될 수 없고, 그럼에도 불구하고 또는 그렇기 때문에 더더욱 상의와 설득이 요구되는 다원사회의 공론장, 즉 다양한 이익과 관점들 간의 공정한 경쟁을 통한 '조정과 통합'의 과정 속에서 가치공감의 헌법적 토대를 재확인 또는 갱신하여 '지속가능한 발전'의 동인을 살려 나갈 수 있는 '공적 토론'의 형식과 절차를 구성하는 것이다.

헌법해석의 준거로서 '전형상'의 기능적 효용과 규범적 합리화의 가능성을 검토하는 다음의 논의는 우선 헌법규범에 내장된 '공적 가치들'(public values)을 지향하고 또한 이 '공적 가치들'이 정리 및 절충되어 수렴된 헌법원리들과 제도들에 대한 '공적 토론'의 맥락에서 '전형상 준거 헌법해석방법'의 독자성을 재확인하는 보론이다. 동시에 이러한 '공적 토론'의 과정 속에서 진행되는 '전형상'의 형성과정 자체를 논리에만 집착하는 형식적인 사고의 틀과 관성의 타성적 사고에서 벗어난 참신한 관점의 가능성을 열어주는 계기로 삼을 수 있는 가능성과 그 조건을 검토하는 것이기도 하다. 말하자면 D. Davidson이 제시하는 '하나의 새로운 이론'(a new theory)을 촉발시키는 '계속적인 사회적 실험', 즉 일면 개방을 전제로 하되 다소간에 확정된 틀 내에서 진행되고, 타면 극도로 다원화되고 파편화된 헌법현실 속에서 공동체생활의 근본적인 토대와 조건들에 대한 타협의 가능성을 포기하지 않고 '진화의 과정'을 이어나가는 일종의 '개방된 담론'[473]으로 보

---

473) U. Volkmann(Fn. 376), 89면.

는 관점에서 헌법해석론상 '전형상'의 구체적인 적용의 가능성 및 그 한계의 해명에 초점을 맞춘 것이다.

4. '전형상 준거 헌법해석방법'의 기능과 효용 및 위험성

(1) 경직성과 유연성의 조화 - 강유상마(剛柔相磨)의 명제

헌법해석론상 '전형상 준거 헌법해석방법'의 독자성과 그 특성에 대한 논의는 궁극적으로 구체적인 헌법적 결정에서 독자적인 해석요소로서 '전형상'을 보다 명확하게 이해하고, 이 헌법해석방법에 내장되어 있는 기능적 효용을 적극적으로 활용하되 그에 수반되는 '자의성'의 잠재적인 위험을 줄이는 과제로 귀착된다.

개념분석의 방법에 따른 '논리적 실증성'이나, 일종의 'meta개념'이라고 할 수 있는 '관점' 대신에 이른바 '은유적 구조화'를 통한 통각(統覺)적 체험을 요소로 하는 '전형상'의 기능적 효용은 우선 헌법해석론의 차원에서 일종의 '중용(中庸)의 대안'으로 모색될 수 있는 가능성에서 찾아진다. 말하자면 '전형상 준거 헌법해석방법'은 법해석론상 일반적인 명제이지만, 특히 정치규범 및 가치규범인 헌법의 해석에서 더욱 강조되는 '안정성과 가변성' 또는 '경직성과 유연성' 간의 적절한 조화의 요청에 부응할 수 있는 각별한 인식 및 이해의 기술, 소통과 설득의 형식으로서 기능적 장점을 갖고 있다.

K. Hesse가 적확하게 표현하듯이, "헌법의 '경직성'(Starrheit)과 '가변성'(Beweglichkeit)은 선택의 대안의 문제가 아니라 '바른 병렬'(richtige Zuordnung), 즉 조화의 문제이다."474) 인식론의 맥락에서 보면 주역(周易)에 나오는 '강유상마'(剛柔相摩)의 명제와 다르지 않은 것으로 생각되는 이

문제는 법이론의 차원에서 보면 '법윤리적 법학'(rechtsethischer Jurispru-
denz)과 '고전적인 법실증주의' 간의 일종의 '중용'(Mitte)의 선택이 가능한
지, 그 가능성을 구현할 수 있는 대안의 방법론이 어떤 것인지의 문제로 귀
착된다.[475]

전술한 바와 같이, 이른바 '논리적 실증주의'를 토대로 하는 법도그마틱
은 폐쇄된 개념체계 속에서 논리적인 사유작업을 통하여 모든 법문제에 대
하여 답을 찾아낼 수 있는 가능성을 전제로 하는 일종의 어의학적인 개념
분석의 해석방법이다. 법개념들과, 개념들로 구성된 무모순의 통일성을 갖
춘 법의 '폐쇄체계'는 해석에 앞서 확정된 의미덩어리, 즉 규범이 내장된
'완결된 소여'로서 전제되는 바, 그 배후에는 법학의 영역에서도 가치중립
적인 인식, 특히 자연과학의 실증적이고 몰가치적인 분석의 방법이 가능하
다고 보는 학문관이 자리 잡고 있다.[476]

....

474) K. Hesse(Fn. 288), Rn. 36.

475) A. Somek, Rechtliches Wissen, 2006, 101면. 헌법규범의 실효성에 초점을 맞춘 은유
이지만, 특히 헌법재판에서 주목되어야 하는 헌법적 명령의 핵심문제는 '법전에 규
정된 권리들'(rights on paper)의 '정의'(definition)가 아니라 권리들을 '실제 보
호'(practical protections)로 전환시키는 '기계장치'(machinery), 즉 사법기구를 마련하
는 것이라는 견해도 '법윤리학적 헌법학'의 맥락에서 되새겨봄직 하다. A. G.
Amsterdam, "Criminal Prosecutions Affecting Federally Guaranteed Civil Rights:
Federal Removal and Habeas Corpus Jurisdiction to abort State Court Trial", in:
University of Pennsylvania Law Review, Vol. 113(1965), 793면; B. C. Schmidt, Jr.,
"Juries, Jurisdiction, and Race Discrimination: The Lost Promise of Strauder v. West
Virginia", in: Texas Law Review, Vol. 61(1983), 1413면.

476) 이러한 핵심논지는 K. Larenz(Fn. 28), 205면. 이러한 학문관의 철학적 토대라고 할
수 있는 '계몽적 합리주의'의 특징으로 최고의 정신적 능력의 의미를 갖게 된 '이
성'(ratio)에 대한 과대평가를 적시하면서 합리주의의 지배 하에서 법학을 포함하여
모든 학문들이 자연과학의 전형에 따라 스스로를 정확한 학문으로 입증하는 것을
추구하였던 경향을 비판하는 Kaufmann의 주장은 가감 없이 되새겨봄직하다: 『지성
(Intellekt)의 과제는 우선되는 것으로 인식되는 지배적 질서에 감성적인 다양성을 불
러 오는 것이다. 여기에서 이성은 산술적인 지력(Verstand)으로 이해된다(이 지력은
종종 '오성'(Vernuft)으로 잘못 말해진다). 이것이 추구하는 것은 이성에 의해 세계를

또한 법실증주의와 이를 토대로 하는 법도그마틱의 근본적인 한계, 특히 현대 언어학에 의해서 분명하게 부정된 '개념' 또는 '개념체계의 완결성'과 '자기준거적 정당화'의 전제오류에 대해서는 앞에서 충분히 논의하였거니와, 이른바 '기계적인 법률학'(mechanical jurisprudence)으로 칭해지는 법도그마틱은, Hesse를 다시 인용하여 말하자면, 법해석론상 선택이 아니라 조화의 과제로 주어지는 '경직성'과 '가변성'의 문제를 작위적인 '완결된 체계'의 전제 하에 '경직성'을 선택하여 문제를 도착(倒錯)시킨 것에 불과하다. 말하자면 '체계의 효력(타당성)'(Geltung des Systems)은 외면하고, '체계 내에서의 효력(타당성)'(Geltung im System)⁴⁷⁷⁾만을 주목하는 편집(偏執)의 결론일 뿐이다.

물론, 다소간에 차이가 있지만, 법의 해석이 요구되는 대다수의 법문제들, 특히 이른바 '쉬운 사안'(easy case)들은 법도그마틱에 내장된 이른바 '포섭자동기계'(Subsumtionsautomat)의 가동을 통해 큰 결정부담이 없이 유효한 '법인식원'이 탐색되어서 효율적으로 타당하게 해결되고 있다. 거듭 언급하였거니와, 이는 법실무상 대체불가능한 법도그마틱의 법실무효용이다. 하지만 이러한 현상이 법도그마틱의 법해석론상 근본전제들과 법해석 방법으로서 법도그마틱의 적확성과 타당성을 증명하는 것은 아니다. 단지

....

분해하여 남김없이 세계를 파악할 정도로 모든 것을 명료하게(clare et distincte) 인식하는 것이다. 학문의 이상은 정확한 수학적 자연과학이고, 여기에서는 가능한 한 계산이 우선되고, 말은 의미를 갖지 못한다. 이러한 합리주의의 경향은 특정한 이데올로기적 인간, 세계 및 학문상에 따른 것이다. 이에 따르면 결국 인간은 합리적인 존재이고, 따라서 인간의 인식은 순수한 합리적 활동이고, 인간의 모든 인식의 최종 목표는 세계를 분명하고 항구적으로 진리인 언술의 폐쇄된 체계 속에서 전체로서 파악하고 그것을 적확하게 기술해 내는 것일 뿐이다.』 "Zur Frage der Wissenschaftlichkeit der Rechtswissenschaft", in: Beiträge zur Juristischen Hermeneutik sowie weitere rechtsphilosophische Abhandlungen, 1984, 121면.

477) 이는 M. Jestaedt가 H. Kelsen의 '순수 법이론'(Reine Rechtslehre)의 근본명제인 '근본규범'(Grundnorm)을 비판적으로 고찰한 논문의 제목으로 제시한 것을 원용한 것이다. "Geltung des Systems und Geltung im System", in: JZ, 2013, 1009-1021면.

전제의 오류와 도착된 문제인식이 잠복되어 드러나지 않는 것에 불과하다. 이른바 '어려운 사안'(hard case)과 관련하여 법해석의 문제가 제기되는 경우 법도그마틱의 핵심명제인 '논리적 실증성'은 말 그대로 실증적으로 반증되는 바, 즉 법적 안정성 및 가측성과 함께 타당성을 담보하는 '합리적이고 효율적인 법적 결정'으로 주장되는 개념법학의 방법은 '기능부전(不全)'의 상태에 빠질 수밖에 없다.

전술한 바 있는 이른바 '계몽된 법도그마틱'도 적절한 해결책이 될 수는 없다. 개념 또는 개념체계의 '폐쇄성'과 '완결성'을 부분적으로라도 포기하여 불가피한 '개방'의 요청에 부응하려는 것이나, 예컨대 현실이나 결과를 고려하는 방법을 통해 법도그마틱적 '공준'(canon)의 경직성을 완화하여 가변성과 유연성을 보완하려는 시도는 '논리적 실증주의'와 개념분석을 핵심수단으로 하는 '논리적 추론방법'의 기본전제를 부정하는 자가당착일 수밖에 없다. G. Deleuze와 F. Guattari가 개념의 세 가지 특성을 들어 심층적으로 해명한 '개념의 본질'이나 '개념의 개념'의 맥락에서 보면, 개념 및 개념관계로 구성된 체계의 '폐쇄성'과 '자기완결성' 또는 '내적 일관성', 그리고 '경직성'은 '개념'과 '공준'의 내재적인 핵심속성이기 때문이다.478) 또한 부

....

478) G. Deleuze/F. Guattari, Qu'est-ce que la philosophie?(1991), 이 정임/윤 정임(역), 철학이란 무엇인가, 1995, 33-35면: 『①개념은 그 역사에 있어서 뿐만 아니라 그의 생성 혹은 현재의 연계들에 있어서도 다른 개념들을 참조한다. 각 개념들은 여러 구성요소들로 되어 있고, 그 구성요소들 역시 낱낱의 개념들로 파악될 수 있다. … ②개념의 특성은 구성요소들을 개념 내에서는 서로 분리될 수 없도록 한다는 것이다. 즉 변별적이며 이질적이긴 하지만 결코 분리될 수 없는 것, 즉 이것이 곧 구성요소들의 규약이며 개념의 일관성(consistance), 즉 내적-일관성(endo-consistance)을 규정한다. … ③각각의 개념들은 자신 고유의 구성요소들을 축적, 응집, 일치시키는 지점으로 간주될 수 있을 것이다. 개념의 접점은 구성요소들을 끊임없이 가로지르며, 그 안에서 오르내린다. 이런 의미에서 각 구성요소는 강조적 특질(trait intensif), 일종의 강조적 세로좌표이다. … 개념에 있어서의 관계들은 내포도 외연도 아닌, 순서에 의한 세로좌표의 관계들이며, 개념의 구성요소들은 상수도 변수도 아닌, 단지 그들의 인접성에 따라 새로 배열된 순수 단순한 변주들(variations)이다. … 개념은, 비록 실체

분적으로 제한된 것이라고 하여도 체계의 '개방'과, 개념 또는 법해석공준의 '유연화'는 이러한 속성들을 전제로 하여 작동되는 기능적 효용, 즉 법적 결정의 '안정성'과 '가측성', 특히 '결정부담경감기능'이 폐기되는 결과로 귀착될 수밖에 없다. 요컨대, 적어도 법해석론의 차원에서 보면 법도그마틱은 기본전제와 접근방법을 계속 유지할 수도 없고, 변형을 통한 적응과 진화도 대안으로 선택할 수 없는 딜렘마 상황에 처해있다. 헌법해석론의 영역에서 이 딜렘마 상황이 더욱 부각됨은 물론이다.

그렇다면 앞에서 언급한 '법윤리적 법학'이 포함되는 것으로 볼 수 있는 '관점론적 해석방법'이 헌법의 '경직성'과 '가변성'을 조화시킬 수 있는 대안으로서 그 가능성과 한계가 검토되어야 한다. 이에 대해서는 앞에서 상론되었거니와, 여기에서는 중언부언을 피하여 헌법해석의 준거로서 '전형상'과 대비되는 '관점'의 본질을 검토하여 '관점론적 해석방법'의 한계를 해명한다.

우선 주목되어야 점은 법해석방법 또는 '법인식원'으로서 법도그마틱의 폐쇄성 및 자기완결성은 '관점론적 해석방법'의 속성이기도 하다는 점이다. 근본적인 '도덕관념'이나 '정의관념' 또는 이들과 연관되는 '가치적 선판단'을 준거로 하는 경우는 물론이고, 존재와 당위의 교차점에 있는 헌법과 헌법현실에 대한 인식을 근거로 하는 경우에도 헌법해석의 요소로서 '관점'도 폐쇄성의 특성을 갖는다. 일견 법개념의 '확정성'이나, '법적인 것과 법 외적 것의 분별', '법과 도덕의 분리', '법해석(자)의 가치중립성' 등과 같은 근본명제를 전제하지 않는 점에서, 법도그마틱의 내재적인 한계, 즉 개방 및 유연화의 가능성과 관련된 한계가 '관점론적 해석방법'에는 해당

....

를 빌어 구형되거나 실현되기는 하지만, 비실체적이다. 그러나 개념은 결코 그것이 실현되는 정황과 혼동되지 않는다. 개념은 시-공간의 좌표 대신에 강조적 세로좌표들만을 지닌다. 그것은 에너지가 아니라 강도만을 갖는 비에너지적인 것이다(에너지는 강도가 아니라, 강도가 외면적 정황 속에서 펼쳐졌다 사라지는 방식이다).』

되지 않는 것으로 여겨질 수 있다. 하지만 헌법해석의 요소로서 '관점'과 Esser가 제시하는 '선이해'가 본질적으로 다르지 않다고 본다면 적어도 '법인식원'으로서 법도그마틱과 '관점'은 폐쇄성의 특성을 공유한다. 다만 '개념의 폐쇄성'이 아니라 '관념의 폐쇄성'이 근원이라는 차이가 있을 뿐이다.

또한 일반적인 인식론의 차원에서 개방을 전제로 '다양한 관점'을 논의하는 것이 아니라, 헌법해석의 요소로서 '특정한 관점'을 주장하는 범주에서 '관점'은 다른 관점과 대립적인 경쟁구도 속에서 근본적으로 주관적인 것일 수밖에 없다. 법도그마틱의 경우 그 타당성은 전적으로 자기준거적인 형식논리를 근거로 한다면, 반면에 '관점'은 궁극적으로 주관적인 정치철학이나 가치적 선판단이 타당성의 근거로 제시될 수밖에 없기 때문이다.

또 한 가지 더 유의해야 하는 점은, 법도그마틱과 '관점론적 해석방법'이 법해석의 과정 속에서 진행되는 사유의 방식에서 차이가 있다는 점이 부인될 수는 없지만, 이는 논리적 형식성과 체계성의 상대적인 차이에 불과하다는 점이다. '관점'을 준거로 하는 이해의 방법도 근본적으로 '개념'을 매개 또는 수단으로 하는 점에서 다르지 않을 뿐더러, 특히 해석의 결론과 그에 따른 결정의 타당성은 궁극적으로 '개념'과 '체계'를 수단으로 하여 논증될 수밖에 없기 때문이다.

반면에, 앞에서 언급한 Lakoff를 다시 인용하면, "공감대를 창조하고, 공유되지 않은 경험의 본성을 전달하는 핵심기술"[479]인 은유, 즉 이른바 '보이는 상상'(visual imaging)의 방법으로 구조화된 '전형상'은 폐쇄된 '개념'과 '관점'에 비해 상대적으로 '경직성'과 '가변성' 또는 '유연성' 간의 조화를 모색할 수 있는 잠재적인 가능성이 더 큰 인식의 수단이라고 할 수 있다. 시각적으로 인식할 수 있는 '구상의 형상'으로서는 물론이고, 관념적인 '추상의 image'로 확보되는 경우에도 '전형상'은 '직관적 통찰'(intuitive

---

479) Lakoff/Johnson, 노 양진/나 익주(역)(Fn. 424), 124면.

insight)의 인식과정 속에서 입체화와 다면화, 다층화 등 다양한 조형의 수단을 통해 필요한 경우에 언제든 '여닫음'을 조절할 수 있는 개방된 인식의 수단이고, 동시에 '형상'의 변형의 통해서 또는 그 대강을 유지하면서 내용에 대한 부분적인 보정과 변경을 통해 새로운 발상과 관념을 수용할 수 있는 탄력적이고 유연한 상상의 수단이기 때문이다.

또한 '관점'과 '개념'은 구별되기는 하지만, 대부분의 개념은 다른 개념의 '관점'에서 단지 부분적으로만 이해된다. 고도의 추상적인 헌법개념의 경우에는 더더욱 그러하다, 따라서 헌법해석론의 관점에서 주목하는 인식수단으로서 '관점'과 '개념'은 언어기호를 매개로 하는 점에서 다르지 않다. 또한 인식주체의 입장과 시각의 조합 또는 인식의 주체와 대상 및 그 환경으로 구성되는 일종의 허구의 '공간개념' 또는 '장소개념'으로서 '관점'은 '개념'과 같은 평면에서, 말하자면 개념정의의 선행단계에서 또한 형성된 개념을 분석하는 후속단계에서 전후방의 관계로만 연관된다. 이는 전통적인 행정법 도그마틱의 해체 또는 완전한 대체까지는 아니더라도 '행정행위' 등의 행정작용의 법적 형식과 그 적법여부의 판단에 초점을 맞추는 전통적인 행정법학방법론, 특히 개념법학의 틀에서 벗어나 문제해결 중심의 새로운 방법론으로 선회하여 행정법 및 행정법학의 개혁을 모색하는 이른바 '신사조 행정법론'[480]을 비롯한 공법학방법론의 분야에서 새롭게 논의되고 있는 새로운 일종의 특수개념들, 예컨대, '지속가능성', '실행가능성', '혁신', '경제성' 또는 '효율성', '정보', '소통' 등과 같은 '학제 간 융합개념'들[481]과 같이 '개념'과 '개념의 관점'이 합성된 개념들이라고 할 수 있

---

480) 이에 관해서는 G. F. Schuppert, "Verwaltungsrechtswissenschaft als Steuerungswissenschaft", in: W. Hoffmann-Riem/E. Schmitt-Aßmann/G. F. Schuppert(Hg.), Reform des Allgemeinen Verwaltungsrechts, Grundfragen, 1993, 65, 67면 이하.

481) 기존의 법학방법론에 포섭되기 어려운 이 개념들은 행위형식에 초점을 맞추는 적법-위법 이분법의 틀을 벗어나서 문제해결 중심의 새로운 방법론으로 선회한 현대 행정법 및 행정법학에서 새롭게 주목되는 개념들이다. 이에 관해서는 A. Voßkuhle,

는 '해식(解式)개념'(Schlüsselbegriff)이나 '가교(架橋)개념'(Brückenbegriff), '접속개념'(Verbundbegriff), '수문(水門)개념'(Schleusenbegriff)들의 경우에도 다르지 않다.482) 일반적으로 전통적인 행정법 도그마틱과는 다른 차원 및 맥락에서 논의되고 또한 법도그마틱과 어떤 관계에 있는지 여전히 분명하게 정리되지는 못하였지만, 적어도 종래의 '문언중심적 해석방법'과 '법형식주의'를 고수하는 법도그마틱의 틀 속에서 단순한 행정법해석론의 대상인 '폐쇄된 법개념'으로 접근되는 한에서는 그러하다.483)

이러한 맥락에서 보면, '관점론적 해석방법'도 본질적으로는 '개념' 또는 '개념의 관점'을 토대로 하는 법인식 및 논증의 방법이라고 할 수 있다.

....

"Neue Verwaltungsrechtswissenschaft", in: W. Hoffmann-Riem/E. Schmitt-Aßmann/ A. Voßkuhle(Hg.), Grundlagen des Verwaltungsrechts, Bd. 1, § 1, Rn. 11.

482) 이 개념들에 대하여 상론한 대표적인 문헌들의 소개는 U. Volkmann(Fn. 439), 159면, 주석 4번.

483) 다만, 이 개념들은 '행정행위'의 '합법성통제'에 초점을 맞추는 전통적인 행정법 도그마틱의 접근방법과는 다른 맥락, 즉 조직과 절차를 통한 행정의 제어, 공법과 사법을 포괄하고 또한 실증적인 인접사회과학에 대하여 적극적으로 개방된 입장을 취하는 'good governance' 차원의 논의나, 이른바 '보장국가'의 명제와 관련하여 행정과정의 투명성, 효율성, 공론수렴을 통한 결정, 정책수용성의 극대화 등을 추구하는 '신사조 행정법론'에서 주목하는 행정에 대한 조정과 제어, 즉 '조종'(Steuerung)의 관점에서 사용되는 용어들이다. 이러한 맥락에서 이 개념들은 전통적인 행정법학방법론과 상호보완관계 속에서 그 기능적 한계를 극복하는 차원에서 새로운 행정법 및 행정법학의 패러다임을 구성하는데 유용한 단서로 주목된다. 이에 관한 상론으로는 김 성수, "독일 신사조 행정법학의 실천분야와 보장국가론", 토지공법연구 제78권(2017), 145-168면; "독일의 신사조행정법학 사반세기 - 평가와 전망", 강원법학, 제51권(2017), 321-353면; 이 원우(Fn. 65), 83-112면; J. F. Linder(Fn. 19), 957면. 아무튼 이 용어들의 본질은 전통적인 공법의 '법학적 방법'으로 분석되는 '개념'이라기보다는 오히려 일종의 새로운 방법론의 지평에서 '행정법(학)의 전형상'을 토대로 하는 '조종학' 또는 '제어학'으로서 행정법학의 기능과 역할 또는 이에 대한 '관점'을 포착하는 새로운 이론적 구상 및 학제간의 협력을 통한 기능적 접근방법과 연관되는 일종의 '은유적 개념'이다. 이에 관해서는 S. Baer(Fn. 428), 225-228면. 법도그마틱과 '조종학들'의 관계에 대해서는 B. Grzeszick, "Steuert die Dogmatik?", in: G. Kirchhof/S. Magen/K. Schneider(Hg.), Was weiß Dogmatik?, 2012, 97-109면.

Deleuze를 다시 인용하면, 폐쇄된 체계 속에서 "에너지가 아니라 강도만을 갖는 비에너지적인 것", 말하자면 개방을 통해 역동성과 유연성을 수용할 수 없는, 일종의 '강조적 세로좌표'의 범주에서 제한적으로만 가변적인 '하부개념들의 합성체'라고 할 수 있는 '개념'을 수단으로 하여 인식하고 논증하는 점에서 '관점론적 해석'에서 '관점'도 역동화의 에너지가 함축된 '체적'(體積)을 갖지는 못한다. 요컨대, '관점론적 해석방법도' 법도그마틱과 마찬가지로 단선적인 또는 평면적인 2차원의 인식방법으로서 '경직성'과 '가변성'의 조화의 요청에 부응하기 어려운 폐쇄적인 인식방법의 범주에 속한다고 할 수 있다.

(2) 객관성 및 타당성 - '암묵적 지식'(tacit knowledge)

'논리적 실증주의'를 토대로 하는 전통적인 법도그마틱이 그 핵심수단인 '체계사용'(Systemnutzung)과 논리적인 개념분석을 통해 객관적인 타당성, 즉 '정당성'(legitimacy)은 물론이고 법해석론상 자신만이 확보할 수 있는 것으로 주장하는 인식 또는 이해의 '실증성'도 담보할 수 없다는 점에 대해서는 재론의 여지가 없다. 법문의 '확정성' 및 '법=법률'의 전제 하에 추구되는 '합법성'(legality)의 너머에 대한 관심과, '합법성'에 위해 포섭되는 것으로 상정되는 '정당성'의 문제는 법해석론상 원천적으로 배제되고, 언어기호에 대한 어의학적 작업을 통해 확보되는 '실증성'도 자연과학적 실증성, 즉 경험과 관측 또는 실험을 통해 객관적으로 증명되고 검증되는 보편적 타당성과는 거리가 먼 일종의 '사이비 실증성'에 불과하다.[484] 논리적 일관성과 정합성이라는 형식적 조건은 '객관성'의 여러 조건들 중에 하나에 불

....

484) 법학방법론상 법문의 한계와 관련하여, 특히 규범성과 언어의 의미파악의 객관성의 관계에 대한 상론은 M. Klatt(Fn. 225), 115-217면; R. Christensen, Was heißt Gesetzesbindung?, 1989, 66-181면.

과하다.

객관성의 유형을 그 준거에 따라, 즉 '관념으로부터 독립성', '특정한 정확성', '보편적인 적용가능성' 등의 조건을 충족하는 '존재론적 객관성'(ontological objectivity)과, '간주관적인 인식의 공유가능성'과 '불편부당성'을 조건으로 하는 '인식론적 객관성'(epistemic objectivity), 그리고 '절대적인 진리'의 확인을 조건으로 하는 '어의학적 객관성'(semantic objectivity) 등 세 가지로 분류하여 본다면, '논리적 실증성'은, 물리학에서 조차 이미 부정되고 있지만, 적어도 자연과학이 지향하는 수준에서의 '존재론적 객관성'은 물론이고 또한 근본전제가 다른 점에서 '인식론적 객관성'도 담보할 수 없다. 결국 '어의학적 객관성'과만 연결될 수 있을 뿐이다. 본질적으로 존재성과 당위성이 교착되어 있는 법에서 탐색되는 이른바 '법의 진리'(truth of law)가 '정치적 구상의 산물'(product of a political vision)에 불과한 것으로 볼 수 있는지, 적어도 일반적으로 그러한지에 대해서는 판단은 보류하더라도 그것이 '어의학적 객관성'만으로 귀착될 수 없다는 점은 분명하다. 가치규범이고, 정치규범이기 때문에 '이데올로기 감염성'이 강한 헌법의 해석론에서 이러한 순수한 '논리적 실증성'이 더더욱 제한적인 의미를 가질 수밖에 없는 것은 물론이다. 전술한 바와 같이, '헌법도그마틱'을 일종의 '형용모순'이라고 할 수 있는 것은 헌법텍스트, 즉 도그마틱의 독서법을 통한 이해의 대상으로 주어지는 이른바 '보이는 헌법'의 존재양태, 말하자면 헌법문언의 불확정성과 도그마틱의 방법으로 포착될 수 없는 불문의 헌법, 즉 Tribe가 제시한 '보이지 않는 헌법'(invisible Constitution)이 교착되어 있는 헌법의 특수한 구조 때문이기도 하다.

이러한 맥락에서, '어의학적 객관성'만을 집착하는 법도그마틱의 방법론적 오류, 말하자면 인식의 방법 또는 수단에 의해서 그 대상의 본질과 구조가 선결되는 이른바 '도구결정주의'에 대한 A. Maslow의 은유적 비판, 즉 "망치(hammer)만을 갖고 있는 경우 모든 것을 마치 못(nail)인 것처럼 취급하게 된다'[485])는 예지(叡智)는 헌법해석론에서 더더욱 주목된다. 일반적인 법해석론에서도 그러하지만, 특히 헌법해석론상 법도그마틱의 특유한 역할과 기능적 효용을 인정하더라도, 그것을 유일한 또는 주된 헌법해석방법으로 인정할 수 없는 것은 바로 헌법의 존재양태와 헌법해석작업에 대한 무리한 단정과 편협한 이해, 즉 '보이지 않는 헌법'을 보지 못하고 헌법텍스트와 헌법규범을 동일시하는 근본적인 '존재론적 오류'(ontological fallacy), 그리고 단순히 "헌법의 의미를 발견하는 소극적인 과정"(passive process of discovering constitutional meaning)이 아니라 "헌법의 의미를 구성하는 적극적인 과정"(active process of constructing constitutional meaning)[486])인 헌법해석작업의 본질과 헌법해석의 '전후에 복잡하게 얽혀 있는 부분'(complicated back and forth)[487])을 간과하고 과도한 과학성과 실증성에 집착하는 '인식

....

485) A. Maslow, The Psychology of Science: A Reconnaissance, 1966, 15면.

486) L. H. Tribe, "Comment", in: A. Scalia(ed.), A Matter of Interpretation: Federal Courts and the Law, 1998, 71면.

487) L. H. Tribe(Fn. 455), 72면. '헌법해석과 얽혀있는 전후'는 헌법이론과 도덕철학이나 정치(철)학을 비롯한 인접학문들과의 연관성의 측면을 넘어서, 헌법재판소나 법원과 함께 중요한 헌법해석의 주체인 대통령이나, 의회 등을 비롯하여 이른바 '대중적 헌법주의'(popular constitutionalism)에서 강조하는 바, 즉 모든 시민들이 참여하는 '국가의 집합적인 서사'(nation's collective narrative)의 맥락과 연관되는 전후방의 의미도 포함된다. 이에 관해서는 L. H. Tribe(Fn. 317), 28-29면. 종래 헌법이론이 초점을 맞추어 왔던 민주적 다수의 권위에 대한 헌법의 제약들을 정당화하는 문제와는 방향이 다른 질문, 즉 "정치적으로 결정권을 부여받은 다수가 왜 그들이 정치적으로 성취할 수 있는 것들에 대한 법적 제약들에 복종하는 선택을 하는가?"라는 적극적인 문제에도 관심을 가질 것을 촉구하면서, 헌법이 '정치게임'(political game)의 규칙으로 기능하기 위해서는 자신이 '정치게임이 되는 것'(becoming the political game)은 피해야만 하지만, 정치의 바깥에 머무는 것만으로는 성공할 수 없고, 오히려 헌법이 '양피지문서'(parchment) 이상의 어떤 것이 되기 위해서는 사회적, 정치적 지지가 필수적이라는 점을 강조하는 것도 헌법 및 헌법해석과 정치의 밀접한 연관성을 강조하는 것인 점에서 같은 맥락에서 주목된다. D. J. Levinson, "Parchment and Politics: The Positive Puzzle of Constitutional Commitment", in: Harvard Law Review, Vol. 124(2011), 657-746면.

론적 오류'(epistemological fallacy) 때문이다.

Tribe가 "헌법은 동사이지, 명사가 아니다"(The Constitution is a verb, not a noun)라는 함축적인 은유를 다시 사려 깊은 은유를 통해 해명해주는 바와 같이, 헌법의 의미에 대한 토론, 즉 헌법해석은 "어떤 궁극적인 헌법적 진리의 비밀을 열어주는, 오래 전에 잃어버린 열쇠를 찾는 것"이 아니라 '헌법의 이야기'(constitutional narrative)를 만들어 나가는 작업, 즉 "일종의 미결의 사업 속에서 삽화들(episodes in an unsettled enterprise)들을 계속 더해 나가는" 동태적인 과정이다.488) 또한 헌법언어에 대하여 집요하게 탐구해온 F. Schauer가 명쾌하게 단정한 바와 같이, 헌법해석의 매개이고 소재인 헌법의 언어와 헌법텍스트는 헌법해석을 '제한'(limit)하기는 하지만, '명령'(command)하지는 않는다. 헌법의 언어는 헌법해석의 '출발점'(starting point)이기는 하지만 헌법적 결정에 이르는 노정을 구체적으로 안내해주는 것은 별로 없다.489) 요컨대, '궁극의 헌법적 진리는 없다'는 것이야말로 헌법해석론에서 유일하게 성립되는 진리명제이다.

'헌법=동사'의 명제와 연관하여 헌법해석의 객관성의 관점에서 보면, 개인의 주관적인 '가치적 선판단'이 결정적인 요소로 적용되는 '관점론적 해석방법'도 법도그마틱의 '폐쇄된 체계' 대신에 특정한 '폐쇄된 관점'을 제시하는 것인 점에서 관점들 간의 '개방된 경쟁'의 결과 외에 자체적으로 객관적인 타당성을 판정할 수 있는 근거를 주장할 수는 없다. '논리적 실증성'이 적어도 작위적으로 설정된 '폐쇄체계' 내에서는 정합성과 일관성을 준거로 하여 법적 안정성 및 가측성과 함께 부분적으로나마 타당성을 담보

....

488) L. H. Tribe(Fn. 317), 24면. '헌법이 현재형의 동사'(Constitution is a ongoing verb)라는 점을 강조하면서 Tribe가 덧붙인 기술은 되새겨봄직 하다: "헌법은 우리가 법원에서, 국회의사당에서, 백악관에서, 거리에서, 학문연구 속에서, 그리고 기타 현장들에서 수행하는 '창조와 재창조의 계속적인 행위'(an ongoing act of creation and re-creation)이다."

489) F. Schauer(Fn. 414), 824, 830면.

할 수 있다고 한다면, 오히려 해석자 개인의 경험과 가치관, 다분히 직관적인 통찰과 이들에 의해 선규정되는 특정한 '도덕관념'이나 '정의관념'에 의존되는 특정한 '관점'은 '자의식'(self-consciousness)에 정신적 요소를 초치하는 일종의 '낭만주의적 관점'일 수밖에 없다.

도덕적인 근본결정 및 이와 연관되는 정치적, 법적 문제들에 대하여 '단 하나의 정확한 답'(only one right answer), 즉 객관적으로 타당한 답이 선재하는지, 있다면 그것을 찾아내고 표현 및 소통할 수 있는 유효한 방법은 무엇인가 하는 것은 인식론의 차원에서 '언어와 진리의 관계'에 대하여 대립되는 두 가지 기본접근, 즉 '객관주의'와 '주관주의'의 근본적인 쟁점과 연관되는 논제이다.[490] 하지만 헌법해석은 전적으로 기계적인 작업은 아니지만, 그렇다고 해서 무제약의 자유재량적 작업도 아니다. '일단의 근본적인 규칙들과 표준들(a set of foundational rules and standards)만이 아니고 '일종의 정치적 논증의 양식'(a style of political argument) 또는 '정치적 논증을 위한 문법'(a grammar for political argument)이기도 한 헌법의 언어와, 도덕의 언어 및 정치적 담론 형식의 언어, 그리고 이 언어들을 매개로 한 세 가지 '논증의 언어게임들'(language games of argument)은 동일한 것은 아니며 구별될 뿐 단절되어 있지 아니하고, '상호 침투하는'(interpenetrating) 관계에 있다.[491] 도덕 및 정치의 언어와 연관되는, 그렇기 때문에 규칙 자체

....

490) 언어와 진리, 의미와 이해 등 기본논제와 관련하여 대립되는 객관주의와 주관주의의 입장은 다음과 기본명제들로 정리될 수 있다:『객관주의 - ①진리는 낱말을 세계에 합치시키는 문제이다. ②의미는 인간의 이해와 상관없이 객관적이면 탈신체화되어 있다. ③문장은 본유적 구조를 갖는 추상적 대상이다. ④문장의 의미는 부분들의 의미와 문장의 구조에 의해 주어진다. ⑤의사소통은 화자가 확정된 의미를 지닌 메시지를 전달하는 문제이다. 주관주의 - ①의미는 사적이다. ②경험은 순수하게 전체론적(holistic)이다. ③의미는 자연적 구조를 갖지 않는다: 개인에게 있어서 의미는 개인적 느낌과 경험, 직관, 가치의 문제이다. ④맥락은 구조화될 수 없다. ⑤의미는 자연스럽게 또는 적절하게 표상될 수 없다: 의미는 결코 타인에게 완전하게 전달될 수 없다.』 G. Lakoff/M. Johnson, 노 양진/나 익주(역)(Fn. 424), 320, 356-357면.

가 유동적이고 정연하지 않은 '언어게임'의 맥락에서 수행되는 헌법해석은 객관적 요소와 주관적 요소들이 융합되어 수행되는 "독자와 (불행하게도 document가 아닌!) 텍스트 간의 역동적인 상호작용"(dynamic interaction between reader and text)[492]을 통해서 헌법규범을 확보하는 인식 또는 이해 작업이다. 자신의 경험과 언어를 주관적으로 이해하는 해석자의 정치경제 적 구상이나 가치관 및 세계관과 무관한 헌법해석은 있을 수 없다.

이러한 점에서 도덕과 정치 또는 정책과의 교섭 속에서 경쟁하는 가치 또는 원칙들을 형량하여 그 자체가 유동적인 '헌법의 문법'(constitutional grammar)에 의거하여 '정당성'(legitimacy)의 준거를 찾는 헌법해석론의 영 역에서 절대적인 객관성, 즉 '존재론적 객관성'은 상정될 수 없다. 특히 기 본권해석에서 부각되는 바, 필연적으로 객관성이 상대화될 수밖에 없는 인 식에서 상충되는 가치개념 및 개념체계들이 해석의 대상으로 주어지는 경 우에 해석주체의 정의에 대한 직관들, 즉 '정의관념'이나 '도덕관념', '법감

---

491) J. M. Balkin/S. Levinson, "Constitutional Grammar", in: Texas Law Review, Vol. 72(1994), 1782-1784면. J. Greene(Fn. 83), 33면.

492) O. M. Fiss(Fn. 358), 739면. Fiss가 제시하는 '해석자를 제약하는'(constrain the interpreter) 규칙의 기능과 관련하여, S. Fish는 '하나의 다양하게 해석될 수 있는 텍 스트'(a variously interpretable text)와 '자유롭게 해석할 수 있는 독자'(an interpretively free reader)를 상정하는 경우 불가피한 법해석론의 근본적인 딜레마를 벗어나기 위 해서는 규칙들이 역사학자들이 '해석을 필요로 하는 어떤 것'으로서 'text'와 구별하 는 '문서'(document), 말하자면 '기록 자체에 특정한 의미가 내장된 어떤 것'이어야 만 하는데, 유감스럽게도 규칙들은 'document'가 아니라 'text'라는 점을 지적하면서 일반적인 형식의 규칙에만 초점을 맞추고 해석을 제약하는 '규율하는 규 칙'(disciplining rule)과 이 규칙 자체가 해석의 산물이라는 점을 간과하고 있다고 비 판한다. 이에 관해서는 S. Fish, "Fish v. Fiss", in: Stanford Law review, Vol. 36(1984), 1325-1332면. 이어서 상론하는 인식론상 '객관주의'와 '주관주의' 간의 철 학적 논쟁과 연관되는 이러한 논의는 일반적인 법해석론에서도 그러하지만, 특히 'document'의 형식성이 가장 농후하지만 또는 그럼에도 불구하고 상대적으로 역사 의 맥락 속에서 해석되어야 하는 'text'의 특성이 가장 강한 헌법텍스트를 소재로 하 는 헌법해석론에서 그 맥락을 되짚어봄직한 것으로 생각된다.

정' 등과 완전히 이격된 일종의 순수한 '이성적 객관성'은 확보될 수 없다. 적어도 언어형식으로 명징하게 사유되고 논증될 수 없다. 명징한 사유와 논증을 기대할 수 없는 점에서 '헌법적 서사'(constitutional narrative)의 관념이 일종의 '대화종결장치'(conversation-stopper)나 또는 헌법문제들이나 헌법의 의미에 대한 이견에 대하여 명확한 답을 제공하는 algorithm을 거의 제공하지 못하기는 하지만, 이는 헌법 및 헌법해석의 흠결이 아니다.493) 오히려 가장 중요한 '국가적 대화들'(national conversations)을 조직하고 또한 권리와 역사에 대한 토론에 '근본적인 언어와 틀'(the primary language and framework)을 제공하는 헌법과, '문화와 정치 및 법 간의 역동적인 상호작용'(dynamic interplay among cultures, politics, and laws)을 통해 헌법의 언어에 담겨져 있는 진보의 동인을 살려나가는 헌법해석에 내장된 '대화기제'의 일면이다.494)

철학의 논제로서 '객관성'을 '옳은 것으로 보이는 것'과 '옳은 것'의 관계를 준거로 하여 네 가지 범주, 즉 판단의 주체에게 옳은 것으로 여겨지는 것을 옳은 것으로 간주하는 '주관주의'(subjectivism), 공동체 차원에서 옳은 것으로 여겨지는 것을 준거로 하는 '최소한의 객관주의'(minimal objectivism), 일정한 적정한 또는 이상적인 조건 하에서 옳은 것으로 보이는 것을 옳은 것으로 간주하는 '절제된 객관주의'(modest objectivism) 및 옳은 것으로 보이는 것과 옳은 것을 준별하는 '강한 객관주의'(strong objectivism)로 구별하는 관점에서 보면,495) 법해석론에서, 특히 헌법해석에서 추구하는 객관성 또는 확정성은 적어도 '주관주의'와 '강한 객관주의'에 따른 객관성과는 거리가 멀고, '최소한의 객관주의' 또는 '절제된 객관주의'에 따른 객관성 또는 이 둘 사이의 어떤 중간지점, 말하자면 '대화종결'이 아니라 '대화계

....

493) L. H. Tribe(Fn. 317), 22, 24면.
494) L. H. Tribe(Fn. 317), 22면.
495) B. Leiter(Fn. 278), 192면.

속'의 가능성과 필요성을 긍정하는 범주에서의 객관성일 수밖에 없을 것이다.

K. Greenawalt가 단언하는 바와 같이, 법적 개념을 구성하는 언어의 의미는 항상 언어의 사용 또는 언어를 통한 소통의 과정 속에서 '사회적 이해'와 '배후의 전제들' 및 '사용의 상황'에 의해 결정된다.[496] 적어도 헌법해석론이 지향하는 '이성적인 객관성'이 '강한 객관주의'에 따른 것일 수도 없고, 또 한편 어떤 외적 제약도 없는 상태에서 전적으로 해석주체의 주관적인 판단에 맡겨질 수도 없다는 것이 확인될 수 있다면, 헌법해석론에서 '객관성' 및 '타당성'의 명제는 인식 또는 지식의 문제든, 가치판단의 문제든 오롯이 해석자의 주관적인 편견의 지양(止揚)과 극복에 대한 요청과 연관되는 한에서만 의미를 갖는다.

결국 관건은 '절대적인 타당성'을 의미하는 '이성적 객관성'이 불가능하다는 것을 인정하는 전제 하에 이른바 '구체적인 반성'(concrete reflection),[497] 즉 현실 세계 속에서 자신의 삶의 경험과 연관하여 지식과 도덕적 명제의 의미를 끝없이 되새기는 '현상학적인 자기반성'의 개방된 태도이다. 과학적인 '앎'의 추구에서 겸손 및 절제의 태도를 요구하는 것으로 이해되는 바, 전술한 바와 같이 M. Polanyi가 제시하는 '암묵적 지식'의 명제는 일종의 '헌법의 진리'를 탐색하는 헌법해석작업에서도 우리가 취할 수 있는 접근방법과 그 한계, 그리고 우리가 추구하고 기대할 수 있는 객관성의 양태에 대한 적확한 해명으로 생각된다:

『지식을 소유하는 것은 발견될 무엇인가가 있다는 확신을 가지고 헌신하는 행위이다. 또한 그것은 지식을 소유한 사람의 인격적 측면이 포함된다는 의미도 있으며 어떤 의미에서 보면 대체로 고독한 측면도 포함된다. 하지만 지식의 추구가 개인적인 측면을 지닌다고 해서 자의

---

496) K. Greenawalt(Fn. 278) 43면.
497) D. E. Marietta Jr.(Fn. 161), 75면.

적이라는 뜻은 아니다. 오히려 숨겨진 진리를 드러내려는 발견자에게
는 그것을 밝히기 위한 노력이 요구된다는 점에서 막중한 책임감이 수
반된다. … 과학에 종사하면서 자신이 지니고 있는 주관적 요인을 객
관적으로 전달할 수 없기 때문에 그것을 언어로 형식화할 수 없다. 명
시적 언어로 표현하려고 시도하는 것은 탐구주제를 파괴하면서 언어적
명징성만을 고집하는 것이다. 그것은 곧 과학철학에서 실증주의 운동
의 실패를 입증하는 것이다.』[498]

　그렇다면 결국 남는 과제는 '헌법텍스트와 해석자 간의 역동적인 상호작
용' 속에서 객관성과 주관성에 대한 변증법적인 지양을 통해 가능한 한 상
대적으로 더 적확한 해석방법을 모색하는 것이다. 전통적인 법도그마틱에
서 '논리적 실증성'의 명제로 표현되는 바, 즉 법세계에서의 일종의 '객관
주의의 신화'와, 헌법해석작업의 복합적인 상호작용성을 간과하고 다분히
인식 또는 이해의 내적 측면만을 주목하는 '관점론적 해석방법'의 '주관주
의의 낭만적인 입장'에서 벗어나는 것이 그 출발점임은 물론이다. 전술한
내용은 바로 이 점에 대한 해명에 초점을 맞춘 것이고, 다음의 논의는 '전
형상'이 자의적인 편견을 극복하고, 동시에 합리적인 객관성 또는 객관적
인 타당성을 확보할 수 있는 헌법해석의 준거로 적용될 수 있는 기능적 효
용과 그 한계의 문제를 검토하는 것이다.

....

498) M. Polanyi, 김 정래(역)(Fn. 419), 55면. 법적 결정, 특히 '법적 추론'(legal reasoning)
　　과 관련하여 인식론의 측면에서 '암묵적 지식'에 대한 논의는 S. L. Winter(Fn. 426),
　　3-6면. L. H. Tribe는 헌법을 우리의 눈에 빛이 도달하기 훨씬 이전에 '보이지 않는
　　블랙홀들'(invisible black holes) 속으로 스러져간 '초신성'(supernovae)에 비유하여,
　　오래 전에 지워졌거나 변형된 헌법텍스트 속의 헌법규정들에서 바람직한 미래의 모
　　습을 그려내야만 하는 헌법해석의 과제와 함께 통치규칙의 형성을 규율하는 이른바
　　'보이지 않는 구조들'(invisible structures)을 제시하면서 이를 보수주의자나 진보주의
　　자든 공히 받아들일 수밖에 없는 '헌법적 계획'(constitutional plan)의 "암묵적인 전
　　제조건들"(tacit postulates)로 설명하고 있다. L. H. Tribe(Fn. 455), 73면.

앞에서 일종의 은유적 인식 및 소통의 수단으로서 '전형상'의 본질과 기능을 논의하였거니와, 여기에서는 '전형상'을 이른바 '체험적 은유'의 핵심 요소라고 할 수 있는 '형태'(Gestalt)로 보는 입장에서, 가치적 공감대를 창출하고, 공유되지 않는 경험을 전달하고, 소통의 상호작용을 통해 의미를 절충하고, 이러한 과정을 통해 새로운 실재를 형성해나가는 역동적 기제로서 그 특유한 기능적 효용을 해명한다. '형태'의 기능을 주목하는 이른바 '체험주의적 대안'은 은유를 경험을 이해하고 언어의 의미를 탐색하고 소통하기 위한 가장 기본적인 기제(機制)로 보는 입장에서 제시된다. 이 대안은 언어에 대한 이해와 의미의 소통에 대한 객관주의적 해명과 함께, 근본적으로 개인의 주관적인 '자의성'(恣意性)의 한계를 벗어날 수 없는 또는 좀 더 정확하게 말하면 이 한계를 벗어날 수 없다고 전제하는 주관주의의 입장을 동시에 부정하면서 다음과 같은 근본적인 반대명제들을 제시한다:

객관주의에 대해서는 - 『①대상은 오직 우리와 세계 간의 상호작용과 세계에 대한 우리의 투사에 상대적인 개체로만 보아야 한다. ②속성은 본유적인 것이 아니라 상호작용적인 것으로 보아야 한다. ③범주는 집합이론을 통해서 확고하게 고정 및 정의되는 것이 아니라 원형에 의해서 정의되는 체험적인 '형태'로 보아야 한다.』[499]

주관주의에 대해서는 - 『①개인의 주관적인 경험도 자연적 구조를 가질 수 있다. ②의미와 진리는 언어와 개념체계에 따라 외적으로 제약될 수 있다. ③의미의 완전한 전달 또는 소통은 불가능하지만, 공유되지 않은 경험을 부분적으로 전달하는 것은 은유의 방식을 통해 가능하다.』[500]

---

499) G. Lakoff/M. Johnson, 노 양진/나 익주(역)(Fn. 424), 338면.
500) G. Lakoff/M. Johnson, 노 양진/나 익주(역)(Fn. 424), 357면.

이러한 반명제들은 언어를 매개로 하는 법해석론, 특히 헌법해석방법론에도 그대로 적용될 수 있다. 인식론의 차원에서 엄격한 의미의 객관주의와 주관주의가 모두 선택될 수 없는 상황은 헌법해석론의 경우에도 다르지 않기 때문이다. 헌법해석의 준거로서 '전형상'을 은유적으로 구조화된 '체험적 형태'라고 본다면, 이 기제를 활용하는 헌법해석방법은 적어도 일면 객관주의를 토대로 하는 법도그마틱, 타면 주관주의와 연관된 '관점론적 헌법해석'의 방법에 비해 상대적으로 좀 더 객관적 타당성을 확보할 수 있는 잠재적 효용을 내포하고 있다. '전형상'이 반복적인 경험과 의미의 전달 또는 가치적 공감의 기억들이 집적되고 응축되는 과정을 통해 형성되는 일종의 '조형(造形)의 범주'에 속하고 또한 시공간의 환경과 상호작용을 통한 계속적인 변형의 과정을 거쳐 다소간에 실체적 차원의 내용으로 구성되어 제공되는 '형태'라고 보면, '전형상'은 헌법해석론상 객관주의와 주관주의의 동기가 되는 관심을 충족시키는 단순한 절충적 종합 이상의 관점을 제시한다. 특히 공동체생활의 가치적 공감대로서 일종의 '문화규범'이고, '생활규범'으로서 특성을 갖는 헌법의 해석에서 본질적인 요소로 전제되는 '자기이해'와 '상호이해', '정치현상에 대한 이해' 등과 관련하여 보다 객관적인 접근을 가능하게 만드는 풍부한 관점들을 제공해준다.501)

'전형상'이 제공하는 이러한 관점들은, 전술한 바와 같이, 헌법의 해석에 특히 부각되는 '경직성과 가변성 간의 조화'의 요청과 관련해서 적절한 준거로 활용될 수 있을 뿐만 아니라, '전형상'은 추상적인 헌법상 원리와 그것이 구체화된 제도들 또는 헌법텍스트와 그 적용 간의 '중간층'(Zwischen-schicht)502)의 추상성을 갖는, 말하자면 다소간에 유연화될 수 있는 구체적인 준거를 내포하기 때문에 궁극적으로 헌법해석상 객관성의 제고로 연결

....

501) G. Lakoff/M. Johnson, 노 양진/나 익주(역)(Fn. 424), 364면.
502) P. Lerche, "Stil und Methode der verfassungsrechtlichen Entscheidungspraxis", in: FS 50 Jahre Bundesverfassungsgericht, Bd. I, 2001, 343면 이하.

되는 개방화와 이를 통한 역동화에도 유용하다. 헌법해석은 상시적인 변화 속에서 일면 구체적인 현실 또는 헌법문제를 포착하고, 타면 공동체 구성원들의 집합적인 기억과 역사의식 및 이들을 토대로 하여 형성된 '질서관념' 또는 '정의관념' 등을 수렴하여 헌법을 구체화하는 작업인 점에서 헌법해석론상 개방의 명제는 주어진 현실에 대한 공시적 차원의 개방과 함께 통시적인 차원에서의 개방도 요구한다. 이러한 두 가지 측면의 개방화의 기능이 분명하게 드러나는 '전형상 준거 헌법해석'의 대표적인 예로는 앞에서 제시한 계약의 자유에 대한 내용적 통제와 관련된 사례를 비롯하여, 이른바 기본권의 객관적인 '근본규범'(Grundsatznorm) 또는 '가치질서'(Wertordnung)로서의 측면을 주목한 이른바 '객관적인 기본권이론'(objective Grundrechtstheorie)을 토대로 하는 결정들, 정당에 대한 국가의 재정지원과 관련된 결정503) 등을 들 수 있다.

전자의 경우 기본권의 일면, 특히 자유권의 주관적 공권의 측면만을 주목하는 관점에서는 사인에 의한 기본권침해의 위험이 헌법문제로 주어진 사회현실을 적확하게 인식할 수 없었고, 기본권에 대한 잠재적인 침해자로서 뿐만 아니라 기본권의 보호자 또는 상충하는 기본권적 법익에 대한 조정자로서 국가의 적극적인 역할에 대한 기대, 즉 다원화된 사회에서 '사회국가원리'와 연관되는 '정의관념'의 근본적인 변화에 대응할 수 있는 기본권해석론이 모색될 수 없었던 상황에서 기본권의 본질과 구조에 대한 새로운 이해는 불가피한 것이었고, 이러한 기본권이론의 근본적인 재편은 '양면성'을 갖는 새로운 '기본권의 전형상'을 확보해나가는 '은유적 구조화'의

....

503) 이와 관련된 대표적인 결정례로는 정당투표에서 유효투표수의 2% 이상을 확보한 모든 정당에 대하여 당비나 정치헌금 등의 구체적인 성과와 무관하게 지급되는 이른바 '기본보조금'이나 또는 오히려 자체 수입이 적은 정당을 우대하는 이른바 '불균형 시정 보조금'에 대하여 위헌으로 판단한 BVerfGE 85, 264(283, 327ff.). 이 결정과는 기본적으로 다른 입장이었던 선판례들로는 BVerfGE 8, 51(63); BVerfGE 24, 300(335f.); BVerfGE 73, 40(96).

과정인 동시에 그 결과였다고 할 수 있다.

정당에 대한 국가의 재정지원과 관련된 결정들도 정당의 '전형상'이 헌법해석의 개방화에 중요한 요소로 고려된 예들로 이해된다. 정당을 '국가로부터 자유로운 사적 결사체'로 보고, 따라서 정당이 사회 속에서 뿌리를 내려야 한다는 기본적인 입장을 견지하면서도, 정당이 대의기관의 구성과 국민의사의 형성에 결정적인 '정치적 도관의 기능'을 수행하는 정당국가적 민주정치의 현실을 인정하여 정당에 대한 국고지원 자체는 원칙적으로 인정하되, 다만 선거에서의 득표나 당원의 당비 등의 기준과 연계하여 지원하거나, 상대적인 또는 절대적인 상한을 설정하는 방법을 통한 제한을 요구하는 절충적인 관점에서 '전형상'의 특성이 분명하게 드러난다.[504]

말하자면 헌법해석의 요소로서 '전형상'이 '고착된 형상'으로 지속되는 것이 아니라, 일종의 '개방된 형태', 즉 그 기본형상은 유지하면서도 부분적인 내용의 변화를 통해 정치 및 사회현실의 변화에 적절하게 적응할 수 있는 '유연한 형태'로 적용될 수 있는 기능적 효용이 그것이다. 독단의 편견, 즉 이데올로기적 주관주의의 함정에 빠지기 쉬운 '관점론적 헌법해석방법'에 비해서 '전형상 준거 헌법해석방법'이 적어도 상대적으로 높은 수준에서 헌법해석의 객관성을 확보할 수 있는 것으로 볼 수 있는 것은 바로 '전형상'의 이러한 다면적인 기능적 효용에서 그 결정적인 근거가 찾아진다. 헌법해석의 준거로서 '전형상'은 다소간에 오랜 기간에 걸친 경험과 인식의 공유를 기반으로 하고 또한 '관점들' 간의 소통과 조정을 통해 형성된 관점을 '체험적 은유' 즉 상호작용의 매개로서 안정성을 갖는 '형태'인 동

---

504) BVerfGE 85, 264. 유사한 맥락에서 정당의 국민의존성의 감소와 정당간의 자유로운 경쟁의 저해 등을 적시하여 정당에 대한 국고보조의 문제점을 강조한 결정으로는 헌재결 2015.12.23. 2013헌바168, 판례집 27-2하, 511, 530면. 반면에 정당에 대한 보조금의 배분과 관련하여 '현재의 각 정당들 사이의 경쟁상태를 현저하게 변경시킬 정도'가 아닌 한에서 폭넓은 입법정책적인 재량권이 인정된다는 취지의 결정으로는 헌재결 2006.7.27. 2004헌마655, 판례집 18-2, 242면 이하.

시에 개방화 및 유연화의 가능성을 내포하고 있기 때문이다.

(3) 불확정성 및 자의성(恣意性)

전술한 '전형상 준거 헌법해석방법'의 기능적 효용, 특히 헌법의 해석과 그에 따른 헌법적 판단의 다소간의 객관성을 담보하는 기능은 잠재적인 것일 뿐이다. 앞에서 제시한 결정례들에서 드러나는 바와 같이, 독일 연방헌법재판소는 '전형상'을 해석요소로 고려하면서 그 근거로 흔히 "근본적인 형량들"(grundsätzliche Erwägungen), "선헌법적인 전체형상"(vorverfassungsrechtliches Gesamtbild) 또는 세밀하게 해명되지 않은 헌법규정들에 대한 '전체적인 조망'(Gesamtschau) 등을 제시하여 '전형상'을 '자명한 것' 또는 '논리적으로 해명될 수 없는 직관의 결과'로 전제하고 있다.[505] 특히 앞에서 제시된 예들 중에서 '선거컴퓨터'에 대한 결정에서 '공화국'의 개념에 대한 다양한 정의들에 대한 세밀한 논의를 생략한 채, 종래 휴면상태에 있었던 '공화국'의 헌법원리를 근거로 하여 선거의 새로운 '전형상'을 모색한 시도도 같은 맥락에서 비판되고 있다.[506]

이러한 경향과 함께, 사회현실과의 상시적인 교섭을 통해 형성되어 나가는 '전형상'의 개방성도 헌법의 '규범성' 또는 헌법해석의 '가측성'을 해치는 요인이 될 수 있다. '전형상'의 구성과 적용의 과정에 현실에 대한 인식과 이와 관련된 윤리적, 도덕적 요소들이 반영되지만, 반대로 '전형상'은 자신이 인식의 지침과 준거를 제공해야 하는 사태와 생활영역의 '소여성'에 의존될 수밖에 없기 때문에 '전형상'을 적용하는 헌법해석은 '임의성'

---

505) 예컨대 BVerfGE 2,1(13); 2. 380(403); 39, 1(45); 119, 96(137). '선헌법적 전체형상'에 대해서는 F. Müller/R. Christensen, Juristische Methodik, Bd. I, Grundlagen Öffentliches Recht, 8. Aufl., 2002, Rn. 389-390.

506) U. Volkmann(Fn. 376), 88-89면.

및 그에 따른 헌법의 '규범성'의 약화의 위험을 수반하게 된다. 헌법해석의 준거로서 '전형상'은 언제든지 헌법의 문언이나 헌법제정자의 의도를 외면할 수 있고, 다만 이들이 '전형상 준거 헌법해석방법'에 따른 헌법적 판단에 부합되는 논증의 요소로 중요한 의미를 갖는 한에서만 수용하는 경우에 그 결과는 항상 구체적인 상황에 따라 다를 수 있고, 따라서 '가측성'을 기대하기 어렵다.

또 한편 '전형상'을 지나치게 이상적인 것으로 설정하는 경우에 또는 지나치게 현실만을 주목하여 구성하는 경우에 그에 따른 해석의 결과는 헌법해석의 기본지침, 즉 능동적인 '헌법실현'의 관점에서 강조되는 사회통합과 헌법의 규범적 효력의 요청에 부합되기 어려운 법 외적인 역효과를 야기한다. 전자의 경우와 관련된 예로는 정치현실과 거리가 먼 의회 또는 의정활동의 모습을 전제로 한 C. Schmitt식의 '의회주의비판'을 들 수 있다.[507) 이러한 지나치게 이상적인 '전형상'은 의회를 중심으로 하는 정치과정과 민주적 제도들에 대한 신뢰를 해치고, 국가와 정치에 대한 혐오만을 불러일으켜서 궁극적으로는 민주주의 정당성 자체에 대한 근본적인 회의를 초래하게 된다. 후자의 경우는 우리 헌법재판소가 정당의 개념징표를 제시하면서 전제로 한 것으로 여겨지는 정당의 '전형상'에서 유사한 문제점이 분명하게 드러난다. 전술하였지만, 간단히 재론하면, '목적과 조직 및 활동의 민주성'과 '정치적 의사형성에 필요한 조직'만을 정당개념의 징표로 규정하고 있는 헌법규정(제8조 제2항)에 대한 논의는 완전히 생략한 채, 대체로 양당체제의 정당구도로 지속되어 온 정치현실에 집착하여 군소정당이나 지역정당이 포섭될 수 없는 정당의 '전형상'을 준거로 정당의 개념정의를 시도한 것은 일종의 편집(偏執的)의 '합헌실적 헌법해석', 말하자면 헌법규범을 정치현실에 억지로 끼워 맞춘 '견강부회'(牽强附會)에 불과하다.

....

507) C. Schmitt, Die geistesgeschichtliche Lage des heutigen Parlamentarismus, 8. Aufl. 1996, 46면 이하.

위에서 살펴 본 '전형상 준거 헌법해석방법'의 불확실성, 임의성, 불가측성 등은 현실에 대하여 '개방된 형태'로 주어지고 또한 일종의 '주관적인 관점'의 범주에 속하는 헌법해석의 요소로서 '전형상'의 구조적·기능적 특성에 기인되는 것인 점에서 그 구체적인 적용에 항상 잠재되어 있는 일반적인 위험이다. '전형상' 구성의 준거로 제시되는 "근본적인 형량들"이나 "선헌법적인 전체형상" 등은 그 층위와 포섭의 지평이 다르기는 하지만, 본질적으로 다분히 직관에 따른 주관적인 '관점'과 같은 범주에 속하기 때문에 '자의성'(恣意性)의 위험성을 다소간에 공유한다. 또한 관련된 헌법규정들에 대한 '전체적인 조망'(Gesamtschau)도 광의의 체계적 해석방법에 따른 결과로 확보되는 점에서 '법인식원'으로서 법도그마틱의 기능적 한계와 무관하지 않다. Deleuze가 적확하게 표현하듯이, '개념'을 그 구성요소들과의 관계에서 그것들을 전지적(全知的) 시점에서 위에서 내려다보는 '조감'(鳥瞰: survol)의 상태에 있는 것으로 본다면,[508] 상하, 전후 및 좌우에 있는 법개념들의 연관체계 속에서 개념을 정의하고, 정의된 개념들 간의 관계를 분석하는 법도그마틱 작업은 '전체적인 조망'의 상태에서 '전형상'을 구성하는 작업과 무관하지 않다.

다만, 이러한 잠재적인 위험성이 현출될 수 있는 가능성이나 그 양태가 다르고, 따라서 해석작업의 합리화를 통해 잠재적인 위험성을 줄이는 접근방법도 달리 모색되어야 한다. 해석주체의 근본적인 '도덕관념'이나 '정의관념'등과 같은 '주관적인 선이해'를 토대로 하는 점에서 같은 범주에 속하는 것으로 본다고 하더라도, 전술하였듯이, 헌법해석의 요소로서 '관점'과 '전형상'은 그 존재의 형식과 인식의 준거로서 구조와 기능이 근본적으로 다르다. 이른바 '실체적인 형상'(materiales Bild: picture)이든, '관념적인 형상'(mentales Bild: image)이든 '전형상'이 은유적으로 구조화된 '실체적인

....

508) G. Deleuze/F. Guattari, 이 정임/윤 정임(역)(Fn. 478), 35면.

형태'의 '인식원'이라고 한다면, '관점'은 '입장'과 '시각' 및 '시점'이 합성된 일종의 '허구의 공간', 즉 '무형의 상태'이고, 그 핵심은 인식대상에 대한 '주목성'(aboutness) 및 '의도성'(intendedness)을 내용으로 하는 '접근의 태도'이다.

또한, 전술한 바와 같이, '관점론적 해석방법'은 '관점'을 형성하는 과정에서도 그러하지만, 특히 '관점'을 준거로 한 법해석 및 법적 판단의 결론을 정당화하는 단계에서 '개념'을 수단으로 하는 논증형식을 취할 수밖에 없는 점에서 평면적이고 단선적인 2차원의 이해방식이다. 체계적 해석방법의 관점에서 일견 유사한 것으로 보이는 '전체적인 조망'과 개념의 '조감기능'도 '전형상'의 준거로 제시되는 전자의 경우 헌법텍스트를 준거로 하더라도 현실과 도덕 및 윤리적 요소들을 인입하는 인식을 통해 확보되는 '형상'인데 반해, 후자의 경우는 폐쇄된 체계 속에서만 유효하고 또한 무형의 '관념'의 상태로 주어지는 제한된 '조감'일 수밖에 없는 점에서 결국은 법도그마틱의 한계가 그대로 해당된다.

아무튼 이러한 유사점과 차이에 대한 해명은 궁극적으로 '개방된 형태'로서 특유한 속성을 갖는 헌법해석의 요소로서 '전형상'의 독자성을 재확인하는 의미를 갖는 동시에, 일면 그 기능적 효용, 특히 역동화의 가능성을 살려나가고, 타면 그에 내포된 잠재적인 '자의성'과 '불가측성'의 위험을 줄이는 적절한 방법을 모색하는데 유용한 단서를 제공한다.

5. '전형상 준거 헌법해석방법'의 합리화

(1) 개요

'은유적 구조화'를 통해 형성되는 '전형상'의 헌법해석의 준거로서 특유

한 기능적 효용은 전통적인 법도그마틱이나 '관점론적 헌법해석'과의 결별
이 아니라 연계와 조합을 통해서 더욱 효과적으로 활용될 수 있다. '자의
성'의 위험을 줄여나가야 하는 과제, 특히 형상화(形像化)의 장점과 함께
고착화(固着化)의 위험이 내포된 '법형상'으로서 '전형상'의 기능적 한계를
확인 및 해명하고, 단순한 '절제의 촉구'를 넘어서 구체적인 헌법적 결정의
과정 속에서 '전형상'의 형성과 적용 및 그 제한과 관련된 규칙을 마련해야
하는 헌법해석론의 과제가 외면될 수는 없다. 법도그마틱의 해체나 대체가
아니라, 결정부담경감기능, 합리화기능, 정서기능 등 대체불가능한 고유한
효용을 갖고 또한 논리의 방법과 형식에 의해 일관성과 정합성 및 이를 통
해서 일정 수준의 객관적인 합리성을 담보하는 헌법도그마틱과 도그마틱
의 방법 및 형식과 분별되는 헌법해석의 틀인 '전형상 준거 헌법해석방법'
간의 유기적인 연계가 관건이기 때문이다.[509]

⋯⋯⋯⋯⋯⋯⋯⋯⋯

509) 이러한 관점은 법학방법론상 '법이론의 정립'(legal theory-building)을 '집문제'
(problem of housing)로 보는 은유의 방법을 통해 보다 명확하게 이해될 수 있다.
J. Halteman, "Moral Reflection and Market", in: Journal of Interdisciplinary Studies,
Vol. 16(2004), 34면. '경제이론의 정립'(economic theory-building)을 정초작업에서
시작하여 구조물을 세우는 '집건축작업'으로 보는지(building model), 아니면 항구
적으로 집을 깨끗하게 유지하고, 수선하고, 낡은 부분을 개선해나가는 '집관리작업'
으로 보는가(housekeeping model)에 따라, 전자의 경우에는 종착점이 있는 물리학적
작업으로 이해되고, 후자의 관점에서는 종착점이 없는 과정으로서 환경과 사회적
맥락 및 그 집에서 살아가는 사람들의 목적 등을 고려해야 하는 바, 철학, 정치학,
사회학, 역사학을 비롯한 인문학 등과 같은 이른바 '연성학문'(soft discipline)과 연
관되는 사회과학적인 작업으로 이해된다고 보는 관점에서 오늘날 주류경제학이라
고 할 수 있는, 가치와 도덕 또는 덕성(virtue)의 문제를 외면하는 신고전학파 경제
학을 전자에 해당하는 것으로 보고 그 방법론적 한계와 흠결, 특히 '지적 고립'
(intellectual isolation)을 지적하는 비판론은 법이론 및 법해석론에서 주류법학과 인
문사회과학 또는 법도그마틱과 법철학, 법윤리학, 법사회학 등의 관계에도 그대로
원용될 수 있다. 특히 헌법이론 및 해석론의 경우에는 더욱 적확하다. 역사학과 정
치학 및 심리학과 결별한 주류경제학의 '지성적 고립'을 비판하면서 주류경제학의
'존재론적 배교자들'(ontological renegades)에 합류하여 족쇄를 차는 경제학자보다
는 정치경제학자로서 주류 사회과학에 합류하는 선택을 요구하는 주장도 헌법학방

(2) '탐색규칙' - '여담음'의 조절기능

앞에서 살펴본 사례들에서 언급한 바와 같이, '전형상'이 구체적인 헌법해석의 요소로 적용된 경우에 '전형상' 형성의 준거, 말하자면 무엇을 근거로 하여 어떠한 과정을 거쳐 '전형상'이 구성되고 확보되었는지 충분히 해명되지 못한 예들이 적잖다. 이는 근본적으로 성급한 예단은 절제되어야 한다는 실무상의 막연한 촉구에 그칠 뿐 '전형상'의 탐색 또는 논증에 대하여 정리된 규칙이 마련되지 못한 점에서 결정적인 이유가 찾아진다.

'전형상'의 구체적인 적용의 가능성과 한계는 '전형상'의 '탐색규칙들'(Suchregeln) 및 그 형성과정과 관련된 '논증규칙들'(Begründungsregeln)의 해명을 통해서 검토되어야 한다. 우선 '전형상'의 형성과정에서 고려되는 개별 준거들, 말하자면 '보이지 않는 헌법'을 포함하여 관련 헌법규정(들)에 대한 이해, 해석자의 주관적인 '선이해'나 사회적으로 다소간에 공유된 일반적인 가치명제들과 연관되는 도덕적-윤리적 요소들 및 현실에 대한 인식과 평가 등의 요소들이 분명하게 제시되어야 하고, 그것들이 어떤 정제와 여과과정을 거쳐 선별 또는 조합되어서 '전형상'으로 확보된 것인지 논증되어야 한다.

'전형상'의 형성과 관련된 규율은 '전형상' 형성의 형식 및 절차와 관련된 규칙들과, '전형상'의 윤곽, 즉 내용의 구성과 관련된 규칙들로 구별될 수 있다. 전자의 규칙들은 우선 '전형상'의 형성과정 자체가 이른바 '학습해 나가는 법'(lernedes Recht)으로서 '전형상'의 핵심속성이 가능한 한 유지될 수 있도록 구성되어야 한다는 요청과 연관된다. 헌법해석을 일종의 '개방된 담론'으로 보고, 그 '대화적 구조'를 주목하는 입장에서 보면, '전

법론 또는 헌법해석론에서 더욱 부각되는 '법도그마틱의 계몽'의 명제와 관련하여 되새겨봄직하다. T. B. Thornton, "The Intellectual Isolation of Mainstream Economics", in: Journal of Australian Political Economy, No. 80(2017), 11-25면.

형상'의 형성도 그 과정 자체가 투명해야 하고, 대외적으로 분명하게 알 수 있는 방식으로 진행되어야 한다는 점에서 '방법충실성'(Methodenehrlichkeit)을 비롯하여 '공개성' 등이 요구된다. 또한 이러한 요청들은 '전형상' 형성의 준거로 고려되는 이른바 '출발규범들'(Ausgangsnormen)과 이 규범들의 선별과 이해에 적용된 해석기준들이 분명하게 제시되어야 할 것을 주문하고, 또한 고려된 '도덕관념' 또는 '정의관념'이 어떤 정치 및 사회철학을 근거로 한 것인지, 더 나아가서 현실 또는 사태를 어떻게 인식하였는지에 대한 해명을 요구하는 지침들로 구체화된다. 객관적으로 해명될 수 없고, 검증 자체가 원천적으로 불가능한 점에서 '전체적인 조망'이나 '선험법적인 전체상'과 같은 논거가 이러한 지침에 부합될 수 없음은 물론이다. 특히 '주관적인 선이해'와 연관되는 도덕적-윤리적 요소의 경우에 이러한 요청은 궁극적으로 그 수용의 여부나 정도가 해석자의 성향이나 태도에 맡겨질 수밖에 없는 '촉구' 이상의 의미와 효과를 가질 수 없다.510)

이와 같이 '전형상'의 형성과정과 관련된 규칙들이 제한된 효과를 가질 수밖에 없는 점에서 '전형상'의 내용에 초점을 맞춘 '탐색규칙'의 중요성이 더욱 주목되고 있다. 이른바 '내용생산적인 규칙'(inhaltserzeugende Regel)의 핵심은 이른바 '규범프로그램을 포착하는 전체적인 토대'를 준거로 하여 '전형상'이 확보되어야 한다는 것이다. 이 토대는 우선 헌법원리들과 제도 및 관련되는 규정들의 생성 및 발전사에 대한 통시적인 접근, 즉 해석대상의 맥락에 대한 이해와 함께 목적론적 해석을 비롯하여, 더 나아가서 헌법해석을 이른바 '법창조적인 헌법구체화'로 이해하는 관점에서 주목되는 다양한 헌법해석의 관점과 방침들에 따른 해석의 결과들로 구성되어야 한다. 이러한 동태적이고 포괄적인 접근을 통해 공고하게 형성되어야 '전형

---

510) J. Esser(Fn. 1, 136-141면)가 인식론의 관점에서 '이해과정의 해명'(Durchleuchtung des Verstehensvorgangs)과 함께 '선이해'의 조건과 동기들에 대한 성찰의 필요성을 강조하는 것도 같은 맥락에서 이해된다.

상'은 다양한 구체화의 가능성을 수용할 수 있고, 동시에 개방성과 정향성의 요청을 충족시킬 수 있는 크기와 적정한 탄력성 또는 유연성을 갖는 '형태'로 확보될 수 있다. 이러한 '전형상' 확보의 프로그램은 "헌법해석에 반영되는 다양한 관점들이 연관되지 않은 상태로 주어지는 것이 아니라 일종의 위계와 내적 질서로 구조화될 수 있다"고 보는 관점511)을 전제로 하는 점에서 '전형상' 내용의 구성과 관련해서 중요한 지침을 제공한다.

특히 정향성과 상호조건의 관계에 있는 개방성은 다양한 정당화요소들과 정당성의 척도들에 대한 합리적인 고려를 가능하게 만들고 또한 촉진하는 기능과 연관되는 점에서 '합법성'(legality) 형식의 '합헌성'과 함께 수용가능성, 문제적합성 및 미래유용성 및 현실상황의 변화에 대한 적응가능성 등을 제고할 수 있는 헌법해석의 요소로서 '전형상'의 내용을 어떻게 구성할 것인가 하는 문제와 관련된 '탐색규칙'의 핵심준거로 고려되어야 한다. F. Reimer가 제시한 헌법원칙형성의 4단계, 즉 '원칙가설(Prinzipienhypothese)의 형성'에서 부터 '잠재적으로 관련되는 '출발규범(Ausgangsnormen)들의 집적' 및 '공통된 지침내용에 대한 검증'을 거쳐 '원칙의 자명화'에 이르는 일련의 과정을 원용하여 보면,512) 이러한 '탐색규칙'들을 준수하는 가운데 확보되는 '전형상'은 세 번째 단계 까지 거쳐서 '자명화'(Verselbständigung)에 근접한 상태의 헌법해석의 준거로 볼 수 있을 것이다. 다만, 그렇다고 해서 '전형상'이 '원칙'과 동일한 속성을 갖는 것은 아니다. '원칙'이 허구의 '무게'(Gewicht)를 갖는 형량의 대상이라면, '전형상'은 '원칙' 또는 '원칙'에 함축된 '가치'의 형량에 척도를 제공하는 '배후근본관념'(Hinter-

---

511) 이러한 관점은 F. Müller가 이른바 '구조화 법이론'(strukturierende Rechtstheorie)의 명제 하에 제시하는 헌법해석 프로그램의 핵심전제이다. F. Müller/R. Christensen (Fn. 505), Rn. 158이하.

512) F. Reimer, Verfassungsprinzipien, 2001, 413면 이하. U. Volkmann(Fn. 439), 188면, 주석 119번에서 재인용함.

grundvorstellung)으로서 '내용'(Inhalt)을 갖고 적용되는 것이라는 점은 전술한 바 있다.

강조의 맥락에서 다시 정리해보면, 일면 완결된 폐쇄체계를 전제로 하는 점에서 법도그마틱이 완전한 개방은 물론이고 일정 수준 이상에서 개방될 수 없는 해석방법이고, 타면 '관점론적 해석방법'에서 '관점'은 '완전한 개방'이나 또는 그것이 이데올로기로 고착된 경우에는 '완전한 폐쇄'를 선택할 수밖에 없는 제약된 상태로 주어진다. 반면에 '전형상'은 '여닫음'이 조절될 수 있고, 더욱이 층위에 따라, 사안영역 또는 사안에 따라 차별화하여 적용될 수 있는 특유한 기능적 효용이 내장된 헌법해석의 준거이다. '탐색규칙'이 '역동화'의 수단인 '여닫음'의 기제를 구체적인 헌법의 해석과 적용 속에서 합리적으로 활용하기 위한 필요조건으로 모색되는 것이라면, 다음에 이어서 검토되는 '적용규칙'과 '정지규칙'은 '역동화'에 수반되는 '자의성' 및 '불가측성'의 위험을 제어할 수 있는 충분조건과 관련된 논제이다.

(3) '적용규칙' - 논증부담의 배분

근본적으로 이른바 '학습되는 구조'로서 개방적이고 유동적인 상태로 주어지는 점에서 '전형상'을 고려하는 헌법해석에는 '자의성'의 위험이 수반될 수밖에 없다. 또한 전술한 바와 같이 '안정성과 가변성의 조화'라는 헌법해석론의 근본적인 요청은 일단 형성된 '전형상'이 어떤 조건 하에서 변경 및 보완되고 또는 변형을 통해 완전히 포기될 수 있는가 하는 문제와 연관된다.

규범과 현실을 넘나드는 점에서 일종의 '법학적 해석학'의 방법, 즉 구성적인 헌법해석작업의 결과로 주어지는 '전형상'의 특유한 기능적 장점, 특히 '여닫음'을 조절할 수 있는 기능에 대해서는 전술한 바 있거니와, 이 조절기능은 두 가지 측면에서 작동된다. 우선 일단 확보된 '전형상'은 잠정적

으로 '닫힌 상태'로 유지되지만, 근본적으로 가변적인 상태, 즉 개방의 가
능성을 전제하는 유동의 상태로 유지된다. 다만 이 변경은 현실상황의 변
화 및 법규범과 관련된 다양한 요소들의 변화에 대한 적절한 대응으로 확
인될 수 있는 조건 하에서만 고려된다. 그렇지 않으면 '전형상'의 경우에도
그대로 해당되는 법해석론의 기본요청, 즉 지침제공 및 안정화의 기능이
작동될 수 없기 때문이다. 이러한 요청은 궁극적으로 헌법해석의 준거로서
'전형상'의 '안정성'과 '지속성'의 보장을 전제로 하는 것인 점에서 관건은
'전형상'의 유동화, 즉 '여닫음'을 적절하게 제한하고 조절할 수 있는 효과적
인 '제한규칙들'(Begrenzungsregeln)과 '적용규칙들'(Anwendungsregeln)을 확
보하는 것이다.

　이러한 개방화를 통한 유동화의 가능성은 '전형상'의 형성과정과 그 내
용이 얼마나 적절한 '탐색규칙'에 따라 구성되었는지에 따라 결정된다. '불
안정성'과 '불가측성' 및 '자의성'의 위험에 대한 우려는 '전형상'의 형성과
정이 적실(適實)하지 못하였거나, 그 내용구성의 토대가 튼실하지 못한 경
우에는 타당한 것일 수 있지만, 일반적으로는 위험성에 대한 과대평가에
따른 비판으로 생각된다. 여전히 '전형상'의 형성과 관련하여 '탐색규칙'이
충분히 체계적으로 확립되지는 못한 상태이기는 하지만, '전형상 준거 헌
법해석방법'에 대한 비판은 다소간에 현재 수준에서 정리되어 제시되는
'탐색규칙'에 따라 형성된 '전형상'을 대상으로 하는 범위에서 또한 이러한
'전형상'을 준거로 하는 헌법해석에서 '여닫음'의 조절을 규율할 수 있는
'적용규칙'의 부존재나 그 기능부전을 증명하는 경우에만 설득력을 가질
수 있다.

　이러한 맥락에서 관건은 결국 언어공동체 구성원들 간의 역동적인 상호
이해와 소통의 과정으로 이해되는 헌법해석의 '개방된 담론'에서 '전형상'
의 개방을 통한 변화가 임의적인 것이어서는 아니되고, 적어도 다수의 담
론참여자들에게 분명하게 해명되고 용인될 수 있는 근거를 통해 정당화되

어야 한다는 것이다. 일단 잠정적으로 '닫힌 상태'로 주어진 '전형상'의 개방을 주장하는 경우에도 일반적인 '논증부담(Argumentationslast)의 원칙', 즉 기존상태의 변화를 추구하는 측이 그 필요성과 당위성을 증명해야 한다는 원칙이 그대로 적용된다. 이 원칙은 새로운 해석을 통해 헌법규범의 변경을 모색하는 준거로 '전형상'을 적용하는 경우 종래의 '전형상'이 현실의 변화와 '사회적인 질서관념들'(gesellschaftliche Ordnungsvorstellungen), 즉 공동체 구성원들의 근본적인 '도덕관념', '정의관념' 등에 더 이상 부합되지 않는다는 점이 충분히 소명되어야만 한다는 일종의 '적용규칙'으로 전환될 수 있다. 이러한 '적용규칙'에 따른 논증부담은 Hoffmann-Riem이 제시하는 법규범변화의 '3단계 모델'로 그 구체적인 내용이 가늠될 수 있다.513) 우선 '결정적인 윤곽규정을 포함하는 규범프로그램의 세밀한 재구성'에서 시작되고, '규범프로그램의 토대가 되는 전제들에 대한 면밀한 검토'의 단계를 거쳐 '구체적인 개정의 필요성에 대한 확인'에 이르는 일련의 논증이 그것이다.

다만, 원칙이 그대로 규칙으로 전환된 점에서 당연한 것이지만, '논증부담'과 관련된 이 '적용규칙'이 획일적으로 적용되는 것은 아니다. '전형상'에 내장된 '여닫음'의 조절기능은 단순한 '개폐'에 국한되지 아니하고, 개방의 폭과 함께 다양한 밀도를 갖는 여과장치의 장착과도 연관된다. 예컨대, 소통기술과 대중매체시장의 격변에도 불구하고 일면 방송의 '전형상'을 기본적으로 유지하면서, 타면 부분적인 변경을 통해 현실변화에 부응하는 헌법해석론을 모색한 독일 연방헌법재판소의 방송관련 결정에서 볼 수 있듯이,514) 현실상황의 변화에 부응하는 '전형상'의 변경과 이를 통한 새로운

....

513) W. Hoffmann-Riem, "Methoden einer verwendungsorientierten Verwaltungsrecht-swissenschaft", in: E. Schmidt-Aßmann/W. Hoffmann-Riem(Hg.), Methoden der Verwaltungsrechtswissenschaft, 2004, 53면 이하.

514) BVerfGE 119, 181ff.

헌법해석은 종래 '전형상'의 완전한 포기만이 아니라, 부분적인 수정 또는
실무상 적용의 차원에서 다양한 조정을 통해서도 가능하기 때문이다.515)

　요컨대, 어떤 층위에서, 어떤 수준에서 개방되어 작동되든 간에 '전형상'
을 갖고 하는 헌법해석작업에서 그 구체적인 적용의 타당성과 가측성, 그
리고 이에 대한 신뢰는 궁극적으로 '전형상'의 적용에 대한 '자의성통제',
즉 '오류통제'(Fehlerkontrolle)의 가능성에 달려 있다. 이 가능성을 담보해
야 하는 '적용규칙들'이 요구하는 핵심내용은 결국 '전형상' 매개로 하는
일련의 구체적인 도출관계들, 즉 주어진 '전형상'으로부터 실제적인 법적
효과들에 이르는 과정과 그 속에서의 개별적인 단계들의 '개진'(Offenbarung),
그리고 '전형상'과 개별적인 법명제들 간의 연관성에 대한 분명한 소명
이다.

(4) '정지규칙' - '사법자제'의 요청

　논증부담과 연관된 '적용규칙'에 따라 규율된다고 하더라도 '전형상'의
확보와 이를 근거로 하는 구체적인 헌법적 결정에서 '자의성'의 위험에 대
한 통제, 즉 '합리화'의 가능성은 제한적인 것일 수밖에 없다. '여닫음'의
조절기능만으로는 근본적인 개방성과 비완결성에 기인하는 '전형상' 구성
의 '임의성'이 해결될 수는 없기 때문이다. 또한 '전형상'의 형성과정상 일
련의 도출관계가 충분히 해명된다고 하더라도 이미 '닫힌 상태'로서 적용
되는 '전형상' 내용 자체의 '임의성'이 해소되지는 못한다. '전형상'의 적용
에 대하여 단순한 '절제의 촉구'가 아니라, 구체적인 적용에 앞서서 '일단
멈춤'을 요구하고, 일정한 경우에 적용의 중지를 요구하는 '정지규칙들'
(Stoppregeln)이 필요한 것은 바로 이 때문이다.

....

515) U. Volkmann(Fn. 439), 191면.

‘정지규칙’은 두 가지 측면에서 접근의 단서를 갖고 모색될 수 있다. 우선 ‘전형상’의 적용에 대한 ‘정지규칙’은 전통적인 법도그마틱의 네 가지 공준, 즉 문리해석, 체계적 해석, 역사적 해석 및 목적론적 해석에서 도출될 수 있다. 어떤 헌법해석방법론도 그 출발점은 헌법텍스트일 수밖에 없거니와, ‘전형상’도 그 형성과정의 출발점은 헌법텍스트 또는 전통적인 법도그마틱의 방법을 통한 헌법적 개념의 분석이다. F. Schauer의 말대로 ‘안’(inside)과 ‘바깥’(outside)이 상대적인 용어이고, 따라서 ‘바깥’이 존재하는 것인지 자체가 불분명한 점을 차치하더라도,516) 헌법적 결정을 위해 헌법텍스트 ‘바깥으로’ 나가는 경우에도 언제 어디로 나가서 무엇을 어떻게 탐색할 것인지는 우선 헌법텍스트 ‘안에’ 있는 헌법문언을 준거 또는 매개로 해서 가늠될 수 있기 때문이다. 헌법의 문언이 헌법적 결정에 대하여 ‘출발점’(starting point)일 뿐이고 구체적인 결정의 지침 또는 준거를 제공할 수는 없다고 하더라도,517) 헌법의 해석과 적용에 대하여 윤곽 또는 한계선을 설정하는 헌법텍스트의 규범적 효력 자체는 부인될 수 없다.

이러한 점에서 법도그마틱과 단절된 ‘전형상 준거 헌법해석’은 있을 수 없고 또한 ‘전형상’이 법도그마틱을 완전히 대체할 수는 없다.518) 말하자면 법도그마틱 작업은 ‘전형상’ 형성과정의 출발 단계에서 헌법텍스트의 ‘바깥으로’ 나가야만 하는 필요성과 그 이유를 확인하고, ‘전형상’의 구성에 기초적인 단서들을 제공하며, 또한 확보된 ‘전형상’의 구체적인 적용에 앞서 최소한 그 내용의 논리적 정합성에 대한 재검토를 통해 무리한 경우 ‘적용중지’를 요구하는 점에서 법도그마틱과 ‘전형상 준거해석방법’은 상호보완의 관계에 있다.

....

516) F. Schauer(Fn. 414), 797면.
517) F. Schauer(Fn. 414), 824면: "The words of the Constitution are the starting point, but they give us very little guidance."
518) U. Volkmann(Fn. 439), 192면.

또 한편 '전형상'의 구체적인 적용의 단계에서 '정지규칙'은 이른바 헌법해석의 '기능적-법적 한계들'(funktionell-rechtliche Grenzen)에서 도출될 수 있다. 기본적으로 '사법화가능성'(jusiticiability), '사법자제'(judicial self-restraint) 등의 명제에 포섭되는 다양한 헌법해석론의 지침들, 예컨대 '정치적 문제'(political question)나 '경제문제'(economic question)에 대한 헌법적 통제의 기능적 한계를 제시하는 것이나, 민주적인 입법자의 형성의 자유를 근거로 하여 헌법재판소의 위헌성심사가 '명백성통제'(Evidenzkontrolle)에 그쳐야 한다는 주장 등은 '전형상' 적용에 대한 '정지규칙'을 모색하는 맥락에서도 충분히 고려되어야 한다.[519] K. Hesse가 적확하게 지적한 바와 같이, '사법자제'의 지침자체가 헌법해석론의 차원에서 성급한 예단으로 수용될 수는 없고[520] 또한 획일적인 '정지규칙'으로 전환될 수는 없다. 하지만 헌법재판실무상 예컨대 고도의 정치적·정책적 결정이나 이른바 '예측적 결정'(Prognoseentscheidung) 등에 대하여 차별화된 '통제밀도'를 적용하는 경향이 다분히 불가피한 것이라고 한다면, 적어도 이러한 한에서는 '전형상'을 준거로 하는 헌법해석에 대한 유효한 '정지규칙'으로 원용될 될 수 있을 것이다. 정치와 정책결정이 '윤곽규범'인 헌법에 완전히 포섭될 수 없고, 헌법해석이 정치적 토론의 과정과 정책적 선택을 대체할 수 없고 또한 그래서도 아니된다고 본다면, '정치문제'의 해결은 원칙적으로 정치과정 자체에 맡겨져야 한다는 일종의 '일반적인 우선규칙'(allgemeine Vorrangsregel)에 대해서는 이견이 없을 것이기 때문이다.

다만, '사법자제론'에 대한 재검토의 필요성에 대해서는 전술한 바 있거

....

519) 헌법해석 및 헌법재판의 '기능적-법적 한계'와 관련해서는 특히 H. Ehmke(Fn. 291), 74면 이하; G. F. Schuppert, Funktionell-rechtliche Grenzen der Verfassungsinterpretation, 1980, 4면 이하; K. Hesse(Fn. 421), 311-322면; W. Heun, Funktionell-rechtliche Schranken der Verfassungsgerichtsbarkeit, 1992, 31면 이하.
520) K. Hesse(Fn. 421), 322면.

니와, 이러한 '우선규칙'이 '정지규칙'으로 적용되는 경우에도 적절한 '탐색규칙'에 따라 형성된 일종의 '이념적 관념'(Idealvorstellungen)으로서 '전형상'의 특유한 기능, 즉 '규범과 현실 간의 역동적인 상호작용'인 정치과정에 대하여 일정한 행동지침을 제시하는 '정서기능' 및 '정향기능'(Orientierungsfunktion)이 차폐될 수는 없다. 별론의 대상으로 남겨두지만, '정지규칙' 자체의 적용에 대해서도 다시금 차별화된 '적용규칙'과 '정지규칙'이 모색되어야 하는 것은 바로 이 때문이다.

V. 결론 - 요약정리

'Eureka!'는 언감생심(焉敢生心)이지만, 나름 궁법리(窮法理)를 해보았으나 '그래서 어쩌자는 것이냐?'라고 되물어오면 딱히 뭐라고 답해야 할지 모르겠다. 간단명료하게 응축된 결론으로 마무리하기에는 여전히 정리되지 못한 상념의 파편들이 널려있다. 원래 연구작업을 통해 벗어나고자 했던 '얼버무림'으로 되돌아가는 수밖에 없는 처지가 궁색하여 못내 아쉽다.

하지만, 본래 사람 사는 세상이 그러하거니와, 사람과 세상을 다루는 법에서 깔끔함을 찾는 것은 과유불급의 결벽이다. '깔끔하고 그럴 듯하지만, 틀린 답'보다는 '좀 너덜너덜하고 미진(未盡)하더라도 바른 답'을 찾는 것이 불가피하다. 앎의 요체(要諦)는 아는 것과 모르는 것의 분별이고, 사물(事物)의 경위(經緯)를 파악하는 것이거니와, 어떤 인식대상에 대하여 아는 부분과 모르는 부분이 있다면 우리는 그것을 모르는 것이다. 도대체 안다고 말할 수 없다. 모름에 대한 앎조차도 그냥 좌우지간 모름이 아니라 어떤 차원(층위), 어떤 측면에서 무엇을 또는 어떤 부분을, 왜, 어떻게 모르는지 인지하고 설명할 수 있어야만 안다고 할 수 있다. "전체는 부분들의 총합 이상의 어떤 것이기 때문이다":

『The whole is more than the sum of its parts.』(Ch. v. Ehrenfels, Über gestaltqualitäten. Repr., in: F. Weinhandel(ed.) Getalthaftes Sehen, 1960 (1890); F. Capra/P. L. Luisi, The Systems View of Life, 2014, 10면에서 재인용)

감히 득도(得道)를 목표로 한 것도 아닌데 … 노자가 도덕경(道德經)의 초입에서 제시하는 道可道非常道 名可名非常名인가? 결국 '모르겠다' 또는 적어도 '잘 모르겠다'는 고백조차 섣불리 할 수 없는 무개념과 초논리의 혼돈상황이 난감하다. '알음알이'로는 넘어설 수 없는 '알음앓이'의 한계를 한 치도 넘어설 수 없고, 그 한계가 어디에 있는지조차 모르는 입장에서 옳고 그름, 완벽함과 미흡함의 준거조차 안다고도, 모른다고도 할 수 없다. 하지만 수도승이 홀로 정진하는 토굴도, 상거래의 흥정을 하는 장마당도 아닌 법이야기의 마당에서는 침묵도, 야단(惹端)법석도 방책이 될 수는 없다. Wittgenstein이 철학선생의 입장에서 침묵을 요구하는 '분명하게 말해질 수 없는 것'에 대해서도 '공용어'로 말을 하고, 말을 듣고, '의미의 문법', '공적 이성의 문법'을 공유하여 소통해야만 한다. 이 같은 상황에서는 그나마 '앎'이라는 오류의 전제 하에 잘못 제기된 문제에 대하여 일견 완벽한 해결책을 제시하는 것 보다는 '모름에 대한 무지'를 포함하는 '모름'을 전제로 옳게 문제를 제기하고 미흡한 해결책을 모색하는 것이 바른 접근이라고 믿는다.

이러한 입장에서 군이 사족(蛇足)의 변명을 한다면, 적어도 대충이나마 문제의 대강을 정리하여 얽혀있는 고민거리를 개진하고, 이른바 '융복합'이 요구되는 접근의 관점 및 방법과 함께 'Rechtsdogmatik=법정용론'을 제안하면서 이른바 '반성적 경험'(reflective experience)을 지향하는 '법도그마틱 계몽'의 명제를 해명하고, 넘나듦과 오르내림을 포함하는 '여닫음'의 조절이라는 핵심단서를 제시한 것은 나름 의미가 없지는 않은 성과였다고 자평해본다.

'개방된 담론'의 명제가 부각되는 헌법해석론의 한 구석에서 종래 별로 주목되지 않았던 '은유와 헌법(해석)'이라는 논제를 상정하고, 인식론과 연관된 (헌)법학 또는 (헌)법해석론의 맥락에서 '법형상'을 수단으로 하는 인식 및 소통의 방법으로서 은유의 특유한 기능 및 역할과 함께 은유적으로 구조화된 '전형상'을 준거로 하는 헌법해석방법의 효용과 한계, 그리고 합

리적인 적용을 위한 조건을 검토해본 것도 논의의 지평을 조금이라도 확장
하는 성과로 이어지기를 기대한다.

'사람'이니까 가능하고, '생각하는 사람'에게만 허락되는 '가치생산적인
법'과 '희망의 법학'의 명제와 관련하여 함께 좀 더 생각을 나누어보자는
초대의 맥락에서 되새겨봄직한 부분들을 편제 순으로 선별·축약하여 결론
을 대신한다.

- * - * - * -

I-1) 법도그마틱의 대체불가능한 순기능, 특히 합리화 및 결정부담경감기
능은 부인될 수 없다. 법적 분쟁의 해결을 위해 교조적인 방법과 규칙을
준거로 하는 법도그마틱은 일종의 '자동기계'와 같은 효용을 담보한다.

I-2) 법도그마틱의 작업을 통해 확보되는 정당성은 체계의 내적 정합성
의 차원에서만 인정될 수 있다. 법체계의 독자적인 개념 또는 개념관계
의 구조를 매우 조밀하게 구성하는 경우에도 체계내재적인 정당성의 기
준들과 체계외적인 정당성의 기준들이 일치될 수는 없다. 적어도 '완전
한 동조화'는 있을 수 없다.

I-3) 헌법도그마틱은 헌법철학이나 국가철학 및 이데올로기와의 연관성
이 직접적이고 다면적이기 때문에 헌법해석의 준거로 합의된 내용의 측
면에서든 또는 '규범적 소여'로 주어진 방법론으로서든 그 범주가 명확
하게 분별 및 획정되기 어려운 점에서 '동조불가능성'은 더욱 부각된다.

I-4) '현실'과 '관점'을 중시하는 헌법의 특유한 방법론들에는 해석자의
가치관, 세계관 또는 이데올로기 등과 같은 주관적인 요소들의 인입을

전제로 하는 점에서 당연히 '자의성'의 위험성이 수반될 수밖에 없다.

I-5) '관점론적 법해석방법'의 타당성은 결국 두 가지 조건에 달려 있다. 첫째는 법해석작업의 본질이 확정된 상태로 법전 속에 선재하는 규범을 단순히 발견해내는 것이 아니라 법텍스트작업의 결과로 비로소 규범을 획득하는 것이라는 인식론적 전제에 대한 확인이고, 둘째는 결정에 대한 예측 및 검증의 가능성을 다소간에 담보할 수 있는 수준의 객관적 타당성이 확보될 수 있다는 점을 얼마나 설득력 있게 논증하고, 그 구체적인 실행의 수단과 방법을 제시할 수 있는가 하는 것이다.

I-6) 법텍스트 속에 의미가 확정된 상태로 선재하는 것으로 보는 전제는 현대 언어학에 의해 분명하게 부정되었기 때문에 첫째 조건은 더 이상 재론할 필요가 없다. 문제는 두 번째 조건이다. 이 문제는 문제의 인식은 가능하지만, 그 명쾌한 해결책은 제시될 수 없는, 즉 일종의 딜레마로 주어지는 난제이다.

I-7) 법도그마틱이 제시하는 해결책은 일종의 '사이비 탈출로'(scheinbarer Ausweg)에 불과하다.

I-8) 사회적 분쟁들에 대한 가치판단에서 일반적인 의견일치가 있을 수 없는 오늘날 (극)다원화된 사회에서 법적으로 정리된 판단공준의 도식을 제공하여 일반적으로 납득될 수 있는 법의 해석 및 적용을 가능하게 만드는 것은 현실적으로 불가능하다.

I-9) 그렇다고 해서 고민을 포기하고, 일체의 판단을 보류하는 것도 대안이 될 수는 없다. 법도그마틱의 방법으로 실정법을 해석하고 적용하는

법관을 비롯한 법실무자의 입장에서는 물론이고, 관찰자로서 법이론을 추구하는 법학자들의 입장에서도 성급한 체념과 '허무주의'는 경계되어야 할 금기이다.

I-10) '법률충실'(Gesetzestreue)의 요청과 함께, '정의'의 법이념에 부응해야 하는 법적 판단의 문제에서도 한계 극복의 첫걸음은 한계 자체를 인정하는 것이고, 그 성과는 오롯이 법해석자의 자기성찰과 법해석공동체 차원에서의 '개방된 담론'의 폭과 깊이에 달려 있다.

- * -   * - * -

II-1) 사회적 환경이 근본적으로 달라졌고, 그에 따라 당연히 법 또는 법소재 자체가 양적, 질적으로 한 세기 이전의 그것과는 비교할 수 없을 정도로 변화되었음에도 불구하고 법도그마틱에 대한 논의의 틀이 그대로 유지되고 있는 것은 일견 기이한 것으로 여겨진다.

II-2) 1973년에 법도그마틱의 사망을 확인한 U. Meyer-Cording의 진단은 오진이었다.

II-3) 법도그마틱이 무엇인지는 여전히 불분명하다.

II-4) '법도그마틱의 도그마화'의 논리적 전제 또는 그에 따른 선취된 결과 둘 중의 하나일 수밖에 없는 바, 즉 법도그마틱 개념의 '표준정의'는 가능하지 않고, 바람직하지도 않다.

II-5) 법실증주의 또는 개념법학을 토대로 하는 법도그마틱도 적어도 완전한 '이데올로기적 중립성'이나 '탈이데올로기화'를 주장할 수는 없다. '이데올로기 감염성'이 큰 헌법의 경우에는 더더욱 그러하다.

II-6) 법도그마틱의 기능은 도그마틱의 다면성, 즉 '법방법'(Rechtsmethode) 또는 '법인식원'(Rechtserkenntnisquelle)과 '법원'(Rechtsquelle) 또는 '법생산원'(Rechtserzeugungsquelle)으로서의 측면에서 차별화되어 논의되어야 한다.

II-7) 실무상 법도그마틱의 고유한 장점은 바로 선확정되어 전제된 내용, 즉 해명된 개념과 확립된 체계를 수단으로 하여 적어도 '자의성'(恣意性)을 배제할 수 있는 점에서 실무 차원에서 법적 결정의 일관성과 그에 따른 법적 안정성, 가측성, 신뢰성 등을 담보하는 방법론적 토대가 되는 점이다.

II-8) '체계화'와 그에 따른 합리화 및 결정부담경감의 기능은 '개념의 관계' 또는 개념을 수단으로 하는 법도그마틱의 체계지향성, 즉 '체계이용' 및 '체계형성', 즉 '정서(整序)기능'과 연관된다.

II-9) 체계화된 법도그마틱은 사회의 '민주적인 조종'(demokratische Steuerung)을 지향하는 통치모델의 핵심기제이다.

II-10) 법적 판단의 정치적 중립성을 제고하는 기능, 특히 '법의 탈이데올로기화'의 기능도 법도그마틱의 주요 기능의 하나이다.

II-11) 법도그마틱은 실정법을 준거 또는 출발점으로 하여 구체적인 법적 결정에 이르는 일종의 표준화된 추론작업이지만, 실정법이나 판결에 대한 단순한 기술(記述)에 국한되는 것은 아니다.

II-12) 법도그마틱의 전문성과 학문과 실무 간의 대화의 가능성을 담보하는 기능도 일반적으로 공인된 표준화된 법인식 또는 법적 대화의 형식과 규칙체계를 토대로 해서만 작동될 수 있다.

II-13) 법도그마틱은 '법원'(法源) 또는 '법생산원'이 아니라 '법인식원'일 뿐이기는 하지만, 고전적인 개념법학에 해당되는 법해석방법론은 법도그마틱의 일부이다.

II-14) '법인식원'으로서 법도그마틱은 항상 '법규범종속적'(rechtsnormak-zessorisch)이다.

II-15) 법해석론의 차원에서 고전적인 '개념법학'과 '논리적 사변주의'를 지양(止揚)하는 이른바 '계몽된 도그마틱'(aufgeklärte Dogmatik)의 실천적 과제로 '역동화'의 명제가 제시되고 있다.

II-16) '법도그마틱'의 개념에 함축된 다양한 층위와 측면의 내용들, 그리고 복합적인 기능과 그에 따른 특성을 포괄하여 이른바 '외연'(外延: extension)과 '내포'(內包: intension)라는 개념론의 요청에 부응하는 번역어로 '법정용론'(法整用論)을 제안한다.

II-17) '정용'(整用)은 이른바 '체계사용'의 의미와 함께, '체계형성'의 기능, 즉 실정법을 토대로 하되 개별적이고 구체적인 법적용의 차원을 넘어서 '법규범을 체계적으로 정리하여 효율적으로 그리고 적확하게 적용될 수 있도록 준비해주는 작업'의 의미를 갖는다.

II-18) '법정용'은 입법과 법도그마틱의 상호작용의 측면에서 주목되는 '정서(整序)기능' 및 입법의 소재에 대한 정제작업도 포함하는 의미의 용어로 상정된다.

II-19) 하나의 법학방법으로서 의미와 그 결과로 제공되는 실체적인 규범적 공술들을 지칭하는 원어, 즉 '법도그마틱'(Rechtsdogmatik)을 그대로 사용하지 않고 번역어를 모색하는 경우에 내용을 포착하는 용어로는 '법정용론적 명제' 또는 '법정용론적 공술'이라는 합성어를 사용하는 것이 불가피하다.

II-20) '교조적인 법도그마틱'을 집착하지 않고, 그 순기능을 적절하게 활용하는데 있어서 관건은 결국 '개방'의 여부가 아니라, '개방'을 전제로 언제, 어느 지점에, 어떤 여과장치 또는 통제소를 설치하여 '여닫음'과 '넘나듦', 그리고 '오르내림'을 통제하고 조절할 것인가 하는 것이다.

II-21) 법학방법의 문제는 헌법의 문제다! 논리는 논리이고, 관점은 관점이고, 가치는 가치다:

『Logik dient nur dem richtigen Schließen, nicht dem richtigen Urteilen: 논리는 올바른 추론에만 기여할 뿐이지 올바른 판단에는 도움이 되지 못한다.』(G. Haverkate, Gewißheitsverluste im juristischen Denken, 1977, 134면)

II-22) 법도그마틱의 기능적 한계는 법적용방법으로서 이른바 3단계론의 '포섭도그마'(Subsumtionsdogma)의 한계에 의해 규정된다.

II-23) 법도그마틱 작업을 "역사적인 것에 대하여 현실적으로 중요한 것을, 경험적인 것에 대하여 법적인 것을, 감정적인 것에 대하여 이성적인 것을, 법정책적인 것에 대하여 법적용을, 비판적인 것에 대하여 권위적인 것을, 제약되지 않는 철학적인 것에 대하여 실증적인 것을 우선하여 법적 숙고를 하는 것"으로 본다면, 전자의 요소들은 '포섭도그마'에 원천적으로 포섭될 수 없다. 법해석의 단계에서는 물론이고 사태파악의 단계에서도 마찬가지이다.

II-24) 법률가들도 '기계적인 논리수행자'를 넘어서 적어도 필요한 경우에 필요한 만큼은 또는 가끔은 H.L Mencken이 상정하는 사람, 즉 "어두운 숲 속에서 낯선 나비들을 쫓아다니거나 접근이 금지된 황홀한 냇물에서 낚시를 하는 예술가나 형이상학자들"과 같이 '창조적인 상상'(creative imagination)을 하는 '사람'이어야 하고, 일면 절망을 안겨주기도 하지만, 타면 오로지 이러한 '사람들'에게만 희망의 계기를 제공하는 '영감의 설명할 수 없는 요동'(puckish and inexplicable rise and fall of inspiration) 속에서 마음으로 느끼는 '생각'(生覺)을 해야만 한다.

II-25) 법실증주의의 원조인 일반적인 실증주의와는 정반대로 법실증주의의 핵심요소인 과학적 이데올로기의 요체는 '사실의 절대화'가 아니라 오히려 '사실의 절대적인 부정'이다. 인식대상의 존재의 문제와 인식방법의 문제 또는 인식(입증)의 불가능성과 부존재를 혼동한 것이다.

II-26) 법관의 '제도적 역할'이 '자동포섭기'(Subsumtionsautomat)로 전락되지 않기 위해서 요구되는 것은 전문가로서 법률지식과 함께 법에 대한 비판적인 사유와 자기성찰의 태도, 도덕적 판단력, 그리고 이들이 응축된 법관의 건강한 인격이다.

II-27) 법관의 법인식작업은 적극적으로 법규범을 형성하는 구성적 행위이다. 법관의 법실천행위는 법관의 '인격' 또는 주관적인 '선이해'와 단절된 상태에서 진행되지 않는다.

II-28) 법의 본질적인 양면성, 즉 합리적 측면과 연계되는 '실정성', 그리고 비(초)합리적 측면과 관계되는 '자연법성'을 수렴하여 제3의 대안을 제시한 것으로 평가되는 '법학적 해석학'은 '이성과 감성' 또는 '의식과 무의식'의 기능적 관계를 주목하는 인식론적 관점을 토대로 한다.

II-29) 이른바 '사회적 직관주의'의 모델을 비롯한 현대 심리학의 연구성과들은 '도덕적 선판단'의 과정과 결정요소로서 법감정과 그 중요성을 간과해 온 종래 법이론 및 법학방법론의 편견을 극복하는 데 유용한 단서들을 제공한다.

II-30) 법관의 법인식작업은 법을 소재 및 준거로 하여 정립된 법해석방법론과 절차규칙에 따라 구속력 있는 법적 결정에 이르는 '정신적 작업'이라는 점에서 특별한 양식의 '인식'이다.

II-31) 법관의 법적 판단을 포함하여 법영역에서 제시되는 명제(proposition)와 언술(statement)들도 '가치사유'(Wertedenken)와 무관할 수 없고, 따라서 '진리가치'(truth-value)에 대한 담론의 주제가 될 수 있다.

II-32) 누구도 법적 결정을 내리는 법관에게 비논리적(illogical)일 것을 요구할 수는 없지만, '모든 언술은 확정적으로 참 아니면 거짓이다'라는 '진위양가성의 원칙'(principle of bivalence)의 실재론적 전제 하에 논리적이기만 할 것을 요구할 수는 없다.

II-33) 법적 판단에 '자기해석적 존재'로 작용하는 법관의 '자아'는 '진행과정'에 있는 '설화적 실체'(narrative entity)로 이해된다.

II-34) 법인식작업은 인식의 대상인 '법의 과정성', 인식 주체의 '자아의 과정성', 그리고 이 두 과정을 포괄하는 시공간적 환경, 즉 '맥락의 과정성'이 겹치고 섞이는 과정으로 진행된다.

II-35) 포섭도그마에 집착하는 개념법학은 법인식과정의 '다중적 과정성'을 설명할 수도, 수렴할 수도 없다.

II-36) 인식과정에서 감정의 작용 자체와 그 중요성을 간과하거나 또는 단순히 '인지 후(後)적'(postcognitiv)으로만 보았던 종래의 심리학적 이해는 인간의 인식과정에 대한 이해와 설명으로서는 더 이상 설득력을 갖지 못한다. 이는 법인식의 경우에도 다르지 아니하다.

II-37) 법관의 법인식의 본질은 '뜨거운 인식'(hot cognition)과 합리적인 사유작용을 내용으로 하는 '차가운 인식'(cold cognition)의 중간에 있는 제3의 범주, 즉 '양(凉)인식'으로 파악될 수 있다.

II-38) 법인식과정에서 법관이 따라야 하는 '양심의 소리'(Gewisssensruf)는 원천적으로 교육과 믿음 또는 세계관에 의해 결정되는 '선이해'(Vorverständnis)의 연장선에서 들리고 답해질 수 있다.

II-39) 법관의 법인식작업에서 법감정이 개입되는 과정은 현대 사회심리학에서 제시하는 이른바 '혼합적인 인식과정'으로 파악된다. 특히 인식의 유형에서 순수한 '결정론'의 전제, 즉 인식주체의 자율적인 작용공간과 통제가능성이 전혀 없는 '자동적인 과정'은 극히 예외적으로만 상정될 수 있을 뿐이다.

II-40) 법감정의 문제도 '자동적인 과정'과 '비자동적인 과정', 즉 '통제되는 과정'이 혼합된 인식과정의 맥락에서, 그리고 가능한 한 인식(과정)의 개념, 즉 혼합의 단계나 상태를 다분화하여 접근해야 한다.

II-41) 법률은 정치의 산물로 주어진 '법률텍스트'를 유효한 자료로 하는 이른바 '구성적 실천행위'인 텍스트작업(Textarbeit)을 통해서 비로소 구체적이고 역사적인 법으로 형성된다.

II-42) '법학적 해석학'에서 강조하는 것은 법관의 주관적인 태도가 자의적인 결정으로 귀착될 수 있는 위험성을 인정하는 전제 하에, 사법재량에 늘 작용되기는 하지만 대개는 은폐되는 주관적인 동기들이 현출되고 또한 방법론상 논증관계 속에 편입되어야 한다는 것이다.

II-43) N. Luhmann의 결정체계론적 법이론법은 법을 폐쇄된 규율체계로 이해하되, '정적인 체계'가 아니라 자기반성적이고 '역동적인 체계'로 이해하고 또한 사회의 다른 '하부체계'(subsystems)와의 관계 속에서 합리화된 결정체계로서 법과 사법적 결정의 기능적 구조 및 그 실용적인 사회규율기능을 주목한다.

II-44) '결정(체계)이론'은 작위적으로 단원체로 상정되는 '이른바 내적 체계'(das sog. innere System)에 국한되었던 법체계의 범주를 다원적인 가치와 사실이 상호 의존 및 연계된 '복잡계'로 주어지는 사회현실을 향해 개방하여 그 지평을 전방위적으로 확장하고, 체계에 대한 인식의 차원을 격상시킨 법이론이다.

II-45) 전통적인 개념정의에 따라 법관이 의존하는 사법적 재량의 기준을 '법외적인'(außerrechtlich) 또는 비법적인(nichtrechtlich) 기준으로 분류한 다면, 그것은 적어도 이론적으로는 법 및 법학의 파산선고로 귀결되고, 또한 '포섭'의 방식에 포함될 수 없는 법해석방법을 법학방법론의 범주에서 배제하는 방법론이라면 그 역시 마찬가지다.

II-46) 법관과 입법자가 일종의 '공생체'(Symbiose)로서 협력해나가야 하는 오늘날의 법환경 속에서 관건은 법적 안정성과 정의 또는 합목적성이라는 근본적인 법이념적 가치들을 어떤 관점에서 어떻게 선택하고 절충하였는지 그 준거와 방법을 논증하여 정당화하고 설득하는 것이다.

II-47) 법적 논증이론의 관점에서 볼 때, '법도그마틱 이론'은 법텍스트와 해석방법론적 공준이 아니라 이론적 결정의 문제에 초점을 맞추어 법인식과정에서 중요한 관점과 요소들을 선별하여 법적 판단에 반영할 수 있는 합리적인 조건과 방법을 설정하려는 이론적 시도의 일환이라고 할 수 있다.

II-48) 법적 논증이론에서 관건은 도그마틱으로의 회귀이되, 다만 '포섭 도그마'를 극복한 '성찰의 도그마틱', 현실 및 실천의 문제와의 교섭창구가 개방된 '열린 도그마틱', 그리고 사실증명과 가치판단의 내용을 포함하는 '정보담지자(Informrationsträger)로서 도그마틱'의 구성을 모색하는 것이다.

II-49) '도그마틱 이론'의 구성은 일종의 '창조적인 역할수행'(kreative

Leistung)으로서 '유효한 실정법에 배치되지 않는 조건 하에서 부정의를 피할 수 있는 가능성'을 최적화하는 것이 그 핵심과제이다.

II-50) '도그마틱 이론'의 핵심내용인 이른바 '도그마틱적 구성'(dogmatische Konstruktion)의 법학방법론적 함의는 R. Dworkin이 시나 회화 등 예술작품에 대한 '창조적 해석'에 비유하여 설명하는 '구성적 해석'(constructive interpretation)과 다르지 아니하다.

- * - * - * -

III-1) 법도그마틱의 개념과 기능 및 특성, 그리고 그 적용의 한계에 대한 일반적인 논의는 기본적으로 헌법 및 헌법해석방법에도 그대로 해당된다. 오히려 헌법도그마틱에 초점을 맞추는 경우 논점들이 더더욱 분명하게 드러난다.

III-2) 법관의 법률기속원칙은 헌법률의 해석에서도 근본적으로 다르지 않다. '합리적이고 통제가능한 해석절차'는 헌법률기속을 전제로 하기 때문이다.

III-3) 법률에 대하여 유효한 해석의 방법과 규칙, 즉 법도그마틱이 헌법의 해석에도 적용되어야만 한다고 하더라도 차별화된 접근이 필요하다.

III-4) 헌법해석론과 헌법재판이 법도그마틱과 결별한 것이 아니라, 오히려 원천적으로 결별의 전제인 연결 자체가 없었거나 느슨했던 것으로 보아야 한다.

III-5) '헌법도그마틱'이라는 용어의 빈번한 사용 자체가 헌법해석론의 '전통적인 개념법학으로의 회귀'를 증명하는 것으로 볼 수는 없다.

III-6) 일반 법률의 해석을 대상으로 하여 "학문적 방법론은 법관에게 도움의 의미도, 통제의 의미도 갖지 못한다"는 Esser의 단언은 헌법해석의 경우 더욱 적확하다.

III-7) 주목되어야 문제는 헌법과 전통적인 법해석방법론의 공준들의 관계를 어떻게 설정할 것인가 하는 논제에 초점을 맞춘 '헌법도그마틱의 이론화'의 가능성 및 한계의 문제이다.

III-8) 헌법해석의 특유한 방법들이 제시되고, 차별화된 접근이 요구되는 결정적인 이유는 헌법개념의 본질적인 '이데올로기 감염성'에서 찾아진다.

III-9) 법도그마틱의 핵심명제인 법의 '중립화' 또는 '탈이데올로기' (Entideologisierung)의 명제가 헌법 및 헌법해석의 경우에는 더더욱 수용될 수 없는 바, 전통적인 법도그마틱상의 해석요소들도 결정논증을 위한 하나의 '관점'에 불과한 것으로 보는 기조 속에서 새로운 헌법학방법론을 모색하는 것이 불가피하다.

III-10) 헌법해석의 '순환구조의 형식'은 본질적으로 가치중립적이지 않고, 해석주체와 해석대상, 그리고 현실과 규범 간의 교섭에 대하여 상시적으로 개방되어 있는 점에서 도그마틱의 '폐쇄체계'와는 그 구조가 근본적으로 다르다.

III-11) 헌법해석론의 핵심과제는 'meta방법론'의 흠결과 그에 따른 해석방법의 선택, 그리고 해석결과의 임의성(자의성)과 그 근원을 해명하고, 새로운 접근방법을 모색하는 것이다.

III-12) 관건은 헌법텍스트에 일종의 '의미덩어리'인 규범이 담겨져 있다면 '의미의 의미'(the meaning of meaning), 그리고 '의미(meaning)가 내포되어 있다는 것' 자체의 의미를 탐색하는 것이다.

III-13) 헌법해석은 공통의 '메타코드' 하에서 헌법텍스트에 귀착되어야만 하는 텍스트작업이다. 이 작업은 개방적이고 상대적인 대화의 구조를 가진다.

III-14) 부분적으로 주목되는 '헌법도그마틱 부상'의 현상이 헌법이론의 몰락을 의미하는 것일 수도 없다.

III-15) 영미권의 헌법이론 또는 헌법해석론에서도 'Dogmatik'의 적절한 번역어를 찾기 어려운 사정 때문에 'Verfassungsdogmatik'에 상응하는 번역어로 'constitutional doctrine'이 통용되지 않고, 일반적으로 'constitutional reasoning'이라는 용어가 사용되는 것으로 생각되지만, 이는 단순히 용어 사용의 차원에 국한된 번역의 문제만은 아니다.

III-16) 헌법도그마틱'을 헌법해석방법론상 '개념분석적 접근', 말하자면 헌법텍스트의 '기본체계'(basic framework)를 대상으로 하는 '협의의 헌법해석'에 해당하는 것으로 본다면, '헌법도그마틱'은 'constitutional reasoning'의 여러 연구논제들 중에 하나일 뿐이다.

III-17) 영미법권의 헌법이론적 논제로서 'constitutional reasoning'에는

'헌법도그마틱'의 헌법이론 및 헌법해석방법론적 한계와 그 보완 또는 극복에 대한 문제인식이 원천적으로 전제 또는 내포되어 있다.

III-18) 헌법해석과 일반 법률해석의 체계적 구조와 방법의 속성은 근본적으로 다르다. 헌법해석의 경우 텍스트해석의 코드로 약속된 부분이나 규범적 소여로 주어지는 해석방법의 규칙들 및 이 규칙들의 적용에 대한 확립된 공준의 내용은 다소간의 상대적인 차이가 아니라 구조를 다르게 볼 수밖에 없을 정도로 적다.

III-19) '법도그마틱'과 마찬가지로 '헌법인식원'으로서 '헌법도그마틱'의 고유한 효용이 완전히 부정될 수는 없다고 하더라도, 헌법해석방법론상 그 독점적인 위상이 더 이상 유지될 수는 없다. 다원주의적인 헌법존재론 및 해석론의 전제 하에 헌법에 특유한 해석방법들이 모색되는 것은 불가피하다.

III-20) 개방된 헌법적 담론에서 '자유주의'와 경쟁관계에 있는 '평등주의'나 '공동체주의' 등을 외면할 수 없고 또한 '법문언'의 '확정성' 및 법에 대한 인식 또는 이해의 '객관성'의 전제들이 근본적으로 부정된 오늘날의 현실 및 규범적 상황에서 '해석주의'(interpretivism)와 '중립성의 원칙'(neutral principle)은 더 이상 '도그마'로 인정될 수 없다.

III-21) '통합규범'으로서 헌법의 특유한 규범적 효력은 헌법텍스트 자체에 의해서 확보될 수 없다. '현실 세계'(real world)에서 수행되는 '사회통합'은 헌법에 의해서 촉진될 수는 있지만, 통제되지는 않는 일종의 '사회적 과정'(social process)이다.

III-22) 단순한 기술적인(descriptive) '어문법'(grammar of word)이 아니라, 이른바 '화행론'(話行論; speech-act theory)의 맥락에서 사회적 관습과 규범성에 초점을 맞추어 정치철학적, 도덕철학적 문제들과 연관되는 규범적인 '의미의 문법'(grammar of meaning) 또는 '공적 이성의 문법'(grammar of public reason)이 '헌법의 표준문법'으로 채택되어야 한다.

III-23) 해석의 주체와 대상, 구조와 사건이 단선적, 일방적이기보다는 복합적이고 교차적인 관계로 연계되는 헌법해석작업의 구조적 특성과 함께 헌법언어 또는 헌법적 개념의 본질적인 '일반성' 및 '이데올로기 감염성' 등은 헌법해석과 법률해석의 본질적인 차이로 부각된다.

III-24) 법이론의 논제로서 '헌법도그마틱'의 독자적인 기능과 한계는 헌법의 경우에 특히 부각되는 이론의 다원성 및 개방성과 해석방법론의 불안정성, 그리고 특히 법실증주의를 토대로 하는 개념법학의 틀 속에서 헌법해석을 하는 경우 그에 수반되는 필연적인 흠결성 및 정치적 편향의 위험성에 대한 해명을 통해 탐색된다.

III-25) 'meta방법론'의 흠결과 그에 따른 해석방법의 선택, 그리고 해석결과의 임의성과 그 근원을 해명하고, 전통적인 법학방법론, 즉 법도그마틱의 차원에서 그 흠결이 적어도 완전히 보정될 수 없다는 점과 함께 새로운 접근방법의 필요성을 확인하는 것이 관건이다.

III-26) 헌법이론 및 헌법해석론의 핵심과제는 헌법텍스트에 일종의 '의미덩어리'인 규범이 담겨져 있다면 언어학의 차원에서 가장 근본적인 논제라고 할 수 있는 '의미의 의미'(the meaning of meaning)에 초점을 맞추어서 헌법텍스트에 함축된 의미와 가치가 구체적으로 어떤 역할분담과 협업의 체제 속에서, 어떤 이해와 사유 또는 소통의 방법을 통해 발현되고 형성되어 나가야 하는지 그 지향점과 방법 및 지침을 탐색하는 것이다.

III-27) 헌법텍스트에 '사회의 근본적인 공적 가치'(fundamental public value of society)가 함축되어 있다는 점을 부인할 수 없다면, '공적 담론'(public discourse)으로서 헌법해석에서 '헌법은 모든 것을 의미한다'(Constitution means everything)라거나 또는 '헌법은 어떤 의미도 갖지 못한다'(Constitution has no meaning)고 보는 냉소적인 '허무주의'의 태도는 지양해야 한다.

III-28) 헌법해석은 공통의 메타코드 하에서 헌법텍스트에 귀착되어야만 하는 텍스트작업이고, 이 작업은 주체의 다원성과 방법론의 규율성 및 다양성을 전제하는 이론의 대상이고 산물인 점에서 독단성과 절대성 및 폐쇄성 등의 특성을 가지는 이데올로기나 힘의 현상 또는 그에 따른 '결단'과는 근본적으로 다른 개방적이고 상대적인 대화의 구조를 가진다.

III-29) 헌법해석은 단순히 의미를 찾아내는 기호분석론적 차원의 인식작업이 아니라, 전체 사회의 콘텍스트 속에서 진행되는 '언어게임'을 통해서 의미를 구성하고 논증하는, 즉 그 자체가 '화행'(話行: speechact)의 실천작업이다.

III-30) 관건은 어떤 작업프로그램을 통해서 '규칙'과 '규칙위반'의 적절한 조화가 제도화되고, 의미 및 '의미의 의미'가 공유되면서 자의성(恣意性)과 무정형성이 극복되고 실제 적용될 수 있는 내용으로 구성·논증될 수 있겠는가 하는 것이다.

- * - * - * -

IV-1) '전형상 준거 헌법해석방법'은 'meta방법론'의 부재를 'meta관점론'으로 대체하는 일종의 헌법해석론상 '패러다임전환'의 기조 속에서 발현된 것인 점에서 광의의 관점론적 해석방법의 범주에 속한다고 할 수 있다.

IV-2) 헌법재판소가 일종의 '이성법원'(Vernunftshof) 또는 '정의법원'(Gerechtigkeitshof)으로서 역할을 수행하는 현실을 고려하건대, 오늘날 (극)다원주의 사회에서 헌법해석, 특히 기본권해석의 핵심요소인 '가치형량'에 대한 합리적인 규율 또는 통제의 요청은 회피할 수 없는 당위명제이다.

IV-3) 관건은 'meta윤리학' 또는 'meta가치론' 부재의 상황에서 '가치형량'에 대하여 이론적으로 확립된, 합리적으로 적용될 수 있는 방법론적 기본지침을 확보하는 것이다.

IV-4) '전형상 준거해석방법'의 헌법해석론상 독자성과 특성 및 그 구체적인 적용방식은 '법학적 해석학'과의 비교를 통해, 특히 '전형상'과 '선이해'와의 차이점을 해명하는 방법으로 효과적으로 파악될 수 있다.

IV-5) 헌법해석의 준거로 고려되는 '전형상'은 세 가지 요소, 즉 헌법상의 원리나 제도 및 이와 관련된 헌법규정들과 이들에 포함되어 있는 헌법제정자의 의도와 윤리적-도덕적 요소, 그리고 현실 또는 현실인식의 요소를 근거로 하여 구성된다.

IV-6) 헌법해석의 준거로서 '전형상'은 '안내자로서 기능을 수행하는 형상'(Bild; guide-image)이다. 즉 일종의 '은유'(metaphor)의 인식방법이다.

IV-7) 주관적인 '선이해'와 '전형상'은 객관화 및 일반화의 잠재적인 가능성의 점에서 다르다.

IV-8) 환경과 성향에 의존될 수밖에 없는 법해석자 개인의 전인격과 연관되는 '선이해'는 원천적으로 주관적이다.

IV-9) '전형상'은 언어을 통한 사유와 인식의 차원을 넘어서는 일종의 '통각적인 인식방법'이고 또한 그 자체가 적용의 과정에서 해명과 객관화의 과정을 통해서 관철되는 것인 점에서 다소간에 객관성이 부여된다.

IV-10) '전형상'은 '가치' 또는 '원칙'과 동일한 것이 아니고, 근본적으로 그 배후에 있다:

『전형상은 원칙 또는 가치가 자신의 내용을 갖게 만드는 준거이고, 원칙과 가치들에 대하여 색과 윤곽, 즉 '형상'(Bild)을 매개해준다.』(U. Volkmann, "Rechtsgewinnung aus Bildern - Beobachtungen über den Einfluß dirigierender Hintergrundvorstellungen auf die Auslegung des heutigen Verfassungsrechts", in: J. Krüper/H. Merten/M. Morlok(Hg.), An den Grenzen der Rechtsdogmatik, 2010, 85면)

IV-11) '관점' 자체가 해결책을 제시할 수 없는 작업, 즉 가치형량에 대한 기본지침을 구체화하는 작업은 '법학적 해석학'과 철학 또는 윤리학 및 실증적인 개별학문들이 제공하는 '법 외의 논증'이나 '결정이론'들과의 협업을 통해서만 가능하다.

IV-12) 일종의 '특수한 형식의 관점'이라고 할 수 있는 '전형상'도 바로 이러한 협업의 산물로 확보될 수밖에 없다.

IV-13) '관점론적 해석방법도' 본질적으로는 '개념' 또는 개념의 '관점'을 토대로 하는 법인식 및 논증의 방법이다. 법도그마틱과 마찬가지로 단선적인 또는 평면적인 2차원의 인식방법으로서 '경직성'과 '가변성'의 조화의 요청에 부응하기 어려운 폐쇄적인 인식방법의 범주에 속한다.

IV-14) '헌법도그마틱'은 일종의 '형용모순'이라고 할 수 있다. 헌법문언의 불확정성과, 도그마틱의 방법으로 포착될 수 없는 '보이지 않는 헌법'(invisible Constitution)과 교착되어 있는 '보이는 헌법'(visible constitution)의 특수한 구조 때문이다. 은유적 표현에서 영문의 뉴앙스 자체가 중요한 의미를 갖는다는 점을 고려하여 원문을 전재한다:

『THE VISIBLE CONSTITUTION necessarily floats in a vast and deep ‐ and, cru ‐ cially, invisible ‐ ocean of ideas, propositions, recovered memories, and imagined experiences that the Constitution as a whole puts us in a position to glimpse.』(L. H. Tribe, The Invisible Constitution, 2008, 9면)

IV-15) 헌법은 명사(名詞)가 아니라 동사(動詞)다! 헌법해석에서 추구하는 객관성은 적어도 '주관주의'와 '강한 객관주의'에 따른 객관성과는 거리가 멀고, '최소한의 객관주의' 또는 '절제된 객관주의'에 따른 객관성 또는 이 둘 사이의 어떤 지점에 있는 객관성일 수밖에 없다.

IV-16) '전형상'은 헌법해석론상 객관주의와 주관주의의 동기가 되는 관심을 충족시키는 단순한 절충적 종합 이상의 관점을 제시한다.

IV-17) 사회현실과의 상시적인 교섭을 통해 형성되어 나가는 '전형상'의 개방성은 헌법의 규범성 또는 헌법해석의 객관성과 불가측성을 해치는 요인이 될 수 있다.

IV-18) '실체적인 형상'이든, '관념적인 형상'이든 '전형상'은 '시각화', 즉 은유적으로 구조화된 '형태'를 기반으로 하는 '헌법인식원'이다.

IV-19) '관점'은 '입장'과 '시각' 및 '시점'이 합성된 일종의 '무형의 상태' 또는 인식대상에 대한 '주목성'(aboutness)과 '의도성'(intendedness)이 합쳐진 '태도'이다.

IV-20) 체계적 해석방법의 관점에서 일견 유사한 것으로 보이는 '전체적인 조망'과 개념의 '조감기능'도 '전형상'의 준거로 제시되는 전자의 경우는 헌법텍스트를 준거로 하더라도 현실과 도덕 및 윤리적 요소들을 인입하는 인식을 통해 확보되는 '형상'인데 반해, 후자의 경우는 폐쇄된 체계 속에서만 유효하고 또한 무형의 '관념'의 상태로 주어지는 제한된 '조감'일 수밖에 없는 점에서 결국은 법도그마틱의 한계가 그대로 해당된다.

IV-21) '헌법 속의 은유' 및 '은유 속의 헌법'을 주목하건대, 표현방식으로서 또한 인식과 이해, 소통과 설득의 수단으로서 은유는 헌법해석론상 거의 일반적인 양식으로 볼 수 있다:

『대부분의 정상적인 개념체계는 은유적으로 구조화된다. 대부분의 개념은 다른 개념의 관점에서 부분적으로 이해된다. 은유 없이 직접적으로 이해되는 개념이 하나라도 있는가? 만약 그렇지 않다면 도대체 우리는 어떻게 어떤 것을 이해하는가?"』(G. Lakoff/M. Johnson, Meta-phors We Live By, 노 양진/나 익주(역), 삶으로서의 은유, 2006, 124면)

『"헌법의 성좌 속에 고정된 별들"(the fixed stars in our constitutional constellation) 이라는 R. Jackson 대법관의 은유는, 그가 염두에 두지 않은 이유 때문이기는 하지만, 빼어나게 적절하다. 헌법텍스트의 '사려 깊은'(discrete provisions) 규정들과 같이, 밤하늘에 점을 찍은 빛의 점들(the points of light that punctuate the night sky)은 아마도 물리학자나 천문학자들보다 시인과 철학자들에게 더 많은 것을 말해주는 도형들을 형성한다. 이 '점들을 연결하는 과제'(the task of connecting the dots)는 필연적으로 인간의 통찰과 상상을 요구한다. 과학적인 연구보다 훨씬 더 많은 것이 필요하다.』(H. Tribe, The Invisible Constitution, 2008, 72면)

IV-22) 전형상'은 '관점'에 비해서 상대적으로 은유를 통한 상호이해의 반복을 통해 다소 간에 '체계'로 정착될 수 있는 동시에, 포괄적인 지향점을 제공하고 다양한 '관점들'을 융복합하여 수용할 수 있는 '체적'을 매개로 하는 지각의 방식으로서 특유한 장점을 갖는다.

IV-23) '은유적 구조화'를 통해 형성되는 '전형상'의 특유한 기능적 효용은 전통적인 '법도그마틱'이나 '관점론적 헌법해석'과의 결별이 아니라 연계와 조합을 통해서 더욱 효과적으로 활용될 수 있다.

IV-24) 전형상'의 구체적인 적용의 가능성과 한계는 '전형상'의 형성과정에서 고려되는 개별 요소들을 분명하게 드러냄으로써 또한 그것들이 어떻게 여과되고 선별 또는 조합되어서 '전형상'으로 확보되어야 하는지에 대한 '탐색규칙들'(Suchregeln)과 그 형성과정에 대한 석명의 요청과 관련된 '논증규칙들'(Begründungsregeln)에 대한 검토를 통해서 해명된다.

IV-25) '전형상'은 '여닫음'이 조절될 수 있고, 더욱이 층위와 영역에 따라 또한 사안의 유형에 따라 차별화하여 적용될 수 있는 특유한 '역동화'의 기능적 효용이 내장된 헌법해석의 준거이다.

IV-26) 헌법해석의 경우에도 해당되는 법해석론의 기본요청, 즉 지침제공 및 안정화의 기능은 '전형상'의 '안정성'과 '지속성'의 보장을 전제로 하는 것인 점에서 관건은 '전형상 준거해석방법'의' '제한규칙들'(Begrenzungsregeln)과 '적용규칙들'(Anwendungsregeln)을 확보하는 것이다.

IV-27) '적용규칙'이 요구하는 핵심내용은 주어진 '전형상'으로부터 실제적인 법적 효과들에 이르는 과정과 그 속에서의 개별적인 단계들의 '개진' 그리고 '전형상'과 개별적인 법명제들 간의 연관성에 대한 분명한 해명이다.

IV-28) 전형상'의 적용과정상 일련의 도출관계가 충분히 개진된다고 하더라도 이미 '닫힌 상태'로서 적용되는 '전형상' 내용 자체의 '임의성'은 해소되지는 못하기 때문에 '전형상'의 적용에 대한 '정지규칙들'(Stoppregeln)이 필요하다.

IV-29) '정지규칙들'은 두 가지 측면, 즉 일면 '전형상'의 적용에 대한 '정지규칙'은 전통적인 법도그마틱의 네 가지 공준, 즉 문리해석, 체계적 해석, 역사적 해석 및 목적론적 해석의 규칙, 타면 헌법해석의 이른바 '기능적-법적 한계들'(funktionell-rechtliche Grenzen)을 토대로 하여 탐색된다.

IV-30) '이념적 배후관념'(Idealhintervorstellung)으로서 '전형상'의 특유한

기능, 즉 규범과 현실 간의 역동적인 상호작용인 정치과정에 대하여 일정한 행동지침을 제시하는 '정서기능'(Ordnungsfunktion) 및 '정향기능'(Orientierungsfunktion)이 차폐될 수는 없는 점에서 '정지규칙' 자체의 적용에 대해서도 다시금 차별화된 '적용규칙'과 '정지규칙'이 모색되어야 한다.

참고문헌

〈국내문헌〉

-. 단행본

계 희열(편역), 헌법의 해석, 1993.
김 경용, 기호학이란 무엇인가, 1994.
김 도균(엮음), 한국 법질서와 법해석론, 2013.
김 성수, 일반행정법, 제9판, 2021.
박 은정, 자연법사상, 1987.
배 종대, 형법총론, 제6판, 2001.
양 천수, 법해석학, 2017.
양 해림, 현상학과의 대화, 2003.
이 상돈, 법이론, 1996.
이 상돈, 기초법학, 제2판, 2010.
이 상돈, 법의 춤, 2012.
이 정우, 접힘과 펼쳐짐, 2000.
임 웅, 형법총론, 제8판, 2016.
정 종섭, 헌법학, 제11판, 2016.
지 원림, 민법강의, 제17판, 2020.
최 규환, 헌법재판소의 법률해석, 2020.
한 수웅, 헌법학, 제10판, 2020.
허 영, 한국헌법론, 전정 제17판, 2021.
허 영, 헌법이론과 헌법, 신9판, 2021.

-. 논문

강 진철, "법해석학-영미에서의 논의를 중심으로", 현대법철학의 흐름, 한국법철학
회(편), 1996, 117-120면.

강 희원, "법해석과 법률가: 「법말씀론」의 해석학적 반성", 법철학연구 제22권 제3
　　호(2019), 105-156면.

강 희원, "법해석에 관한 비판적 고찰: 노동법의 해석을 중심으로", 경희법학, 제38
　　권 제1호(2003), 5-54면,

계 희열, "서론", 계 희열(편역), 헌법의 해석, 1993, 9-19면.

김 도균, "우리 대법원 법해석론의 전환: 로널드 드워킨의 눈으로 읽기 - 법의 통일
　　성(Law' Integrity)을 향하여", 김 도균(엮음), 한국법질서와 법해석론, 2013,
　　275-315면.

김 문현, "헌법해석방법으로서 원의주의에 대한 검토", 헌법재판연구, 제3권 제2호
　　(2016), 131-176면.

김 민배, "헌법해석과 원의주의의 쟁점", 헌법논총, 제2집(2016), 63-140면.

김 성수, "독일 신사조 행정법학의 실천분야와 보장국가론", 토지공법연구, 제78권
　　(2017), 145-168면.

김 성수, "독일의 신사조행정법학 사반세기 - 평가와 전망", 강원법학, 제51권
　　(2017), 321-353면.

김 영환, "법도그마틱의 개념과 그 실천적 기능", 법학논총, 한양대학교 법학연구
　　원, 제13집(1996), 59-80면.

김 중권, "행정법이 헌법에 있고, 헌법이 행정법에 있기 위한 모색 - 민주적 법치국
　　가원리를 바르게 구현하기 위한 행정법과 헌법과의 대화", 헌법학연구,
　　제26권 제4호(2020), 207-253면.

남 기윤, "사비니의 법학방법론", 저스티스, 제126호(2011), 5-62면.

박 은정, "법관과 법철학", 서울대학교 법학, 제53권 제1호(2012), 299-324면.

박 철, "법률의 문언을 넘은 해석과 법률의 문언에 반하는 해석", 김 도균(엮음),
　　한국 법질서와 법해석론, 2013, 56-104면.

배 종대, "법이론(Rechtstheorie)이란 무엇인가?", 법학논집, 고려대학교 법학연구원,
　　제25권(1987), 1-71면,

배 종대, "우리나라 법학에 대한 반성과 전망: 형법학을 중심으로", 현상과 인식,
　　제11권 제1호(1987), 90-115면.

양 천수, "개념법학과 이익법학을 넘어선 법도그마틱 구상", 성균관법학, 제18권
　　제1호(2006), 575-599면.

양 천수, "헌법변천 재검토 - 헌법문언에 반하는 헌법형성의 가능성", 헌법재판연
　　구, 제7권 제1호(2020), 379-404면.

오 세혁, "한국에서의 법령해석 - 우리나라 법원의 해석방법론에 대한 비판적 분석", 김 도균(엮음), 한국 법질서와 법해석론, 2013, 3-32면.

이 계일, "수사학적 법이론의 관점에서 본 법적 논증의 구조, 김 도균(엮음), 한국 법질서와 법해석론, 2013, 137-236면.

이 계일, "법관법의 대상영역과 규범적 힘에 관한 연구", 법학연구, 연세대 법학연구원, 제26권 제3호(2016), 209-257면.

이 덕연, "텍스트학의 관점에서 본 헌법해석의 이해", 헌법판례연구 제4집(2002), 91-112면.

이 덕연, "정당국가적 대의민주제에서의 선거와 정당에 대한 헌법재판소의 결정평석", 담론과 해석: 헌법평론집, 2007, 142-162면.

이 덕연, "법인식작업의 본질 - 법인식과 법감정", 언어권력으로서 사법권과 헌법, 2014, 3-83면.

이 덕연, "법철학 및 법이론으로 본 '법적 문제'로서 사법적극주의", 법학연구, 제27권 제1호(2017), 연세대 법학연구원, 39-100면.

이 덕연, "온실가스배출권의 재산권화 및 상품화에 대한 비판적 고찰", 강원법학, 제54권(2018), 325-365면.

이 상돈, "헌법재판의 법이론적 전망", 김 도균(엮음), 한국 법질서와 법해석론, 2013, 667-685면.

이 원우, "21세기 행정환경의 변화와 행정법학방법론의 과제", 행정법연구 제48호(12017), 83-112면.

최 봉철, "문언중심적 법해석론 비판", 김 도균(엮음), 한국 법질서와 법해석론, 2013, 33-55면.

하 재홍, "법적 논증의 기초 - 대법원 판결과 페렐만의 신수사학", 김 도균(엮음), 한국 법질서와 법해석론, 2013, 237-274면.

한 상훈, "패러다임과 법의 변화 - 한국형사법의 방법론 모색", 저스티스, 통권 제158-1호(2017), 240-265면.

〈외국문헌〉

-. 단행본(번역서 포함)

R. Alexy, Theorie der juristischen Argumentation, 1983.

R. Alexy, Begriff und Geltung des Rechts, 1992.

R. Alexy, Begriff und Geltung des Rechts(1992), 이준일(역), 법의 개념과 효력, 2007.

A. Barak, The Judge in a Democracy, 2006.

Ch. Becker, Was bleibt? Rechts und Postmoderne, 2006.

O. Behrends/W. Henkel(Hg.), Gesetzgebung und Dogmatik, 1989.

G. W. Bertram, Sprachphilosophie zur Einführung(2011), 정 대성(역), 언어, 의미 그리고 철학, 2015.

Ph. Bobbitt, Constitutional Interpretation, 1991.

P. Bourdieu, The Field of Cultural Production, 1993.

E.-W. Böckenförede, Zur Lage der Grundrechtsdogmatik nach 40 Jahren Grundgesetz, 1990.

S. Bracker, Kohärenz und juristische Interpretation, 2000.

F. Capra/P. L. Luisi, The Systems View of Life, 2014.

J.-P. Changeux/P. Ricoeur, M. B. De Bevoise(trans.), What makes us think?, 2000.

R. Christensen, Was heißt Gesetzesbindung?, 1989.

J. Cohen, Philosophy, politics, democracy: Selected essays, 2009.

H. Coing, Grundzüge der Rechtsphilosophie, 5. Aufl. 1993.

H. Cox, The Market as God(2016), 유 강은(역), 신이 된 시장, 2018.

L. Dahlberg(ed.), Visualizing Law and Authority: Essays on Legal Aesthetics, 2012.

Ch. Degenhart, Systemgerechtigkeit und Selbstbindung des Gesetzgebers als Verfassungspostulat, 1976.

G. Deleuze/F. Guattari, Qu'est-ce que la philosophie?(1991), 이 정임/윤 정임(역), 철학이란 무엇인가, 1995.

G. Deleuze, Logique Du Sens(1969), 이정우(역), 의미의 논리, 1999, 해제("들뢰즈와 사건의 존재론"), 23-38면.

G. Deleuze, Le Pli, Leibniz et le Baroque(1988), 이 찬웅(역), 주름, 라이프니츠와 바

로크, 2004.

D. C. Dennett, Kinds of Minds(1996), 이 희재(역), 마음의 진화, 2006.

E. Denninger, Staatsrecht: Einführung in die Grundprobleme des Verfassungsrechts der Bundesrepublik Deutschland, Bd. I, 1973.

H. L. Dreyfus, What Computers can't Do: The Limits of Artificial Intelligence, 1972.

M. Dummett, The Seas of Language, 1993.

R. Dworkin, Freedom's Law: The Moral Reading of the American Constitution, 1996.

R. Dworkin, Law's Empire, 1998.

K. Engisch, Wahrheit und Richtigkeit im juristischen Denken, 1963.

K. Engisch, Logische Studien zur Gesetzesanwendung, 3. Aufl., 1963.

J. Esser, Vorverständnis und Methodenwahl in der Rechtsfindung, 1972.

E. Forsthoff, Der Rechtsstaat der Industriegesellschaft, 1971.

Del Santo Padre, Francesco, EVANGEL II GRADIUM(2013), 한국천주교중앙협의회 (역), 복음의 기쁨, 2014.

H.-G. Gadamer, Wahrheit und Methode. Grundzüge einer philosophischen Hermeneutik, 3. Aufl., 1972.

N. Garber/Seung-Chong Lee, Derrida and Wottgenstein(1994), 이승종/조성우(역), 데리다와 비트겐슈타인, 1998.

W. Gast, Juristische Rhetorik, 5. Aufl., 2015.

C. Geertz, The Interpretation of Cultures(1973), 문 옥표(역), 문화의 해석, 1998.

R. W. Gibbs, Jr.(ed.), Metaphor and Thought, 2008.

J. H. Gill, Wittgenstein and Metaphor, 1996.

G. Gillmore, The Ages of American Law, 1977.

K. Greenawalt, Law and Objectivity, 1992.

J. Habermas, Faktizität und Geltung: Beiträge zur Diskurstheorie des Rechts und des demokratischen Rechtsstaats, 1992.

J. Haidt, The Emotional Dog and Its Rational Tale; A Social Intuitionist Approach to Moral Judgment(2001). 강 인구(역), 도덕적 판단에 대한 사회적 직관주의 모델, 2003.

J. Harenberg, Die Rechtsdogmatik zwischen Wissenschaft und Praxis. Ein Beitrag zur Theorie der Rechtsdogmatik, 1986.

H. L. A. Hart, The Concept of Law, 1961.

G. Haverkate, Gewißheitsverluste im juristischen Denken, 1977.

T. Hawkes, Structuralism and Semiotics(1977), 정 병훈(역), 구조주의와 기호학, 1984, 199면 이하.

P. Häberle, Verfassung als öffentlicher Prozeß, 3. Aufl., 1988.

K. Hesse, Grundzüge des Verfassungsrechts der Bundesrepublik Deutschland, 18. Aufl., 1991,

W. Heun, Funktionell-rechtliche Schranken der Verfassungsgerichtsbarkeit, 1992.

E. E. Hirsch, Zur juristischen Dimension des Gewissens und der Unverletzlichkeit der Gewissensfreiheit des Richters, 1979.

C. E. Hughes, Adress, 1980.

S. Huster, Rechte und Ziele, 1993.

J. Ipsen, Staatsrecht II, Grundrecht, 2003.

M. Jestaedt, Die Verfassung hinter der Verfassung, 2009.

G. Kirchhof/S. Magen/K. Schneider(Hg.), Was weiß Dogmatik?, 2012.

P. Kirchhof, Das Gesetz der Hydra - Gebt den Bürgern ihren Staat zurück!, 2006.

E. F. Kittay, METAPHOR, 1987.

M. Klatt, Theorie der Wortlautgrenze, 2003.

R. Koselleck, Vergangene Zukunft, Zur Semantik geschichtlicher Zeiten, 9. Aufl. 2015.

M. H. Kramer, Objectivity and the Rule of Law, 2007.

M. Kriele, Theorie der Rechtsgewinnung ‐ entwickelt am Problem der Verfassungs-interpretation, 1967.

J. Krüper/H. Merten/M. Morlok(Hg.), An den Grenzen der Rechtsdogmatik, 2010.

K.-H. Ladeur, Kritik der Abwägung in der Grundrechtsdogmatik, 2004.

G. Lakoff/M. Johnson, Metaphors We Live By(2003), 노 양진/나 익주(역), 삶으로서의 은유, 2006.

M. N. Lance/J. O'Leary-Hawthorne, The Grammar of meaning: Normativity and semantic discourse, 1997.

H. Landemore, Democratic reason: Politics, collective intelligence, and the rule of the many, 2012.

K. Larenz, Methodenlehre, 4. Aufl., 1979.

Ch. Larmore, The Morals of Modernity, 1996.

C. L. Lewis, Christian Reflections, 1967.

W. Lippmann, Public Opinion, 1922.

K. N. Llwellyn, The Bramble Bush, 4th ed., 2008.

N. Luhmann, Legitimation durch Verfahren, 1969.

N. Luhmann, Rechtssystem und Rechtsdogmatik, 1974.

N. Luhmann, Die soziologische Beobachtung des Rechts, 1986.

N. Luhmann, Das Recht der Gesellschaft, 1993.

N. MacCORMICK, Legal Reasoning and Legal Theory, 1978.

A. Maslow, The Psychology of Science: A Reconnaissance, 1966.

D. E. Marietta Jr., Beyond Certainty A Phenomenological Approach to Moral Reflection, 2004.

D. N. McCloskey, Knowledge and persuasion in economics, 1994.

F. Müller, Strukturierende Rechtslehre, 2. Aufl., 1994.

F. Müller/R. Christensen/M. Sokolowski, Rechtstext und Textarbeit(1997), 이 덕연(역), 법텍스트와 텍스트작업, 2005.

F. Müller/R. Christensen, Juristische Methodik, Bd. I, Grundlagen Öffentliches Recht, 8. Aufl., 2002.

U. Neumann, Recht als Struktur und Argumentation(2007), 윤 재왕(역), 구조와 논증으로서의 법, 2013.

R. Nozick, Anarchy, State and Utopia, 1974.

C. K. Ogden/I. A. Richards, The Meaning of Meaning: A Study of the Influence of the Language upon the Thought and the of Science of Symbolism, 1923.

R. E. Palmer, Hermeneutics(1969), 이한우(역), 해석학이란 무엇인가?, 2004.

F.-J. Peine, Systemgerechtigkeit, 1985.

Ch. Perelman, Das Reich der Rhetorik und Argumentation, 1980.

Ch. Perelman, 심 헌섭/강 경선/장 영민(역), 법과 정의의 철학, 1986.

K. Polanyi, The Great Transformation(1944), Second Beacon Ed., 2001.

M. Polanyi, Tacit Dimension(1966), 김 정래(역), 암묵적 영역, 2015.

R. A. Posner, Not a Suicide Pact: The Constitution in a Time of National Emergency, 2006.

R. A. Posner, How Judges Think, 2008.

M. Pöcker, Stasis und Wandel der Rechtsdogmatik, 2007.

F. Reimer, Verfassungsprinzipien, 2001.

R. Root-Bernstein/M. Root-Bernstein, Spark of Genius(1999), 박 종성(역), 생각의 탄생, 2007.

R. Rorty, Contingency, irony, and solidarity, 1989.

B. Rüthers/Ch. Fischer/A. Birk, Rechtstheorie, 7. Aufl., 2013.

M. Sandel, Justice(2009), 김 명철(역), 정의란 무엇인가, 2014.

A. Sarat/Th. R. Kearns(ed.), History, Memory, and the Law, 1999.

F. de Saussure, 최 승언(역), 일반언어학강의, 1990,

F. W. J. Schelling, Philosophische Untersuchungen über das Wersen der menschlichen Freiheit und die damit zusammenhängenden Gegenstände(1980), 한 자경(역), 인간자유의 본질, 1998.

C. Schmitt, Die geistesgeschichtliche Lage des heutigen Parlamentarismus, 8. Aufl. 1996.

E. Schmitt-Aßmann, Das Allgemeine Verwaltungsrecht als Ordnungsidee, 2. Aufl., 2006.

E. Schmitt-Aßmann, Verwaltungsrechtliche Dogmatik, 2013.

A. Schmitt Glaeser, Vorverständnis als Methode, 2004.

G. F. Schuppert, Funktionell-rechtliche Grenzen der Verfassungsinterpretation, 1980.

G. F. Schuppert/Ch. Bumke, Die Konstitutionalisierung der Rechtsordnung, 2000.

J. Searle, Liberté et Neurobiologgie(2004), 강 신욱(역), 신경생물학과 인간의 자유, 2010.

S. J. Shapiro, Legality, 2011.

N. J. Smith, Vagueness and Degrees of Truth, 2008.

A. Somek, Rechtliches Wissen, 2006.

J. Stiglitz, 이순희(역), Price of Inequality(2013), 불평등의 대가, 2013.

L. J. Strang, Originalism's Promise: A Natural Law Account of the American Constitution, 2019.

G. Struck, Topische Jurisprudenz, 1971.

C. R. Sunstein, Legal Reasoning and Political Conflict, 1996.

G. Teubner, 이 상돈(역), "법제화 - 개념, 특징, 한계, 대안", 법제화이론, 2004.

P. Thagard, The brain and the meaning of life, 2010.

S. Toulmin, Der Gebrauch von Argumenten, 2. Aufl., 1996.

L. H. Tribe, The Invisible Constitution, 2008.

Th. Vesting, Rechtstheorie, 2007.

Th. Vieweg, Topik und Jurisprudenz, 5. Aufl., 1974.

P. Watzlawick, Wie wirklich ist die Wirklichkeit?, 8. Aufl., 2010.

J. B. White, Justice as Translation, 1990.

A. N. Whitehead, PROCESS AND REALITY An Essay in Cosmology, D. R. Griffin/D. W. Sherburne(ed.), Corrected Edition, 1978.

F. Wieacker, Zum heutgen Stand der Naturrechtsdiskussion, 1965.

E. O. Wilson, Sociobiology: The new synthesis, 1975.

S. L. Winter, A CLEARING in the Forest, 2001.

L. Wittgenstein, Philosophische Untersuchungen, 1953.

L. Wittgenstein, Über Gewißheit(1969), 이 영철(역), 확실성에 관하여, 2006.

L. Wittgenstein, Culture and Value(1998), 이 영철(역), 문화와 가치, 2006.

Y. Yovel, Kant and the Philosophy of History, Princeton Univ, 1980.

P. Zima, Ideologie und Theorie. Eine Diskurskritik(1989), 허 창운/김 태환(역), 이데올로기와 이론, 1996.

P. Zima, Textsoziologie(1980), 허 창운/김 태환(역), 텍스트사회학이란 무엇인가, 2010.

-. 논문

B. Ackerman, "The Emergency Constitution", in: The Yale Law Journal, Vol. 113 (2004), 1029-1091면.

J. M. Adeodato, "Antworten der Juristischen Dogmatik auf zwei wichtige Probleme der Rechtsphilosophie", Rechtstheorie 41(2010), 285-303면.

K. Adomeit, "Zivilrechtstheorie und Zivilrechtsdogmatik - mit einem Beitrag zur Theorie der subjektiven Rechte, Jahrbücher für Rechtssoziologie und Rechtstheorie 2(1972), 503면 이하.

A. Adrian, "Der Richterautomat ist mölich - Semantik ist nur eine Illusion", in: Rechtstheorie, Bd. 48(2017), 77-121면.

M. Albers, "Höchstrichterliche Rechtsfindung und Auslegung gerichtlicher Entscheidungen", in: VVDStRL, Vol. 71(2012), 258-295면.

O. Alderson, "Abandoning Corporate Ontology: Original Economic Principles and the Constitutional Corporation", in: Journal of Constitutional Law, Vol. 22 (2020), 561-588면.

L. Alexander, "THE GAP", in: Harvard Journal of Law & Public Policy, Vol. 14 (1991), 695-701면.

R. Alexy, "Juristische Begründung, System und Kohärenz", in: O. Behrends/M. Dießelhorst/R. Dreier(Hg.), Rechtsdogmatik und praktischer Vernunft, Symposium zum 80.Geburtstag von Frantz Wieacker, 1990, 95-107면.

R. Alexy, "On Balancing and Subsumption. A Structural Comparison", Ratio Juris Vol. 16(2003), 433-449면.

R. Alexy, "Grundrechte, Demokratie und Repräsentation", Der Staat, Bd. 54(2015), 201-212면.

R. Alexy, "Menschenwürde und Verhältnismäßigkeit", in: AöR, Bd. 140(2015), 497-513면.

A. G. Amsterdam, "Criminal Prosecutions Affecting Federally Guaranteed Civil Rights: Federal Removal and Habeas Corpus Jurisdiction to abort State Court Trial", in: University of Pennsylvania Law Review, Vol. 113(1965), 793-912면.

D. B. Ayer, "The 2019 Higgins Distinguished Lecture: The Subversive Side of Textualism and Original Intent", in: Lewis & Clark Law Review, Vol. 24(2020), 1049-1062면.

S. Baer, "Schlüsselbegriff, Typen und Leitbilder als Erkenntnismittel und ihr Verhältnis zur Rechtsdogmatik", in: E. Schmidt-Aßmann/W. Hoffmann-Riem(Hg.), Methoden der Verwaltungrechtswissenschaft, 2004, 223-251면.

J. M. Balkin, "Arguing about the Constitution: The Topics in Constitutional Interpretation", in: Constitutional Commentary, Vol. 33(2018), 145-260면.

J. M. Balkin/S. Levinson, "Constitutional Grammar", in: Texas Law Review, Vol. 72 (1994), 1771-1804면.

J. M. Balkin/S. Levinson, "The Canons of Constitutional Law", in: Harvard Law Review, Vol. 111(1998), 963-1024면.

D. Barak-Erez, "History and Memory in Constitutional Adjudication", in: Federal Law Review, Vol. 45(2017), 1-16면.

J. A. Bargh, "Conditional Automaticity: Varieties of Automatic Influence in Social Perception and Cognition", in: J. S. Uleman/J. A. Bargh(ed.), Unintended Thought, 1989, 4-51면.

R. E. Barnett, "Interpretation and Construction", in: Harvard Journal of Law and Public Policy, Vol. 34(2011), 65-72면.

S. Baufeld, "Rechtsanwendung und Rechtsdogmatik ‐ Parallelwelten", in: Rechtstheorie, Bd. 37(2006), 171-192면.

O. Behrends, "Das Bündnis zwischen Gesetz und Dogmatik und die Frage der dogmatischen Rangstufen, in: O. Behrends/W. Henkel(Hg.), Gesetzgebung und Dogmatik, 1989, 9-36면.

H. Berman, "Toward an Integrative Jurisprudence: Politics, Morality, History", California Law Review, Vol. 76(1988), 779-801면.

I. Blanchette/S. Gavigan/K. Johnston, "Does Emotion Help or Hinder Reasoning? The Moderating Role of Relevance", in: Journal of Experimental Psychology: General, Vol. 143(2014), 1049-1064면.

R. H. Bork, "Neutral Principles and Some First Amendment Problems, Indiana Law Journal", Vol. 47(1971), 1-35면.

E.-W. Böckenförede, "Grundrechtstheorie und Grundrechtsinterpretation", in: NJW, 1974, 1529-1538면.

W. J. Brennan, Jr., "The constitution of the United States: Contemporary Ratification", in: South Texas Law Review, Vol. 27(1986), 433-446면.

W. Brohm, "Die Dogmatik des Verwaltungsrechts vor den Gegenwartsaufgaben der Verwaltung", in: VVDStRL 30(1972), 246-312면.

A. Brudner, "The Ideality of Difference: Toward Objectivity in Legal Interpretation", in: Colorado Law Review, Vol. 11(1990), 1133-1210면.

H. Burgess, "Depending the Discourse Using the Legal Mind's Eye: Lesson from Neuroscience and Psychology that Optimize Law School Learning", in: Quinnipac Law Review, Vol. 29(2011), 1-76면.

T. Bustamante, "Comment on Győrfi ‐ Dworkin, Vermeule and Győrfi on Constitutional Interpretation: Remarks on a Meta-interpretative Disagreement", in: German Law Journal, Vol. 14(2013), 1109-1145면.

E. Camp, "Metaphor in the Mind: The Cognition of Metaphor", in: Philosophy Compass, Vol. 1(2006), 154-170면.

R. Christensen, "Sprache und Normativität oder wie man eine Fiktion wirklich macht"; in: J. Krüper/H. Merten/M. Morlok(Hg.), An den Grenzen der Rechts-dogmatik, 2010, 127-138면.

R. Christensen/K. D. Lerch, "Dass das Ganze das Wahre ist, ist nicht ganz unwahr", JZ, 2007, 438-444면.

R. H. Coase, "The Institutional Structure of Production", in: American Economics Review, Vol. 82(1992), 713-719면.

D. E. Curtis/J. Resnik, "Images of Justice", in: The Yale Law Journal,, Vol. 96(1987), 1727-1772면.

B. Cushman, "The Structure of Classical Public Law", in: Chicago Law Review, Vol. 75(2008), 1917-1947면.

A. D'Amato, "Pragmatic Indeterminacy", in: Northwestern University Law Review Vol. 85(1990), 148-188면.

D. Davidson, "What Metaphors Mean", in: Critical Inquiry, Vol. 5(1978), 31-47면.

J. Derrida, M. Quaintance(tr.), "Force of Law: The Mystical Foundation of Authority"", in: Cardozo Law Review, Vol. 11(1990), 920-1046면.

U. Di Fabio, "Grundrechte als Werteordnung", in: JZ, 2004, 1-8면.

U. Di Fabio, "Systemtheorie und Rechtsdogmatik", in: G. Kirchhof/S. Magen/K. Schneider(Hg.), Was weiß Dogmatik?, 2012, 63-78면.

M. R. Dimino, "Image is Everything: Politics, Umpire, and The Judicial Myth", in: Harvard Journal of Law & Public Policy, Vol. 39(2016), 397-413면.

R. Dixon/J. Suk, "Liberal Constitutionalism and Economic Inequality", in: The University of Chicago Law Review, Vol. 85(2018), 369-401면.

L. Douglas, "The Memory of Judgment: The Law, the Holocaust, and Denial", in: History and memory, Vol. 7(1995), 100-120면.

L. Douglas, The memory of Judgment: Making Law and History in the Trials of the Holocaust, 2001.

R. Dreier, "Zur Problematik und Situation der Verfassungsinterpretation"(1976), in: Recht-Moral-Ideologie, 1981, 106-145면.

R. Dreier, "Zur Theoriebildung in der Jurisprudenz", in: Recht und Gesellschaft, Fs H. Schelsky(1978), 103-132면; ders., Recht-Moral-Ideologie, 2. Aufl., 2015, 70-105면.

J. S. Dryzek, "Legitimacy and Economy in Deliberative Democracy", in: Political

Theory, Vol.29(2001), 651-669면.

R. Dworkin, "Law as Interpretation", in: Texas Law Review, Vol. 60(1981-1982), 527-550면.

A. Dyevre/A. Jakab, "Foreword: Understanding Constitutional Reasoning," in: German Law Journal, Vol. 14(2013), 983-1015면.

H. Ehmke, "Prinzipien der Verfassungsinterpretation", in VVDStRL 20(1963), 53-98면.

Ch. Eisgruber, "The Living Hand of the Past: History and Constitutional Justice", in: Fordham Law Review, Vol. 65(1997), 1611-1626면.

J. Elster, "The market and the forum: Three varieties of political theory" in: J. Elster/A. Hylland(ed.), Foundations of Social Choice Theory, 1986, 104-132면.

J. Esser, "Zur praktischen Leistung der Rechtsdogmatik", in: FS Gadamer, Bd. 2, 1970, 311면 이하.

J. Esser, "Möglichkeiten und Grenzen des dogmatischen Denkens im modernen Zivilrecht", in: Archiv für die civilistische Praxis, Vol. 172(1972), 97-130면.

A. Etzioni, "Communitarianism revisited", in: Journal of Political Ideologies, Vol. 19(2014), 241-260면.

D. L. Faigman, "To Have and Have Not: Assessing the Value of Social Science to the Law as Science and Policy", in: Emory Law Journal, Vol. 38(1989), 1006-1095면.

E. Fechner, "Ideologie und Rechtspositivismus", in: W. Maihofer(Hg.), Ideologie und Recht, 1969, 97-120면.

P. Finkelman, "The Constitution, the Supreme Court, and History", in: Texas Law Review, Vol. 88(2009), 353-390면.

S. Fish, "Fish v. Fiss", in: Stanford Law Review, Vol. 36(1984), 1325-1347면.

O. M. Fiss, "Objectivity and Interpretation", in: Stanford Law Review, Vol. 34(1982), 739-763면.

O. M. Fiss, "The Death of the Law?", Cornell Law Review, Vol. 72((1986), 1-16면.

E. Forsthoff, "Die Umbildung des Verfassungsgesetzes", in: Fs. für C. Schmitt, 1959, 35-62면.

E. Forsthoff, "Rechtsstaat im Wandel", in: Verfassungsrechtliche Abhandlungen 1950-1964, 1964, 147-175면.

F. Franfurter, "Some Reflections on the Reading of Statutes", in: Columbia Law Review, Vol. 47(1947), 527-546면.

B. Friedman, "Taking Law Seriously", in: Perspectives on Politics, Vol. 4/No. 2 (2006), 261-276면.

A. Funkenstein, "Collective Memory and Historical Consciousness", in: History and Memory, Vol. 1(1989), 5-26면.

K. M. Galotti, "Approaches to studying formal and everyday reasoning", in: Psychological Bulletin, 1989, Vol. 105, No. 3, 333-351면.

W. A. Galston, "Pluralist Constitutionalism", in: Social Philosophy & Policy Foundation, Vol. 28(2011), 228-241면.

S. Gardbaum, "Positive and Horizontal Rights: Proportionality's Next Frontiers or a Bridge Too Far?", in: V. C. Jackson/M. Tushnet(ed.), Proportionality: New Frontirers, New Challenges, 2017, 221-222면.

N. S. Garnett, "No Taking Without a Touching? Questions from an Armchair Originalist", in: San Diego Law Review, Vol. 45(2008), 761-776면.

Ch. G. Geyh, "Can the Rule of Law Survive Judicial Politics?", in: Cornell Law. Review, Vol. 97(2012), 192-254면.

G. Gillmore, "Products Liability: A Commentary", in: Chicago Law Review, Vol. 38 (1970), 103-116면.

C. Ginzburg, "Checking the Evidence: The Judge and the Historian", in: Critical Inquiry, Vol. 18(1991), 79-92면.

J. Goldsworthy, "Originalism in Constitutional Interpretation", in: Federal Law Review, Vol. 25(1997), 1-50면.

J. Goldsworthy, "Clarifying, Creating, and Changing Meaning in Constitutional Interpretation: A Comment on András Jakab, Constitutional Reasoning in Constitutional Courts － A European Perspective", in: German Law Review, Vol. 14(2013), 1279-1295면.

R. Gordon, "Foreword: The Arrival of Critical Historicism", in: Stanford Law Review, Vol. 49(1997), 1023-1030면.

K. Gray, "Property in Thin Air", in: Cambridge Law Review, Vol. 50(1991), 252-307면.

M. Greenberg, "Legal Interpretation and Natural Law", in: Fordham Law Review, Vol. 89(2020), 109-144면.

J. Greene, "The Supreme Court 2017 Term Foreword: Rights as Trumps?", in: Harvard Law Review, Vol. 132(2018), 30-132면.

S. M. Griffin, "Pluralism in Constitutional Interpretation", in: Texas Law Review, Vol.

72(1994), 1752-1769면.

D. Grimm, "Integration by Constitution", in: International Journal of Constitutional Law, Vol. 3(2005), 193-205면.

B. Grzeszick, "Steuert die Dogmatik?", in: G. Kirchhof/S. Magen/K. Schneider(Hg.), Was weiß Dogmatik?, 2012, 97-109면.

Ch. Gusy, "Wirklichkeit in der Rechtsdogmatik", in: JZ, 1991, 213-222면.

P. Häberle, "Die offene Gesellschaft der Verfassungsinterpreten"(1975), in: Verfassung als öffentlicher Prozeß, 1978, 155-181면.

J. Haidt, "A Social Intuitionist Approach to Moral Judgment", Psychological Review, Vol. 108(2001), 814-834면.

J. Halteman, "Moral Reflection and Market", in: Journal of Interdisciplinary Studies, Vol. 16(2004), 21-40면.

W. Hassemer, "Dogmatik zwischen Wissenschaft und richterlicher Pragmatik", in, G. Kirchhof/S. Magen/K. Schneider(Hg.), Was weiß Dogmatik?, 2012, 3-15면.

F. A. Hayek, "The Use of Knowledge in Society", in: The American Economic Review, Vol. 35(1954), 519-530면.

W. Henkel, "Wandel der Dogmatik des öffentlichen Rechts", in: JZ, 1992, 541-548면.

M. Herberger, "Rangstufen der Rechtsdogmatik im Hinblick auf deren Bedeutung für die Gesetzgebung", in: O. Behrends/W. Henkel(Hg.), Gesetzgebung und Dogmatik, 1989, 67-79면.

M. Herdegen, "Die Idee der Menschenwürde: absolute und doch differenziert?", in: R. Gröschner/O. W. Lembecke(Hg.), Das Dogma der Unantastbarkeit, 2009, 100면 이하.

S. Hershovitz, "The End of Jurisprudence", in: The Yale Law Journal, Vol. 124(2015), 1162-1205면.

R. Herzog, "Gesetzgebung und Einzelfallgerechtigkeit", in: NJW, 1999, 25-28면.

K. Hesse, "Funktionelle Grenzen der Verfassungsgerichtsbarkeit", in: P. Häberle/A. Hollerbach(Hg.), Ausgewählte Schriften, 1984, 311-322면.

Ch. Hillgruber, "Verfassungsinterpretation", in: O. Depenheuer/Ch. Graberwarter(Hg.), Verfassungstheorie, 2010, § 15, 505-534면.

G. Hirsch, "Auf dem Weg zum Richterstaat?", JZ, 2007, 853-858면.

W. Hoffmann-Riem, "Methoden einer verwendungsorientierten Verwaltungsrechtswissenschaft", in: E. Schmidt-Aßmann/W. Hoffmann-Riem(Hg.), Methoden der Verwaltungsrechtswissenschaft, 2004, 9-72면.

O. W. Holmes, "The Path of the Law", in: Harvard Law Review, Vol. 10(1897), 457-478면.

O. W. Holmes, "Law in Science and Science in Law", in: Harvard Law Review, Vol. 12(1899), 443-463면.

T. Honderich, "Seeing Things", in: Synthese, Vol. 98(1994), 51-71면.

S. Huster, "Rechtswissenschaft und Interdisziplinarität ‑ Einige Beobachtungen aus der Werkstatt", in: Zeitschrift für Rechtssoziologie, Vol. 35(2015), 143-148면.

J. Ipsen, "Rechtsprechung im Grenzbereich zur Gesetzgebung", in: N. Achterberg (Hg.), Rechtsprechungslehre, 1986, 435-450면.

J. Ipsen, "Grundzüge einer Grundrechtsdogmatik: Zugleich Erwiderung auf Robert Alexy, Jörn Ipsens Konstruktion der Grundrechte", in: Der Staat, Bd. 52(2013), 266-293면.

H. Irving, "Constitutional Interpretation, the High Court, and the Discipline of History", in: Federal Law Review, Vol. 41(2013), 95-126면.

J. Isensee, "Würde des Menschen", in: D. Merten/H. J. Papier(Hg.), Handbuch der Grundrechte in Deutschland und Europa, Bd. IV, Grundrechte in Deutschland: Einzelgrundrechte I, 2011, 3-135면.

J. Isensee, "Staat im Wort", Sonderausdruck aus Verfassungsrecht im Wandel, Zum 180Jährigen Bestehens der Carl Heymanns Verlag KG, J. Ipsen u.a.(Hg.), 1995.

J. T. Jackson, "What is Property? Property is Theft: The Lack of Social Justice in U.S. Eminent Domain Law", in: St. John's Law Review, Vol. 84(2010), 63-116면.

J. Jahr, "Zum Verhältnis von Rechtstheorie und Rechtsdogmatik", in: F. Müller/W. Maihofer(Hg.), Rechtstheorie, 1971, 303-311면.

A. Jakab, "Judicial Reasoning in Constitutional Courts: A European Perspective", in: German Law Journal. Vol. 14(2013), 1215-1275면.

B. Jeand'Heur, "Gemeinsame Probleme der Spracheund Rechtswissenschaft aus der Sicht der Strukturierenden Rechtslehre", in: F, Müller(Hg.), Untersuchungen zur Rechtslinguistik, 17-26면.

B. B. Jeffrey, "Legal Formalism, Agent-Neutrality, and Comparative Justice", in: Contemporary Readings in Law and Social Justice, Vol. 1(2009), 73-85면.

M. Jestaedt, "Verfassungstheorie als Disziplin", in: O. Depenheuer/Ch. Grabenwarter (Hg.), Verfassungstheorie, 2010, § 1, 3-56면.

M. Jestaedt, "Geltung des Systems und Geltung im System", in: JZ, 2013, 1009-1021면.

M. Jestaedt, "Wissenschaft im Recht", in: JZ, 2014, 1-12면.

D. M. Kahan, "The Supreme Court 2010 Term Forword: Neutral Principles, Motivated Cognition, and Some Problems for Constitutional Law", in: Harvard Law Review, Vol. 125(2011), 1-77면.

A. Kaufmann, "Die Geschichlichkeit des Rechts im Licht der Hermeneutik"(1969), in: Beiträge zur Juristischen Hermeneutik sowie weitere rechtsphilosophische Abhandlungen, 1984, 25-52면.

A. Kaufmann, "Die ipsa res iusta - Gedanken zu einer hermeneutischen Rechts-ontologie"(1973), in: Beiträge zur Juristischen Hermeneutik sowie weitere rechtsphilosophische Abhandlungen, 1984, 53-64면.

A. Kaufmann, "Durch Naturrecht und Rechtspositivismus zur juristischen Hermeneutik"(1975), in: Beiträge zur Juristischen Hermeneutik sowie weitere rechtsphilosophische Abhandlungen, 1984, S. 79-88면.

A. Kaufmann, "Gedanken zu einer ontologischen Grundlegung der juristischen Hermeneutik"(1982), in: Beiträge zur Juristischen Hermeneutik sowie weitere rechtsphilosophische Abhandlungen, 1984, 89-99면.

A. Kaufmann, "Zur Frage der Wissenschaftlichkeit der Rechtswissenschaft"(1979), in: Beiträge zur Juristischen Hermeneutik sowie weitere rechtsphilosophische Abhandlungen, 1984, 119-125면.

A. Kaufmann, "Tendenzen im Rechtsdenken der Gegenwart(1976), in: Beiträge zur Juristischen Hermeneutik sowie weitere rechtsphilosophische Abhandlungen, 1984, 127-152면.

U. Kischel, "Systembindung des Gesetzgebers und Gleichhietssatz", in: AöR, Bd. 124 (1999), 174-211면.

J. Klabbers, "Book Reviews", in: The European Journal of International Law, Vol. 15(2004), 1055-1058면.

M. Klatt, "Integrative Rechtswissenschaft", Der Staat, Bd. 54(2015), 469-499면.

D. W. Kmiec, "Overview of the Term: The Rule of Law & Roberts's Revolution of Restraint", in: Pepperdine Law Review, 34(2007), 495-521면.

K. Kress, "Legal Indeterminacy", in: California Law Review, Vol. 77(1989), 283-337면.

K. Kress, "A Preface to Epistemological Indeterminacy", in: Northwestern University Law Review, Vol. 85(1990), 134-147면.

Z. Krizan/R. S. Baron, "Group polarization and choice-dilemmas: How important is self-categorization?", in: European Journal of Social Psychology, Vol. 37(2007), 191-201면.

R. J. Krotoszynski, Jr., "Constitutional Flares: On Judges, Legislature, and Dialogue", in: Minnesota Law Review, Vol. 83(1998), 1-62면.

Ch. L. Kutz, "Just Disagreement: Indeterminacy and rationality in the Rule of Law", in: Yale Law Journal, Vol. 103(1994), 997-132면.

F. Kümmel, "Zum Problem des Gewissens", in: J. Bildhorn(Hg.), Das Gewissen in der Diskussion, 1976, 441면 이하.

N. Lacey, "The Metaphor of Proportionality", in: Journal of Law and Society, Vol. 43(2016), 27-44면.

K.-H. Ladeur, "Der Wandel der Rechtssemantik in der postmodernen Gesellschaft - Von der Subsumtion zur Abwägung und zu einer Semantik der Netzwerke", in: Rechtstheorie, Bd. 45(2014), 467-486면.

E.-J. Lampe, "Rechtsgefühl und juristische Kognition", in: ders.,(Hg.), Das soge-nannte Rechtsgefühl, 1985, 110-132면.

H. D. Lasswell, "The Language of Power", in: H. D. Lasswell/N. Leites/et al, Language of Politics(1949), First Paperback Ed., 1968, Ch. 1, 3-19면.

A. A. Leff, "Law and", in: Yale law Journal, Vol. 87(1978), 989-1011면.

B. Leiter, "Objectivity and The Problem of Jurisprudence", in: Texas Law Review Vol. 72(1993), 187-209면.

O. Lepsius, "Sozialwissenschaften im Verfassungsrecht - Amerika als Vorbild", in: JZ, 2005, 1-13면.

O. Lepsius, "Kritik der Dogmatk", in: G. Kirchhof/S. Magen/K. Schneider(Hg.), Was weiß Dogmatik?, 2012, 39-62면.

O. Lepsius, "The quest for middle-range theories in German public law", in: Inter-national Journal of Constitution, Vol. 12 No. 3(2014), 692-709면.

P. Lerche, "Stil und Methode der verfassungsrechtlichen Entscheidungspraxis, in: Fs. 50 Jahre Bundesverfassungsgericht, Bd. I, 2001, 333-361면.

D. J. Levinson, "Parchment and Politics: The Positive Puzzle of Constitutional Commitment", in: Harvard Law Review, Vol. 124(2011), 657-746면.

J. F. Linder, "Verfassungsrechtliche Rahmenbedingungen einer ökonomischen Theorie des öffentlichen Rechts", in: JZ, 2008, 957-1008면.

N. Luhmann, "Funktionale Methode und juristische Entscheidung", AöR Bd. 94 (1969), 1-31면.

N. Luhmann, "Wahrheit und Ideologie", in: Soziologische Aufklärung: Aufsätze zur Theorie sozialer Systeme, 3. Aufl., 1972, 54-65면.

M. P. Maduro, "In Search of a Meaning and Not in Search of the Meaning: Judicial Review and the Constitution in Times of Pluralism", in: Wisconsin Law Review, Vol. 2013, No. 2, 541-564면.

J. O. McGinnis/M. B. Rappaport, "The Power of Interpretation: Minimizing the Construction Zone", in: Notre Dame Law Review, Vol. 96(2021), 919-972면.

B. F. Mannix, "Benefit-Cost Analysis as a Check on Administrative Discretion", in: Supreme Court Economic Review, Vol. 24(2016), 155-167면.

A. Marmor, "The Immorality of Textualism", in: Loyola of Los Angeles Law Review, Vol, 38(2005), 2063-2079면.

C. Massey, "The Constitution in a Postmodern Age", in: Washington & Lee Law Review, Vol. 64(2007), 165-231면.

H. L. Mencken, "The Divine Afflatus", in: H. L. Mencken - Prejudices: First, Second, and Third Series, 2010, 241-250면.

J. T. Molot, "The Rise and Fall of Textualism", in: Columbia Law Review, Vol. 106(2006), 1-69면.

M. S. Moore, "The Plain Truth about Legal Truth", in: Harvard Journal of Law and Public Policy, Vol. 26(2003), 23-47면.

C. Morawetz, "Faszination Gehirn: Eine kurze Einführung in die kognitive Neurowissenschaft", in: R. V. Alexandriwicz/Yh.-Ch. Gablonski/J. Glück(Hg.), Psychology, 2014, 63면 이하.

S. A. Moss, "Reluctant Judicial Factfinding: When Minimalism and Judicial Modesty Go Too Far", in: Seattle University Law Review, 32(2009), 549-568면.

Ch. Möllers, "Methoden", in: W. Hoffmann-Riem/E. Schmitt-Aßmann/A. Voßkuhle (Hg.), Grundlagen des Verwaltungsrechts, Bd. 1, 2006, 123-178면.

F. Müller, "Arbeitsmethoden des Verfassungsrechts", in: Enziklopädie der geisteswissenschaftlichen Arbeitsmethoden, 11. Lfg.: Methoden der Rechtswissenschaft Teil. 1, 1972, 136면 이하.

A. Nazari-Khanachayi/M. Höhne, "Verfassungsrechtliche Vorgaben für die Metho-
    denlehre", in: Rechtstheorie, Bd. 45(2014), 79-112면.

C. Nelson, "What is textualism?", in: Virginia Law Review, Vol. 91(2005), 347-418면.

M. E. J. Nielsen, "A Conflict Between Representation and Neutrality", in: Philoso-
    phical Papers, Vol. 39(2010), 69-96면.

M. Nussbaumer, "Grenzgänger - Gesetzestexte zwischen Recht und Politik", in: U.
    Haß-Zumkehr(Hg.), Sprache und Recht, 2002, 181-207면.

R. Ogorek, "Hermeneutik in der Jurisprudenz", in: Aufklärung über Justiz: Zum
    Problem des richtigen Gesetzesverständnisses, 2008, 105-119면.

R. Ogorek, "Virtual Reality and Rechtsanwendung", in: Aufklärung über Justiz: Zum
    Problem des richtigen Gesetzesverständnisses, 2008, 361-380면.

S. R. Olken, "The Decline of Legal Classicalism and the Evolution of New Deal
    Constitutionalism", in: Notre Dam Law Review, Vol. 89(2014), 2051-2092면.

F. Ossenbühl, "Grundsätze der Grundrechtsinterpretation", in: D. Merken/H.-J.
    Papier(Hg.), Handbuch der Grundrechte in Deutschland und Europa, Bd.
    1(Einleitung und Grundlagen), § 15, 595-629면.

M. S. Paulsen, "Does The Constitution Prescribe Rules for Its Own Interpretation?",
    in: Northwestern University Law Review, Vol. 103(2009), 857-921면.

J. E. Penner, "The "Bundle of Rights" Picture of Property", in: UCLA Law Review,
    Vol. 43(1995-1996), 711-820면.

M. J. Perry, "Interpretivism, Freedom of Expression, and Equal Protection", in: Ohio
    State Law Journal, Vol. 42(1981), 261-317면.

G. A. Phelps/J. B. Gates, "The Myth of Jurisprudence: Interpretive Theory in the
    Constitutional Opinions of Justice Rehnquist and Brennan", in: Santa Clara
    Law Review, Vol. 31(1991), 567-596면.

A. Podlech, "Rechtstheoretische Bedingungen einer Methodenlehre juristischer Dog-
    matik", in: Jahrbuch für Rechtssoziologie und Rechtstheorie 2(1972), 491면
    이하.

I. Ponomarenko, "On the Limits of Proportionality", in: Review of Constitutional
    Studies, Vol. 24(2019), 241-276면.

R. A. Posner, "The Constitution as an Economic Document", in: The George
    Washington Law Review, Vol. 56(1987), 4-38면.

R. A. Posner, "The Supreme Court 2004 Term Foreword: A Political Court", in:

Harvard Law Review, Vol. 119(2005), 32-102면.

M. Pöcker, "Unaufgelöste Spannungen und Blockierte Veränderungsmöglichkeiten im Selbstbild der juristischen Rechtsdogmatik", in: Rechtstheorie, Bd. 37(2006), 151-169면.

A. di Rabilant, "Property: A Bundle of Sticks or a Tree?", in: Vanderbilt Law Review, Vol. 66(2013), 869-932면.

J. J. Rachlinski/A. J. Wistrich/Ch. Guthrie, "Judicial Politics and Decisionmaking: A New Approach", in: Vanderbilt Law Review, Vol. 70(2017), 2051-2103면.

C. L. Roberts, "Asymmetric World Jurisprudence", in: Seattle University Law Review, Vol. 32(2009), 569-594면.

G. Roellecke, "Beobachting der Verfassungstheorie", in: O. Depenheuer/Ch. Grabenwarter(Hg.), Verfassungstheorie, 2010, § 2, 57-68면.

G. Roellecke, "Zur Unterscheidung von Rechtsdogmatik und Theorie", in: JZ, 2011, 645-652면.

H. Rossen-Stadtfeld, "Verfassungsgericht und gesellschaftliche Integration", in: G. F. Schuppert/C. Bumke(Hg.), Bundesverfassungsgericht und gesellschaftliche Grundkonsens, 2000, 169면 이하.

J. Rubenfeld, "Reading the Constitution as Spoken", in: Yale Law Journal, Vol. 104(1995), 1119-1185면.

B. Rüthers, "Methodenfragen als Verfassungsfragen?", in: Rechtstheorie, Bd. 40 (2009), 253-284면.

Ph. Sahm, "Das Unbehagen an der Rechtsdogmatik", in : Rechtsgeschichte - Legal History, Vol. 26(2018), 358-363면.

T. Sandalow, "Constitutional Interpretation", in: Michigan Law Review, Vol. 79(1981), 1033-1072면.

A. Sarat/Th. R. Kearns, "Writing History and Registering Memory in Legal Decisions and Legal Practices: An Introduction", in: A. Sarat/Th. R. Kearns(ed.), History, Memory, and the Law, 1999, 1-24면.

A. Scalia, "Originalism: The Lesser Evil", in: University of Cincinnati Law Review, Vol. 57(1989), 849-866면.

F. Schauer, "An Essay on Constitutional Language", in: UCLA Law Review, Vol. 29 (1982), 797-832면.

F. Schauer, "Balancing, Subsumption, and the Constraining Role of Legal Text", in:

Law & Ethics of Human Rights, Vol. 4(2010), 34-45면.

M. Schechterman, "The narrative self", in: S. Gallagher(ed.), The Oxford Handbook of The Self, 2012, 395면 이하.

R. M. Schiffrin/S. T. Dumais, "The development of automatism" in: J. R. Anderson(ed.), Cognitive Skills and Their Acquisition, 121면 이하.

M. Schladebach, "Praktische Konkordanz als verfassungsrechtliches Kollisions- prinzip", Der Staat, Bd. 53(2014), 263-283면.

B. Schlink, "Inwieweit sind juristische Entscheidungen mit entscheidungstheo- retischen Modellen theoretisch zu erfassen und praktisch zu bewältigen?", in: H. Albert u.a.,(Hg.), Rechtstheorie als Grundlagenwissenschaft der Rechtswissenschaft, Jahrbuch für Rechtssoziologie und Rechtstheorie, Bd. 2(1972), 344면 이하.

B. Schlink, "Abscheid von der Dogmatik. Verfassungsrechtsprechung und Verfas- sungsrechtswissenschaft im Wandel", in: JZ, 2007, 157-162면.

B. C. Schmidt, Jr., "Juries, Jurisdiction, and Race Discrimination: The Lost Promise of Strauder v. West Virginia", in: Texas Law Review, Vol. 61(1983), 1401-1499면.

U. J. Schröder, "Vom Topos der Verfassungsauslegung bis zur Utopie der Objektivität", in: Rechtstheorie Bd. 42(2011), 124-138면.

G. F. Schuppert, "Verwaltungsrechtswissenschaft als Steuerungswissenschaft. Zur Steuerung des Verwaltungshandelns durch Verwaltungsrechts", in: W. Hoffmann-Riem/E. Schmitt-Aßmann/G. F. Schuppert(Hg.), Reform des Allge- meinen Verwaltungsrechts: Grundfrage, 1993, 65-114면.

A. Schwartz, "Patriotism or Integrity? Constitutional Community in Divided Societies", in: Oxford Journal of Legal Studies, Vol. 31(2011), 503-526면.

H. Sendler, "Die Methoden der Verfassungsinterpretation", in: B. Ziemske u.a.(Hg.), Staatsphilosophie und Rechtspolitik, Fs. f. M. Kriele zum 65. GT(1997), 457-484면.

A. Sharon, "Populism and Democracy: The challenge for deliberative democracy", in: European Journal of Philosophy, Vol. 27(2019), 359-376면.

P. Singer, "Ethics and Intuitions", in: The Journal of Ethics, Vol. 99(2005), 331-352면.

H. E. Smith, "Property Is Not Just a Bundle of Rights", in: Econ Journal Watch, Vol. 8(2011), 279-291면.

R. A. Smolla, "The Meaning of 'Marketplace of Ideas' in First Amendment Law", in: Communication Law and Policy, Vol. 24(2019), 437-474면.

L. B. Solum, "Originalism and Constitutional Construction", in: Fordham Law Review, Vol. 82(2013), 453-537면.

D. H. Souter, Harvard Commencement Remarks, Harvard Gazette(May 27, 2010), https://news.harvard.edu/gazette/story/2010/05/text-of-justice-david-souters-speech/

J. Stein, "Historians Before the Bench: Friends of the Court, Foes of Originalism", in: Yale Journal of Law & the Humanities, Vol. 25(2013), 359-390면.

J. Stern, "Metaphor, Semantics, and Context", in: R. W. Gibbs, Jr.(ed.), Metaphor and Thought, 2008, 262-279면.

J. Stick, "Can Nihilism be Pragmatic?", in: Harvard Law Review Vol. 100(1986), 332-401면.

L. J. Strang, "Originalism is a Successful Theory(in part)Because of Its Complexity: A Response to Professor Telman", in: Constitutional Commentary, Vol. 35(2020), 141-171면.

H.-J. Strauch, "Wie wirklich ist die Wirklichkeit?", in: JZ, 2000, 1020-1029면.

R. Stürner, "Das Zivilrecht der Moderne und die Bedeutung der Rechtsdogmatik", in: JZ, 2012, 10-24면.

C. R. Sunstein/A. Vermeule, "Interpretation and Institutions", in: Michigan Law Review, Vol. 101(2003), 885-901면.

D. A. J. Telman, "The Structure of Interpretive Revolution", in: Constitutional Commentary, Vol. 35(2020), 109-139면.

M. K. Temin, "Toward an Account of the Truth of Proposition of Law", in: Cincinnati Law Review, Vol. 49(1980), 341-361면.

T. B. Thornton, "The Intellectual Isolation of Mainstream Economics", in: Journal of Australian Political Economy, No. 80(2017), 11-25면.

W. M. Treanor, "The Original Understanding of the Takings Clause and the Political Process", in: Columbia Law Review, Vol. 95(1995), 782-887면.

L. H. Tribe, "Policy Science: Analysis or Ideology?", in: Philosophy & Public Affairs, Vol. 2(1972), 66-110면.

L. H. Tribe, "Comment", in: A. Scalia(ed.), A Matter of Interpretation: Federal Courts and the Law, 1998, 65-94면.

L. H. Tribe/P. O. Gudridge, "The Anti-Emergency Constitution", in: The Yale Law Journal, Vol. 113(2004), 1801-1870면.

L. H. Tribe, "America's Constitutional Narrative", in: Daedalus, The Journal of the American Academy of Arts & Sciences, Vol. 141(2012), 18-42면.

R. Trigg, "Thoughts and Language", in: Proceedings of the Aristotelian Society, Vol. 79(1978-1979), 59-77면.

M. V. Tushnet, Book Review: "Dia-Tribe", in: Michigan Law Review, Vol. 78(1980), 694-710면.

M. V. Tushnet, "Following The Rules Laid Down: A Critique of Interpretivism and Neutral Principles", in: Harvard Law Review, Vol. 96(1983), 781-827면.

J. S. Uleman, "A Framework for Thinking Intentionally about Unintended Thoughts", in: J. S. Uleman/J. A. Bargh(ed.), Unintended Thought, 1989, 425-449면.

T. Vesting, "Gegenstandsadäquate Rechtsgewinnungstheorie - Eine Alternative zum Abwägungspragmatismus der Bundesdeutschen Verfassungsrechts?", Der Staat, Bd. 41(2002), 73-90면.

Th. Vieweg, "Ideologie und Rechtsdogmatik", in: W. Maihofer(Hg.), Ideologie und Recht, 1969, 83-96면.

U. Volkmann, "Leitbildorientierte Verfassungsanwendung", in: AöR, Bd. 134(2009), 157-196면.

U. Volkmann, "Rechtsgewinnung aus Bildern ‐ Beobachtungen über den Einfluß dirigierender Hintergrundvorstellungen auf die Auslegung des heutigen Verfassungsrechts", in: J. Krüper/H. Merten/M. Morlok(Hg.), An den Grenzen der Rechtsdogmatik, 2010, 77-90면.

A. Voßkuhle, "Was leistet Rechtsdogmatik?", in: G. Kirchhof/S. Magen/K. Schneider (Hg.), Was weiß Dogmatik?, 2012, 110-114면.

A. Voßkuhle, "Neue Verwaltungsrechtswissenschaft", in: W. Hoffmann-Riem/E. Schmitt-Aßmann/A. Voßkuhle(Hg.), Grundlagen des Verwaltungsrechts, 2. Aufl., 2012, Bd. 1, § 1, 1-63면.

Ch. Waldhoff, "Kritik und Lob der Dogmatik, Rechtsdogmatik im Spannungsfeld von Gesetzesbindung und Funktionsorientierung", in, G. Kirchhof/S. Magen/K. Schneider(Hg.), Was weiß Dogmatik?, 2012, 17-37면.

J. Wall, "Taking the Bundle of Rights Seriously", in: Wellington Law Reveiw, Vol. 50(2019), 733-753면.

H. Wechsler, "Toward Neutral Principles of Constitutional Law", in: Harvard Law Review, Vol. 73(1959), 1-35면.

J. B. White, "Law as Language: Reading Law and Reading Literature", in: Texas Law Review, Vol. 60(1982), 415-446면.

J. Yiend, "The effects of emotion on attention: A review of attentional processing of emotional information", in: COGNITION AND EMOTION, Vol. 24(2010), 3-47면.

R. B. Zajonc, "Feeling and Thinking - Preferences Need No Inference", in: American Psychologist, Vol. 35(1980), 151-175면.

K. Zweigert, "Rechtsvergleichung, System und Dogmatik", in: FS für Böttlicher, 1969, 443면 이하.

■ 저자약력

연세대학교 법과대학 동 대학원(법학사, 법학석사)
독일 Bonn대학교(비교법학석사, 법학박사)
공주대학교 법학과 교수
연세대학교 정경대학 법학과 교수
강원도 지방노동위원회 공익위원
법제연구원 재정법제 자문교수
공법학회, 헌법학회 부회장
헌법재판연구원 초빙연구위원
한국헌법판례연구학회장
국회 입법지원위원(현)
연세대학교 법학전문대학원 교수(현)

_ 주요 저(역)서
법텍스트와 텍스트작업(역서)(법문사, 2005)
재정헌법의 흠결에 대한 헌법정책적 평가(한국법제연구원, 2005)
담론과 해석(21세기교육사, 2007)
재정과 헌법(21세기교육사, 2007)
경제와 헌법(한국학술정보, 2012)
헌법재판주요선례연구1(공저)(헌법재판연구원, 2012)
언어와 헌법 그리고 국가(공역)(신조사, 2013)
언어권력으로서 사법권과 헌법(신조사, 2014)
헌법규범과 현실(신조사, 2019)

_ 주요 논문
기본권의 본질과 기능-『한국에서의 기본권이론의 형성과 발전』, 허영 교수 화갑기념
   논문집(1997)
인간다운 생활을 할 권리의 본질과 법적 성격, 공법연구, 제27집 제2호(1999)
'텍스트학'의 관점에서 본 헌법해석의 이해, 헌법판례연구4(2002)
건축허가의 취소와 국가배상, 공법연구, 제31집 제4호(2003)
헌법문제로서 동성간 혼인-동반공동체(시민결합), 헌법학연구, 제10집 제2호(2004)
재정과 헌법-재정헌법개정의 필수성, 헌법판례연구7(2005)

안마사자격 '비맹제외기준'에 대한 헌재결정평석, 공법연구 제35집 제2호(2006)

대입3불정책의 헌법적 문제점, 헌법학연구 제13권 제3호(2007)

헌법 제103조에서 법관의 독립과 양심, 공법연구 제38집 제2호(2009)

한정위헌결정의 법원에 대한 기속력, 공법학연구, 제12권 제3호(2011)

'거창사건'에 대한 대법원 판결 평석, 저스티스 제129호(2012)

'헌법적 정체성' 확립의 과제와 북한이탈주민의 헌법적 지위, 저스티스, 제136호(2013)

환경정의 개념의 외연과 내포, 환경법연구, 제35권 제2호(2013)

의약품부작용피해 구제의 헌법 및 (공사)법체계론적 쟁점-'규율흠결' 상태의 진단과
　　처방, 공법연구 제42집 제2호(2013)

판단의 정오가 아니라 수사(rhetoric)로 본 통합진보당 해산결정, 헌법재판연구, 제2권
　　제1호(2015)

'살림'의 명제로 본 경제헌법 재정헌법의 개정론, 연세 공공거버넌스와 법, 제7권 제1호
　　(2016)

긴급조치와 국가배상, 헌법판례연구, 제17권(2016)

법철학 및 법이론으로 본 '법적 문제'로서 사법적극주의, 법학연구 제27권 2호(2017)

'본질적으로 논쟁적인 개념'으로서 헌법상 재산권의 허와 실, 공법연구, 제45집 제4호,
　　(2017)

'온실가스배출권'의 재산권화 및 상품화에 대한 비판적 고찰, 강원법학, 제54권(2018)
　　117.

헌법철학과 (정치)경제헌법해석론으로 본 포용국가 및 사회적 시장경제, 헌법학연구,
　　제25권 제1호(2019)

평등선거원칙에 대한 발상의 전환과 제도개혁 -소득기반역차등선거제-, 헌법학연구,
　　제26권 제4호(2020)

유민총서 12

법도그마틱과 은유 - 전형상 준거 헌법해석

초판 1쇄 발행   2021년   9월   10일
초판 2쇄 발행   2022년   10월   12일

지 은 이   이덕연
편   찬   홍진기법률연구재단
주   소   서울특별시 종로구 동숭3길 26-12 2층
전   화   02-747-8112   팩   스   02-747-8110
홈페이지   http://yuminlaw.or.kr

발 행 인   한정희
발 행 처   경인문화사
편 집 부   김지선 유지혜 한주연 이다빈 김윤진
마 케 팅   전병관 하재일 유인순
출판번호   제406-1973-000003호
주   소   경기도 파주시 회동길 445-1 경인빌딩 B동 4층
전   화   031-955-9300   팩   스   031-955-9310
홈페이지   www.kyunginp.co.kr
이 메 일   kyungin@kyunginp.co.kr

ISBN   978-89-499-4986-4   93360
값   29,000원